2023—2024
中国数字出版产业年度报告

ANNUAL REPORT ON DIGITAL
PUBLISHING INDUSTRY IN CHINA:
2023—2024

主　编/ 崔海教
副主编/ 王　飚　　李广宇

图书在版编目（CIP）数据

2023—2024 中国数字出版产业年度报告/崔海教主编；王飚，李广宇副主编．--北京：中国书籍出版社，2024.9.
-- ISBN 978-7-5068-5262-3

Ⅰ. G237.6

中国国家版本馆 CIP 数据核字第 20240RL930 号

2023—2024 中国数字出版产业年度报告

崔海教　主　编

王　飚　李广宇　副主编

责任编辑　庞　元　李　新

责任印制　孙马飞　马　芝

封面设计　楠竹文化

出版发行　中国书籍出版社

地　　址　北京市丰台区三路居路 97 号（邮编：100073）

电　　话　（010）52257143（总编室）　（010）52257140（发行部）

电子邮箱　eo@ chinabp. com. cn

经　　销　全国新华书店

印　　刷　英格拉姆印刷（固安）有限公司

开　　本　787 毫米×1092 毫米　1/16

印　　张　23

字　　数　412 千字

版　　次　2024 年 9 月第 1 版　2024 年 9 月第 1 次印刷

书　　号　ISBN 978-7-5068-5262-3

定　　价　158.00 元

《2023—2024 中国数字出版产业年度报告》课题组

组　　长　崔海教

副 组 长　王　飚　李广宇

课题组成员　毛文思　郝园园　孟晓明　徐楚尧

刘玉柱　宋迪莹　薛　创

《2023—2024 中国数字出版产业年度报告》撰稿人名单

撰稿人名单（按文序排列）

中国数字出版产业年度报告课题组

孙晓翠　孟祥晴　张怡曼　马　凯

吕晓峰　杨名柳　王姿懿　蒋瑞康

韩　文　王友平　李广宇　郝园园

张孝荣　毛文思　唐世发　杨兴兵

陈　磊　李　婧　肖美玲　张　博

马晋宇　马颖蕾　陆云雪　张亦驰

重庆华略数字文化研究院　尚　烨

孟　丽　孙瑞淇　于千雯　孙之路

李建红　袁华莉

2023 年度中国数字阅读报告课题组

石　昆

统　　稿　王　飚　李广宇

前　　言

《2023—2024中国数字出版产业年度报告》（以下简称"《报告》"）是自2005年以来的第16部《中国数字出版产业年度报告》。本《报告》较之以往，既有内容上的继承与延续，又有根据产业实际发展情况进行的创新。

在研究方法上，本《报告》依然采用数据实证分析与文本分析相结合的方式，且更侧重于前者。在《报告》的撰写过程中，研究人员运用产业组织经济理论着力从产业主体、产业行为、产业绩效等方面对数字出版产业进行了深入分析，主要通过对各领域从业企业规模、生产规模、用户规模、运营及赢利状况等方面的大量一手数据的梳理、解析，用图表形式呈现，这正恰恰是以往相关报告所缺乏的。同时，本《报告》对我国数字出版产业的环境加以阐析，以求对我国数字出版产业的脉动进行准确把握。这些努力可能会有利于读者较好地把握我国数字出版产业现状；同时，也能了解到发展的来龙去脉及其因果联系。

本《报告》是中国新闻出版研究院的课题。中国新闻出版研究院副院长崔海教担任课题组组长、数字出版研究所所长王飚与数字出版所副所长李广宇担任副组长，共同主持了本《报告》的撰写，并对主报告和有关分报告作了必要的把关及修改工作。中国新闻出版研究院数字出版研究所、中国音像与数字出版协会、同方知网、山东大学、武汉大学、中文在线、上海理工大学、重庆华略数字文化研究院、人民教育出版社人教研究院等机构的部分研究人员、业界专家共同参与了本报告的撰写工作。

本《报告》全书统稿工作由王飚、李广宇负责，毛文思协助完成；部分报告中的数据采集与分析、表格制作由徐楚尧完成。

为数字出版产业的规划和发展提供连续、可比的数据依据，是编写数字出版产业报告的一个重要思路。但鉴于我们的力量和水平还很有限，本《报告》

在专题设置、结构布局及数据获取上都有不尽如人意之处，有个别分报告还略显单薄，甚至难免会存在一些缺陷及错误，故恳请广大读者见谅，并予以指正，以便我们在今后的编撰工作中不断改进，进一步提升《中国数字出版产业年度报告》的质量和价值。

本《报告》在撰写过程中得到了多方面的帮助与支持，同方知网、重庆维普资讯等企业提供了大量一手数据；同时我们也参考了大量的相关论述及文献，虽然在《报告》中有所标注，但可能仍存在遗漏现象，在此我们一并致谢！

编　　者

2024 年 8 月 10 日

目　录

主报告

分报告

专题报告

附　录

主 报 告

培育新质生产力的中国数字出版
——2023—2024 中国数字出版产业年度报告

中国数字出版产业年度报告课题组

一、环境分析

2023 年，是贯彻党的二十大精神开局之年，也是实施“十四五”规划承前启后的关键一年。过去一年来，全球出版业持续加快数字化进程。国际方面，有声阅读呈现良好发展态势，成为出版业的新生力量；AIGC 引发的版权争议陆续涌现；短视频成为媒体内容的重要表现形式；全球数字治理合力增强。国内方面，《数字中国建设整体布局规划》出台，数字中国建设顶层设计架构趋于完备；在习近平文化思想指引下，数字出版加快培育新质生产力，高质量发展动力更加强劲；数字经济迅速发展，文化新业态、新引擎作用持续增强；技术创新应用持续活跃，产业赋能作用日益凸显；数字消费市场进一步培育，数字阅读持续良好发展。

（一）国际环境

2023 年，全球出版业情况与疫情前相比有所缓和，但不同程度地经历了成本增长、分销渠道变革等诸多压力。有声阅读持续快速发展，成为出版业重要新生力量；AIGC 技术推动出版传媒的创新变革，版权争议也由此涌现；短视频成为传媒机构内容表达的新方式；各国加快推进数字市场治理体系建设，人工智能治理成为全球化议题。

1. 欧美有声阅读市场持续增长

2023年，有声读物作为新兴数字出版形态，在欧美持续实现较快增长。据美国音频出版商协会年度消费者调查报告显示，2023年美国有声读物总收入达到20亿美元（折合人民币约145.34亿元），同比增长9%。在有声读物的忠实用户中，人均收听量为6.8本；其中，小说类有声读物收入占比最高，占有声读物总收入的64%；收入增幅最快的是历史传记类、健康保健类和宗教类。数字图书馆应用程序是美国有声读物获取的重要渠道。[①] 英国有声读物市场同样实现较快增长，有声读物已经成为英国图书消费者进入阅读市场的主要途径。据英国出版商协会《2023年出版业报告》显示，2023年有声读物销售额达到2.06亿英镑（折合人民币约19.22亿元），较上一年增长24%；有声读物下载量达到5 900万次，增长17%。[②]

越来越多的出版商和内容创作者将有声读物领域作为业务布局的重点，在声音技术与文学艺术的结合上进行创新。通过优质的录音和声音效果，带给听者更好的沉浸阅读体验。

与此同时，流媒体平台的兴起也为有声读物提供了广阔的传播渠道。主流音频流媒体平台如Audible、Spotify和Apple Podcast等积极推广有声读物，通过订阅和付费模式，使用户能够方便地获取并享受各种有声读物内容。2023年10月，知名流媒体平台Spotify在与所有主要出版商达成协议后，向英国的高级用户提供每月在该平台上免费收听15小时有声读物的权限，此举将带动有声读者用户数量进一步增长。[③]

人工智能和自然语言处理技术的进步，使得有声读物的制作质量和用户体验显著提升。通过AI技术，越来越多的出版商能够生成自然流畅的语音，降低了有声读物的制作成本，同时提高有声读物作品的品质。2023年，Google Play Books推出了一项新功能，即利用AI技术生成有声读物。该功能不仅可以为传统出版物生成高质量的有声版本，还支持多种语言和口音选择。这项技术

① 司南. 编译美国有声读物市场2023年总收入同比增长9%[EB/OL].（2024－07－11）[2024－08－20]. http：//www.cptoday.cn/news/detail/18012.

② 司南. 编译英国有声读物市场2023年销售收入同比增长24%[EB/OL].（2024－06－13）[2024－08－20]. http：//www.cptoday.cn/news/detail/17753.

③ 谢芸蔚. 编译有声读物2023年市场表现为出版商注入强心剂[EB/OL].（2023－11－27）[2024－08－20]. https：//epaper.chinaxwcb.com/app_epaper/2023－11/27/content_99834370.html.

创新极大地丰富了用户的选择，也为中小型出版商和独立作者提供了更多机会。

出版商和平台不断提高内容的多样性，以满足不同用户群体的需求。例如Spotify平台不仅是全球领先的音乐流媒体服务商，也在有声读物市场持续发力。2023年，Spotify与包括企鹅兰登书屋等在内的数家知名出版集团达成合作协议，大规模推出有声读物。这些合作使得Spotify的用户不仅可以收听音乐和播客，还可以接触到丰富的有声读物内容。目前，Spotify平台上已有超过20万种有声读物。[①]

从市场格局上来看，2023年亚马逊旗下的Audible仍然是有声读物的领头羊。而Spotify在美国有声读物市场的份额已经超过苹果公司，占比约为11%。

2. AIGC引发版权争议陆续涌现

2023年以来，以ChatGTP为代表的AI工具快速崛起，AIGC在信息领域应用日益普及，对数字内容生产范式带来深刻影响。在大大提高数字内容创作生产效率的同时，其引发的版权争议也成为全球争议的焦点。

由于法律法规滞后于技术发展，目前由AIGC引发的版权问题在世界各国都十分普遍。2023年8月，美国华盛顿一家法院裁定，根据美国政府的法律，在没有任何人类输入内容的情况下，人工智能（AI）创作的艺术作品不受版权保护。法官表示，只有人工智能与人类作者合作的作品才能获得版权，已有多份由机器创作生产的作品的版权申请被驳回。[②] 早在2023年2月，美国版权局回复美国艺术家Kristina Kashtanova获得了其漫画作品《黎明的查莉娅》（*Zarya of the Dawn*）在文字、视觉元素方面的协调和编排部分版权，其版权保护不适用于由AI绘画工具Midjourney生成的部分。[③]

2023年10月，英国四个主要出版行业协会——出版商协会、作家协会、作家许可与收藏协会和作家代理人协会发布联合声明，敦促英国政府协助解决人工智能工具不受限制和不透明的发展，以确保受版权保护的作品不再被无偿利用。[④]

---

① 李彦慧，黄月. Spotify进军有声书：将压低作者版税，还是扩大书籍受众？[EB/OL].（2024-02-03）[2024-08-20]. https://new.qq.com/rain/a/20240203A02YSV00.

② 财联社美国法官最新裁定：纯AI生成的艺术作品不受版权保护[EB/OL].（2024-08-22）[2024-08-20]. https://www.cqcb.com/shuzijingji/2023-08-22/5351612_pc.html.

③ 程茜美国版权局：AI作图不受版权保护[EB/OL].（2023-02-23）[2024-07-31]. https://new.qq.com/rain/a/20230223A03WUE00.

④ 刘亚光 编译. 英国出版业敦促解决人工智能侵权问题[EB/OL].（2023-11-20）[2024-08-20]. http://www.cptoday.cn/news/detail/16674.

自此科技公司与传统出版商的矛盾日益凸显，版权争议案件不断涌现。2023 年 12 月，《纽约时报》以侵犯版权为由起诉了 OpenAI 和微软两家公司。《纽约时报》称其发布的数百万篇文章在未经许可的情况下被用于训练被诉两家公司旗下的自动聊天机器人，而由这些机器人撰写的稿子已被视为可靠的信息来源，与包括《纽约时报》在内的新闻媒体展开直接竞争，不仅对传媒单位带来严重冲击，机器人也涉嫌侵权，因此《纽约时报》主张被告应为非法复制和使用该公司的作品，承担数十亿美元的损失负责。同时要求被告销毁使用其版权材料的任何 AI 模型和训练数据。[①]

从各国政府对侵权行为的处理情况来看，目前英国是少数几个从法理上对部分 AIGC 内容给予"作品"认定的国家之一。在特定条件下，人类对 AI 的创作过程有足够指导和控制，这部分内容可能被视为具有独创性，从而获得版权保护，版权通常归属于对 AI 操作负有主要责任的人类主体。美国法律对于人工智能创作的艺术作品则不授予版权保护。

3. 媒体内容整合短视频化趋势明显

短视频平台的兴起，使人们获取信息的渠道发生巨大改变，不仅包括娱乐、阅读，短视频也成为年轻受众获取包括新闻资讯在内的信息的重要方式。不仅是传统新闻网站，传统的社交媒体平台的流量也呈现显著下滑，而短视频平台新闻消费量则有显著提升。Facebook 的新闻网站流量自 2023 年以来下降了 48%，而 Twitter（现称"X"）的流量也减少了 27%。美国通过 TikTok 获取新闻的用户比例达到 14%，较 2020 年增长 11%。[②] 特别是 30 岁以下的成年人中，这一比例更是从 2020 年的 9% 达到 32%。相比之下，其他传统社交媒体平台如 Twitter、Reddit、Snapchat 和 Facebook 在新闻消费方面的数据均呈下降趋势，新闻信息平台受众迁移趋势明显。

国外新闻媒体机构纷纷调整策略拓展传播渠道，加大对以 TikTok 为主的短视频平台布局，以触达并影响年轻受众。目前，已有超过半数的有规模的新闻机构定期在短视频平台上更新内容，包括《华盛顿邮报》《洛杉矶时报》等传

---

① 胡含嫣. 纽约时报起诉微软和 OpenAI 侵权：擅用报道训练大模型，损失数十亿[EB/OL].(2023-12-28)[2024-08-20]. https://www.cqcb.com/shuzijingji/2023-12-28/5465427_pc.html.

② 邓培山，王焕超. 短视频重塑新闻业，短视频新闻兴起[EB/OL].(2024-03-13)[2024-08-20]. https://new.qq.com/rain/a/20240313A069JU00.

统媒体，它们不再是简单的媒介形式的转换，即把新闻内容用“视频画面剪辑 + 配音效”的方式进行呈现，而是基于媒介特性的深度转型与适配，在叙事方式和话语表达上进行创新，更容易为年轻受众所接纳。《华盛顿邮报》为了提升短视频播报水平，特别聘请了专业的视频制作人担任主理人，以“程序猿”的形象出镜进行新闻报道，且以轻松幽默的风格讨论严肃的新闻议题。英国《经济学人》在短视频新闻方面则继续保持着以往较为严肃的风格与特色，以连续叙事的方式对严肃议题进行深度阐释报道。值得一提的是，除了专业新闻媒体机构的入驻，在短视频平台还涌现了一批原生新闻视频博主，他们对新闻内容源作出了重要补充，并提供了区别于媒体机构的新闻视角。这些博主更加关注本地化新闻和热点社会新闻，在新闻视频中有更多主观视角和受众思维。

短视频新闻凭借互动性、直观性、引导性强等特点，对新闻资讯的生产制作范式和传播方式带来深刻影响。对于主流媒体而言，拥抱短视频已成为媒体寻求发展的重要增长点。通过借助短视频的优势，主流媒体机构可以提升舆论引导力和公信力，极大地提升了用户体验和黏性。

4. 全球数字市场治理不断强化

伴随全球政治经济环境日益复杂多变，世界数字经济发展迅速但不均衡，全球数字化转型步伐大幅加快，但数字治理规则不健全、秩序不合理等问题仍然突出。各国围绕数字技术产业竞争、国际规则及技术标准的博弈日趋激烈，全球数字治理步伐加快。由于世界各个国家地区因政治制度、法律体系和文化系统存在差异，对数字内容生态治理有着不同的态度和举措。

2023 年 8 月 25 日，欧盟数字监管法规《数字服务法》（*Digital Services Act*，简称 DSA）正式生效，该法率先适用于亚马逊、苹果、谷歌、Meta、微软等超大型在线平台，旨在规范数字市场，特别是数字企业之间的竞争，避免大型跨国科技企业凭借垄断优势在欧洲市场过度扩张。该法于 2024 年 2 月 17 日，面向除小微型企业外，所有在当地拥有用户的在线平台生效，以促进数字环境更加公平、透明、安全。① 2024 年 3 月，美国国会众议院以“维护国家安全”的名义，通过了《保护美国人免受外国对手控制应用程序侵害法案》（被称为

① 三易生活. 欧盟《数字服务法》日前已正式面向全平台生效[EB/OL].（2024 - 02 - 18）[2024 - 08 - 20]. https://new.qq.com/rain/a/20240218A06E6F00.

"TikTok 剥离法案"①)。该法案可以看作是对以 TikTok 为代表的脱胎于其他国家崛起的数字平台企业的一种无端打压，是对市场治理的一种滥用，与开放包容原则相背离。

数字技术应用带来的发展红利和全球性挑战同步显现，特别是以 AIGC 为代表人工智能技术领域的快速发展，使全球数字治理面临更加严峻的考验。前沿人工智能"飞跃"突破敲响网络安全警钟，涌现出伦理偏见、虚假信息、隐私泄露、版权侵权等诸多风险，让人工智能治理成为一项全球性议题，得到各国的高度重视。② 2023 年 10 月 30 日，美国拜登政府针对安全、可靠及可信赖的人工智能发布行政命令，围绕保护美国用户隐私、促进公平和公民权利、维护消费者和工人权益、促进创新竞争等 8 个方面对人工智能应用作出规定。③在人工智能治理方面，欧盟采取横向监管模式，即按照应用场景划分，对人工智能系统实行分级监管，重点针对高风险系统规定了前置审查程序和合规义务，并强化对通用型人工智能系统的监管。2023 年 12 月，欧洲议会、欧盟成员国和欧盟委员会三方就《人工智能法案》达成协议；2024 年 5 月 21 日，欧盟理事会正式批准《人工智能法案》，该法案是全球首部全面监管人工智能的法规，旨在维护民主、人权和法治的同时，推动普及值得信赖的人工智能。④

可以看到，全球人工智能治理从伦理原则等软性约束，迈向全面且具有可操作性的法律规制阶段，全球各地围绕人工智能治理已初步达成共识。2023 年 10 月，由中国提出了联合国首份关于人工智能能力建设国际合作的决议——《全球人工智能治理倡议》，强调人工智能发展应坚持以人为本、智能向善、造福人类的原则。该倡议为全球人工智能治理贡献了中国智慧，已于 2024 年 7 月第 78 届联合国大会协商一致通过。

---

① 王义桅，约瑟夫·马奥尼（Josef Mahoney），白乐. TikTok 剥离法案走向仍不明朗[EB/OL].(2024-08-27) [2024-08-28]. https://www.163.com/news/article/JAJCDL710001A1UG.html.

② 中国信通院. 全球数字治理白皮书（2023 年）[EB/OL].(2024-03-13) [2024-08-20]. https://stock.finance.sina.com.cn/stock/go.php/vReport_Show/kind/lastest/rptid/758112240398/index.phtml?cref=cj.

③ 杨清清. 美国发布人工智能行政令. 涉及 AI 安全新标准、用户隐私、AI 创新等话题[EB/OL].(2023-10-30) [2024-08-20]. https://finance.sina.com.cn/tech/roll/2023-10-30/doc-imzswzye3619510.shtml.

④ 秦天弘. 欧盟《人工智能法案》生效 将完善监管规则[EB/OL].(2024-08-06) [2024-08-20]. http://www.jjckb.cn/20240806/d13e4614ee694e7db6b5063c033b39e1/c.html.

（二）国内环境

2023年，数字中国建设体系化布局更加系统完备，数字出版在数字中国建设中的定位更加明确，在习近平文化思想指引下，数字出版加快培育新质生产力，高质量动力更加强劲；数字经济持续快速发展，文化新业态不断涌现；多项技术领域取得突破进展，科技创新对产业赋能更加凸显；数字消费市场持续培育壮大，数字阅读保持良好发展态势。

1. 数字中国整体布局趋于完备

过去一年来，数字中国建设整体布局趋于完备，国家文化数字化战略持续深入推进，数字文化建设高质量发展制度保障持续夯实。

2023年2月发布的《数字中国建设整体布局规划》对数字中国建设进行了系统性谋划和体系化布局。数字中国建设按照“2522”的整体框架进行布局，夯实数字基础设施和数据资源体系“两大基础”，推进数字技术与经济、政治、文化、社会、生态文明建设“五位一体”深度融合。明确提出要打造自信繁荣的数字文化，加强优质网络文化产品供给，推进文化数字化发展，深入实施国家文化数字化战略，加快发展新型文化企业、文化业态、文化消费模式。数字出版作为数字文化的重要构成，在建设数字中国、发展数字经济中的定位更加明确，作用更加突出。2023年全国两会印发的《党和国家机构改革方案》中提出组建国家数据局。当年10月，国家数据局正式挂牌成立。作为负责协调推进数据基础制度建设的专门机构，该机构将统筹推进数字中国、数字经济、数字社会规划和建设，统筹数据资源整合共享和开发利用等。①

担负起新的文化使命，不断推动数字文化建设，探索数字文明新形态，是数字时代我国文化建设的重要任务。从整体框架明确到专门机构的组建，以及《关于促进数据安全产业发展的指导意见》《数字经济促进共同富裕实施方案》《“数据要素×”三年行动计划（2024—2026年）》《关于加强数据资产管理的指导意见》等相关政策文件的陆续出台，数字中国建设制度保障不断夯实，数字出版在迎来更大发展空间的同时，也将承担起更重的责任使命。

① 严赋憬，陈炜伟. 国家数据局揭牌[EB/OL].（2023-10-25）[2024-08-20]. http://www.xinhuanet.com/info/20231025/dcd081099db847699ff4b917ef3ae7e8/c.html.

2023 年 9 月，习近平总书记在黑龙江考察调研时首次提出“新质生产力”的概念，指出“新质生产力是创新起主导作用，具有高科技、高效能、高质量特征，符合新发展理念的先进生产力质态”①，为高质量发展提出了科学指引。2024 年政府工作报告将“加快发展新质生产力”列为 2024 年政府工作任务的首位。数字出版是出版业转型升级、融合发展的重要方向，是文化领域发展新质生产力的重要抓手。

2023 年 10 月，全国宣传思想文化工作会议上首次提出习近平文化思想。这一重要思想是新时代党领导文化建设实践经验的理论总结，是指导当前乃至今后文化建设的行动纲领，标志着党中央对中国特色社会主义文化建设规律的认识达到了新高度，为数字出版高质量发展提供了重要指引。2023 年 12 月，国家发改委印发《产业结构调整指导目录（2024 年本）》，“可穿戴智能文化设备”“互动视频、VR 视频、沉浸式视频、云游戏等高新视频开发和应用”“国家文化专网及国家文化大数据体系建设”等首次纳入鼓励类目录，为数字内容产业结构优化升级提供重要政策指引。②

2. 数字经济成为发展新质生产力的核心

2023 年，伴随数字中国建设取得重大进展和成效，数字经济规模持续稳健增长。2023 年，我国数字经济规模达到 53.9 万亿元，占 GDP 比重达 42.8%，同比名义增长 7.39%。数字经济增长对 GDP 增长的贡献率为 66.45%。其中，2023 年我国数字产业化规模达 10.09 万亿元，同比名义增长 9.57%。数字经济和实体经济融合持续深入。产业数字化规模为 43.84 万亿元，同比名义增长 6.90%。2023 年，我国第一、第二、第三产业数字经济占行业增加值比重（数字经济渗透率）分别为 10.78%、25.03% 和 45.63%。③

2023 年，作为数字经济的核心资源和发展引擎，我国数据规模持续较快增长，全年数据生产总量达 32.85ZB，同比增长 22.4%，场外数据交易处于

① 康凤云，邹生根. 深刻把握新质生产力的科学内涵、鲜明特征与培育路径[EB/OL].（2024-05-24）[2024-08-20]. http://www1.xinhuanet.com/politics/20240524/9dbc1983a40744468ab914311c8ff391/c.html.

② 国家广播电视总局官网.“国家文化专网及国家文化大数据体系建设”首次纳入国家发改委《产业结构调整指导目录（2024 年本）》[EB/OL].（2024-01-10）[2024-08-20]. http://www.cbn.cn/art/2024/1/10/art_95_42751.html.

③ 苏晓. 数字经济成为发展新质生产力重要支撑 2023 年我国数字经济占 GDP 比重达到 42.8%[EB/OL].（2024-08-30）[2024-08-31]. https://www.cnii.com.cn/rmydb/202408/t20240830_597714.html.

主导地位，场内数据交易规模快速增长。以上海数据交易所为例，2023 年场内交易规模由 2022 年的 1 亿元增长至 11 亿元以上，实现大幅增长。2024 年 1—5 月规模已与 2023 年全年持平，预计 2024 年全年同比增长 3—4 倍。[①]

数字经济已逐渐成为发展新质生产力的核心驱动力。全国规模以上文化及相关产业企业作为数字经济的重要构成，2023 年实现营业收入 129 515 亿元，比上年增长 8.2%。文化新业态行业对全部规模以上文化企业营业收入增长的贡献率为 70.9%。其中，可穿戴智能文化设备制造、数字出版、多媒体游戏动漫和数字出版软件开发、互联网搜索服务、娱乐用智能无人飞行器制造、互联网其他信息服务 6 个行业小类营业收入增速较快，分别为 24.0%、21.6%、19.4%、19.3%、17.9% 和 16.5%。[②] 2023 年，我国规模以上互联网和相关服务企业完成互联网业务收入 17 483 亿元，同比增长 6.8%。其中，以信息服务为主的企业（包括新闻资讯、搜索、社交、游戏、音乐视频等）互联网业务收入同比增长 0.3%。[③]

3. 科技创新持续实现突破

2023 年至今，我国在基础网络建设、量子计算领域、AI 大模型方面取得重大进展，为进一步推动数字经济发展奠定了坚实基础。截至 2023 年底，我国累计建成 5G 基站 337.7 万个；三大电信运营商积极探索 6G 智能网络，推进 5G－A/6G 技术创新、天地一体产业链布局，云计算、车联网、物联网的发展进入了快车道。[④] 同时，我国提供算力服务的在用机架数达到 810 万标准机架，算力总规模居全球第二位；我国智能算力占比由 11% 增长至 65%，过去 5 年平均增速 117%，高于全球增速。[⑤] 高性能计算持续处于全球第一梯队。过去一年

---

① 志广. 数据要素政策密集出台 推动数据产业发展[EB/OL].（2024－08－22）［2024－08－30］. https：//www.cnii.com.cn/rmydb/202408/t20240822_595275.html.

② 国家统计局网站. 国家统计局解读 2023 年全国规模以上文化及相关产业企业数据[EB/OL].（2024－01－30）［2024－07－15］. https：//www.gov.cn/lianbo/bumen/202401/content_6929148.htm.

③ 澎湃新闻·澎湃号·媒体. 去年我国规上互联网企业完成互联网业务收入 17 483 亿元同比增长 6.8%[EB/OL].（2024－02－03）［2024－07－15］. https：//www.thepaper.cn/newsDetail_forward_26252375.

④ 王悦阳，张辛欣. 我国 5G 基站总数达 337.7 万个[EB/OL].（2024－01－19）［2024－07－15］. https：//www.gov.cn/lianbo/bumen/202401/content_6927123.html2024－07－15.

⑤ 通信世界网. 2023 年我国算力规模达 450EFlops，智算占比突破 60%[EB/OL].（2024－04－24）［2024－07－15］. http：//xxzx.fujian.gov.cn/jjxx/xxhdt/202404/t20240424_6438625.htm.

来，AI 大模型、量子计算 6G 网络等领域持续的技术创新，都将深刻改变数字出版行业的运作方式。

2023 年，我国 AI 大模型发展进入快车道。据爱企查数据显示，在短短的八个月内中国诞生了 238 个大模型，显示了中国在 AI 大模型领域的快速进步和创新能力。AI 大模型的迭代和进化依赖于智能互联网提供的实时反馈和更新，使得模型能够不断学习新知识，适应环境变化，持续改进性能。智能互联网为 AI 大模型提供了丰富的应用场景和数据资源，而 AI 大模型则通过其强大的计算能力和智能决策能力，推动智能互联网向着更加智能化、个性化和高效化方向发展。2023 年以来，国内大型互联网企业相继发布大模型。3 月，百度发布文心一言，率先迈出国内大语言模型发布的第一步。此后，阿里的通义千问、科大讯飞的星火认知大模型、华为的盘古大模型、字节跳动的豆包大模型、腾讯的混元大模型等相继发布。AI 技术应用迈向更深层次，全方位赋能产业升级。以游戏产业为例，《中国游戏产业新质生产力发展报告》指出，2023 年游戏产业的人工智能应用率达到 99%。这意味着游戏开发者正在广泛使用 AI 技术来优化游戏体验、开发新的玩法以及提升开发效率。该报告还指出，游戏产业与人工智能技术之间存在深度共生关系，两者相互驱动发展，AI 技术成为游戏产业发展新质生产力的关键性要素。可见，规模以上文化企业和互联网企业是推动新质生产力发展的重要力量，它们通过技术创新、内容创新、模式创新等途径，促进了文化产业的转型升级。通过对数字经济的积极参与和贡献，不仅促进了自身的成长，也为国家经济结构优化和产业升级作出了贡献。

在量子计算领域，由俞大鹏院士带领的南方科大团队深圳量子研究院超导实验室联合福州大学团队基于超导量子线路，通过主动的重复错误探测和纠错过程实现延长量子信息的存储时间超越盈亏平衡点，在国际上尚属首次。① 中国科学技术大学等单位的研究人员成功实现 51 个超导量子比特簇态制备和验证，刷新了所有量子系统中真纠缠比特数目的世界纪录，并首次演示了基于测量的变分量子算法。②

---

① 马芳. 深圳量子研究院取得国际首例“量子纠错”重大突破！[EB/OL].（2024－03－23）[2024－07－15]. https：//new. qq. com/rain/a/20230323A03NY300.

② 刘梦雅. 我科学家成功制备并验证 51 个超导量子比特的真纠缠[EB/OL].（2024－07－13）[2024－07－15]. https：//www. ncsti. gov. cn/kjdt/ztbd/hljslzds/202308/t20230802_ 129890. html.

2023年12月5日，我国6G推进组首次对外发布《6G网络架构展望》和《6G无线系统设计原则和典型特征》等技术方案，为6G从万物互联走向万物智联提供技术路径。6G网络带来更高的数据传输速度，这意味着数字出版物中的高分辨率图像、视频和其他富媒体内容可以更快速地下载和流式传输，能够为用户提供无缝衔接的体验。虚拟现实技术在6G时代将获得更加广泛的应用，出版商能够创建高度沉浸式的数字内容，如虚拟旅游指南、互动式历史再现等。6G网络的高性能、量子计算强大的计算能力和AI集成可以使内容更加个性化，根据用户的喜好和行为调整出版物的内容和呈现方式。能够分析用户的行为和偏好，提供高度个性化的阅读建议。不仅大大提升了用户体验，还促进了内容创新和技术进步。

4. 数字阅读需求持续增长

2023年，我国整体消费呈现温和上涨态势，居民消费意愿有所回升，其中旅游出行、文体娱乐等服务消费较为活跃。据国家统计局发布的相关数据显示，2023年我国人均教育文化娱乐消费支出2 904元，增长17.6%，占人均消费支出的比重为10.8%。[①]

以直播带货为代表的新业态新商业模式持续快速发展，户外场景和升级类商品线上消费需求旺盛，远程医疗、数字娱乐等信息类服务消费延续快速增长态势。消费领域电商交易额增势良好，生产领域电商交易额稳定增长，跨境电商发展潜力进一步释放，已成为外贸发展的新动能。

2023年，全国网上零售额达15.4万亿元，比上年增长11.0%，增速加快了7.0个百分点，其中，实物商品网上零售额增长8.4%，增速高于社会消费品零售总额1.2个百分点；电子商务市场规模再创新高，全国电子商务平台交易额为46.8万亿元，按可比口径比上年增长9.4%；跨境电商进出口总额为2.38万亿元、增长15.6%，其中出口1.83万亿元、增长19.6%。[②]

据中国互联网络信息中心（CNNIC）《第53次中国互联网络发展状况统计报告》显示，截至2023年12月，中国网民规模达到10.92亿，互联网普及率

---

① 国家统计局网站. 2023年居民收入和消费支出情况[EB/OL].（2024－01－17）[2024－07－15]. https：//www.stats.gov.cn/sj/zxfb/202401/t20240116_1946622.html.

② 董蓓. 国家统计局发布数据显示——2023年我国经济发展新动能持续增强[EB/OL].（2024－09－01）[2024－09－02]. https：//www.gov.cn/lianbo/bumen/202409/content_6971691.htm.

为77.5%。其中，网络视频（含短视频）成为网民使用率最高的应用，达97.7%。即时通信排名第二，网民使用率为97.0%。短视频规模持续增长，网民使用率达到96.4%。2023年，网络购物和网络直播网民使用规模的增长幅度均超过8%。网络直播成为网络购物的重要渠道。电商直播用户规模达到5.97亿人，占网民整体的54.7%。网络音乐和网络文学的网民使用率分别为65.4%和47.6%。①

过去一年来，数字阅读用户阅读市场稳步增长，在满足人民精神生活需求中发挥着更大作用。据中国音像与数字出版协会发布的《2023年度中国数字阅读报告》显示，2023年我国数字阅读用户规模达5.7亿，同比增长7.53%，数字阅读用户规模占网民规模的比例首次超过50%。大众阅读市场营收为407.12亿元，有声阅读116.35亿元，专业阅读43.54亿元。②

中国成年国民阅读习惯正逐步向数字化转型，数字化阅读方式成为提升综合阅读率的主要驱动力，尤其以手机阅读和听书视频等新兴形式最为显著。据中国新闻出版研究院《第二十一次全国国民阅读调查成果》显示，2023年我国成年国民包括书报刊和数字出版物在内的各种媒介的综合阅读率为81.9%，较2022年的81.8%提升了0.1个百分点；数字化阅读方式接触率为80.3%，较2022年的80.1%增长了0.2个百分点。听书和视频讲书日益成为国民青睐的阅读方式，2023年有36.3%的成年国民通过听书的方式进行阅读；4.4%的成年国民通过视频讲书的方式进行阅读。③

二、中国数字出版产业规模分析

2023年，我国数字出版产业加快培育新质生产力、持续推进高质量发展，

---

① 中国互联网络信息中心. 第53次中国互联网络发展状况统计报告[EB/OL].（2024-04-03）[2024-07-10]. https://t.cj.sina.com.cn/articles/view/1577794853/5e0b3d2501902397c.

② 王景平. 数字阅读用户规模达5.70亿《2023年度中国数字阅读报告》重磅发布［EB/OL］.（2024-04-24）［2024-07-10］. https://new.qq.com/rain/a/20240424A06NP800.

③ 王鹏，字强. 第二十一次全国国民阅读调查成果发布[EB/OL].（2024-04-23）[2024-07-10]. https://www.nationalreading.gov.cn/wzzt/2024qmyddh/cgfb/202404/t20240424_844854.html.

展现出强劲的发展活力。产业整体规模全年达到 16 179.68 亿元，比上年增加 19.08%。[①] 其中，互联网广告、网络游戏、在线教育、数字音乐依然排在收入榜前 4 位。

（一）整体收入规模增速明显

2023 年，在数字出版产业收入规模中，互联网期刊收入达 34.89 亿元，电子书达 73 亿元，数字报纸（不含手机报）达 6 亿元，博客类应用达 125 亿元，网络动漫达 364.03 亿元，移动出版（数据仅包括移动阅读）达 567.02 亿元，[②] 网络游戏达 3 029.64 亿元，在线教育达 2 882 亿元，互联网广告达 7 190.6 亿元，数字音乐（包括在线音乐、音乐短视频、音乐直播、在线 K 歌业务）达 1 907.5 亿元（见表 1）。

表 1　2014—2023 年中国数字出版产业收入情况[③]

单位：亿元

数字出版分类 \ 年份	2014	2015	2016	2017	2018	2019	2020	2021	2022	2023
互联网期刊	14.30	15.85	17.50	20.10	21.38	23.08	24.53	28.47	29.51	34.89
电子书	45.00	49.00	52.00	54.00	56.00	58.00	62.00	66.00	69.00	73.00
数字报纸	10.50（不含手机报）	9.60（不含手机报）	9.00（不含手机报）	8.60（不含手机报）	8.30（不含手机报）	8.00（不含手机报）	7.50（不含手机报）	6.70（不含手机报）	6.40（不含手机报）	6.00（不含手机报）
博客类应用	33.20	11.80	45.30	77.13	115.30	117.70	116.30	151.56	132.08	125.00
移动出版	784.90（未包括移动动漫）	1 055.90（未包括移动动漫）	1 399.50（未包括移动动漫）	1 796.30（未包括移动动漫）	2 007.40（未包括移动动漫）	2 314.82（未包括移动动漫）	2 448.36（未包括移动动漫和移动音乐）	415.70（仅包括移动阅读）	463.52（仅包括移动阅读）	567.02（仅包括移动阅读）

① 由于 2023 年数字音乐数据项相较于 2022 年包含的范围发生变化，故增幅数据勿要与往年数据进行比较，仅供参考。

② 继 2020 年将移动音乐数据归于数字音乐、2022 年将移动游戏数据归入网络游戏模块计算后，移动出版模块数据主要由移动阅读数据进行体现。

③ 数据说明：因数字出版产业发展越来越快，产业间的融合趋势日益明显、边界趋向模糊，数据之间不可避免地存在交叉，且交叉部分不易确定厘清；又因早期数据计算方法接近，对数据进行简单相加汇总尚可体现出产业基本发展情况，但近年来数据计算方法多样，对数据进行简单汇总相加、计算占比已没有意义了，故本报告 2023 年的总计数据仅供参考。

续表

年份 数字出版分类	2014	2015	2016	2017	2018	2019	2020	2021	2022	2023
网络游戏	869.40	888.80	827.85	884.90	791.10	713.83	635.28	2 965.13	2 658.84	3 029.64
网络动漫	38.00	44.20	155.00	178.90	180.80	171.00	238.70	293.40	330.94	364.03
在线教育	—	180.00	251.00	1 010.00	1 330.00	2 010.00	2 573.00	2 610.00	2 620.00	2 882.00
互联网广告	1 540.00	2 093.70	2 902.70	2 957.00	3 717.00	4 341.00	4 966.00	5 435.00	6 639.20	7 190.60①
数字音乐	52.40	55.00	61.00	85.00	103.50	124.00	710.00	790.68	637.50	1 907.50②
合计	3 387.70	4 403.85	5 720.85	7 071.93	8 330.78	9 881.43	11 781.67	12 762.64	13 586.99	16 179.68

由表1我们发现，互联网期刊收入规模从2022年的29.51亿元增长至2023年的34.89亿元，增长率为18.23%，已冲上30亿元大关，接近35亿元。电子书（e-book）收入规模2022年为69亿元，2023年达到73亿元，增长率为5.8%。电子图书在2021年至2023年的平均增速达到5.6%以上，发展势头向好。

按照自2021年调整后的数字出版产业收入规模计算模块来看，2023年移动出版收入规模为567.02亿元，增长率为22.33%，高于2023年数字出版整体收入增长率。这表明移动出版依然保持着较高的发展活力，具有较强的发展后劲。

（二）传统书报刊数字化收入增幅上涨

图书、报纸、期刊作为我国新闻出版单位的主营业务，肩负意识形态主阵地的重要职责与使命，一直颇受重视。传统出版单位以习近平文化思想为指导，培育出版新质生产力，深入推动融合发展，将新理念与新实践有机结合，提升传统书报刊数字化业务比重，满足人民群众对追求美好生活的精神需求。

从表1我们可以看出，2023年互联网期刊、电子书、数字报纸的总收入为113.89亿元，相较于2022年的104.91亿元，增幅为8.56%。与2022年的增幅3.7%相比，增长明显。这表明我国新闻出版单位经过多年的探索，内容资

---

① 国家市场监管总局. 2023年我国广告业实现快速增长[EB/OL].(2024-04-28)[2024-07-18]. https://www.samr.gov.cn/xw/zj/art/2024/art_96c406c98ad642548a766e8766d09e2a.html.

② 数据来源：中国音像与数字出版协会，2023年中国数字音乐市场总规模的数据包括在线音乐、音乐短视频、音乐直播、在线K歌业务等模块。

源的价值利用与挖掘能力不断提升，业务拓展能力不断增强，新兴科技应用能力不断提高，带动数字化业务的规模实力与发展能力不断跃升。

（三）新兴板块发展势头依然强劲

2023 年，在线教育收入规模为 2 882 亿元，网络动漫收入规模为 364.03 亿元。数据显示，这两个板块增幅明显。这表明职业教育依然发挥着重要支撑作用；需要注意的是，新技术赋能的学习机市场也得到有效开发，带动素质教育保持快速发展；职业教育与素质教育共同发力，为在线教育稳定发展提供保障。网络动漫在 2023 年坚持走精品路线，立足优质资源，进行深度开发，不断推出高品质作品，打造知名品牌体系，持续对品牌 IP 进行多元化开发；扎实推进市场调研，明晰用户画像，有效提升内容作品的针对性与适用性，为网络动漫产业化、精品化发展夯实基础。

三、中国数字出版产业态势分析

2023 年是新冠疫情防控转段后经济恢复发展的一年，也是数字中国建设全面部署之年。在经济回暖和改革发展稳定任务等压力下，中国数字出版仍然保持良好发展态势。精品建设进一步加强，社会价值引领作用显著提升；出版融合发展路径进一步开拓，持续构建多元发展格局；人工智能应用持续深入，全方位赋能产业创新发展；网络文学提质升级，全版权运营更加成熟；数字教育持续健康发展，教育服务体系加快建设；全媒体营销体系趋于成熟，品牌建设能力进一步提升；“走出去”步伐稳健，国际传播效能持续增强；产业保障体系持续健全，高质量保障机制持续完善；新型出版人才培养稳步推进，人才发展机制进一步健全。具体而言，过去一年来，中国数字出版产业呈现以下发展态势。

（一）精品内容建设持续加强，价值引领作用更加凸显

2023 年以来，以党的二十大精神为指引，在主管部门的积极引导下，数字出版持续推进阵地建设，精品内容建设持续加强，社会价值引领作用进一步凸

显。数字出版已成为主题出版宣传的重要途径。在入选“中宣部 2023 年主题出版重点出版物选题”的出版项目中，有多个融媒体出版项目。如中国言实出版社《新时代 · 我在中国》整理相关视频素材，与人民网等机构单位合作共同打造融媒特色出版物。北京师范大学音像电子出版社的《高质量共建一带一路：从思想到行动》（听书版），选取了同名纸质丛书总论性质的内容，让读者在较短时间了解该主题的理论要点和主要成果。学习出版社的融媒体出版物《田野之上》借助电视台、网络视频平台、短视频平台等，聚焦乡村振兴主题，通过真实记录中国乡村振兴的人物风貌和动人故事，展现直观、有温度的新时代乡村影像。① 在“2023 年度数字出版精品遴选推荐计划”入选的 41 个项目中，有多个主题出版选题。其中，红岩春秋杂志社（今日重庆杂志社）结合党史学习教育需求打造的“红岩精神学习研究宣传数字服务项目”，以移动化、知识化、数据化、视听化的新型出版产品形态和传播方式，搭建红岩精神学习研究服务平台。荣宝斋的《荣宝斋红色经典书画鉴赏百帧》（融合出版）从原书中精选出《万山红遍》《嘉兴南湖》等 16 幅画作，以动态数字呈现方式，并配以真人原声朗诵和丰富的音效生动立体地阐述作品背后的故事，着力提升红色主题作品的感染力、亲和力。②

数字出版成为弘扬中华优秀传统文化的重要途径。多家出版单位基于自身资源优势，促进中华优秀传统文化的创新性发展、创造性转化。中国数字文化集团有限公司的《中国戏曲影像库》通过数字化手段将中国传统戏曲剧目制作为高质量影像库，成为戏曲文化传播的重要平台。中华优秀传统文化成为网络文学、动漫、网络游戏等网络文化形态的重要主题元素。2023 年 11 月，国家新闻出版署下发“实施网络游戏精品出版工程”的通知，重点围绕传播社会主义核心价值观、传承中华优秀传统文化、展现新时代发展成就和风貌、促进科技创新和新技术应用、具有国际市场潜力等方向，推选一批价值导向正确、富有文化内涵、寓教于乐的网络游戏精品，引导网络文学弘扬正能量，传递主旋

① 范燕莹. 为主题出版插上融媒翅膀[EB/OL].（2024-03-18）[2024-07-10]. https：//epaper. chinaxwcb. com/app_ epaper/2024-03/18/content_ 99839160. html.

② 任双伟. 2023 年度出版融合发展工程——中国出版集团入选数字出版精品、示范单位数量名列第一[EB/OL].（2023-09-29）[2024-07-10]. http：//www. cnpubg. com/news/2023/0929/62763. shtml.

律。[①] 习近平文化思想为数字出版高质量发展提供了更加强劲的精神指引，将推动数字出版精品建设迈向更高水平、更深层次。

（二）出版融合路径进一步开拓，多元化发展优化业态布局

2023 年以来，伴随着国家文化数字化战略的深入实施，在数字中国建设整体布局规划的指引下，出版业对于自身定位和主要任务有了更加深刻的认识，对融合发展的紧迫性和必要性进一步提升，持续拓展转型和融合发展的方向路径。

过去一年来，主管部门持续实施出版融合发展工程，2023 年从数字出版精品和示范单位两个方面推进出版融合发展。其中，有 41 个项目入选“2023 年度数字出版精品遴选推荐计划”，集中反映出版在融合发展中取得突出成效具有较强的代表性、示范性。中国出版集团旗下 5 个项目入选数字出版精品，2 家单位入选示范单位。由中国大百科全书出版社打造的“穿越时空的中国长城”融合出版项目，以长城这一中华民族的代表性符号为主题，基于 13 幅全景手绘画卷，运用虚拟成像和三维立体成像等技术手段，立体化生动讲述长城 2 000 余年历史变迁，包括同名图书、数字影像、相关文创、H5 小程序等多个产品，形成长城 IP 主题融媒体产品矩阵。[②]

过去一年来，古籍数字化搭乘国家文化数字化战略的东风展现了突出成效。习近平总书记指出，“甲骨文是迄今为止中国发现的年代最早的成熟文字系统，是汉字的源头和中华优秀传统文化的根脉”。中华书局旗下古联（北京）数字传媒科技有限公司打造的殷墟甲骨文数据库收录卜辞数量达 14 万条，集原文、释文和甲骨字典，具备甲骨文摹写字形检索功能和释文检索功能，可作为甲骨文研究和学习领域的重要工具。国家图书馆出版社有限公司和北京大学——字节跳动数字人文开放实验室联合研发“《永乐大典》高清影像数据库”，涵盖《永乐大典》高清图像、整体风貌及相关知识，并尝试对部分内容

---

① IT之家. 国家新闻出版署关于实施网络游戏精品出版工程的通知　中国出版集团入选数字出版精品、示范单位数量名列第一[EB/OL].（2023－11－17）[2024－07－10]. https://www.nppa.gov.cn/xxfb/tzgs/202311/t20231117_779954.html.

② 应妮.“穿越时空的中国·长城”数字影像首次公开展映[EB/OL].（2023－02－16）[2024－07－10]. https://www.chinanews.com/cul/2023/02-16/9954886.shtml.

做了知识标引示范，推动《永乐大典》知识体系化、功能智能化。①

可以看到，2023 年一年中，出版单位普遍加强了融合发展的统筹谋划，把数字化建设和出版融合发展放在更加重要的战略地位，结合自身优势出版资源和优势业务板块，在数字内容建设、拓展融合发展模式方面加大投入力度。石油工业出版社打造数字全媒体内容生产空间，以满足全流程数字化内容建设需求，打造多种数字精品课程，并通过整合资源、盘活老书、新书再造，打造融媒体出版项目。2023 年，为纪念"铁人"王进喜诞辰 100 周年，该社策划推出"铁人智融书架"系列产品，包括主题图书、有声资源库、智能书柜、文创产品等。同时，该社正在建设中国石油"文化中油"平台，利用自媒体运营模式，去中心化内容生产方式，召集院士学者、行业大咖、行业协会、科研院所、石油企业等入驻平台，平台发布包括图文、音视频、慢直播、动画等多种形式内容，打造石油行业文化传播平台与开放共享知识社群。②

过去一年来，立足出版主业、开展多元化经营成为出版单位打造发展新引擎的重要途径。出版业借助自身知识资源丰富的优势与文化旅游深度融合，文化研学旅游成为出版单位特别是地方出版集团拓展新业务，寻求新增长的新发力点。山东出版集团整合省内儒家文化、临沂红色资源等丰富的自然和人文资源，设立了一批研学基地，通过"营地 + 体育""营地 + 赛事""营地 + 展览"等"营地 +"运营模式，实现"文化 + 教育 + 旅游"的跨界融合。③

（三）人工智能应用持续深入，全方位赋能出版创新发展

自 2022 年底，人工智能聊天机器人 ChatGPT 出现，其在语义理解、文本创作、逻辑推理、知识问答等领域的出色表现，是人工智能在类人化与交互化方面取得的一次重大突破。Science 历年发布的年度科学十大突破，被公认为全球一年中最重大的科学发现、科学进展和趋势，其中"创造性人工智能的快速

---

① 应妮，高凯.《永乐大典》高清影像数据库上线[EB/OL].（2023－02－09）［2024－07－10］. http：//www. xinhuanet. com/shuhua/20230209/3441c7601d8345f8bc0e25f2c1a1598b/c. html.

② 冯乐凯. 数智驱动融合创新，打造专业知识服务模式[EB/OL].（2023－10－17）［2024－07－10］. http：//www. cptoday. cn/news/detail/16474.

③ 中国出版传媒商报. 山东出版集团擘画文旅研学发展蓝图[EB/OL].（2023－09－28）［2024－07－10］. https：//baijiahao. baidu. com/s？ id = 1778249852831304726&wfr = spider&for = pc.

发展”入选“2022 Science 年度十大科学突破”[①]。

过去一年来，人工智能技术在出版业中已实现了全流程、全产业链应用，促进出版业生产质量和效率全面提升，产业赋能作用进一步凸显。通过人工智能技术的推广应用，可以有效减轻编辑人员的工作负荷，提高出版效率、降低出版成本。人民邮电出版社与北京看山科技有限公司合作，应用 AI 工具进行选题开发和文稿梳理，只用一周时间就完成了内容框架的搭建和图书文稿内容撰写。看山科技有限公司聚焦的 AI 绘图，已经可以降低 80% 以上的人工绘图成本。[②]

在 AI 技术开发及应用方面，中国图书进出口（集团）总公司联合国内外 28 家出版企业，为包括图书馆等在内的公共文化服务领域提供了适应新型文化消费场景、以虚实深度合成为核心技术的新型融合解决方案。同时，结合人工智能数据处理、内容生成与智慧互动能力，形成互动型知识服务模式，拓宽了图书单一阅读形式；聚焦行业打造的出版垂类大模型，形成了人工智能驱动的产品生态体系，不仅满足出版行业应用，还向水利、农业、材料等方向延展，实现了商业化运营的服务变现。[③]

AIGC 技术的快速发展，推进很多出版机构在出版全链条加大对人工智能技术，特别是 AI 大模型的探索应用。例如人民交通出版社等多家出版机构接入百度“文心一言”，尝试将 AI 大模型运用到选题策划、编辑校对、美术设计等出版流程。2023 年初，高等教育出版社启动建设高教社 H0 大语言模型，在 H0 模型基础上通过增量预训练、微调等方式构建 H1 学科大模型、H1 编辑出版大模型，并推动各平台联动，拓展人工智能出版领域场景应用。广东省出版集团数字出版有限公司成立大模型专项小组，其团队来自涵盖技术研发、教育资源开发、市场推广等不同领域，对市场上的大模型产品进行研究，积极探索在教育出版领域落地的可能性。[④] 2023 年 12 月，中华书局古联公司与南京农业

---

① ScienceAAAS 年终重磅丨2022 Science 年度十大科学突破[EB/OL].（2022－12－20）［2024－07－15］. https：//new. qq. com/rain/a/20221220A00C1000.

② 中国出版传媒商报. 出版业务进一步被 AI 颠覆[EB/OL].（2024－07－02）［2024－07－15］. https：//www. chinawriter. com. cn/n1/2024/0702/c405057－40268528. html.

③ 许旸. 人工智能与出版业新机遇[EB/OL].（2024－03－26）［2024－07－20］. https：//www. rmzxb. com. cn/c/2024－03－26/3515185. shtml.

④ 中国出版传媒商报. 多家出版机构入局人工智能，他们摸索出了哪些门道？[EB/OL].（2024－07－18）［2024－07－20］. https：//www. sohu. com/a/794269037_ 121418230.

大学合作推出了首个古籍整理大模型——“荀子”古籍大语言模型，建设基于“四库全书”等在内的古籍文献，超过 20 亿字的大型语料库。该模型能够实现自然语言理解、自动翻译、诗歌生成、自动标引等多项功能。

2024 年 1 月，北大方正电子有限公司发布了方正星空出版大模型，面向出版、期刊等领域，推出方正智能编辑助手、方正鸿云 AI 工具集、方正智能审校 V5.0 等“智能 +”系列工具，可以辅助编辑进行内容筛选和审稿，尤其在处理大量投稿时智能编辑和审稿更有优势。机器学习算法可以快速识别并修正文本错误，检查文本是否包含敏感信息、侵权内容或不当言论，保障出版物的合规性。显著提高了编辑、校对和排版环节的自动化水平，减少人力成本，缩短出版周期。①

（四）网络文学不断提质升级，全版权运营机制更加成熟

2023 年，网络文学持续良好发展态势，向精品化、产业化、生态化的高质量发展道路进一步深化。网络文学规模体量进一步壮大。截至 2023 年 12 月，网络文学读者规模达到 5.37 亿人，为历史最高水平；网络文学作品总量超过 3 600 万部，其中年新增作品约 200 万部；中国网络文学的创作队伍进一步壮大，超过 2 400 万名。②

过去一年来，网络文学精品内容建设进一步加强。一方面，在“优秀现实题材网络文学出版工程”等有力引领下，网络文学现实题材创作水准进一步提升，创作主题进一步拓展。2023 年度新增现实题材作品约 20 万部，总量超过 160 万部，网文作家关切时代变迁、关照现实生活、关注百业百态的现实主题创作热情持续高涨。“2022—2023 年优秀现实题材网络文学出版工程”中，有 10 部作品入选。其中，《苍穹之盾》《南北通途》等作品生动书写强国建设的伟大成就；《生命之巅》《桃李尚荣》《熙南里》等作品聚焦各行各业从业者不懈奋斗的足迹；《野马屿的星海》《上海凡人传》关注城乡变迁；《粤食记》《洞庭茶师》则聚焦中华优秀传统文化传承与发展；《守鹤人》传递人与自然

---

① 新闻晨报. 首个大模型“智能 +”工具发布，推动 AI 技术在出版行业的数字化应用[EB/OL]. (2024 -01 -29) [2024 -07 -15]. http://news.sohu.com/a/755078610_121123919.

② 刘江伟，颜维琦. 2023 中国网络文学蓝皮书. [EB/OL]. (2024 -05 -27) [2024 -07 -15]. http://www.chinawriter.com.cn/n1/2024/0527/c404023 -40244118.html.

和谐共生理念，讴歌对初心的坚守。另一方面，网络文学成为弘扬中华优秀传统文化的重要载体。“国潮”成为年度创作风潮，融入不同题材类型，不止于现实、历史题材，甚至也融入了科幻题材，在促进中华优秀传统文化创造性转化和创新性发展方面展现积极作为。2023 年，阅文集团与文化和旅游部恭王府博物馆联合举办了“阅见非遗”第一届征文大赛，召集了 6 万余部作品，涉及京剧、木雕、造纸技艺、狮舞等 127 个非遗项目，摘得金奖的作品《我本无意成仙》，不仅刻画了古时各地村庙信仰和庙会风俗，还展现了评书、木雕、打铁花等传统技艺。①

科技科幻题材不断取得创新突破。中国作协实施“2023 年度中国网络科幻文学创作扶持计划”，多个网站开启科幻题材征文活动，不少网络作家纷纷转型科幻写作，将人工智能等元素融入创作，体现了网络作家对时代的热诚关切和对未来的深入思索。全年新增科幻题材作品约 25 万部，同比增长 15%，现存科幻题材作品近 200 万部。2023 年，网络文学改编影视剧授权总数超过 3 000 部，动漫改编授权总数 5 000 余部。值得一提的是，短剧成为网络文学 IP 改编的新方向，也成为多家网络文学企业布局的新赛道。2023 年，短剧行业呈现井喷式增长，全年上线微短剧超过 1 400 部，备案近 3 000 部，年度市场规模达 370 多亿元，同比增长约 268%。当年新增微短剧改编授权约 800 部，同比增长 46%。阅文集团、点众科技、中文在线、番茄小说企业纷纷入局短剧市场。阅文集团于 2023 年 12 月发布“短剧星河孵化计划”，一方面遴选出超百部阅文 IP 进行短剧改编，并征集优质原创剧本，通过自制、联合开发等方式推进优秀短剧作品孵化；另一方面设立“亿元创作基金”，在短剧改编制作、国内外发行等方面提供资金和流量扶持。② 番茄小说发起 IP 创作者扶持计划——“和光计划”，为潜力作者和优质作品提供影视化改编机会，在平台资源和宣传推广等方面给予支持。③

① 张聪. 6 万多部非遗题材网文“争锋”，《我本无意成仙》摘得金奖. [EB/OL]. (2023-10-10) [2024-07-15]. https://www.163.com/dy/article/IGN95LUM053469LG.html.

② 温婷. 阅文 CEO 侯晓楠发布“短剧星河孵化计划”：将改编百部 IP，亿元基金扶持[EB/OL]. (2023-12-06) [2024-07-15]. https://www.163.com/tech/article/IL9QBBVA00097U7R.html.

③ 新熵，白芨. 番茄想跳出“字节宿命”[EB/OL]. (2023-12-01) [2024-07-15]. https://business.sohu.com/a/740497673_250147.

（五）数字教育健康稳步发展，教育服务体系加快构建

近年来，在加快推进学习型社会建设背景下，“人人皆学、处处能学、时时可学”的全民终身学习服务体系逐步构建。教育数字化成为学习型社会建设的“倍增器”，成为推动教育现代化、实现教育公平与质量双提升的关键路径。

2023年5月，习近平总书记在主持二十届中央政治局第五次集体学习时提出，教育数字化是我国开辟教育发展新赛道和塑造教育发展新优势的重要突破口。[①] 过去一年来，国家教育数字化战略行动向纵深推进，相关统筹部署取得积极进展，国家智慧教育平台应用范围进一步扩大，功能持续优化升级。平台资源持续扩容，已汇聚中小学资源8.8万条、职业教育在线精品课程超过1万门、高等教育优质慕课2.7万门。截至2023年底，国家智慧教育平台累计注册用户已突破1亿，浏览量超过367亿次。新接入了广西、云南、甘肃等3个省级智慧教育平台，平台移动应用“智慧教育”App已上线。2023年3月，在“国家智慧教育公共服务平台”上线一周年之时，“国家智慧教育读书平台”上线。该平台依托数字技术，重点组织建设青少年读书空间和老年读书社区，通过汇聚优质资源、营造互动场景、展示阅读成果，为不同年龄群体营造读书空间，推动数字教育从校园走向社会，以教育数字化促进全民终身学习，助力构建学习型社会。[②]

相关政策出台为数字教育高质量发展提供有力保障。特别是基础教育和职业教育领域，一系列政策陆续出台。年初，教育部印发《关于组织实施新时代中小学学科领军教师示范性培训（2023—2024年）的通知》，提出“将数字化融入培养全过程”的要求。2023年5月，教育部出台《基础教育课程教学改革深化行动方案》，明确提出推进数字化赋能教学质量提升这一重要任务。要求利用数字化技术赋能基础教育，推动数字化在拓展教学时空、共享优质资源、优化课程内容与教学过程、优化学生学习方式、精准开展教学评价等方面广泛

① 新华社．习近平主持中央政治局第五次集体学习并发表重要讲话[EB/OL]．(2023-05-29)[2024-07-15]．https://www.gov.cn/yaowen/liebiao/202305/content_6883632.htm.

② 教育部国家智慧教育读书平台正式上线[EB/OL]．(2023-03-28)[2024-07-15]．http://www.moe.gov.cn/jyb_xwfb/xw_zt/moe_357/2023/2023_zt03/dt/202303/t20230328_1053148.html.

应用，构建数字化背景下的新型教与学模式，丰富各类优质教育教学资源。① 同月，教育部等18部门联合下发《关于加强新时代中小学科学教育工作的意见》，围绕"优化数字智慧平台，丰富科学教育资源"作出具体部署。

在党的二十大报告精神指引下，职业教育得到更高重视。一系列重要政策举措的出台，为职业教育高质量发展提供了有力保障与重要支撑。2023年6月，国家发展改革委等8部门联合印发《职业教育产教融合赋能提升行动实施方案(2023—2025年)》，强调坚持以教促产、以产助教，不断延伸教育链、服务产业链、支撑供应链、打造人才链、提升价值链，加快形成产教良性互动、校企优势互补的产教深度融合发展格局。7月，教育部印发《关于加快推进现代职业教育体系建设改革重点任务的通知》，作出持续建设职业教育专业教学资源库、建设职业教育信息化标杆学校等相关部署。

职业教育成为出版单位和教育机构布局的重要领域。出版企业从教学课程、教学工具、在线服务等方面，着力构建教育产品体系和服务体系。江苏凤凰出版传媒集团实施的"凤凰职教知识服务项目"，入选"2023年度数字出版精品遴选推荐计划"，该项目包括课程资源云、教学云和职业培训云三大应用体系，面向中职学校提供教学资源、在线测评、智慧教学、线上培训、大数据服务等服务，是江苏省职业教育数字化服务的重要平台。② 职业教育业务已成为知乎业务的重要增长曲线。2023年，知乎提出"新职人"的概念。以知乎"知学堂"品牌为核心，旗下涵盖品职教育、趴趴教育、MBA大师、一起公考、一起考教师、AGI课堂6个子品牌，涵盖6个领域30个细分类别。③ 据知乎财报显示，2023年职业培训业务营收超过5.6亿元，占知乎总营收的13.5%，同比增长127.8%。④ 2024年初，知乎职业教育品牌"知乎知学堂"正式独立运营，将持续健全职业教育产品服务体系。

---

① 教育部教育部办公厅关于印发《基础教育课程教学改革深化行动方案》的通知[EB/OL]. (2023-03-28) [2024-07-15]. http://www.moe.gov.cn/srcsite/A26/jcj_kcjcgh/202306/t20230601_1062380.html.

② 王益. 凤凰职教知识服务项目入选数字出版精品遴选推荐计划[EB/OL]. (2023-09-19) [2024-07-15]. https://www.jssxwcbj.gov.cn/art/2023/9/19/art_30_77120.html.

③ 赵子坤. 知乎"自救"，另一半交给了教育[EB/OL]. (2024-01-12) [2024-07-15]. https://www.thepaper.cn/newsDetail_forward_25989982.

④ 知乎2023年职业培训营收5.66亿元 同比增长127.8%[EB/OL]. (2024-03-27) [2024-07-15]. http://www.ec100.cn/detail--6637421.html.

（六）全媒体营销体系趋于成熟，品牌建设能力显著增强

2023 年以来，伴随新媒体渠道的快速发展，营销模式的不断创新，出版业持续加快全媒体渠道布局，构建出版多元品牌营销矩阵。

过去一年来，直播电商和短视频营销发展模式日趋成熟，推动出版营销流程的升级再造。出版单位紧跟热点话题，打造“爆款”短视频，完善直播销售体系，已成为出版营销常态化工作。中信出版集团、二十一世纪出版社集团等根据市场环境和读者需求，灵活调整营销体系，以确保营销策略的有效性，提高市场竞争力，发行岗位不再按照片区来划分业务范围，而是针对不同营销渠道，制定不同的营销策略，实现精准化营销。全媒体营销机制逐步健全。华中科技大学出版社设立了融媒体中心，线上运营主要包括各平台官方自媒体账号运营、社群运营以及线上达人拓展和商业合作运营等；针对传统媒体和官方媒体，设立了专门的传统媒体运营板块。该社在微信视频号的运营方面取得了良好成效。自 2023 年 3 月起，该社融媒体中心开始正式运营“华中出版”视频号自营直播间。在运营第三个月时，直播间的 GMV（商品交易总额）突破百万，得益于账号的精准定位、精细运营，对经验的及时总结复盘。①

短视频在出版营销中发挥更大作用。2023 年，短视频电商码洋比重为 26.67%，已超过垂直及其他电商成为第二大销售渠道。② 2023 年，抖音电商平台上图书带货直播累计观看超过 113 亿次，显示出了用户对于图书直播的旺盛需求。抖音电商全年图书挂车短视频总播放量超过 1 013 亿次，获赞超过 10 亿次，带动图书成交额同比增长 69%；抖音电商全年售出图书超过 4 亿单。2023 年，有更多的出版机构投身图书直播营销，开启自播的图书商家数量同比增长 45%。③

出版机构着力推进全域营销体系建设，除了天猫、京东、当当等传统图书电商、抖音快手等短视频平台外，微信视频号、小红书、得物等平台也成为新

① 李升炜. 视频号单场销售从不足百元到 5 万元，这家出版社用了 7 个月[EB/OL].（2024-04-11）_ https：//www.163.com/dy/article/IK5MJGNL0512DFEN.html.

② 赵昂. 短视频电商成第二大图书零售渠道，越来越多出版社到直播间找读者[EB/OL].（2024-04-11）[2024-07-15]. http：//k.sina.com.cn/article_ 5044281310_ 12ca99fde020024hm2.html.

③ 袁梦. 抖音商城带动图书销量同比增 127%，出版社打开线上生意空间[EB/OL].（2024-01-19）[2024-07-15]. http：//science.china.com.cn/2024-01/16/content_ 42672502.htm.

书种草、老书回温、拉动销售的重要渠道。如截至2023年底，果麦文化旗下运营的来自各平台的新媒体账号超过140款，其中超过10万粉丝的新媒体平台账号达到69款。[①] 这些账号从品牌内涵体系、品牌口号、品牌视觉及线下品牌触点方面均有不同的策略布局，开展差异化营销。

（七）“走出去”步伐日益稳健，国际传播效能持续提升

近年来，在构建“人类命运共同体”理念的指引下，中国大力推进国际传播效能提升。2023年，数字化产品版权输出更加活跃，传统出版单位在数字版权输出方面取得新突破，实现有声书、互动动漫书、视频书等多形态数字版权输出，辐射区域不断扩大，涵盖韩国、英国、丹麦、加拿大等多个国家。同时，作为数字文化的重要组成部分，网络文学、网络游戏、影视等已上升为文化走出去“第一梯队”中的生力军，成为“文化出海”的三驾马车，所承载的中华文化名片效应日益彰显。

过去一年里，网络文学全球化走向深入。网络文学在讲好中国故事、传播中国声音方面作用更加突出，辐射力与影响力更加明显，这有利于进一步增强文化自信，彰显中华文化的原创力与生命力，实现中华文化“走出去”与“走进去”。2023年，网络文学海外市场规模超过40亿元，海外活跃用户近2亿人，覆盖全球200多个国家及地区。其中“Z世代”成为主要受众群体，占比达到80%。多个海外网络文学App产品日活超过10万人，部分超过百万。截至2023年末，各海外平台培养海外本土作者近百万人，海外原创作品超过150万部。AI技术在助力网络文学出海方面发挥积极作用。2023年，起点国际启动多语种发展计划，借助AI翻译提升翻译与传播效率，上线多个语言版本，扩大网文作品传播范围。[②] 点众科技、中文在线等网文企业将短剧作为文化出海的新赛道，已逐渐形成海外市场优势。如中文在线在海外推出的短剧产品ReelShort一度挺入美、英、加拿大等国的App Store（应用商店）总榜，跻身于前三位。

过去一年来，游戏出海继续保持良好态势。2023年，我国自主研发的网络

---

① 商务君. 果麦去年净利润增长超30%，直销带货1.16亿元，大举布局AI空间[EB/OL].(2024-03-14)[2024-07-15]. http://www.cptoday.cn/news/detail/17282.

② 韦衍行. 2023年网络文学：植根家国热土 走向世界舞台[EB/OL].(2024-05-01)[2024-07-15]. https://www.163.com/dy/article/J13G2DTO0514R9M0.html.

游戏产品海外实际销售收入为 163.66 亿美元，保持了连续四年超千亿人民币的好势头。[①] 面对疫情宅经济的红利期消失，市场竞争加剧的复杂局面，我国网游企业强化内功、降本增效，提高产品品质与自身发展实力，积极开拓海外市场，在美、日、韩和东南亚等市场都有较强的竞争力。电竞出海走入快车道。2023 年电竞首次成为亚运会的正式比赛项目，为我国电竞参与国际交流创造了很好的机会。中国游戏企业积极参与，主动融入电竞全球化浪潮。沐瞳科技在菲律宾马尼拉举办的第五届世界《决胜巅峰》（*Mobile Legends：Bang Bang*）总决赛收视数据成为 2023 全球移动电竞赛事 TOP1、全球电竞赛事 TOP2。腾讯电竞计划在沙特、法国、日本等国家推动开放化、定制化、生态化电竞交流活动，进行合作方式探讨，促进文化交流。

2023 年以来，得益于 AI 翻译的助力与产品 IP 赋能，影视走出去取得新进展，华语 IP 海外市场认可度进一步加强。《庆余年》以 13 种语言向海外传播，其海外独家发行权由迪士尼预购；《卿卿日常》用户评分在 Rakuten Viki 平台已超过 9 分；《田耕记》位列爱奇艺泰国、日本站榜首；《赘婿》《开端》等剧集的影视翻拍权已完成海外输出。

（八）产业保障体系进一步健全，高质量保障机制持续完善

2023 年，标准建设与版权保护均得到进一步的发展与深化，推动产业高质量发展机制建设逐步走向深入。

标准化工作取得新进展，高水平标准体系日臻完善。一是团体标准工作稳步推进，跨界合作力度大力提升。标准的实施与贯彻事关所涉产业链的上下游多方机构，为确保标准的科学性和实用性，标准制定的跨界合作力度得到极大提升。团体标准《出版业生成式人工智能技术应用指南》《专业内容资源聚合服务平台接入规范》就是由不同行业的组织和企业能够共同参与制定的，跨界合作也提高了标准适用性和广泛性，促进不同领域间的知识和技术交流。二是团体标准的内容质量再上新台阶。2023 年出台的 10 项团体标准全面覆盖行业发展的最前沿热点领域。从人工智能到数字内容分发与运营均有涉及。重点领域标准体系研制成型。2023 年针对游戏研制《网络游戏分类》《游戏产品创新

---

① 面包财经. 国产游戏连续四年出海收入破千亿：SLG 依旧强势，放置类新爆款频出[EB/OL]. (2024-05-08) [2024-07-15]. https://www.thepaper.cn/newsDetail_forward_27296445.

指标》《精品游戏评价规范》等一系列团体标准，并已征求行业意见。三是标准化产业基础建设得到不断完善，行业运营效率不断提升。标准化流程管理的不断完善，主要体现于业务流程的数字化、标准化程度不断加深，确保标准出版流程的有序高效，推动标准化领域的流程管理更加科学化、现代化、规范化。这些标准化工作的有序推进，有力推动了数字出版产业的高质量发展。

多方协同推进实现数字版权保护取得新突破。在立法层面，2023 年，国家知识产权局推进《中华人民共和国著作权法实施条例》《著作权集体管理条例》等法规的修订工作，版权主管部门、司法机关及学术界代表就热点问题进行了深入探讨和交流，以确保修订工作的有序进行。最高人民法院发布的《最高人民法院关于知识产权法庭若干问题的规定（2023 修正）》明确了知识产权法庭审理案件的范围和裁判要求，有利于加大数字版权等知识产权的司法保护力度，提高侵权成本，有效震慑侵权行为。国家互联网信息办公室等七部门出台《生成式人工智能服务管理暂行办法》，对基于生成式人工智能技术的信息服务在版权层面作出规范要求，明确规定训练数据处理活动不得侵害他人依法享有的知识产权，生成式人工智能服务提供者应当对生成的图片、视频等内容进行标识，并要求不得生成法律、行政法规禁止的内容，这有助于监管和控制侵权内容的产生与传播。在司法保护方面，盗印“剧本杀”剧本、盗窃复制网络题库、利用信息网络技术非法爬取并传播他人文学影视作品、通过“直播引流”“真假混卖”方式售假等新型侵权案件层出不穷，打击力度进一步增强。2023 年，全国检察机关起诉利用电信网络手段实施犯罪 1 600 余人，同比上升 51.1%，占全部侵犯知识产权犯罪案件的 10%。[①] 在行政保护方面，“剑网 2023”专项行动针对体育赛事、点播影院、文博文创、网络视频、网络新闻、有声读物等重点领域进行专项整治，共删除侵权盗版链接 244 万条，关闭侵权盗版网站（App）2 390 个，查处网络侵权案件 1 513 件。由中央网信办、国家版权局联合开展的“清朗·杭州亚运会和亚残运会网络环境整治”专项行动，查办涉亚运侵权盗版重点案件 12 起、涉案金额 1 100 余万元，删除涉亚运侵权链接 19.16 万条，处置侵权账号 3.7 万个，关闭境外非法侵权网站 149 个，有效保证了亚运会版权保护秩序。

---

① 黎洁婵. 2023 年全国检察机关起诉侵犯知识产权犯罪 1.2 万件[EB/OL].（2024－03－10）[2024－07－15]. https://news.southcn.com/node_179d29f1ce/79fc9cd0ed.shtml.

（九）新型人才培养稳步推进，人才发展机制不断健全

过去一年来，出版业对新型出版人才需求日益提升，从有关部门到出版单位，都对数字时代的出版人才队伍建设给予高度重视，从人才培育到学科建设，新型出版人才发展机制不断健全。

出版业学科建设取得积极进展。2023 年 11 月，教育部出台《关于深入推进学术学位与专业学位研究生教育分类发展的意见》，为数字出版相关学科建设起到重要指引作用，对数字出版高层次专业人才培养起到有力促进作用。出版学科共建工作正式启动于 2022 年 7 月。2023 年 12 月，中宣部、教育部联合印发《关于推进出版学科专业共建工作的实施意见》，该意见聚焦出版学科专业共建工作，针对出版学科专业发展中的堵点、难点、痛点，提供了解决思路，提出“优化出版学科专业建设布局，分批次、多层级推进共建工作，加快构建中国特色出版学科专业自主知识体系”“引导鼓励有实力的出版单位、数字技术企业，积极参与出版学科专业共建工作”，对数字出版人才培养提供了有效路径。出版学科共建工作由中宣部、教育部进行牵头组织和统筹指导，对成效良好的共建高校，在资源配置等方面进一步加大支持力度；对成绩突出的共建单位，在评价、考核、推优等方面予以激励。截至 2023 年底，共推动了 8 所高校与相关管理部门、出版单位、行业协会开展出版学科专业共建工作，在学科规划布局、学科体系优化、人才培养、科研创新等方面均取得了积极成效。行业标杆型企业纷纷参与到出版人才培养工作当中。如新华文轩参与共建四川大学出版学院，从 2024 年起面向学院师生实施出版创新激励计划——“文轩青云计划”，连续三年每年投入一定金额的专用资金孵化一批出版产学研项目成果、培养一批出版专业人才。而新华文轩将作为四川大学出版学院的实践基地，学院的本硕在读生会到该公司学习，同时公司也会指派业界导师进行实习指导。[①]

出版单位对新型出版人才培育的重视程度也在不断加深，以学科共建为抓手，深化与学术机构合作，建立人才联合培养机制。中国出版集团以共建北京大学出版研究院为契机，借助北京大学厚重的学术资源，在学术研究、项目建

---

① 出版人深度解读！两部委重磅政策赋能出版学科专业建设［EB/OL］.（2024－01－17）［2024－07－15］. https：//www. sohu. com/a/752484514_ 121123863.

设、人才培养等方面深化合作，联合举办“三个一百”人才培训班，推动“产学研教”协同创新、深度融合，着力培养高素质业务骨干队伍。广西师大出版社坚持以出版项目带动人才培养，大力推进人才培养与项目培育相统一的“双培工程”，以及鼓励青年员工创新创业的“双创工程”等重大人才工程，充分发挥出版项目的实践育人功能，以系统化、规范化的方式推动青年人才全面成长。

四、中国数字出版产业问题与对策建议

2023 年，数字中国建设基础进一步夯实，习近平文化思想为数字出版高质量提供重要指引和更高要求。以 AIGC 为代表的新技术、新领域持续涌现，为数字出版创新提质发展创造更多可能的同时，也带来了更多问题与挑战。数字出版作为实施国家文化数字化战略的重要着力点，在数字中国建设、发展数字经济中理应有更大作为。当前，出版业深度融合发展体制机制仍需健全，系统性谋划仍需加强，要进一步健全顶层设计，引领产业高质量发展；持续加强精品内容建设水平，提升影响力、竞争力；增强创新能力，加快培育发展新质生产力；加强数据管理水平，促进数据有效流通和使用；健全数字内容质量管理水平，构建健康规范良好生态；深化“走出去”布局，持续增强国际传播效能；加强创新型人才和团队的培育，健全人才发展机制。具体而言，中国数字出版需要在以下几个方面着力。

（一）进一步健全顶层设计，引领产业高质量发展

习近平总书记在文化传承发展座谈会上强调，在新的起点上继续推动文化繁荣、建设文化强国、建设中华民族现代文明，是我们在新时代新的文化使命。我们要坚定文化自信、秉承文化包容、坚持守正创新，为新时代数字出版高质量发展注入强劲动力。

重视和加强数字文化建设，是习近平文化思想的重要组成部分。数字出版是出版业发展新质生产力的重要抓手，是宣传思想文化工作的重点。数字出版要以习近平文化思想为指引，按照《数字中国建设整体布局规划》相关部署，

进一步健全与高质量发展要求相适应的顶层设计。一是明确战略规划，强化全局性把握，制定发展新质生产力的目标、任务，完善培育发展新质生产力的顶层设计，健全以内容建设为根本，以创新为驱动的体制机制。通过出台相关政策和措施，鼓励和引导数字文化企业加大创新力度，推出更多高质量具有吸引力的文化产品和服务。二是持续推进出版业深度融合发展，主管部门要持续推动“出版融合发展工程”深入实施，优化实施方式方法，根据新形势、新需求、新趋势，聚焦重点领域和重点环节，在内容生产、技术创新、平台建设、人才培育等方面，优化方向指引和具体举措。三是大力发展新兴业态，推进网络文学、网络游戏、有声读物等网络文化形态，兼顾发展与治理，完善政策制度体系，推进各领域健康有序发展。四是以深化文化体制机制改革为落脚点，出版单位要进一步加强对融合发展的战略规划、整体谋划与统筹部署，健全管理制度体系，细化方案和实施细则，优化组织架构、业务结构和产业布局。加强对数字化建设和融合发展的支持力度，健全传统出版与新兴出版统筹推进的一体化机制，促进资源的优化配置，针对新技术、新模式、新产业、新业态、新领域、新赛道，加强系统研判，规划布局方向，制定实施方案。

（二）持续加强精品内容建设，完善双效合一发展机制

习近平文化思想为新时代文化建设提供了行动指引，也对于数字出版高质量发展，更好担负起新的文化使命注入了强劲动力。数字出版是文化繁荣的重要内容、文化产业的重要组成部分。数字中国建设要求打造自信繁荣的数字文化，对数字出版内容建设水平提出更高要求。

一是要重点实施相关精品出版工程，充分发挥精品出版项目的示范引领作用，推动全行业各领域增强精品意识，大力弘扬社会主义核心价值观，满足人民丰富的高品质文化需求，推出一批导向正确、内容优质、创新突出、制作精良、双效俱佳的数字出版产品和服务。二是要加强优质网络文化产品供给，创作生产积极健康、向上向善的网络文化产品。中华优秀传统文化是中华民族的精神命脉，是涵养社会主义核心价值观的重要源泉，也是文化新质生产力的重要支撑、数字文化建设重要的主题和素材。数字出版要大力弘扬中华优秀传统文化，积极对接国家文化数字化战略，加强对中华优秀传统文化资源的归集、整合、运用、阐释，打造内容丰富的特色文化数据库。网络文学、网络游戏、

网络动漫等要善于从中华优秀传统文化中汲取素材、提炼标识，打造富有生命力和感染力的网络文化。三是要建立健全数字出版全流程质量管控原则和方法，针对数字出版的特性，分类建立数字内容质量审核管理标准，健全数字内容审核机制，从内容及技术等层面对数字内容加强质量管控，健全数字内容审核流程，严格审校制度。支持出版企业充分借助 AI 等新技术，如智能编校系统等，提高质量管控的效率。特别是要加强基于 AIGC 内容生产新范式下的数字内容审核。重点针对政治方向、内容导向、价值取向以及内容准确性、规范性加强把关。四是要打造优质出版品牌。注重出版产品线建设，提炼特色标识，突出品牌形象，不断提升产品的市场辨识度。最后，出版单位要进一步健全以社会效益优先，社会效益和经济效益有机统一的出版考核评价机制。不仅需要打造高品质的出版产品，提供高效能的出版服务，更重要的是为用户提供良好的阅读体验和知识服务，要得到读者用户的认可，真正满足读者的需求。

（三）提高科技创新应用能力，加快培育新质生产力

新质生产力是以科技创新为主的生产力，其发展的目的就是要摆脱传统增长路径，实现质量变革、效率变革、动力变革。“新”代表着先进生产力的发展方向，代表新技术、新模式、新产业、新领域、新动能。发展新质生产力要通过发展理念的更新，开拓新发展路径，要把新质生产力运用到生产运营的全过程，新技术代替旧技术、新业态代替旧业态、通过以新模式代替旧模式，推动新旧动能转换，进而通过重构生产要素，建立全新的内容生产方式，打造符合时代需求的出版产品，打造高品质的文化体验，满足用户高品质的精神文化需求。

新质生产力作为承载新技术、新要素、新产业的先进生产力质态，通过技术突破革新、要素耦合创新和产业迭代更新，形成新的科学技术、新的生产方式和新的产业形态。科技创新是发展新质生产力的核心要素。文化领域新质生产力是以“创新性、高效能、高质量”为显著特征的新质生产力与文化生产力理论的结合[①]。特别是人工智能生成内容（AIGC）、增强现实（AR）、虚拟现实（VR）、虚拟数字人等新技术领域的快速发展，为出版业创新发展提供了更

① 周建新，骆梦柯. 文化领域新质生产力的发展路径［EB/OL］.（2024－06－03）［2024－07－15］. http：//views. ce. cn/view/ent/202406/03/t20240603_ 39023848. shtml.

多可能性。

一要提高创新应用水平。充分发挥出版单位在产业创新中的主体作用，加快推动适配数字技术在出版领域的深度应用。运用云计算、大数据、人工智能等技术在出版选题策划、内容审核、产品设计、市场营销等环节的应用，提升出版领域全要素生产率，实现内容数字化、服务智能化、应用平台化和管理信息化，促进出版全链条的数智化升级。以技术创新应用提升出版知识服务水平。如运用5G、人工智能、大数据、虚拟现实等技术针对用户不同需求和不同场景，对内容资源进行深层次开发，提供精准化、交互化、智能化的知识服务，打造数实融合新体验；在选题策划、作者资源选择、市场营销等环节，出版单位可运用决策性人工智能技术，对销售数据和用户行为数据进行抓取分析，提高相关决策的精准度，为决策起到重要参考，大大提高出版效率；在内容审校环节，出版单位可通过搭建智能编校排一体化平台，帮助出版单位快速对出版资源进行识别筛查，AI审核系统可实现对高敏度信息进行精确定位、修改、删除，对产品内容中可能存在的问题进行“把关”，可提升内容审校效率和质量。二是加大对未来产业的研判布局。积极培育发展新赛道。加强对生成式人工智能、决策式人工智能、虚拟数字人等新技术领域的研究，探索合规化使用和产业场景化落地，进行多形态出版知识资源和应用场景开发，探索形成高质量、高效益、高附加值的可持续发展路径，推动出版产业向价值链高端方向升级。生成式人工智能是构建数实融合生态的底层技术之一，对数字内容生产范式、商业逻辑都带来重要影响，在加强研究探索应用可能性的同时，也要加强在意识形态、版权保护、个人信息保护等方面的风险研判。三是健全发展新质生产力的创新支撑体系。建好重点实验室、数据中心、科创中心等科技创新平台。进一步与高等院校、科研单位、数字技术企业合作，打造产业创新联合体，建立健全协同创新机制。

（四）加强数据管理运用水平，促进数据有效流通和使用

数据要素作为数字经济时代的五大生产要素之一，因其显著的乘数效应和创新引擎作用，正在推进产业数字化和数字产业化、培育新质生产力方面发挥关键作用。2023年8月和2024年1月，财政部先后印发了《企业数据资源相关会计处理暂行规定》《关于加强数字资产管理的指导意见》等政策文件，明

晰了企业数据资源资产化管理使用实施的指导思想、基本原则、总体目标、主要任务、保障措施和具体操作办法。数据是企业数字化转型的基础，作为典型的数据密集型行业，加强数字治理与运用，成为出版业面临的重要课题。

对于大多数出版企业的数据资产而言，国内外尚无成熟的、科学的评估与交易规则可供参考。一方面，出版业的数据资产相比其他行业，涉及的主体和权属关系更为复杂；另一方面，由于出版业数据资产的稀缺性、时效性等特征，导致使用常见的方法时可能会影响数据资产评估的准确性。目前仅有数字IP的评估标准初步形成行业共识，并已经在数据交易所开展交易试点，其他类型的数据资产仍处于探索阶段。

为加强数据治理水平，促进数据有效流通和使用，需要做好以下工作。一是加强出版行业数据资源质量提升和汇聚共享。出版单位通过数据中心建设，完善数据管理机制，提高数据挖掘分析水平，提升数据运用能力。打破出版单位和出版单位之间、出版单位内部的数据壁垒，疏通行业数据资源流通的链路，促进行业优质数据资源的汇聚开放共享，形成新的行业核心竞争力。二是强化行业数字化治理能力建设。通过充分利用出版业数据资源信息，相关部门会更有效地掌握出版企业数据资源的流动和使用模式，建立统计监测和决策分析体系，从而更加明晰地把脉行业发展趋势与问题，更加精准地制定出版行业数字化治理监管相关的方针政策。也有利于税务部门相关管理监管工作的开展。三是夯实我国出版AI（人工智能）大模型数据基础。目前我国有实力的出版企业正在开展出版AI大模型建设。不同于通用AI大模型，出版AI大模型是专业人工智能大模型，更需要高质量的专业性的数据集。通过实现出版业数据资源的高质量供给和高效利用，出版行业优质的科技文献内容数据资源和文化内容数据资源可以封装成高质量的语料库和数据集产品作为数据要素进入市场交易流通以供大模型训练使用，一方面有助于我国自主可控出版人工智能大模型的开发，另一方面也有助于出版业增加收入的同时通过“数据换技术”实现人工智能大模型技术对行业自身的赋能。四是制定出版业数据资产系列标准。系统梳理出版行业多元化的数据，构建数据资产多维分类体系，根据数据不同类别，提出具有针对性的数据治理、评估、确权、交易和管理等方法，确保数据获取和使用的合法合规，夯实数据资产治理与运用基础。

（五）健全数字内容质量管理，构建良好出版产业生态

信息技术的迅猛发展，拓展了传统出版物的外延，网络文学、数字音乐、游戏等成为数字出版的重要组成部分。当前，网络出版物品类较多，提供与服务者庞杂，产品质量参差不齐，管理流程与纸质出版物大不相同，给管理带来一定困难。为确保数字内容产品的质量，构建数字内容质量管理体系成为当前工作的当务之急。

建设数字内容质量管理体系，旨在系统构建多元化的产品形态，根据不同产品类型提出具有针对性的质量要求和管理方法，为数字内容产品的科学评价与管理提供支撑，为数字内容质量监管和认证科技与标准实验室的建设打下基础。通过制定数字内容质量管理标准体系，对于落实《网络出版物质量管理规定》等一系列国家相关政策法规，全面有效地规范数字内容质量管理各环节等具有重要作用。通过实施数字内容质量管理标准体系推广落地举措，开展数字内容质量管理体系培训实训，可以帮助出版企业提升管理水平，推动整个行业的发展，提升标准实际影响力。

建设数字内容质量管理体系需要在以下方面开展工作。一是制定数字内容质量管理与服务原则、质量管理的服务目标，质量管理与服务体系构建，质量管理与服务过程等。二是界定数字内容产品的通用术语（包括基础、数据、代码、版权术语）、产品术语（包括品类、制作、贡献、保存术语）、传播术语（包括渠道、安全）、管理术语（质量、评估）等。三是对数字内容产品的内容类型、媒体类型、载体类型、格式类型、发布类型、服务类型等方式进行多维分类。四是界定网络出版物的审核流程涉及的基本概念，提出审核流程的基本步骤等。五是界定数字编辑技能的基本概念，提出编校内容质量和编校人员的质量管理要求、质量管理方式、质量管理流程等。六是规范主要数字内容产品内容的基本特征、内容质量、编校质量、呈现质量、服务质量指标，提出质量管理要求、质量管理指标、质量管理方式、质量管理流程等。七是界定数字内容产品的评价原则、评价方法、评价指标、评价结论、评价流程、评价实施等。

综上所述，出版业可以《网络出版服务管理规定》等为依据，制定相应的标准、指南等细则，将这些规定落实到出版过程的每一个环节，健全我国数字内容管理体系，切实提升我国数字出版物整体质量。

（六）完善“走出去”整体布局，有效提升国际传播效能

2024 年是中国全功能接入国际互联网 30 周年。在习近平总书记关于构建网络空间命运共同体的重要理念指引下，我国不断深化网络空间国际合作，积极开创数字合作新局面，与世界交融发展进入新局面。当前，我国正处于以中国式现代化全面推进强国建设、民族复兴伟业的关键时期。着力加强国际传播能力建设的任务更加紧迫。党的二十届三中全会提出，要“加快构建中国话语和中国叙事体系，全面提升国际传播效能”。践行全球文明倡议，加快构建多渠道、立体式对外传播格局，讲好中国故事、传播好中国声音、阐释好中国特色，向世界展现可信、可爱、可敬的中国形象，是开创宣传思想文化工作新局面的应有之义。随着文化新模式、新形态、新业态的不断涌现，在构建更有效力的国际传播体系、构建多渠道、立体式、对外传播格局、全面提升国际传播效能、扩大国际人文交流方面，数字出版具有更大优势，要承担起更大作为。

一是要加强“走出去”统筹部署。出版单位要积极对接参与“丝路书香工程”“经典中国国际出版工程”等重大“走出去”出版工程，策划一批电子书、数据库、有声读物等多种数字形态的优秀“走出去”项目。二是充分发挥网络文学、网络游戏、网络动漫等领域跨文化表达与传播优势，不断提升讲故事的本领，增强跨文化沟通能力，增强文化表达力、感染力和塑造力。电子竞技与体育、传媒、音乐、社交等领域融合下多价值叠加，要充分发挥起在展示中国文化特色和增进文化交流互鉴中的倍增效应。要借助数字化表达和网络化传播，深挖中华优秀传统文化的思想价值、文化标识和精神内涵，增强中华文明的感召力。三是要秉承开放包容原则，加强对不同国家地区文化政策、市场环境、读者喜好的调查研究，尊重别国、别民族的文明，尊重不同国家、种族、民族的文化差异，创新叙事手法和表达范式，提升讲故事的本领，实现中国故事的全球化表达和分众化表达，打造更多凝聚中国文明价值理念、文化精髓，且当地民众喜闻乐见的优秀文化产品。着眼于构建人类命运共同体，既要讲好中国故事，也要讲好美美与共、各美其美的故事，着力提升我国优秀数字文化产品对各国的吸引力和亲和力。四是建强国际出版传播平台。进一步拓展国际传播渠道，把握国际传播的移动化、社交化、可视化趋势，深化与国际出

版机构、主流媒体、社交媒体、行业组织等的合作交流，扩大出版国际交流合作“朋友圈”，让数字出版“走出去”落地更具实效。围绕内容共创、技术共享、人才共建、生态共治等方面，创新海外合作方式和路径，进一步增强国际对话能力。五是强化技术支撑。我国数字出版企业要有效对接海外文化机构与文化产业资源，在出版翻译、海外营销推广等方面，运用人工智能、大数据等技术，加强大数据、人工智能等技术支撑，实现数字出版“走出去”的更高效率、更好效果、更大影响。

（七）加强培育创新人才和团队，深化人才发展机制改革

党的二十届三中全会作出“深化人才发展体制机制改革”的重要部署，强调要深刻认识和把握人才发展体制机制的逻辑，通过改革激发广大人才的发展动力和创新活力，对于数字出版人才队伍建设具有重要的指引意义。数字中国建设要求统筹布局一批数字领域学科专业点，培养创新型、应用型、复合型人才。现阶段，我国数字出版人才队伍同新形势新任务尚有很多不匹配之处，如人才队伍结构性矛盾仍然突出，人才政策精准化程度有待提升，以需求为导向的人才供给机制尚不健全，人才的发展动力和创新活力还未充分激发等，在发展文化新质生产力的任务下，新型数字文化人才队伍建设和培养体系建设的任务更加紧迫。

一是健全人才选拔机制。进一步加强数字出版人才队伍建设的规划部署。强化人才需求盘点工作，研究制定数字出版相关人才目录，搭建衔接出版产学研用的人才公共服务平台，建立出版人才需求库，促进出版人才供给结构与产业高质量发展需求相匹配。二是健全人才培育选拔机制。以“出版融合发展优秀人才遴选培养计划”为抓手，在策划编辑、产品研发、全媒体营销、版权运营、国际传播等领域，锻造一批政治素质过硬、创新能力突出、业绩表现出色、成长潜力明显的出版融合发展复合型人才，在网络文学、网络游戏、知识服务、数字教育等新型出版领域，培育选拔一批杰出人才。三是构建开放共融的人才培养体系。推进出版学科共建工作，坚持以教促产、以产助教，通过出版单位、数字技术企业、高校共建学科体系，出版人才培育实践基地，推进人才结构优化迭代。加快数字出版相关学科建设。从高等教育、职业教育等层面，推进数字出版学科体系建立健全，优化课程设置、创新教学模式，突出实

践性，强调复合型、创新人才培养储备。四是构建有利于激发人才潜能的人才使用与激励机制。加强培育创新人才和团队，着力锻造一批具有战略眼光、国际视野、勇于创新的人才队伍和团队。完善人才培养、使用与合理流动的工作机制，丰富多元人才评价方式，出版单位可适当引进借鉴互联网企业的人才管理理念，引入针对人才的引、育、留、用，引入智能化测评工具，建立以创新能力、质量、实效、贡献为导向的人才评价体系，营造尊重人才、爱护人才、造就人才、全方位支持人才的良好环境。进一步深化数字出版相关职称资格和职称评审改革，畅通行业高技能人才和专业技术人才职业发展通道。

五、中国数字出版产业趋势分析

习近平文化思想为数字出版高质量发展提供了重要指引，发展新质生产力为出版业融合发展注入强劲动力。依照数字中国建设整体部署，出版业深度融合发展机制将进一步健全，AI 将持续赋能出版服务模式创新；数据对出版业提质增效作用将更加凸显；内容营销逐渐成为出版品牌营销的重点；数字内容治理体系框架逐步构建；数字文化公共服务体系建设步伐加快；全球化数字内容协同体系将加快建设；数实融合步伐加快新场景将持续拓展。具体而言，未来一年我们有望看到数字出版产业呈现以下发展趋势。

（一）出版深度融合发展机制将进一步健全

2024 年，适逢《关于推动传统媒体和新兴媒体融合发展的指导意见》发布 10 周年。伴随国家文化数字化战略的加快实施推进，文化新业态、内容新形态、服务新模式、传播新渠道不断涌现，将为出版业深度融合发展提供更大空间，也必将推动出版融合发展迈向新阶段。

在数字中国建设整体布局框架之下，数字出版在数字中国建设中的定位更加清晰明确，出版业融合发展一体化建设的任务也更加紧迫。健全出版业深度融合发展机制，为出版深度融合发展提供更广阔的发展环境与空间，将成为全行业共同努力的重点。

以习近平文化思想为指引，按照《数字中国建设整体布局规划》相关部署要求，主管部门将立足于发展新质生产力、培育出版融合发展新动能，聚焦重点领域和关键环节，围绕资源整合、科技创新、平台建设、人才建设、数据治理与运用等方面，进一步健全相关政策体系，在深化实施出版融合发展工程的基础上，为出版深度融合发展制定更加行之有效的方向指引与具体举措。

出版单位将进一步完善推进数字化建设、出版融合发展相关顶层设计，加强出版融合发展的全局化、系统化、协同化规划部署，为开拓融合发展路径、提高融合发展质效提供更加有力的保障。党的二十届三中全会深化全面改革的相关重要部署，对进一步健全传统出版与新兴出版统筹推进的一体化机制提出更高要求。下一阶段，出版单位将以体制机制改革为落脚点，以推进出版深度融合为基本目标，在完善意识形态工作责任制、优化文化服务和文化产品供给机制、健全网络综合治理体系、构建更有效力的国际传播体系等任务上进一步深化改革，在资源调配、项目实施、资金配置、渠道建设、人才建设等方面，制定更加明确而具体的方案，对于发展数字化相关业务和推进深度融合发展制定更为明确的方向路径和更加全局化的谋划部署。

需要提出的是，出版融合发展路径更加清晰开拓的同时，也必将经历更加深刻的改革所带来的阵痛。

（二）AI 将持续赋能出版服务模式创新

过去一年来，人们对 AIGC 的讨论一直未能停止。以 AIGC 为代表的人工智能技术就以惊人的速度发展，AIGC 在自主学习、智能判断、语言理解、跨领域应用等方面表现出的较强能力，对内容生产范式、商业模式乃至整个生态环境都将带来深远影响，并在赋能产业革新发展上展现出巨大潜能。国内外企业纷纷将 AIGC 作为布局的重点。其中不乏以阿里、腾讯、百度、字节跳动等为代表的互联网头部企业，智谱 AI、月之暗面、百川智能在内的新 AI 创业独角兽，还有商汤、云从、科大讯飞等的传统 AI 企业。[①] 如百度的 AI 大模型产品“文心一言”上线，并已历经了 4 代版本更新；腾讯打造的“混元大模型”在多模态理解方面有不俗表现，该产品作为不同领域、不同业务的技术底座，

---

① 湃客. 2024 年生成式 AI 大模型应用生态研究报告[EB/OL].（2024－08－23）[2024－08－25]. https://www.thepaper.cn/newsDetail_forward_28396754.

截至2024年4月，腾讯内部已有超过400个业务开展了腾讯混元内测。[①] 截至目前，我国已完成备案并上线的生成式人工智能服务大模型数量已达到180多个，注册用户突破了5.6亿。[②] 2024年4月，百度文库宣布与玄机科技达成战略合作，共同打造全球领先的智能漫画解决方案，在跨模态AI技术、内容及IP共创等方面展开深入探索，打造更多基于AI技术的新国漫IP。8月，百度文库宣布携手玄机科技举办国内首个"AI漫画大赛"，邀请动漫迷参与经典IP的共创大赛。[③]

由此2023年被认为是AIGC场景落地元年，涵盖教育、医疗、信息、文旅、金融、工业等多个领域。特别是作为人工智能内容生成技术，AIGC在数字阅读、动画、影视、音乐、新闻、数字教育、直播、社交媒体、会议等领域和场景都具有良好的发展前景。2024年2月，AI视频生成模型Sora的推出，从文字、图片到视频创作，再一次让AIGC掀起了新高潮。[④]

当前，出版业对AIGC的探索与应用尚停留在较为初期阶段，多集中在营销文案生成、辅助编校、插图生成等环节。但应用前景良好。已有多家出版单位将AIGC列为布局未来产业的重点。如2024年3月，中文传媒收购AI营销领军企业朗知传媒58%的股份，业务涉及AIGC应用，涵盖AI内容生成、虚拟数字人、AIGC影视剧创作等多个领域。江苏凤凰出版传媒集团推出的"凤凰智灵平台"已上线集团内网，提供智能写作、智能编辑、智能推荐等一系列智能化服务，目前已经在内测阶段。[⑤] 中信出版成立"平行出版实验室"和上线"AIGC数智出版平台"，通过AI技术在出版选题评估、翻译等环节的应用，来提升出版效率、降低成本。

目前，出版机构面临AIGC和大模型的应用带来的出版数字资源的授权问题、以及重新界定作者与出版者资源使用之间关系的问题困扰，这些问题关乎

---

① 21世纪经济报道. 大模型落地元年，腾讯混元加快落地脚步[EB/OL].(2024-04-23)[2024-07-15]. https://www.163.com/dy/article/J0G4SK0405199NPP.html.

② 王京涛. 我国生成式AI服务大模型超180个，注册用户突破5.64亿[EB/OL].(2024-03-20)[2024-07-25]. https://www.163.com/dy/article/J8GJM11P0530WJIN.html.

③ 砍柴网. 突破跨模态AI创作天花板，百度文库联合玄机科技举办国内首个AI漫画大赛[EB/OL].(2024-08-02)[2024-08-25]. https://www.163.com/tech/article/J8QG9Q7000099504.html.

④ 莫然. 从ChatGPT到文生视频Sora，AI给文化产业带来了哪些机遇和挑战?[EB/OL].(2024-08-23)[2024-08-25]. https://new.qq.com/rain/a/20240225A06YTX00.

⑤ 证券时报. 凤凰传媒：拟引入数字技术官布局"凤凰智灵"人工智能服务平台 加速培育新质生产力[EB/OL].(2024-08-08)[2024-08-25]. https://finance.sina.com.cn/stock/relnews/cn/2024-08-08/doc-inchwxxk1940877.shtml.

出版机构的利益根本。但我们在探索问题解决之道的同时，也要看到 AIGC 对出版业发展的重要作用。AIGC 可极大地提升内容生产效率，实现以十分之一的成本，以百倍千倍的生产速度，生成 AI 原创内容，将对出版内容生产模式和服务方式带来深刻影响。如在教育领域，在 AI 技术的加持下，个体化教学体验得到更大重视，为满足个性化学习需求，个性化学习资源的提供和个性化评估将成为数字教育产品服务的重要必备功能。越来越多的教育产品将基于大数据、人工智能技术，自动生成学生学习轨迹，对学生的行为数据进行深入分析，制作精准的个性化学习画像，制定个性化教学方案，提供精准化的数字教学服务，注重数字教育产品的实时反馈，真正实现教学的千人千面。职业教育领域，虚拟仿真实训将作为新型教学模式得到进一步推广普及。[①] 出版知识服务领域，部分出版单位基于在专业领域的资源优势，深耕细分领域知识服务，对垂直类数据模型的需求将进一步提升，提高对专业出版资源的归集、整合、运用效率，提升知识服务水平。

与此同时，AI 多模态模型成为当前大模型训练和开发的重要方向。多模态大模型具有更强的学习能力，分析和处理信息的视角更加全面，具有复杂多模态推理能力，能够识别文本、图像、代码、音频、视频等信息，能够降低视频创作门槛，可应用于音乐、影视、游戏、动漫、短视频等细分行业，推动内容生产的降本增效和创意输出。

（三）数据对出版提质增效赋能作用更加凸显

数据是数字经济和新质生产力的核心生产要素，是建设数字中国、发展数字经济的重要核心与底座。根据《数字中国建设整体布局规划》，要求释放商业数据价值潜能，加快建立数据产权制度，开展数据资产计价研究，建立数据要素按价值贡献参与分配机制，将加快推动数据资源向数字资产转变。《企业数据资源相关会计处理暂行规定》已于 2024 年 1 月 1 日起施行。该意见从基本遵循、评估对象、操作要求、评估方法、披露要求等方面对数据资产评估做出规范要求。数据资源入表是出版单位挖掘数据价值、探索新的商业模式的第一步，该份文件的出台将有助于进一步推动建立数据资产价值评估机制，为数

① 韩锡斌，杨成明，周潜. 职业教育数字化转型：现状、问题与对策[EB/OL].（2023-08-28）[2024-08-20]. http://news.sohu.com/a/709827808_120769006.

字资产入表、交易、流通和相关运作提供切实可操作的基础设施，对于充分释放数据价值，推动数据要素市场建设具有重要意义。

“搭建文化数据服务平台”是国家文化数字化战略的重点任务之一，要求文化机构将文化资源数据采集、加工、挖掘与数据服务纳入经常性工作。将凝结文化工作者智慧和知识的关联数据转化为可溯源、可量化、可交易的资产。数据归集将成为出版单位的常态化工作，建立并更新数据目录，进行数据录入，成立专门工作团队，负责数据工作的统筹协调、督导检查、技术支持等各项工作，通过数据的归集、分析和应用，出版单位可以提供更精准的服务和产品，创造新的收入来源。需要强调的是，归集的数据越全面、越精准，对出版单位决策的参考性越强，反馈价值越大。对数据的挖掘、分析、运用水平，成为出版单位的关键竞争力。数据资产的合规性、安全性是数据资产形成的基本条件之一，因此对数据资产的合规性、安全性、溯源性进行评测将成为重要的基础性工作。[①]

对于出版业而言，数字资产不仅可以让版权保护更加便捷和高效，还可以直接开展流通交易，无需经过中间环节，大大降低了交易成本，提高了交易效率。数字资产的兴起，将为创作者提供一个更加广阔的舞台，将会有更多的创作者涌现，推动创新创造。[②]

目前，出版业数据资产化尚处在初期探索阶段，数据资产的确权、定价问题在行业内尚未形成统一，出版数据资产价值的实现路径还有待探索。数据价值很大程度上取决于数据的使用场景多少。数据的使用场景越多，数据价值越大。[③] 可以看到，出版业数据工作的推进主要着力点将围绕以下三个方面。一是建立以数据为驱动的管理机制，促进相关资源的优化配置，让出版企业的相关决策更加科学精准。二是以数据贯穿出版流程环节，提高出版服务供给与需求的适配度。三是围绕数据质量和数据价值建立评估标准，围绕数据质量、数据资产、数据交换等方面，构建数据服务体系。

---

① 叶巍. 出版社数据资产入表实践与模型搭建[EB/OL].(2023－08－28)［2024－08－20］. https：//www.163.com/dy/article/J9GAGDLF05380TB4.html.

② 原创猫. 数字资产将引领一个全新的文化繁荣时代[EB/OL].(2023－11－28)［2024－08－20］. https：//www.sohu.com/a/738564971_480424.

③ 胡萍. 数据资产确权和价值评估尚处探索阶段[EB/OL].(2023－05－15)［2024－08－20］. https：//www.financialnews.com.cn/kj/jrcx/202305/t20230515_270768.html.

(四) 数字文化公共服务体系建设深入推进

提升数字文化服务能力，构建普惠便捷的数字社会，是数字中国建设的重要任务，也是数字出版高质量发展，更好地服务大众、服务社会的应有之义。

随着国家文化大数据战略的深入实施，依托国家文化专网和文化数据服务平台建设，为出版业提升优质文化供给水平奠定更加坚实的基础。在技术加持下，数字文化空间和场景将持续拓展，大力发展云阅读、云展览、云视听等新业态，引领新型文化消费模式，不断提升公共文化服务的到达率、及时性，增强人民群众文化获得感、满足感、幸福感。出版单位和数字文化企业围绕数字公共文化服务体系建设将开展更加深度的合作，建立数字文化公共服务协同发展机制，丰富数字公共文化产品，扩大供给范畴。

特殊人群数字文化公共服务供给机制将不断健全。2024 年 4 月，中国版权协会组织人民卫生出版社、人民文学出版社、人民出版社、人民邮电出版社、人民教育出版社、三联书店等单位发起成立“视障群体无障碍阅读版权服务联合体”，支持中国盲文出版社推进建立无障碍阅读的版权提供、内容制作、出版服务等长效可持续工作机制，并发布《“视障群体无障碍阅读版权服务”倡议书》。①

出版单位、其他文化机构、行业组织和互联网企业等基于无障碍阅读方面的合作将进一步加深。如中国盲文出版社、中国盲人图书馆与腾讯视频已达成合作，腾讯视频上线“无障碍剧场”，为首款通过中国盲文图书馆无障碍检测的长视频应用，将分批上线超过 600 部热门影视作品。② 双方将共同公益制作面向视障群体的无障碍版本。③ 在进一步提升面向阅读障碍等特殊群体的公共数字文化服务水平，结合无障碍格式版特点与阅读障碍者需求制作和引进作品的同时，在无障碍作品版权保护和版权使用等方面持续健全相关制度和规范标准也将持续健全。

---

① 史竞男，严勇. 让视障群体无障碍阅读，第三届全民阅读大会阅读权益保障论坛举办[EB/OL].(2024-04-24)[2024-08-20]. https://www.bjnews.com.cn/detail/1713942202129512.html.

② 中国盲文图书馆腾讯视频为视障人群建了一座“电影院”[EB/OL].(2024-05-21)[2024-08-20]. http://k.sina.com.cn/article_1878441521_6ff6be31019017np6.html.

③ 今日流媒体泛视频领域“无障碍”进程加快?![EB/OL].(2023-12-19)[2024-08-19]. http://news.sohu.com/a/745068967_488163.

（五）内容营销将成为出版品牌营销的重点

在数智化时代，人们对文化产品的选择性越来越多，对文化产品的要求也日益提高，出版品牌营销迎来模式升级，放大品牌的核心价值正在成为出版品牌营销的关键点。出版直播和短视频营销更加常态化，通过直播与短视频营销，与读者用户产生更紧密的连接，进而加深读者用户对出版产品的认识与了解。出版直播营销更加趋向成熟，营销水平将越来越高，形式日益多元。与此同时，直播营销的功能将有所变化，出版单位不同的出版板块直播日益增多。内容营销将成为品牌营销的重要手段，将影响人们对出版品牌的认知，强调针对细分不同受众圈层进行精准化的内容营销，为不同圈层的受众提供有价值的内容，进而与其形成良好的沟通，并对他们的需求和反馈可以给予及时的回应。①

当前，情绪价值逐渐成为受众消费的重要需求点，“悦己消费”成为趋势，即消费者越来越注重自己内心感受，注重产品和服务对于情绪价值的满足。在营销过程中能否通过内容营销对受众带来情绪价值，从而实现有效营销将至关重要。因此，无论是短视频还是网络直播，在出版营销过程中，从读者的情感需求切入，能够与受众产生情感连接，通过表达能够让受众产生共情，以满足读者的心理需求，从而实现品牌宣传和爆款产品打造，将成为出版单位的一项重要能力。通过深度分析消费者在互联网端对于文化产品的各种选择、评论、转发等行为特征，把握他们的总体偏好与情感需求。通过与消费者建立更强的情感连接，出版单位能够形成更有针对性的营销策略。如针对主题出版、少儿出版、人文社科等不同的板块，可在短视频和直播时，通过故事性的表达，深化读者受众对出版产品和品牌的感受力，实现对读者认知和情感的双重调动。

“00后”“10后”将成为新的消费群体主流，也将成为出版营销的重点受众，年轻化营销成为出版营销的重点方向。满足年轻一代的消费需求、喜好和观念，基于对他们的阅读喜好、文化消费习惯、获取信息渠道、对出版产品的期待等信息的研究分析，制定针对性的营销方案。

未来，为了更好发挥出版直播营销与短视频营销的重要作用，业界不仅要

① 中国新闻出版广电报. 展望2024：出版业六大营销趋势[EB/OL].（2024-01-15）[2024-08-20]. https://www.im-pg.com/zbzx/8359.shtml.

重视二者的营销功能，而且也要密切关注低价竞争带来出版单位利润空间压缩、盗版图书横行直播间、所售图书品类有限等问题，以期实现满足受众的消费需求，保障出版产业良性有序发展的目的。

（六）数字内容治理体系框架加快构建

互联网新媒体时代，信息内容实现了从以专业生产为主到以用户生产或混合生产为主的巨大转变，特别是AIGC的兴起，对数字内容生产范式带来深刻影响，也将带来意识形态安全、版权合规、内容规范性等方面的问题，对数字内容治理体系将带来新的挑战。党的二十大报告提出："健全网络综合治理体系，推动形成良好网络生态。"加强数字内容治理体系建设是数字中国建设的应有之义和首要任务。《数字中国建设整体布局规划》提出要优化数字化发展环境。建设公平规范的数字治理生态，净化网络空间，深入开展网络生态治理工作。人工智能应用环境下，对于信息真实性、可靠性、规范性的甄别将日益重要。政府、科技公司、媒体、教育机构以及公众都将在其中扮演重要角色，合力构建数字内容治理体系。

数字内容治理体系建设将主要围绕三个层面：一是意识形态的审核把关；二是数字内容质量的审核；三是数字版权治理。AI带来的"双刃剑"效应，裹挟了许多具有新特点的意识形态风险，这类风险往往更具有隐蔽性和复杂性。未来对AI生成内容的审核需求将大大提升。出版单位有必要建立包括涉政敏感词库、违规敏感词库等在内主流价值语料库。搭建内容智能审核系统将成为出版单位重要基础建设，包含敏感词库，具备涉敏文本审核、视觉内容检测等智能风控模块，可以实现在线检测、文本审校、图片审校、视频审校、自定义词库等功能。同时，为民营书企、新兴出版平台企业提供数字内容审核服务，将成为出版机构的新增业务。此外，针对内容侵权、虚假信息等问题的智能监测产品将日益增多。

数字版权的合规性开发使用是数字版权健康可持续发展的重要前提。建立数字版权价值评估标准体系将为构建数字版权生态奠定坚实基础。基于数字版权思想价值、品牌价值、市场价值等维度，分类建立数字版权价值评估，建立健全数字版权价值评估机制，已成为数字版权高质量可持续发展的迫切需求。随着数字版权规模持续壮大，转化、运用、交易需求日益旺盛，各地纷纷搭建

数字版权服务平台，探索数字版权治理的解决方案，建立数字版权确权、保护、交易结算、溯源验真，建立版权信用、大数据和金融服务体系。2024 年以来，江苏、湖北、海南、山西等多地出台了《数据知识产权登记管理办法》，以规范数据知识产权登记工作，加强数据知识产权登记管理，促进数据要素开放流动和开发利用。上海市有关部门出台了《关于加强本市知识产权鉴定工作的暂行实施办法》《企业数字版权技术措施保护与合规指引》等规范性文件。其中，《企业数字版权技术措施保护与合规指引》，重点面向计算机软件企业、网络游戏公司、网络音视听公司、网络小说公司等享有数字版权，适于开发、应用技术措施的企业，从保护数字版权的技术措施、数字版权的确权、保护漏洞、合规风险及如何维权等方面，对企业数字版权保护工作提出全面规范指引。数字版权治理体系正在加速构建。

（七）全球化数字内容协同体系将加快建设

2024 年是习近平总书记提出网络强国战略目标 10 周年，是我国全功能接入国际互联网 30 周年。随着世界多极化、经济全球化、社会信息化、文化多样化深入发展，互联网将对人类文明进步发挥更大的促进作用。

2024 年 7 月 1 日，第 78 届联合国大会协商一致通过中国主提的“加强人工智能能力建设国际合作决议”，140 多国参加决议联署。该决议强调人工智能发展应坚持以人为本、智能向善、造福人类的原则，鼓励通过国际合作和实际行动帮助各国特别是发展中国家加强人工智能能力建设，倡导开放、公平、非歧视的商业环境，提出了人工智能治理的中国方案，为全球人工智能发展与治理指明了方向。该倡议的通过表明加强人工智能治理全球对话合作已成为共识。[①] 2024 年，构建人类命运共同体倡议的提出迎来新的十年，将推动全球合作迈向新高度。

未来，围绕数字内容高质量发展和治理能力提升的全球化协同合作将进一步加深。通过打造全方位、多层次、宽领域、立体化的国际出版文化交流平台，将促进优质数字文化产品广泛传播，增强中华优秀传统文化影响力。秉持共商共建共享理念，完善全球数字内容治理体系，加快制定数字内容治理国际

① 王建刚. 联大通过中国提出的加强人工智能能力建设国际合作决议[EB/OL].（2024 - 07 - 02）[2024 - 08 - 20]. https：//www. gov. cn/yaowen/liebiao/202407/content_ 6960524. htm.

规则。特别是在 AIGC、元宇宙等前沿技术领域将深化合作交流，从技术合作、人才培养、政策协调等方面，创造全球数字文明共治共建共享新局面，构建更加包容和谐、美美与共的网络命运共同体。以对话理解为途径，推动不同国家地区加深文化交流互鉴，建立相互理解、相互信任、相互启迪的良性机制，实现文明对话的常态化与可持续化。

（八）数实融合步伐加快将持续拓展新场景

AIGC、云渲染技术是构建数实融合场景的重要底层技术，拓展了内容创新的空间。AIGC 让内容规模化生产成为可能，将为数实融合环境下多层次、多场景丰富文化需求的满足奠定坚实基础。基于实时云渲染技术的跨端属性，依托于云端的超高互联性，能确保即便是在本地设备无法支撑的情况下，也能为用户提供流畅的 AI 运算、更大的场景体验和规模化的实时交互模式，从而满足用户对于内容多样化和实时交互的需求，无数创意可以转变为丰富、沉浸式的数字内容，可连接文化、娱乐、教育、旅游等多个领域，构建更丰富、生动、具象化的数字世界。

继数字藏品之后，虚拟数字人成为构建数实融合场景的重要入口。从功能划分上来看，虚拟数字人可分为内容数字人、功能服务数字人和虚拟分体数字人，虚拟数字人在数字阅读、数字音乐、游戏、电商直播、新闻播报、文旅、广告、会议会展等领域和场景得到了初步应用，且其应用场景仍在不断拓展。虚拟数字人也将作为版权产业链中的重要一环，进一步释放数字版权价值，为数字内容产业创新发展提供更多可能性。

游戏是实现数实融合的重要载体，借助 AI、AR/VR 技术，游戏正不断提升交互的真实感和环境感知能力，进一步消弭现实与虚拟世界之间的界限，为玩家带来更强烈的沉浸感与归属感，实现虚拟环境与深度社交互动，还通过持续创新和 UGC 内容创作机制，构筑了动态发展的虚拟社区及经济体系，数实融合生态架构初步实现。①

出版单位、新兴出版企业也纷纷在探索数实融合路径方面探索布局。中文在线与清华大学一起创办了实验室，该实验室整合了清华大学的研究力量，以

① 搜狐网. 一文读懂 2024 元宇宙发展趋势[EB/OL].(2024－07－08)［2024－08－20］. https://www.sohu.com/a/791698752_121826552.

产学研相结合的方式，聚焦未来媒体技术发展、虚拟数字人指数等领域进行研究探索。由中文在线与 PICO 联合出品的《灵笼》VR 互动动画，运用 VR 技术，包含大量的互动设计，用户可通过手柄摇杆等设备与剧情中人物、场景互动，推动剧情走向，带给用户沉浸式的体验。中文在线还举办了相关征文大赛，打造 IP，将网络文学作为连接数字和现实世界的桥梁。中信出版集团、中信书店联合全球著名科普出版品牌 DK 出版公司在举办了“致·好奇心——DK50 周年自然典藏百科展”，观众可以在近 1 500 平方米的超大展览空间里，欣赏超过 500 幅独家高清图片、近 100 件珍稀标本，收获超过 1 000 个自然科普知识点，将沉浸式体验融入科普展的创新模式，现场设有五大声光电互动体验，并利用数字科技打造了 VR 恐龙世界和沉浸式星空。

2024 年 8 月，国内首个虚拟数字人领域的国家标准《信息技术客服型虚拟数字人基础能力技术要求》成功立项，确定了客服型虚拟数字人参考框架、基础功能要求和性能要求，为客服型虚拟数字人为代表的交互型虚拟数字人的设计、开发、测试、应用、管理等提供规范指导。[①] 构建数实融合生态已成为必然趋势，将从内容建设、底层技术、终端研制、标准制定等多方面协同推进。除了游戏、传媒、新闻媒体、营销等领域，在文旅、文博、教育等领域持续拓展数实融合体验新场景。

（课题组组长：崔海教；副组长：王飚、李广宇；课题组成员：毛文思、刘玉柱、孟晓明、郝园园、宋迪莹、徐楚尧、薛创）

---

① 李雁争. 首个客服型虚拟数字人国家标准获批立项[EB/OL].（2024 - 08 - 25）[2024 - 08 - 26]. https://finance.sina.com.cn/roll/2024 - 08 - 25/doc - inckwnfz8940540.shtml.

分 报 告

2023—2024 中国电子图书出版产业年度报告

孙晓翠　孟祥晴　张怡曼　马　凯

2023 年是党带领人民接续奋斗、砥砺前行的一年，也是一路昂扬、硕果累累的一年。面对全球形势错综复杂且改革、发展及稳定的重大责任，党的二十大提出，要以中国式现代化全面推进中华民族伟大复兴。出版业在 2023 年以新理念为指导，积极作为、改革创新。中国电子图书出版产业依旧保持着稳定的发展势头，在新时代新征程中展现出新特征与新趋势。

一、电子图书出版产业概述

2023 年中国电子图书出版产业受政策、经济、社会和技术等多种环境影响，转型升级力度强劲，新的业态不断出现、新的市场消费需求不断扩大。

（一）政策环境

2023 年，数字产业化和产业数字化政策频出且持续利好，电子图书产业的顶层设计不断完善，为中国电子图书出版产业的进一步发展奠定了良好的政策与制度基础。

1. 出版融合发展工程深度推进

新时代下，为推动出版业顺应新一轮科技革命和产业革命浪潮，推动传统出版和数字出版从深度融合的浅水区迈向深水区，并进一步打造出版业新质生产力，国家新闻出版署于 2023 年 3 月发布《关于组织实施 2023 年度出版融合发展工程的通知》（以下简称“《通知》”），强调要遴选出一批导向正确、内容优质、创新突出、双效俱佳的数字出版精品和一批技术领先、融合度高、精品聚集、示范性强的出版单位。[①] 数智化转型升级作为出版深度融合的重要内容，《通知》的出台也为电子图书出版产业的品牌项目、优质平台、示范单位、优秀人才的培育建设等加大了指导支持力度，引领带动电子图书出版产业的繁荣发展工作走深、走实。

2. 数字中国建设全面深入推进

2023 年 2 月，中共中央、国务院印发《数字中国建设整体布局规划》（以下简称“《规划》”）。《规划》提出，要提升数字文化服务能力，加快发展新型文化企业、文化业态、文化消费模式。[②] 电子图书是传统图书的数字化形式，也是拉动数字消费、发展数字经济、形塑数字文化、优化数字文化服务的“主力军”。提升数字文化服务能力，要求加强对电子图书细分领域的数字化、标准化、规范化、系统化建设，以电子图书出版产业发展为数字中国建设“增砖添瓦”。

（二）经济环境

2023 年国民经济回升向好，高质量发展扎实推进，出版业仍坚持稳中求进、高质量发展的总基调。新时代，电子图书出版产业在总体经济利好的形势下，产业发展韧性增强。

1. 数字文化消费回升向好

根据国家统计局发布的《2023 年国民经济和社会发展统计公报》指出，2023 年我国国内生产总值比上年增长 5.2%，第三产业增长 5.8%；[③] 全国居民人均可支配收入达到 39 218 元。[④] 数据表明，2023 年我国国民经济回升向好，全国居民人均可支配收入涨幅明显。同时，公众对于数字文化消费需求的升级，带动数字文化消费回升向好，为电子图书出版产业高质量发展提供了广泛

① 国家新闻出版署. 国家新闻出版署关于组织实施 2023 年度出版融合发展工程的通知[EB/OL]. (2023-03-15) [2024-06-28]. https://www.gov.cn/xinwen/2023-03/15/content_5746830.htm.

② 中国政府网. 中共中央 国务院印发《数字中国建设整体布局规划》[EB/OL]. (2023-02-27) [2024-06-28]. https://www.gov.cn/zhengce/2023-02/27/content_5743484.htm.

③ 中国政府网. 中华人民共和国 2023 年国民经济和社会发展统计公报[EB/OL]. (2023-02-27) [2024-06-28]. https://www.gov.cn/lianbo/bumen/202402/content_6934935.htm.

④ 中国新闻网. 国家统计局：2023 年全国居民人均可支配收入 39218 元[EB/OL]. (2024-01-17) [2024-06-28]. https://www.chinanews.com.cn/cj/2024/01-17/10147531.shtml.

的需求和市场。

2. 文化产业新业态发展韧性增强

据2023年国家统计局对全国规模以上文化及相关产业企业调查，数字出版业的数据表现亮眼，2023年全国规模以上数字出版企业营收比2022年增长21.6%。[①] 由此可见，文娱休闲行业得到了快速恢复，文化企业经营效益得到了持续提升，我国文化企业的发展态势持续回升向好，数字出版产业发展稳中有进。

2024年4月24日，第三届全民阅读大会上发布的《2023年度中国数字阅读报告》显示，2023年我国数字阅读市场总体营收规模为567.02亿元，同比增长22.33%，成为近五年来的最高增速。[②] 数据在一定程度上反映了文化产业新业态发展向好的态势，为电子图书出版产业的发展营造了良好的经济环境。

（三）社会环境

2023年，我国数字化社会建设稳步推进，加上电子媒介深度嵌入社会生活的方方面面，媒介化社会成为独特的景观。数字阅读作为公众阅读的主要形式之一，深刻影响着其文化消费行为。2023年度中国数字阅读报告数据显示，2023年我国数字阅读作品总量为5 933.13万部，同比增长12.54%。[③] 这表明，电子图书产业发展有扎实的社会文化和用户基础。

1. 数字化社会建设步伐加快

《规划》强调要强化数字技术创新体系和数字安全屏障“两大能力”。在数字化社会建设的新形势下，电子图书出版产业要不断探索数字出版发展的新趋势，不断加强数字内容和传播形式的应用，满足数字时代用户的需求以促进产业高质量发展。

① 中国政府网. 国家统计局解读2023年全国规模以上文化及相关产业企业数据[EB/OL].（2024-01-30）[2024-06-28]. https://www.gov.cn/lianbo/bumen/202401/content_6929148.htm

② 新华社. 用户规模达5.7亿！2023年度中国数字阅读报告来了[EB/OL].（2024-04-24）[2024-06-28]. https://www.xkb.com.cn/articleDetail/305833

③ 新华社. 用户规模达5.7亿！2023年度中国数字阅读报告来了[EB/OL].（2024-04-24）[2024-06-28]. https://www.xkb.com.cn/articleDetail/305833

2. 数字阅读已成全民阅读不可或缺的组成部分

随着数字技术在社会生产生活领域的嵌入，数字阅读已经取代传统阅读成为公众最主要的阅读形式。在此背景下，出版社和互联网平台正加速电子图书出版的创新规划，在顶层设计、业务流程、需求挖掘方法、资源拓展思路等方面持续发力。近年来，随着腾讯、字节跳动、阿里巴巴等互联网集团在电子图书领域的布局，电子图书出版基于出版单位和互联网平台的聚力，在重点领域内容品牌的打造与策划，优质内容服务的扩大与优化、资金和资源投入力度的提升上取得了显著成果。

（四）技术环境

2023 年 9 月，习总书记在黑龙江考察调研期间首次提出新质生产力的概念。新质生产力强调要整合科技创新资源，依靠技术创新推动产业创新。新质生产力成为推动数字出版行业高质量发展的关键要素，在数字出版领域的资源配置优化、人机协同生产、数字版权保护等方面发挥重要作用，也为电子图书出版产业培育新动能带来新机遇。

新质生产力赋能下，人工智能技术更新迭代加速，技术成为引领时代的新引擎。数字技术已由传统的信息搜集、传输、整理、储存，逐渐深化至辅助决策，甚至在某些领域替代决策，发挥着越来越重要的作用。如今，“数据 + 算力 + 算法”的强大组合，正助力数字出版业进行数智化转型的战略决策提供可行的思路与方案。2023 年，大语言模型技术迎来新发展，在出版领域的应用也逐步落地。国外有 OpenAI 公司的 ChatGPT 与 Sora，国内目前有昆仑天工旗下的系列 AIGC 模型以及百度 AI 文心大模型等算法与模型，这些模型覆盖图像、音乐、文本、编程等多模态内容生成能力，有利于充分挖掘和释放电子图书出版产业的新质生产力。

二、电子图书出版产业发展现状

我国电子图书出版产业正处于蓬勃发展阶段，市场收入规模自 2017 年来呈现稳步上升的态势，由 2017 年的 54 亿元至 2022 年的 69 亿元实现了近 30%

的增长率。2023 年我国电子图书出版产业收入规模 73 亿元，较 2022 年同比增长 5.80%。这不仅是行业健康发展的重要标志，更是当前市场中各主体协同创新并不断为产业注入新活力与动力的时代成就（见图 1）。

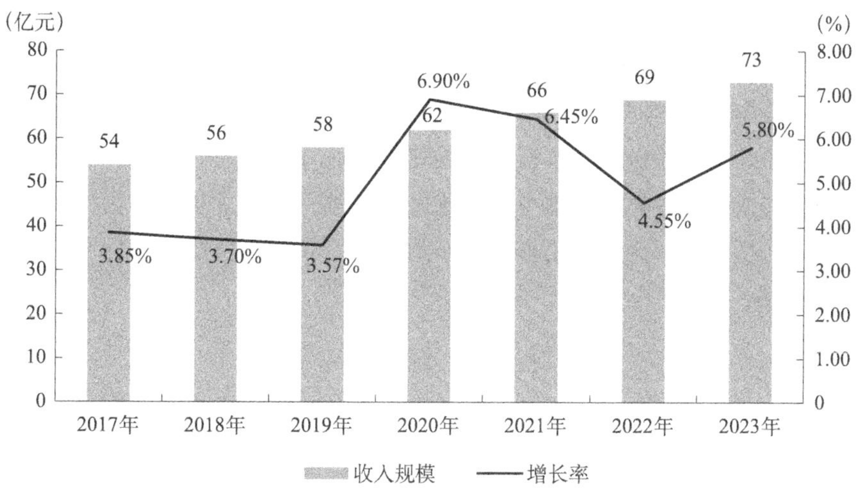

图 1　2017—2023 年中国电子图书出版产业收入规模

（一）市场现状

1. 数字阅读市场愈加成熟

轻薄、便携，能够适应手机平板等不同电子产品，这是电子图书压倒性的优势。因此，相较于纸质图书，电子图书成为许多读者碎片化阅读时的选择。中国新闻出版研究院发布的《第二十一次全国国民阅读调查报告》显示：数字化阅读方式（网络在线阅读、手机阅读、电子阅读器阅读、Pad 阅读等）的接触率为 80.3%；同时，人均电子书阅读量为 3.40 本，高于 2022 年的 3.33 本。[①] 数据表明，数字阅读市场前景广阔，电子图书的发展有较好的用户基础。

2023 年数字阅读市场竞争格局稳定，产业链良性发展，市场规模逐步变大。数字阅读产业以优质内容为核心，优质内容产出的扩大吸引了更多的读者，多元化、个性化内容的供给，使各年龄段的用户规模都有相应的扩大。值得一提的

① 全民阅读网. 第二十一次全国国民阅读调查成果发布[EB/OL].（2024-04-23）[2024-07-07]. https://www.nationalreading.gov.cn/wzzt/2024qmyddh/cgfb/desycqggmyddccg/202404/t20240423_844549.html.

是，以阅文集团、中文在线、番茄小说、掌阅科技等为代表的企业进入短剧赛道，通过出售成熟的电子图书IP或受众度高的内容版权，来拓展盈利模式。

2. 电子图书市场多元内容题材格局已然形成

畅销小说等大众喜爱的内容题材在电子图书市场中占据重要地位。随着知识更新速度的加快和人们对专业知识的需求增长，专业类、学术类电子图书的市场需求也在不断增加。据《2023年度中国数字阅读报告》显示，大众阅读、专业阅读等细分市场份额基本稳定，仍然是产业发展的主导力量。其中，大众阅读中童书依然在各类图书销售中占比最大，但码洋比重和去年相比呈现下降趋势，尤其是在短视频电商渠道中下降明显。少儿市场已经从增量市场转变为存量市场。①

（二）用户现状

1. 用户规模逐步增长

中国互联网络信息中心发布的第53次《中国互联网络发展状况统计报告》显示：截至2023年12月，我国网民规模达10.92亿人，较2022年同比增长2 480万人。② 智能手机、电子阅读器等移动设备的广泛使用，为读者提供了随时随地阅读的便利。这也意味着随着移动互联网时代的到来，以及数字阅读方式的不断优化和内容供给的丰富，电子图书阅读用户规模将会持续增长，成为未来阅读市场的主流形式之一。

伴随着数字化阅读方式接触率的不断增长，表明电子图书内容供给的丰富和优质电子图书阅读体验的提升，增加了读者的数字阅读意愿。电子图书在价格、携带、储存等方面的优势，也进一步促进了电子图书阅读的普及。由此，电子图书出版产业需要紧跟技术发展趋势，不断优化产品和服务，满足多样化的读者需求，在激烈的市场竞争中脱颖而出。

2. 用户结构体现不同特征

首先，以用户所在区域为划分标准。据《第二十一次全国国民阅读调查报

---

① 开卷数据．少儿图书零售市场解析[EB/OL]．(2023-11-17)[2024-07-07]．https://mp.weixin.qq.com/s/E8BQ3zlXjWcGDoF2jwJB_A.

② 国家互联网信息办公室．第53次《中国互联网络发展状况统计报告》发布 互联网激发经济社会向“新”力[EB/OL]．(2024-03-25)[2024-07-07]．https://www.cac.gov.cn/2024-03/25/c_1713038218396702.htm.

告》显示，2023 年农村居民相较于城镇居民公共阅读服务设施的使用较低，这也跟农村基础设施建设不完善有关。虽然城乡阅读率仍存在一定差距，但均呈现上涨态势，要缩小城乡差距就要充分考虑农村读者的特殊需求。因此，未来电子图书出版产业在拓展农村市场时，需要因地制宜地采取针对性的策略，如加强基础设施建设、开发适合农村用户需求的电子书产品和服务，并提升农村居民的数字化阅读意识，促进电子图书在城乡地区的均衡发展。

其次，从用户年龄结构的角度来看，不同年龄段的人群在数字化阅读方面呈现出不同的特点。第一，对于成年国民而言，他们的数字化阅读倾向正日益增强，其中手机移动阅读已成为主流形式。2023 年成年国民使用手机进行数字化阅读率为 78.3%，比 2022 年增加了 0.5 个百分点。[①] 网络在线阅读也保持了稳定的比例，而电子阅读器的使用率则略有下降。第二，未成年人在阅读方面也取得了显著的进步，阅读能力平稳地提升。数据显示，2023 年 0—17 周岁未成年人图书阅读率为 86.2%，比上一年提高了 2 个百分点。0—17 周岁未成年人的人均阅读量也有所提高，由 2022 年的 11.14 本提升到 2023 年的 11.39 本。[②] 这表明未成年人的阅读能力正在平稳提升，体现出他们对包括电子图书在内的阅读热情与需求也在不断增长。

3. 用户数字阅读习惯持续养成

快节奏的信息传播时代，近九成人仍保持阅读习惯。快节奏、高强度的工作，加上短视频对碎片化时间的挤压。根据《2023 年全民阅读趋势白皮书》表明，87.98% 的公众仍保持阅读的习惯。具体而言，有 46.52% 的公众坚持每天阅读。在阅读习惯方面，午休时段和晚上空余时间是公众偏好的阅读时间。[③]

随着数字阅读习惯的养成，越来越多的用户愿意为高质量内容买单。这在一定程度上来说，随着数字技术的不断成熟，用户越来越追求高品质、个性化、多元化的数字阅读生活。2023 年电子阅读形式在数字阅读用户中的使用程

---

① 全民阅读网. 第二十一次全国国民阅读调查成果发布[EB/OL].（2024-04-23）[2024-07-07]. https://www.nationalreading.gov.cn/wzzt/2024qmyddh/cgfb/202404/t20240424_844854.html.

② 全民阅读网. 第二十一次全国国民阅读调查成果发布[EB/OL].（2024-04-23）[2024-07-07]. https://www.nationalreading.gov.cn/wzzt/2024qmyddh/cgfb/202404/t20240424_844854.html.

③ 调研工厂. 2023 年全民阅读趋势白皮书[EB/OL].（2023-04-23）[2024-07-07]. https://baijiahao.baidu.com/s?id=1763954599296889336&wfr=spider&for=pc.

度依然最高，占比84.57%，数字阅读用户年人均阅读量稳步增长，其中电子阅读涨幅最大。[①] 由此可见，电子图书已成为主流的数字阅读方式。高质量的电子图书内容供给和优化的阅读体验是推动这一趋势的关键因素，用户需求呈现多元化、个性化趋势。

（三）企业现状

随着互联网的发展，数字出版的各个产业也都有长足的进步，这使得传统出版和新兴出版各自获得新发展的同时，也使两者的融合发展成了新的亮点和行业主流趋势。2023年，各大出版企业各显身手，顺应电子图书发展趋势，不断优化内容供给、产品形式、营销策略和渠道建设，以期在激烈的市场竞争中占据有利地位。各出版集团、国有企业、民营企业、渠道商不断加强合作，避免零和博弈，实现资源互补，促进产业向好发展。

1. 传统出版单位电子图书业务精品不断

当下，传统出版单位在电子图书市场依旧扮演着重要的角色。综合企业影响力及数据可获得性，此处选择已上市的中国出版、时代出版、凤凰传媒三家企业为代表来分析传统出版单位的发展现状。

融合发展成为传统出版单位的“新支点”。中国出版2023年年度报告主要经营数据公告显示，中国出版2023年营业收入约62.98亿元，同比上升2.55%。[②] 其中，电子图书项目板块发展稳健，特色资源型项目数字化开发接续创新。如中华书局承建的“国家古籍数字化资源总平台”开启多项大型古籍整理纸电同步融合出版项目，以推动古籍文化的赓续传承。中国出版旗下现代出版社通过打造“电子书+有声书”数字内容精品，实现数字出版销售大幅增长；三联书店中读平台等数字业务收入显著提升。根据凤凰传媒2023年年度报告，凤凰传媒2023年度营业收入约136.45亿元，比上年同期增长0.36%。[③] 时代出版也着力打造数字出版精品项目，把握企业效益增长的着力点，其

---

① 云南宣传网. 2023年度中国数字阅读报告发布——数字阅读市场规模迈上新台阶[EB/OL].（2024-04-25）[2024-6-28]. http://www.ynxc.gov.cn/html/2024/dhzxr_0425/12028.html.

② 中国出版. 中国出版2023年度年报[EB/OL].（2024-04-27）[2024-07-07]. http://static.cninfo.com.cn/finalpage/2024-04-27/1219878407.PDF.

③ 凤凰传媒. 凤凰传媒2023年度年报[EB/OL].（2024-04-23）[2024-07-07]. http://static.cninfo.com.cn/finalpage/2024-04-23/1219737614.PDF.

2023 年度报告显示，时代出版 2023 年度实现营业收入约 86. 43 亿元，同比增加 13. 03% 。[①] 在其数字出版精品项目中，《升金湖的鸟》《安徽非遗》入选第八届中华优秀出版物电子出版物奖，《乳娘》入选国家级数字出版精品遴选推荐计划，为电子图书出版产业的产品创新提供了行业示范；其牵头编制《书刊数字化管理规范》这一项地方标准，为完善电子图书出版产业的标准体系提供了可行方案。

综合来看，三家大型传统出版单位营业收入同比增长，发展态势向好。一是因为疫情结束，经济回暖，出版业的发展也渐渐恢复。二是文化发展政策愈加完善，对出版业的扶持力度加大。三是数字化成为出版业融合发展的基调，赋能传统业务的同时，也推动了新业态、新业务的发展壮大。以网络科技、无线终端等为代表的智能产业发展，为挖掘出版业新质生产力提供了强大的技术支撑，促进了出版物的数字化和电子化、营销渠道的多样化以及营销推广的精准化，为传统出版单位电子图书业务发展提供了有力支撑。

2. 民营出版企业电子图书业务发展喜忧参半

在民营出版企业层面，此处选择四家已上市的民营出版企业作为分析样本，分别是果麦文化、天舟文化、新经典和读客文化。以期以点窥面，获知民营出版企业电子图书出版业务发展现状。

2023 年，中共中央、国务院颁发《关于促进民营经济发展壮大的意见》，加大了对民营经济政策支持力度，这为民营出版产业发展提供了坚实的政策支持。一是从民营出版产业整体收入情况来看，收入增幅明显。果麦文化 2023 年报显示，果麦文化 2023 年营业收入约为 4. 78 亿元，较 2022 年增长 3. 49% 。二是从电子图书板块的收入来看，电子图书产业的发展稳中有进。以果麦文化为例，其电子图书、有声图书收入约为 1 365. 58 万元，同比 2022 年增长 5. 45% 。[②] 果麦文化公司得益于“出版 + 互联网”的商业模式，该公司着力打造“富媒体图书提案策划系统”项目，提高了对电子图书和有声图书市场潜力的预测精度，精准把握了市场动向，实现了降本增效。总体来看，民营出

---

① 时代出版. 时代出版 2023 年度年报[EB/OL]. (2024 - 04 - 17) [2024 - 07 - 07]. http: //static. cninfo. com. cn/finalpage/2024 - 04 - 17/1219637704. PDF.

② 果麦文化. 果麦文化 2023 年度年报[EB/OL]. (2024 - 03 - 01) [2024 - 07 - 07]. http: //static. cninfo. com. cn/finalpage/2024 - 03 - 01/1219212586. PDF.

版的电子图书业务战略方向正确、实践措施得当，以实现经济和社会效益为目的，顺应新时代网民的阅读习惯，致力于将优秀 IP 投放到电子图书出版产业，极大地拓展了用户规模。

但部分民营企业的营业收入跌幅过大，发展堪忧。天舟文化 2023 年年度报告显示，天舟文化 2023 年营业收入约 4.48 亿元，同比下降 26.07%；[①] 新经典 2023 年年度报告显示，新经典 2023 年营业收入约 9.01 亿元，同比下降 3.94%。[②] 其中，电子图书板块的业务运营乏力，难以成为民营出版企业发展的“强心剂”，主要有以下几点原因：一是受亚马逊退出中国市场影响较大，企业应对措施收效较小。例如，新经典为应对亚马逊 Kindle 退出中国市场的影响，拓展与微信读书、番茄小说、掌阅等平台的合作，虽然 2023 年电子图书板块营业收入约 2 178.12 万元，但同比减少了 20.82%。[③] 二是整体图书市场仍显萎靡，影响电子图书行业的发展。读客文化 2023 年年度报告显示，读客文化 2023 年营业收入约为 4.34 亿元，同比下降 15.49%，主要由于占主要收入的纸质图书业务及电子图书业务都受整体图书市场下滑的影响导致收入下降所致。[④] 三是长期受到盗版侵权的危害，由于电子图书的复制成本更低，加上出版方追责成本高，导致盗版电子图书猖獗，大大挤压了正版电子图书的发展空间。

（四）终端市场现状

移动互联网最主要的两种应用形式是 Web 和 App，前者是指用户通过网页获得相关信息，后者则是通过特定程序满足需求。[⑤] 传统意义上的电子图书阅读终端也主要是这两种形式。但随着移动互联网的不断发展和阅读行为的社交化，越来越多的平台成为公众电子阅读的新阵地，原先的阅读平台也不断拓展、丰富其功能，朝着社会化、多元化的方向发展。《2023 年全民阅读趋势白

---

① 天舟文化. 天舟文化 2023 年度年报[EB/OL].（2024-04-25）[2024-07-07]. http://static.cninfo.com.cn/finalpage/2024-04-25/1219800910.PDF.

② 新经典. 新经典 2023 年度年报[EB/OL].（2024-04-27）[2024-07-07]. http://static.cninfo.com.cn/finalpage/2024-04-27/1219879014.PDF.

③ 新经典. 新经典 2023 年度年报[EB/OL].（2024-04-27）[2024-07-07]. http://static.cninfo.com.cn/finalpage/2024-04-27/1219879014.PDF.

④ 读客文化. 读客文化 2023 年度年报[EB/OL].（2024-04-24）[2024-07-07]. http://static.cninfo.com.cn/finalpage/2024-04-24/1219774689.PDF.

⑤ 肖叶飞. 电子书客户端：数字阅读终端的红海竞争[J]. 出版发行研究，2015（4）：41-44.

皮书》发现，网络平台大数据推送是影响公众阅读的主要因素。除此之外，18—29 岁的青年群体接触较多互联网推送渠道的还有小红书、知乎、有书、微信读书；30—49 岁中青年群体接触较多的还有微信读书、番茄听书、微信视频号；50 岁以上中老年群体接触较多的还有小红书、番茄听书、微博。① 数字阅读呈现群体化、平台化、社交化、多渠道的特征。

在阅读器的战略布局上，受 Kindle 退出中国市场等影响，国产电子图书阅读器迎来了新的发展机遇，多元化的终端产品布局的国内厂商逐渐改变着市场格局。科大讯飞等国内厂商也不负读者期望，除了不断提升电子墨水屏的分辨率、对比度和刷新率，还继续发展了彩色电子墨水技术，不断努力优化读者的阅读体验。大多数电子图书阅读器不仅支持播放各种文件格式的书籍，而且部分电子图书阅读器还采用了开放的安卓系统，用户可以轻松安装各种第三方阅读应用。功能优化带来用户体验的提升，为电子图书出版产业的发展奠定了良好的基础。

此外，在市场化运营上，电子阅读的主要企业在内容生产、渠道建设、版权交易、IP 衍生及商业化落地等层面已拥有完备的体系，以付费制为主要的盈利方式，这限制了下沉增量市场的用户拓展。免费阅读在冲击阅读市场的同时，也为低收入人群的网文普及提供了可能。随着下沉市场用户接触网络文学的时间增长，会转向追求优质内容，而平台想要培养 IP、提升影响力，也需创新商业模式，加强优质内容的全面布局。例如，在探索生成式 AI 与阅读融合的创新路径上，掌阅科技已经展现出了前瞻性的视野和积极的实践。其思考如何用生成式 AI 改造阅读的流程，通过借助机器学习平台 Amazon SageMaker 和 Stable Diffusion 亚马逊云科技插件解决方案等技术，掌阅科技为用户提供了多维度阅读交互方式，比如定制化生成内容，文章生成图片、视频等，为用户带来更加丰富、多元、个性化的阅读体验。

---

① 调研工厂. 2023 年全民阅读趋势白皮书[EB/OL].（2023-04-23）[2024-07-07]. https://baijiahao.baidu.com/s?id=1763954599296889336&wfr=spider&for=pc.

三、电子图书出版产业年度重要事件

（一）AI阅读服务数字人悄然爆发

2023年5月，数传集团面向全国出版单位正式推出AI阅读服务数字人——小睿数字人。数字人小睿可以在全品类图书上，为读者提供绘本伴读、品读分析等多场景服务。

（二）Kindle电子阅读器在华落幕

2023年6月，亚马逊正式宣布其旗下的Kindle中国电子图书店停止运营。已经拥有Kindle设备及已购买电子图书的用户可以在接下来的一年内，即至2024年6月30日之前，自由下载其已购买的电子图书。

（三）各发行集团推出电子图书发展新模式

各大发行集团数字化转型进程持续加快，如山西新华、重庆新华、浙江新华等持续相应数字化转型的号召，促进线上线下优势互补、融合发展。2023年8月，福建新华发行集团于南国书香节携文本电子图书新模式亮相。[①] 该模式的核心创新在于将电子图书作为独立的、可计量与计价的商品，通过网络数字出版平台实现个性化发行，使之在交易过程中具备与纸质书相似的清晰性与价值定位。

（四）AIGC重构电子图书内容生态

当下，掌阅科技、中文在线等多家出版机构都已尝试对AIGC内容进行战略布局。2023年11月，掌阅科技旗下对话式AI应用“阅爱聊”亮相2023云

---

① 正观易知书业. 南国书香节，福建新华发行集团携文本电子书新模式，惊喜亮相[EB/OL]. (2023-08-21) [2024-07-14]. https://baijiahao.baidu.com/s?id=1774806037375053619&wfr=spider&for=pc.

栖大会，为用户带来了创新的阅读交互方式。[①] 该应用展现了掌阅科技在 AI 创新应用方面的最新实践成果，可通过生成式人工智能技术深度赋能数字阅读场景，为用户提供前所未有的阅读体验。

四、电子图书出版产业发展趋势

“十三五”时期，产业转型是电子图书出版产业基础性、战略性和关键性问题之一。随着媒介技术的深度演进，电子图书出版产业的内外部生态发生较大转变。新质生产力赋能下，战略统筹、商业模式、数字版权等均成为电子图书出版产业进一步发展的关键。基于 2023—2024 年的行业发展环境和市场发展概况，可预测电子图书出版产业发展的趋势如下。

（一）数智化转型：大语言模型或将重塑出版数字内容生产全流程

2023 年，横空出世的 Sora 正推动全球 AI 产业化进程全面提速。可以预见的是，在未来一段时间，Sora 技术或将加速出版业音视频的内容创新与应用形态加速迭代，创新数字出版范式并催生出版新业态。基于此，数字内容生产资源将得到极大程度的拓展，电子图书的创作和制作效率将得到进一步提高，内容的创新性、形式的多样性也将得到进一步提升。

随着 Chat GPT 等大语言模型与电子图书出版产业深度链接，加速了电子图书行业的数智化转型。大语言模型能在海量的图文、视频等公开数据上进行训练，可以执行多元任务，满足多元需求，包括选题策划、文本总结、知识问答、文本翻译、情感分析等，能够高效地理解和生成人类语言。例如，BookGPT（生书 AI）基于 ChatGPT 技术，致力于打造集文字、图片、音频和视频等多种媒体形式于一体的多模态电子图书。BookGPT 将大语言模型广泛应用于个性化内容生成、智能化对话生成、无障碍阅读等场景，具有内容生产与输出个性化、定制化、互动化等显著优势。这为电子图书出版产业的素材供给、选题策

① 东方网. 掌阅科技旗下行业首款对话式 AI 应用“阅爱聊”亮相2023 云栖大会[EB/OL].（2023 - 11 - 01）[2024 - 07 - 07]. https：//caijing. chinadaily. com. cn/a/202311/01/WS6541da0ca310d5acd876cd77. html？ from = singlemessage.

划、写作编辑、稿件智能审阅与校对、需求挖掘、作者挖掘、机构管理与品牌决策带来创新方案。

（二）平台化加速：电子图书企业的商业模式不断迭代创新

目前，数字阅读领域的云端图书馆、云书店等新技术、新场景、新模式涌现，我国主要的电子图书企业在数字阅读终端均有布局。数字阅读平台有丰富的公域流量，且用户体量大、黏性高。数字出版、数字阅读和使用的大平台化意味着电子图书的平台化趋势加速。

集约化平台的建设有利于电子图书出版产业的规模化发展，积聚并发挥资源优势。通过内容、生产、产品、服务、渠道和机构要素等加速融合，带来全新的商业模式和利润增长方式。掌阅科技将电子图书出版产业上游的内容制作方和内容出版，中游的数字阅读平台，下游的用户、IP 衍生伙伴以及广告商等，基于集约化的数字平台建立起稳定的链接。其效益提升得益于借助云端实现电子图书内容的聚合管理，利用自有的掌阅 App 向用户发行数字产品，进一步拓展多元的商业化增值服务。掌阅科技正是利用云技术实现创作者、内容、用户等的聚合与分析，为 IP 的培育和运营、商业模式的创新提供了有力支撑。

但高度集中的大服务平台也会对内容制作、产品服务和消费用户形成垄断性优势，存在较高的平台资本主义风险。因此，如何规避数字阅读平台的数字垄断、规范数字阅读经济的可持续发展是今后各界面对的共同议题。

（三）电子图书版权保护力度和广度将持续加强

数字媒体环境下，电子图书的侵权问题日益突出。2023 年 8 月，国家版权局、工业和信息化部、公安部、国家互联网信息办公室四部门联合启动“剑网 2023”专项行动，电子图书出版产业的网络侵权盗版行为也在打击之列。技术可供下，数字侵权的门槛成本低、风险小，但收益高。加上技术的内容复制成本低、相关法律制度滞后性高、监管机制难以实现全覆盖、维权成本相对较高、权利主体维权意识较为薄弱等，导致侵权盗版行为容易“死而复生”，数字出版的知识产权保护工作进度缓滞，面临诸多困境。

可以预见的是，电子图书出版产业的版权保护力度持续加强，电子图书版权保护的体系将进一步完善。电子图书出版产业的专家学者积极推动全民版权

素养培训与教育，以更新馆配商、图书馆、读者等相关主体的版权观念与认知，在全社会树立起尊重知识产权的良好风气。电子图书企业也将加快版权保护的技术探索。例如，掌阅科技持续优化数字版权技术，大力发展区块链、大语言模型等技术手段在数字版权领域的应用，比如完善智能合约、时间戳、设备码、版权证书等技术支持，防止电子图书被恶意下载、复制、传播等；时代出版也加快建设版权数据库和版权资源管理平台，以规范上下游授权，巩固技术防护城墙，从而保障海量版权权利信息得到系统化、规范化、标准化的整合。政府、行业、企业、专家学者、用户的多方合力，将成为电子图书版权保护的重要突破口。

参考文献

[1] 国家新闻出版署. 国家新闻出版署关于组织实施 2023 年度出版融合发展工程的通知[EB/OL].（2023 - 03 - 15）[2024 - 06 - 28]. https：//www.gov.cn/xinwen/2023 - 03/15/content_ 5746830. htm.

[2] 中国政府网. 中共中央 国务院印发《数字中国建设整体布局规划》[EB/OL].（2023 - 02 - 27）[2024 - 06 - 28]. https：//www.gov.cn/zhengce/2023 - 02/27/content_ 5743484. htm.

[3] 中国政府网. 中华人民共和国 2023 年国民经济和社会发展统计公报[EB/OL].（2023 - 02 - 27）[2024 - 06 - 28]. https：//www.gov.cn/lianbo/bumen/202402/content_ 6934935. htm.

[4] 中国新闻网. 国家统计局：2023 年全国居民人均可支配收入 39 218 元[EB/OL].（2024 - 01 - 17）[2024 - 06 - 28]. https：//www.chinanews.com.cn/cj/2024/01 - 17/10147531. shtml.

[5] 中国政府网. 国家统计局解读 2023 年全国规模以上文化及相关产业企业数据[EB/OL].（2024 - 01 - 30）[2024 - 06 - 28]. https：//www.gov.cn/lianbo/bumen/202401/content_ 6929148. htm.

[6] 新华社. 用户规模达 5.7 亿！2023 年度中国数字阅读报告来了[EB/OL].（2024 - 04 - 24）[2024 - 06 - 28]. https：//www.xkb.com.cn/articleDetail/305833.

[7] 全民阅读网. 第二十一次全国国民阅读调查成果发布[EB/OL].（2024 -

04 – 23) [2024 – 07 – 07]. https://www.nationalreading.gov.cn/wzzt/2024qmyddh/cgfb/desycqggmyddccg/202404/t20240423_844549.html.

[8] 开卷数据. 少儿图书零售市场解析[EB/OL]. (2023 – 11 – 17) [2024 – 07 – 07]. https://mp.weixin.qq.com/s/E8BQ3zlXjWcGDoF2jwJB_A.

[9] 国家互联网信息办公室. 第53次《中国互联网络发展状况统计报告》发布 互联网激发经济社会向“新”力[EB/OL]. (2024 – 03 – 25) [2024 – 07 – 07]. https://www.cac.gov.cn/2024 – 03/25/c_1713038218396702.htm.

[10] 调研工厂. 2023年全民阅读趋势白皮书[EB/OL]. (2023 – 04 – 23) [2024 – 07 – 07]. https://baijiahao.baidu.com/s? id = 1763954599296889336&wfr = spider&for = pc.

[11] 云南宣传网. 2023年度中国数字阅读报告发布——数字阅读市场规模迈上新台阶[EB/OL]. (2024 – 04 – 25) [2024 – 6 – 28]. http://www.ynxc.gov.cn/html/2024/dhzxr_0425/12028.html.

[12] 中国出版. 中国出版2023年度年报[EB/OL]. (2024 – 04 – 27) [2024 – 07 – 07]. http://static.cninfo.com.cn/finalpage/2024 – 04 – 27/1219878407.PDF.

[13] 凤凰传媒. 凤凰传媒2023年度年报[EB/OL]. (2024 – 04 – 23) [2024 – 07 – 07]. http://static.cninfo.com.cn/finalpage/2024 – 04 – 23/1219737614.PDF.

[14] 时代出版. 时代出版2023年度年报[EB/OL]. (2024 – 04 – 17) [2024 – 07 – 07]. http://static.cninfo.com.cn/finalpage/2024 – 04 – 17/1219637704.PDF.

[15] 果麦文化. 果麦文化2023年度年报[EB/OL]. (2024 – 03 – 01) [2024 – 07 – 07]. http://static.cninfo.com.cn/finalpage/2024 – 03 – 01/1219212586.PDF.

[16] 天舟文化. 天舟文化2023年度年报[EB/OL]. (2024 – 04 – 25) [2024 – 07 – 07]. http://static.cninfo.com.cn/finalpage/2024 – 04 – 25/1219800910.PDF.

[17] 新经典. 新经典2023年度年报[EB/OL]. (2024 – 04 – 27) [2024 – 07 – 07]. http://static.cninfo.com.cn/finalpage/2024 – 04 – 27/1219879014.PDF.

[18] 读客文化. 读客文化2023年度年报[EB/OL]. (2024 – 04 – 24) [2024 – 07 – 07]. http://static.cninfo.com.cn/finalpage/2024 – 04 – 24/

1219774689. PDF.

[19] 阅文集团. 阅文集团年度报告 2023[EB/OL]. (2024 - 04 - 24) [2024 - 07 - 15]. http://www. cninfo. com. cn/new/disclosure/detail? orgId = 9900036118&announcementId = 1219787988&announcementTime = 2024 - 04 - 24%2016:39.

[20] 掌阅科技. 掌阅科技股份有限公司 2023 年年度报告[EB/OL]. (2024 -04 - 20) [2024 - 07 - 15]. http://www. cninfo. com. cn/new/disclosure/detail? orgId = 9900033063&announcementId = 1219703129&announcementTime = 2024 - 04 - 20.

[21] 中文在线. 中文在线 2023 年年度报告[EB/OL]. (2024 - 04 - 22) [2024 - 07 - 15]. http://www. cninfo. com. cn/new/disclosure/detail? orgId = 9900023871&announcementId = 1219703471&announcementTime = 2024 - 04 - 22.

[22] 肖叶飞. 电子书客户端：数字阅读终端的红海竞争[J]. 出版发行研究，2015 (4): 41 - 44.

[23] 正观易知书业. 南国书香节，福建新华发行集团携文本电子书新模式，惊喜亮相[EB/OL]. (2023 - 08 - 21) [2024 - 7 - 14]. https://baijiahao. baidu. com/s? id = 1774806037375053619&wfr = spider&for = pc.

[24] 东方网. 掌阅科技旗下行业首款对话式 AI 应用“阅爱聊”亮相 2023 云栖大会[EB/OL]. (2023 - 11 - 01) [2024 - 07 - 07]. https://caijing. chinadaily. com. cn/a/202311/01/WS6541da0ca310d5acd876cd77. html? from = singlemessage.

（作者单位：山东大学新闻传播学院）

2023—2024中国数字报纸出版产业年度报告

吕晓峰 杨名柳 王姿懿 蒋瑞康

数字化浪潮及其不断加强的技术驱动力在出版行业日益占据重要位置。报纸作为传统纸媒的标志性媒体，如今正积极在数字时代谋求新的发展。数字媒体在冲击纸质媒介的同时，也为媒体转型带来更多机会。近年来，国家持续发力，发布多项政策支持数字经济发展。数字报纸在此有利背景下以现代信息技术为依托，以前沿交互技术为工具，以固有内容资源为基础，实现新的持续发展，呈现出更全面、更先进、更符合时代发展要求的行业态势。

一、数字报纸出版产业概述

2023年是充满机遇与挑战的一年。数字报纸行业作为媒体行业未来发展的重要方面，其相对繁荣是政治、经济、社会、技术等多方因素共同促进的结果。

（一）政　策

以整体的数字化转型为行业发展提供引导，不断推动AIGC等新技术与数字报纸行业融合，打造新的行业生态。

1. 习近平文化思想引领行业发展

2023年10月，全国宣传思想文化工作会议上首次提出习近平文化思想，既创新了社会主义文化理论观点，又重新部署了文化工作布局上的要求。习近平文化思想作为新时代社会主义文化建设的指导思想，“明体达用、体用贯

通”，对于引领新时代精神生活共同富裕具有重要意义。以习近平文化思想为指引，数字报纸行业更加坚定文化自信精神引领，以推进“两个结合”为方法，以建设中华民族现代文明为文化使命，推动数字报纸走更适合中国发展路径的数字化发展道路。

2. AIGC 井喷时期的时代机遇与政策引导

AIGC 的出现颠覆了传统人机交互概念，促进了信息传播的范式变革，使得传媒领域迎来新突破与新挑战。在应用层面，合理使用该技术能够提高数字报纸从业者的新闻发现力、实现人机共生传播、激活创意输出话语；但是，在风险层面，其引发了知识偏差和谣言扩散、隐私安全和营销泛滥、版权侵犯和创意依赖等潜在风险。

2023 年 4 月，国家互联网信息办公室等多部门联合起草了《生成式人工智能服务管理办法（征求意见稿）》。该文件旨在促进生成式人工智能技术的长远发展与规范应用。这是国家首个对 AIGC 监管文件，体现了国家对人工智能的重视。其后续文件将有效推动人工智能技术对于数字报纸行业及整个数字媒体行业的发展，也能推进数字报纸升维发展。

3. 数字中国整体建设

国家出台《数字中国建设整体布局规划》，提出数字中国按照“2522”整体框架进行布局。《“十四五”文化发展规划》明确提出，到 2025 年，社会文明程度得到新提高，文化事业和文化产业更加繁荣等。

随着数字中国建设的深入推进，数字技术得到广泛应用，引领文化产业走向信息化、数字化的发展路径。数字报纸行业是现代文化创意产业的重要组成部分，也是国家十四五规划中重点发展的行业之一。加快数字中国建设，激发数字经济活力，优化数字社会环境，能够更好地推动数字报纸发展，造福社会。

（二）经　济

随着网络技术的进步及新型传播形式的普及，数字媒体行业迅猛发展，阅读由纸质模式逐渐转向数字模式。根据国家部署，2023 年将增加数字媒体技术研发投入至 2.5% 以上的 GDP，2023 年数字媒体行业预计投资超 500 亿元，全国范围内示范项目超过100个，收入目标300亿，占比3%以上。[①]

国家数据局正式发布的《数字中国发展报告（2023年）》显示，2023年数字经济核心产业增加值估计超过12万亿元，占GDP比重10%左右；数字安全和治理体系更加完善；数字领域支持力度持续加大。[②]

国家进一步加大对数字媒体行业技术研发的资金支持力度，为数字报纸的发展提供了更优质的研发环境和资源支持。国内企业将能够更好地提升技术水平，实现更加广泛的技术应用和产业发展。数字报纸逐渐渗透到人们的日常生活中，改变了报纸在新时代的发展格局。

（三）社　会

1. 数字阅读受众增加，数字治理问题愈加突出

随着移动互联网及智能手机的普及与发展，网上看资讯已经是未来的趋势。数据显示，截至2023年12月，我国网民规模达10.92亿人，互联网普及率达77.5%，其中手机网民规模达10.91亿人，网民中使用手机上网的比例为99.9%。[③] 网民增加的数据背后，是数字阅读受众进一步扩大，数字报纸潜在用户增加的本质。网民规模持续扩大，为数字报纸发展提供持续动力。

2023年7月，中央网信办发布《关于加强“自媒体”管理的通知》、国家网信办起草《网络暴力信息治理规定（征求意见稿）》，多项并举，为净化数字空间、推动数字报纸发展助力。

2. 后疫情时代助力数字报纸发展

后疫情时代让人们的生活日趋数字化、虚拟化；疫情期间，媒体以各种形式传递信息，其中，以数字网络为基础的信息媒体占据主导地位。这场疫情更催生出新型的传播生态和传播方式，成为应对接触式投递困难所伴生危机的重要转变措施，推动数字报业发行的规模扩大、质量和效益提升。

iiMedia Research（艾媒咨询）数据显示，在新闻用户日常关注的新闻类型

---

① 中国报告大厅. 2023年数字媒体行业政策分析：国家政策促进数字媒体产业升级[EB/OL]. https://www.chinabgao.com/freereport/88232.html.

② 中国报告大厅. 2023年数字媒体行业政策分析：国家政策促进数字媒体产业升级[EB/OL]. https://www.chinabgao.com/freereport/88232.html, 2023-04-10 国家数据局. 数字中国发展报告（2023年）[R]. 2024.

③ 中国互联网络信息中心. 第53次中国互联网络发展状况统计报告[R]. 2024.

中，财经新闻占比53.8%，排名第一；用户关注财经新闻出于了解自己所处行业经济情况的需求（64.8%）；除常规的在线图文（50.1%）外，用户通常更加青睐视频形式的财经资讯（见图1）。

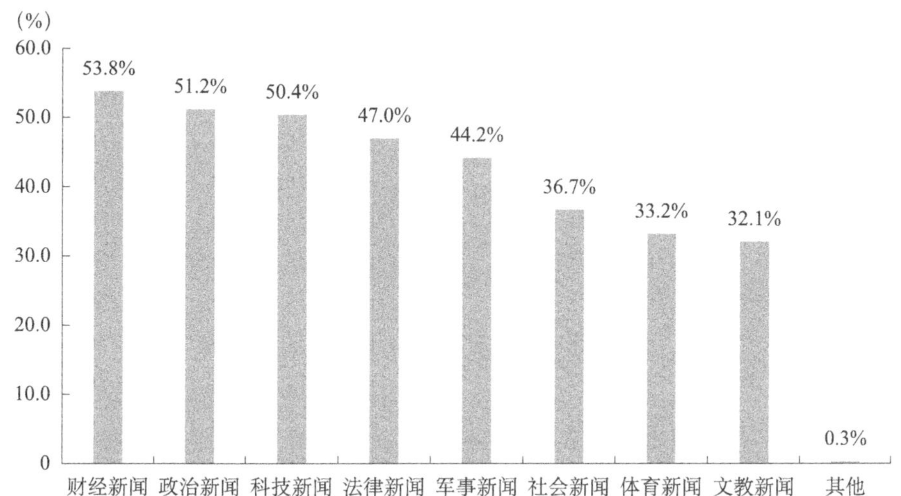

图1　2023年中国新闻客户端用户日常关注的新闻类型

数据来源：艾媒咨询

3. 数字出版行业发展迅猛，数字报业势头正盛

数字出版市场迎来数字化转型风口，我国数字出版市场需求持续增长，产业发展势头迅猛。我国大力发展“借船出海”战略，与国外出版平台合作，实现以外力推内力。

数字出版行业市场规模的庞大已经成为业界公认的事实，它极大地推动了数字化时代的到来以及互联网经济的发展。数字报业在此背景下，针对传统报业的业务操作、内容采写、设计编排和传播介质等进行数字化彻底改造和全面升级。数字报业拥有广阔的发展前景，在社会基础、财力支持、技术保障方面优势明显。

（四）科　技

AIGC能够帮助新闻行业的从业者缩短信息生产时间、提升新闻发布效率，更好保证信息时效性。该技术通过使用大语言模型，生成无记者新闻、对话式新闻、辟谣新闻等，让新闻从业者提高信息发觉力，更专注于对从业者专业素养要求较高的报道深度和质量。智能稿件生成、热点高速捕捉和新闻内容分类等方法在一定程度上重组和优化了传统的新闻制作方法。大语言模型也能更好利用大量数据分析，对不同的用户，自动生成个性化内容并预测内容潜力，从而辅助新闻编辑制定相应的分发策略。

增强现实（AR）和虚拟现实（VR）技术将在数字媒体市场得到广泛应用。数字媒体市场分析指出，这些技术可以为用户带来沉浸式的体验，扩展数字媒体的形式和边界，进一步拓展市场的发展空间。也同样为数字报纸提供新的发展可能，展望新的发展前景。

二、数字报纸出版产业发展现状

2023 年，在宏观政策、市场等多种因素共同作用下，我国数字报纸行业总体发展态势良好。随着科技的不断进步和用户需求的变化，数字报纸市场有望继续扩大，并在不同领域和行业产生更多商机。本报告从市场和用户两大视角切入，聚焦以党报、都市报和行业报为核心的细分领域，具体分析数字报纸的发展现状和运营模式。

（一）市场现状

1. 全国报纸出版量继续下滑，传统报纸面临困境

互联网时代，新兴媒体遍地开花，传统媒体的生存空间日益萎缩。先天优势不足以及新兴媒体冲击使报刊行业受到重创，越来越多的报纸宣布休刊、停刊。根据《国家统计局国民经济和社会发展统计公报》相关数据统计，2023 年出版各类报纸 258 亿份，较 2022 年下降了 3%（见图 2）。[①]。传统报纸仍需利用更多的电子媒介，如手机、平板电脑等，来进行报纸新闻的宣传，丰富报纸阅读内容，增加报纸受众人群，提升社会影响力。推出新的产品、建立新的模式，使数字报纸成为一个不断发展、更具竞争力的产业，更好地服务于民众。

---

① 国家统计局. 国家统计局国民经济和社会发展统计公报[R]. 2024.

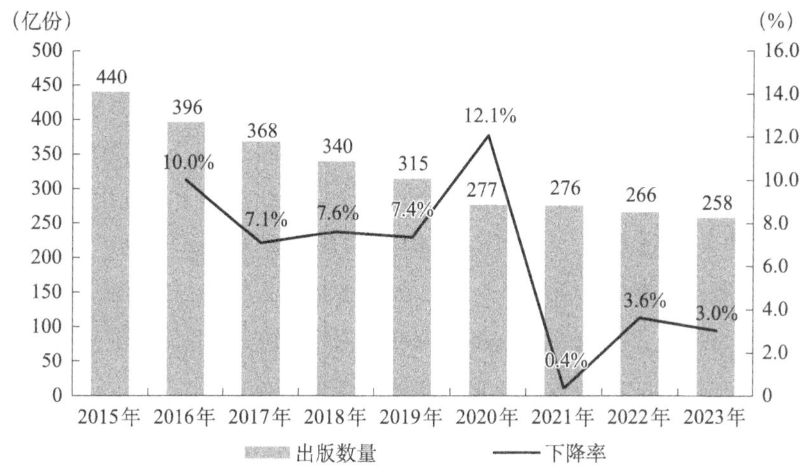

图 2　2015—2023 年全国各类报纸出版量及下降率

数据来源：国家统计局国民经济和社会发展统计公报

2. 数字报纸市场规模持续下降，数字报业逐步进入人工智能时代

与 2022 年比较，2023 年数字报纸市场营收规模继续下降，为 6 亿元，同比下降 6.67%（见图 3）。这一方面受制于外部营收资源的逐渐收缩，如房地产等广告大客户行业的不景气；另一方面则是内部传统纸质报纸发行量逐渐下降，所带来的传导效应。

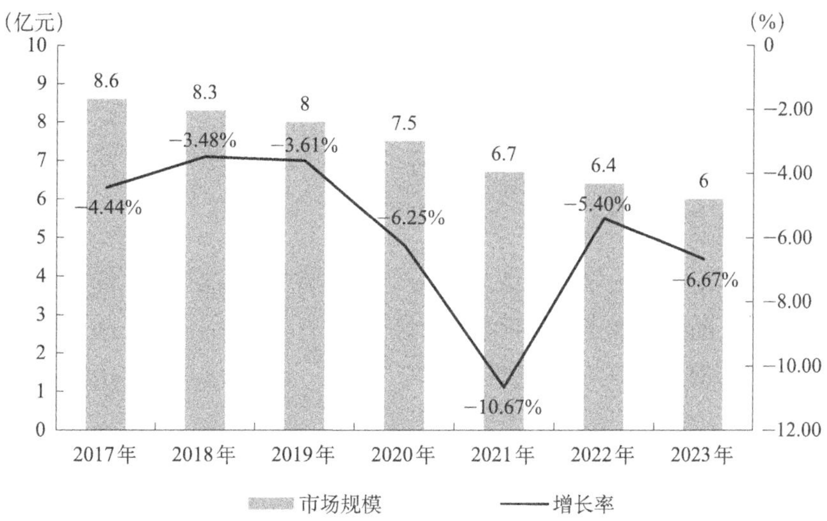

图 3　2017—2023 年数字报纸市场规模及增长率

数据来源：根据相关数据测算

中国报纸融合已经走过十多个年头，由此积累了许多宝贵经验和教训。目前，数字报纸的数字化转型已进入深水区，以内容产业为强项的生成式人工智能的发展为数字报纸的融合转型提供了新的契机与改革着力点。人工智能技术引领下的数字报纸，在技术、形态、呈现等方面呈现了新趋势、新变化。2023年3月28日，深圳报业集团的读特客户端上线八周年，推出AI版本，引入包括AI助手、AI魔方、AI工坊在内的多项创新功能。同时，客户端的AI公共平台也得到了升级，并宣布了AI共生战略。3月29日，深圳特区报、深圳商报、深圳晚报、晶报、Shenzhen Daily、南方教育时报等报纸媒体也推出了结合人工智能技术的共创版面，正式迈入人工智能新纪元。①

3. 数字时代提供机遇，媒体经营收入构成更趋合理

移动互联网的迅速发展，使得人们获取信息的方式发生了根本性转变。移动端的便捷性和即时性使得用户更倾向于通过手机、平板等移动设备获取新闻资讯，传统纸质报纸的传播渠道逐渐失去竞争优势。报纸媒体纷纷加大对移动端的投入，通过建设自己的新闻客户端、微信公众号、微博账号等平台，积极参与互联网新闻传播，以适应这一新的信息传播格局。

根据《2023年度全国报业经营整体分析报告》的数据显示，2023年报业经营收入构成发生显著变化。2023年报业发行收入比例下降了5.1%，多元化经营收入比例大幅增加了13.1%，从13.9%增至27.0%。② 这一变化表明，报业正在经历着深刻的转型和调整，其经营收入构成更趋向合理化，多元经营的比重明显提高，新媒体领域的经营探索成果效果显著，数字报纸所占比重增加。

（二）用户现状

数字媒体用户持续增加，数字报纸受众基础更加广泛。第53次《中国互联网络发展状况统计报告》数据显示，截至2023年12月，中国互联网新闻用户规模达到7.81亿人，占网民整体的72.4%。③ 如图4所示，网络新闻用户规

① 深圳特区报．深圳报业集团正式开启人工智能时代［EB/OL］．https：//baijiahao.baidu.com/s？id=1794883734136842156&wfr=spider&for=pc.

② 中国新闻出版广电报．百余家主要报业传媒集团和报社经营向好［EB/OL］．https：//www.jssxwcbj.gov.cn/art/2024/2/27/art_34_78126.html.

③ 中国互联网络信息中心．第53次中国互联网络发展状况统计报告［R］．2023.

模及使用率在2022年6月达到顶峰，之后一直呈缓慢下降趋势。根据中国新闻出版研究院发布的《第二十次全国国民阅读调查》，高达80.1%的阅读者采用数字化阅读方式。随着移动互联网的迅速普及，人们获取新闻信息的方式发生了根本性改变。同时为应对聚合资讯平台、自媒体崛起带来的经营冲击，中国的新闻性机构媒体不断改革创新，深入挖掘用户需求，打造全媒体传播体系，探索付费阅读模式，以及拓展其他业务领域，以实现在移动互联网时代的转型和发展。

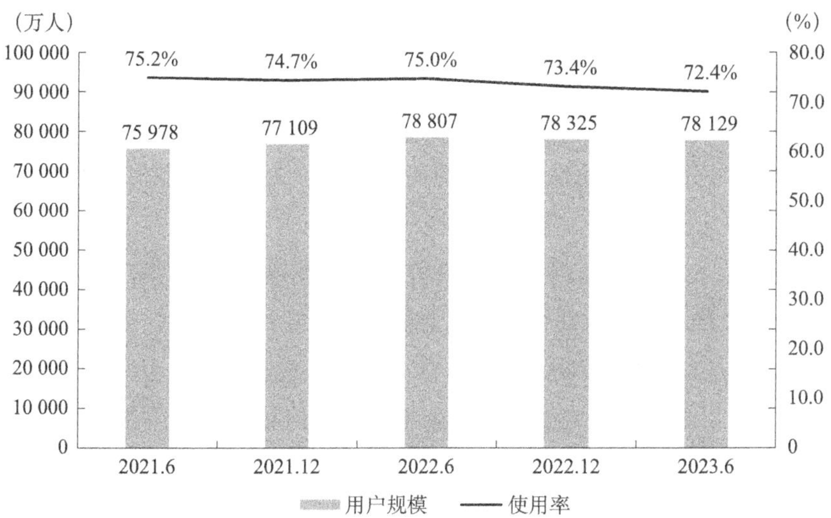

图4　2021年6月—2023年6月网络新闻用户规模及使用率

数据来源：第53次《中国互联网络发展状况统计报告》

（三）细分领域现状

2023年，党报、都市报和行业报持续发展，在内容与形式上寻求数字浪潮中的平衡点与着力点。

1. 党报布局智能化技术创新，数字转型提质增效

作为新质生产力的代表之一，人工智能技术创新与应用场景不断升级，并在多个行业中得到推广应用。作为党和政府与人民沟通的重要桥梁，党报在传播党的理论和政策方面扮演着关键角色。人工智能应用的出现，为党报的数字化发展提供了新路径、开辟了新赛道。2024年全国两会，人民日报海外版创造性地使用生成式人工智能技术制作版面，为纸媒领域做了一次开拓性探索。生

成式人工智能生产版面与新闻内容相得益彰，视觉上美观新颖，既“中国式”又“现代化”，受到广泛好评①，展现了其在数字化转型道路上的积极探索和创新能力。

此外，各级党报积极布局数字发展，深耕形式创新、扎根优质内容。大众报业集团正大力推进文化数字化战略，以高标准建设大众数字文化创意产业园，努力将其打造成全国一流数字文化产业园区，通过这些举措进一步优化集团产业布局及结构，实现更高质量、更高水平的数字化发展。

2. 都市报开辟流量竞争新赛道，精品佳作有所增长

2023 年是媒体融合发展作为国家战略整体推进的第十年。文化消费的迅速增长、我国国民经济以及社会事业的蓬勃发展，为报刊业提供了巨大的发展空间。

目前，媒体融合已经进入关键阶段，都市类媒体正迅速实现向数字化转型，融合的步伐也在不断加快。如成都传媒集团在打造智能媒体的过程中，重视战略规划与特定优势领域的紧密结合，着重资源整合与优化配置，构建起以“内容 + 产业”为核心的智能媒体新生态。在此框架下，都市报需要积极寻求创新，利用其内容优势作为发展新机遇的源泉，持续寻找创新的发展道路，拓宽业务范围，增强其市场影响力和竞争实力。

都市报还致力于开辟新赛道，创作垂直精品。以“爱写作的狮子”为例，都市快报旗下的教育新闻专栏，专注于阅读与写作，通过明确的市场定位成功吸引了众多粉丝，现已成为浙江省内极具影响力的一个写作互动平台。此报纸在线上线下结合、品牌定位明确以及持续推出有吸引力的活动等方面，给其他同行提供了良好的示范和参考。都市快报可以以此为借鉴，在发展平台媒体的同时，发挥地域性优势，聚焦线上线下相结合的模式，巩固受众群体。

3. 行业报重建组织结构，经营亮点有所显现

2023 年，行业报抓住体制改革机遇，灵活应对融媒体时代挑战，在传统媒体和新媒体之间找到平衡，充分利用新媒体的优势，同时保持行业媒体的特色和影响力。行业报重建组织结构，构建适应全媒体发展的管理机制，推动经营

① 中国记协网. 拥抱 AI 技术，让纸媒版面“潮”起来[EB/OL]. https://finance.sina.cn/2024-04-19/detail-inasiqee5621927.d.html.

模式转变，实现跨区域、跨行业的发展，积极拓展市场，寻找新的增长点，提升竞争力。

以《江苏科技报》为例，该报在创新与发展过程中，从对版面进行初步调整开始，逐步过渡到对出版流程的全面革新，并对组织架构进行了系统性优化，促进更深层次的媒体融合发展。《安徽青年报》走行业报发展路线，在传统报业式微的背景下，新闻采写、报纸发行、经营等方面态势一路向好。其在发展过程中注重数据分析与解读，如《从“科教大省”到“科创策源地”数说安徽高等教育》一文数据颇为丰富，人才数量、国家级实验室数量、科研经费、科技成果、学科建设排名①……数据全而不散，既保证了数据全面性，又有效避免了数据冗余和分散，对数据的解读与总结也简洁明了，具有说服力。

三、数字报纸出版产业运营模式

（一）运营模式

2023年3月5日，政府工作报告首次写入“扎实推进媒体深度融合”，AI技术变革传媒业态，赋予数字报纸创新活力，各大报业以新的思路和举措推进媒体融合向纵深发展。

1. 智能技术赋能，数字报纸向智慧报纸转型

在新的科技革命浪潮中，智能技术的迅猛发展为报纸行业的转型提供了重要支撑，数字报纸正在向智慧报纸转型。新技术如云计算、大数据、物联网和人工智能等正在推动报业迈向数字化、智能化、多元化的方向；VR、AR、4K、5G等新兴技术的崛起催生了新的融媒体内容形式，为数字报纸注入了全新生机，开启了无限可能。受生成式人工智能蓬勃发展的影响，不少报业成立了AI工作室，探索数字报纸的更多可能性。2023年12月20日，江西日报推出了一张智慧融媒体报纸——《从神山到石门——江西乡村振兴微观察》，通过扫描二维码，读者可体验AI、AR、图片、动漫、视频、H5等融媒体作品，此报纸

① 黄慧. 行业报做好深度报道的策略[J]. 新闻世界，2024（7）：65-67.

以 AR 为载体，融入了音频、视频、三维建模、AI 互动等多媒体元素，拓展了报纸的内容形式。令人称奇的是，这是全国首份可以闻的报纸，通过佩戴数字气味设备，读者能闻到视频中食物的气味，从而实现视觉、听觉和嗅觉的多种体验。2023 年，在庆祝《深圳特区报》成立 41 周年之际，该报的“AI 数字人主播”功能在“飞阅深圳”专栏正式开启，依托人工智能和云计算等技术，平台可以根据每日更新的新闻稿件内容自动生成高清、流畅、逼真的数字人视频。随着智能技术的不断发展和应用，数字报纸将不断赋能，向着更加智慧、多元的方向不断演进。

2. 讲好中国故事，数字报纸开启“走出去”新篇章

党的二十大报告特别强调了增强中华文明的传播力和影响力，并提出了加强国际传播能力的重要部署，全面提升国际传播效能，使我国在国际舞台上的话语权与综合国力和国际地位更相匹配。数字报纸通过展示中国的国际合作倡议、共建“一带一路”、应对气候变化、推动全球治理等举措，向国际社会传播中国声音、理念和价值观，加强与世界各国的交流与合作。

人民日报电子阅报栏项目是人民日报社在从传统纸质媒体向数字化全媒体转型过程中迈出的关键一步，该项目不仅在国内广泛推广，还成功走向国际。2024 年 6 月，人民日报电子阅报栏在哈萨克斯坦阿斯塔纳的中国签证申请中心启动，为当地民众提供了一个深入了解中国的新媒体平台，推动构建人类命运共同体，实现共赢发展。

3. 知识付费，打造精品化数字报纸

在互联网时代，传统报纸的广告收入模式面临压力，而数字化技术和用户个性化需求为报纸转型提供了机遇。优质的、稀缺的、深度的、独家的高质量内容产品是新闻媒体的核心竞争力，也是报业持续运营的关键。数字报纸可以在提供有独特价值的在线内容基础上，对受众收取一定的费用；这不仅可以提高报纸的盈利能力，还可以精确把握用户并培养忠实的消费群体。数字报纸行业可借鉴旗下拥有数字化《财新周刊》等产品的财新传媒：2017 年 11 月其全面启动新闻付费阅读，2023 年其在国际报刊联盟（FIPP）发布的全球数字订阅排名中跻身第八（与英国《金融时报》齐名），相较 2022 年其付费订阅上涨了 17%。数字化转型已成为中国媒体行业的必然选择，而财新的付费模式为数字报纸行业提供了一种可行的转型路径参考：通过提升新闻内容质量、创新经

营模式、拓展数字化业务，报业可以更好地适应数字化时代的发展趋势，保持竞争优势，实现可持续发展。

四、数字报纸出版产业年度重要事件

2023 年是全面落实党的二十大精神的开局之年，也是习近平总书记作出“加快传统媒体和新兴媒体融合发展”指示 10 周年。当前，我国媒体融合发展正进入深水区和攻坚期，智媒时代的到来为新闻宣传工作带来了新的机遇与挑战。

（一）《参考消息》数字报进校园

2023 年 3 月，参考消息报社携手新华社，结合“新声无限——2023 年新华社进校园活动”开展《参考消息》数字报进校园活动，以全新的形式走进各大高校。在活动中，举行了《参考消息》数字报的赠阅仪式，并举办了专题讲座，受到广大高校师生的热烈欢迎与好评。为高校学生拓宽国际视野、提升就业本领提供了重要支持，同时也为高校“大思政课”教学改革与创新贡献了积极力量。

（二）2023（第七届）全国党媒网站高峰论坛在新疆博州举行

作为促进党媒网站交流与合作的重要论坛，全国党媒网站高峰论坛致力于提升党媒网站的传播力、领导力、影响力和可信度。2023 年 6 月 1 日，第七届全国党媒网站高峰论坛在新疆博尔塔拉蒙古自治州的博乐市成功举行，以“捕捉新机遇，迈向新征程”为会议主题。论坛期间，人民网发布《2022—2023 年报业融合发展观察报告》。

（三）2023 中国报业媒体技术创新发展大会

2023 年 10 月 26 日，2023 中国报业媒体技术创新发展大会在徐州举办，聚焦“技术赋能　共创未来”主题。会议聚焦于“为媒体寻找技术，为技术寻找场景”，旨在打造一个媒体融合创新技术与服务应用的交互平台，为全国媒体全面深度融合、报业转型发展开辟新路径。

（四）新版《人民铁道》数字报正式上线

《人民铁道》是由中国铁道部监管、人民铁道报社出版的经济类报纸，也是国内首份面向全球发行的行业报纸。2023 年 12 月 15 日，该报的数字版经过全面改版后全新上线。新版数字报在界面设计和功能上都得到了显著提升，为读者带来了更加流畅、便捷的移动阅读新体验。

（五）《深圳晚报》推出全国首张 AI 融媒新闻纸

2023 年 12 月 15 日，《深圳晚报》在创刊 30 周年之际推出了全国首张 AI 融媒新闻纸。该报纸共包含 16 个版面，除去封面和四版广告外，其他 11 个版面由人工智能与编辑团队协作完成，包括摘要、新闻背景、AI 和记者解读、天气新闻、图视频生成及匹配新闻稿等。为了帮助读者区分记者的原创内容与 AI 创作，报纸采用了白色和蓝色背景作为标记。

五、数字报纸出版产业发展趋势

（一）打造 AI 平台，数字报纸的智库化新方向

信息时代，信息获取已经不再是难题，关键是信息的质量和解读能力。通过建立智库式的数字报纸平台，收集、整合和分析各领域的权威资讯和专家观点，数字报纸能够成为读者获取高质量信息的主要来源，从而提升其在信息时代的竞争力。目前，主流媒体如人民日报、参考消息、南方都市报都已成功地通过网站和客户端建设打造了独家的报纸资源平台，提高自身的数字传播力，以更好地塑造自己的核心价值观和专业形象。

当前，许多生成式人工智能在训练语料库的广度上有较大优势，但在深度和专业性上存在不足，尤其在处理特定领域的任务时难以达到准确的理解和应

用。数字报纸可以作为人工智能的高质量数据语料库，推动人工智能技术在报纸领域的创新与场景应用，尤其是一些独家、专业性的数字报纸可以为人工智能提供针对特定领域的详尽和可靠的信息。基于人工智能，数字报纸平台可以为读者提供个性化的新闻推荐，也可以针对某一领域进行市场趋势分析和预测，为读者决策提供依据，创造新的服务模式和产品。2024 年 5 月，封面新闻客户端在由封面科技研发的“智媒云传媒行业大模型”驱动下，推出了“智能语音助手”“AI 新闻图谱”“智能动屏”“智能摘要”等新功能。未来，在大模型的推动下，数字报纸平台将朝向更加智能的方向发展。

（二）积极探索数字报纸的人工智能应用和治理之道

在应对信息化时代的挑战和机遇时，人工智能技术的运用可以帮助数字报纸实现更高效的内容生产、个性化推荐、精准传播等方面的优化。同时，在积极探索数字报纸的人工智能应用的过程中，数字报纸也面临着一些挑战和风险，如数据隐私保护、算法公正性、信息真实性等问题。因此，在运用人工智能的过程中，需要建立完善的治理机制和监管制度，加强对人工智能应用的监管，保障读者权益和社会公共利益。

作为主流媒体，更要防范生成式人工智能在意识形态安全和政治安全方面的风险，加强技术防范和安全保障，对生成式人工智能的应用进行监控和检测，应对生成式人工智能在意识形态和政治安全方面的挑战。“人民审校”是人民网推出的智能审核平台，于 2023 年正式推出 3.0 版本。“人民审校”利用人民日报的媒体资源和编辑经验，构建知识库，提供文本、视觉内容的智能审核服务，目前服务于 300 多家客户，未来将结合 AI 技术进一步优化审核流程。

（三）加强法律保障，推动数字报纸版权保护体系建设

建立数字报纸版权保护体系需要法律保障的完善。虽然既有的著作权法为数字报纸版权保护提供了法律依据，但随着智能技术的不断更新，仍需要持续改进顶层设计，保证法律规范能够与新形势相适应，强化版权保护的力度和有效性。

随着数字化技术的发展，信息传播速度和范围大大提升，版权侵权的手段更加隐蔽。作为一种数字资源，数字报纸的版权保护问题亟待解决，以保障报

纸数字化转型的健康发展。首先，要加强法律法规的修订和完善，及时更新适应新技术和新业态的版权法律条款，提升版权保护的前瞻性和灵活性。其次，要善于运用新兴技术在版权保护方面的运用，为了提高版权的技术可追溯性和侵权行为认定效果，可加强区块链技术、数字水印技术和人工智能技术等技术的运用。同时，数字报纸行业各方应加强合作，建立版权保护的共享机制和信息交流平台，形成行业共识和合力，共同应对版权保护面临的挑战。

参考文献

[1] 中国报告大厅. 2023 年数字媒体行业政策分析：国家政策促进数字媒体产业升级[EB/OL]. https：//www. chinabgao. com/freereport/88232. html.

[2] 艾媒咨询. 2023 年中国移动互联网财经新闻用户行为及用户价值分析报告[EB/OL]. https：//www. iimedia. cn/c400/96274. html.

[3] 中国新闻出版广电报. 百余家主要报业传媒集团和报社经营向好[EB/OL]. https：//www. jssxwcbj. gov. cn/art/2024/2/27/art_ 34_ 78126. html.

[4] 魏玉山. 2022—2023 年中国数字出版产业年度报告[R]. 2023.

[5] 中国新闻出版研究院. 第二十次全国国民阅读调查结果[R]. 2023.

[6] 程凌. 行业报融媒体发展之路新探[J]. 中国报业，2023（21）：90 - 91.

[7] 陈珺璐. 融媒体时代行业报的发展路径思考——以《江苏科技报》为例[J]. 西部广播电视，2022，43（24）：75 - 77.

[8] 白洁. 都市报全媒体传播体系建设路径探析[J]. 新闻战线，2023（19）：85 - 86.

[9] 华经情报网. 2023 年中国数字媒体行业市场供需格局及未来发展趋势[EB/OL]. https：//www. huaon. com/channel/market/883507. html.

[10] 新华网. 可读可看可听可闻！江西日报首张智慧融媒体报纸亮相[EB/OL]. http：//www. news. cn/local/2023 - 12/22/c_ 1130041757. htm.

[11] 深圳特报区. “AI 数字人主播” 今日正式上线[EB/OL]. https：//www. sznews. com/news/content/2023 - 05/24/content_ 30240700. htm.

[12] 财新网. 财新付费订阅用户突破百万　数字订阅稳定增长[EB/OL]. https：//www. caixin. com/2023 - 06 - 12/102064730. html.

[13] 南京大学.《参考消息》数字报走进南京大学[EB/OL]. https://www.nju.edu.cn/info/1056/328851.htm.

[14] 中国江苏网. 2023 中国报业媒体技术创新发展大会暨“百家媒体看徐州”采风活动圆满落幕[EB/OL]. https://baijiahao.baidu.com/s? id=1781079658564346556.

[15] 中国记协网. 拥抱 AI 技术，让纸媒版面“潮”起来[EB/OL]. https://finance.sina.cn/2024-04-19/detail-inasiqee5621927.d.html.

[16] 深圳特区报. 深圳报业集团正式开启人工智能时代[EB/OL]. https://baijiahao.baidu.com/s? id=1794883734136842156&wfr=spider&for=pc.

[17] 人民网研究院. 2023（第七届）全国党媒网站高峰论坛在新疆博州举行[EB/OL]. http://yjy.people.com.cn/n1/2023/0601/c244560-40004366.html.

[18] 詹新惠. 从 AI 融媒新闻纸说开去[EB/OL]. https://www.jfdaily.com/sgh/detail? id=1214629.

（吕晓峰、杨名柳、蒋瑞康单位：山东大学新闻传播学院；王姿懿单位：山东大学政治管理学院）

2023—2024 中国互联网期刊出版产业年度报告

韩　文　王友平　李广宇

一、互联网期刊出版产业概述

（一）传统期刊互联网出版商的最新进展

大模型的横空出世给互联网期刊出版带来了巨大的影响，既有机遇又有挑战，一方面是已有的智能推荐技术得到优化，提升了用户使用体验；另一方面对于拥有学术期刊资源的互联网厂商来说，能够集聚相当规模的训练语料支持大模型的研发，且能够在为不同的行业服务时得到应用；但是人工智能生成式大模型在个人信息保护（数据隐私）、人工智能生成内容的质量、版权、学术诚信等方面存在的问题也要求互联网期刊必须面对。在此发展背景下，各互联网出版商抓住机遇与挑战，利用新技术新思想不断开发新产品，实现行业新应用。

1. 同方知网新动作

知网在数字出版、增值服务、互联网平台三条赛道上遵循创新推动发展，以技术提升能力，实现了老产品的迭代升级、新产品的不断衍生；不断坚守创造社会效益的理念，推动行业知识服务；同时积极参与行业盛事，提升行业影响力。

（1）创新推动老产品迭代升级、新产品持续上线

一是年初即上新“网络首发出版发布系统 V2.0”，对已上传稿件进行全流

程追踪管理。① 二是实现《中国法律知识资源总库（智库版）》升级，新产品孕育新功能，创建多维度知识资源。② 三是发布基于“大模型+AIGC”的大数据知识管理系列产品，从数据治理、标准应用、智能写作、数据研究等方面构建平台矩阵，推进机构数智化AI新基座新进程，全面助力机构数智化转型。③ 四是推出“AIGC检测服务系统”，以语言模型和语义逻辑为切入点，以检测算法为辅助，推出“知识增强AIGC检测技术”，检测学术论文中的AI生成内容。④ 五是上线“基于出版大模型的新一代腾云期刊采编平台”，集成智能化工具，服务于“采、编、审、校、发、评”全流程。⑤ 六是与华为就人工智能大模型联合创新，打造知识服务行业的AI大模型，推进更深层次的行业数字化转型。⑥

（2）积极参与行业盛事，提升行业影响力

一是中标中国科学技术协会“科技期刊双语传播工程”项目，聚焦优势学科、特色学科的中文科技期刊资源，精译论文摘要和结构化论文，推进开放获取，打通国际交流渠道，为提高我国科技期刊的学术影响力与传播力，构建创新生态。⑦ 二是入选首批北京市通用人工智能产业创新伙伴计划成员，成为北京市首批数据伙伴，将针对大模型训练所需的高质量数据，发挥数据提供方海量数据资源优势，基于数据交易方搭建的流通交易平台和数据服务方的技术支撑，实现训练数据的有效供给及合规高效、安全有序的流动。三是加入知识资源平台版权合规建设与健康规范发展共同体，共同发布《知识资源平台版权合规建设与健康规范发展倡议书》（以下简称“《倡议书》”），提出版权授权、作

---

① 网络首发出版发布系统V2.0上线啦！[EB/OL]. https://mp. weixin. qq. com/s/E67VxRUkHX188pammNi9sw.

② 重磅升级 | 《中国法律知识资源总库（智库版）》全新上线！[EB/OL]. https://mp. weixin. qq. com/s/K8QyKNKzuTy0kCFmoDPjzw.

③ 构筑数智化转型新基座 中国知网基于“大模型+AIGC”的大数据知识管理系列产品重磅发布！[EB/OL]. https://mp. weixin. qq. com/s/Z-eUG2WWbV7WK38Z6wUtKg.

④ 让AI代写无处遁形！中国知网AIGC检测助力大模型时代学术生态建设[EB/OL]. https://mp. weixin. qq. com/s/DE54z63qx72mzhL5u4l_ Uw.

⑤ 数智赋能 服务创新 打造世界一流学术资源信息平台 | 中国知网亮相第十八届中国科技期刊发展论坛[EB/OL]. https://mp. weixin. qq. com/s/gtazkiYVCemDzg_ ZhJlXkg.

⑥ 同方知网与华为云签约共建华知大模型，助力知识服务行业创新升级！[EB/OL]. https://mp. weixin. qq. com/s/3AeBQ1vq4_ pL0VT8apSOQA.

⑦ 同方知网旗下子公司成功中标科技期刊双语传播工程项目[EB/OL]. https://mp. weixin. qq. com/s/F3hK1Djy7uq8Xf7moN88_ A.

者权益保护、版权资产管理等方面共6条倡议。[①]

（3）发挥自身优势，推动行业知识服务

一是试运行作者服务平台，进一步健全作者服务体系，尊重作者意愿和选择，切实维护作者权益，为作者的成果产出、版权保护、科研创作保驾护航。二是打造AI学术研究助手，推进问答式增强检索和生成式知识服务的场景实践。[②] 三是与上海数据交易所合作推出知识资源数据交易行业中心，是同方知网发挥自身优势，助力加快培育数据要素市场，打造全国统一大市场的重要部署。四是推出数据资产化综合服务体系，从数据、平台、服务三个层面，提供机构数据资产顶层设计、数据资产入表等全链条、个性化综合服务解决方案。[③] 五是建立"科技情报分析平台"，帮助企业捕捉、接收、判断、分析信息的能力，提升企业市场综合实力。[④] 六是与安阳师范学院联合筹建"甲骨文知识工程联合实验室"，为中华优秀传统文化创造性转化、创新性发展作出贡献。[⑤]

2. 万方数据新动作

（1）以活动为抓手推动行业发展[⑥]

一是聚焦行业发展热点，举办2023万方数据知识服务发展论坛，探讨知识服务发展新思路、新举措。二积极参与高校智慧图书馆发展建设，承办2023"数智创新"系列研讨会，聚焦知识产权、图书馆智慧化、未来学习中心等主题进行研讨。三是为促进情报领域企业间交流，与中国科学技术情报学会企业信息管理及情报工作专业委员会共同开展"企业数智行"活动。四是针对创新能力、科研诚信、科研成果转化、产业赛道发展质量等痛点问题，万方医学主办"创新驱动·汇智起航——万方医学2023健康智库建设与发展论坛"。五是参展第十二届中国数字出版博览会，万方数据知识服务、科研诚信、基础教育

---

① 知网加入知识资源平台版权合规建设与健康规范发展共同体[EB/OL]. https://mp.weixin.qq.com/s/50Rx8mGAl3JfG5g4-Fp7tA.

② 同方知网推出CNKI AI学术研究助手[EB/OL]. https://mp.weixin.qq.com/s/dTRDweNeKm-HacrPpRQWbHw.

③ 激活数据要素 逐梦数字蓝海 | 同方知网以崭新姿态亮相2023全球数商大会！[EB/OL]. https://mp.weixin.qq.com/s/VxA4xxe_hdkWCTEpm8ARJQ.

④ 知网上新 | "CNKI科技情报分析服务平台"正式发布[EB/OL]. https://mp.weixin.qq.com/s/UFS6zmH_mnr5QeuyBdaXZg.

⑤ 用数据与技术赋能文化传承 | 同方知网与安阳师范学院共建甲骨文知识工程联合实验室！[EB/OL]. https://mp.weixin.qq.com/s/ck19EP1QDAFdGSXzbaXcTQ.

⑥ 万方数据市场动态[EB/OL]. https://w.wanfangdata.com.cn/about/MallActivity/year-2023.

等产品参展，会上成为“知识资源平台版权合规建设与健康规范发展共同体”首批发起单位，并作《知识资源平台困境与解决方案》报告。六是“万方数据中小学数字图书馆”入选2023年数字阅读推荐项目，彰显了该项目的质量品质。[①]

（2）跟随技术与市场趋势，推出多款新产品

一是针对论文的文本相似性、图像复用、AIGC文本、引文及作者等多要素的失信风险，推出万方文察，实现一站式综合察验，有力为教育等多行业提供诚信监管工作支撑。[②] 二是推出“灵析——学术大数据分析系统”，可提供主题、学者、机构、学科、期刊、地区等主体的统计分析与对比，为科学研究、科研决策、学科建设等提供数据支持和科学解决方案。[③] 三是在人工智能技术的应用下，万方医学智库服务构建了强大的技术底座，即万方医学大脑和智能推理引擎，在此之上通过中台式服务接口，支撑包括文献知识、医药研究、临床辅助、医药咨询、健康教育和学术传播六大维度的可扩展式产品服务体系。

3. 维普资讯新动作

（1）与汇文软件合作推进智慧图书馆建设

一是维普资讯与图书馆系统商汇文软件联合发布声明，双方就战略目标、业务设计、客户服务、市场营销等重要领域推进一体化融合达成共识。在战略合作方面，双方形成合力，激活图书馆自身的发展潜能和创新潜能，共同打造智慧图书馆。这将给图书馆数字化的建设方式、发展模式、创新模式带来根本性变革。[④] 二是携手出席2023年贵州省高校图书馆年会，与贵州省高校图书馆工作指导委员会委员、业内专家学者、全省高校图书馆参会代表一起交流探讨智慧图书馆建设、管理服务优化创新、完善馆藏资源体系等图书馆内容，共话新时代高校图书馆高质量发展路径。三是双方共同提出一体化战略融合，双方立足各自定位、共享资源，充分发掘自身优势与潜力，整合产品内容，以优势互补实现共赢发展、良性互动，发挥1+1>2的协同效应，共同推动高校图书

---

① “万方数据中小学数字图书馆”入选“2023年数字阅读推荐项目”［EB/OL］. https：//mp.weixin.qq.com/s/UQxMdnAkY0L-7temH1TBdA.

② 科技论文诚信风险综合察验服务——万方文察重磅发布［EB/OL］. https：//cloud.tencent.com/developer/news/1200168.

③ 万方数据亮相2023中国国际大数据产业博览会［EB/OL］. https：//baijiahao.baidu.com/s?id=1767211256084798435&wfr=spider&for=pc.

④ 维普入股汇文 推进智慧图书馆行业进阶［EB/OL］. https：//baijiahao.baidu.com/s?id=1781442581075952711&wfr=spider&for=pc.

馆智慧化发展。[①] 四是携手打造的智慧图书馆整体解决方案，在图书馆资源管理与服务、数据治理与智能应用等方面开展多维度、深层次合作，相关产品已在高校图书馆广泛使用，为图书馆做好数据治理、发挥数据价值、开展智慧服务提供强大支撑。[②]

（2）新产品发布不断提升服务能力

一是上线“大家·维普期刊OA出版平台”，致力于为开源期刊的在线出版提供平台支撑和技术服务。二是上线《维普报刊融合发展服务平台》，为传统报刊提供展示与传播、内容数字化保存、全文结构化应用、知识资源细粒度标签标引等全方位、多维度的数据挖掘服务，为报刊深度融合发展提供有效的解决方案。三是新上线《维普考研服务平台》，集合了考研学习服务、考研信息服务及图书馆考研专属支撑服务三大核心版块，精准构建了体系化、全过程、一站式的考研服务新场景，是一个具有全方位完善服务体系的考研应用服务系统。[③] 四是上新“维普智图成果服务平台”，又名“井然”，是一个为学术成果管理与服务机构量身打造的学术成果数据治理服务平台，主要包括机构的学术成果数据供给、学术成果管理工具提供、学术成果治理流程培训、学术成果应用支撑四大范畴，是以“数据型要素、算法型工具、服务型应用、工程型交付”为内核所构建的学术成果治理的新形态，可充分彰显机构的数据服务能力，是数智时代下学术成果治理的新成就、新价值。[④]

（二）互联网期刊出版市场状况分析

数字出版产业在2023年产业规模达到16 179.68亿元，互联网期刊出版企业2023年产业规模上涨，达到34.89亿元，占数字出版产业的0.22%。与2022年相比互联网期刊出版产业规模增加了5亿多元，增长18.23%，增速显著提高，或与2022年底大模型的异军突起有相应关系，各企业抓牢该风口，进行产品改造升级适应市场（见表1、表2、图1）。

---

① 维普智图与汇文携手出席2023年贵州省高校图书馆年会[EB/OL]. https://www.vipslib.com/newsdetail560.html.

② 维普智图与汇文软件联合出席长三角地区高校图书馆数字化发展学术会议[EB/OL]. https://www.vipslib.com/newsdetail473.html.

③ 维普考研服务平台产品简介[EB/OL]. https://kaoyan.cqvip.com/product/help/introduction.

④ https://www.vipslib.com/product-VIPS3019.html.

表 1　近三年互联网期刊出版产业规模

年度	2019	2020	2021	2022	2023
互联网期刊出版（亿元）	23.08	25.43	28.47	29.51	34.89
数字出版（亿元）	9 881.43	11 781.67	12 762.64	13 586.99	16 179.68
占比	0.23%	0.21%	0.22%	0.22%	0.22%

表 2　近三年互联网期刊出版产业增速对比

年度	2019	2020	2021	2022	2023
互联网期刊增速	7.95%	10.18%	11.95%	3.65%	18.23%

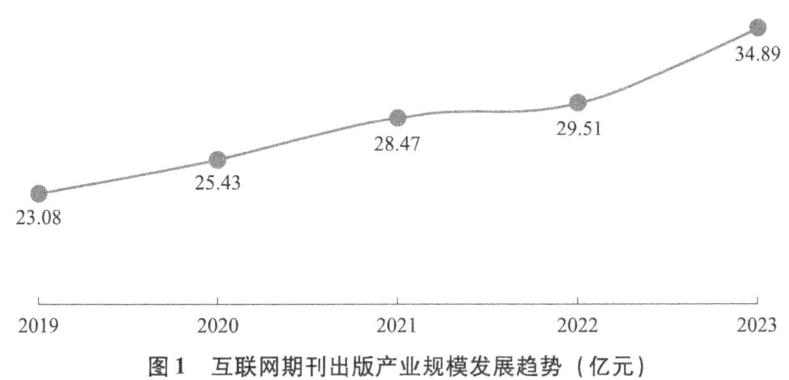

图 1　互联网期刊出版产业规模发展趋势（亿元）

（三）互联网期刊出版产业数据资源建设情况

从各家出版商页面可以看出资源分类基本一致，均为期刊、学位论文、会议论文、专利、标准等类别。

在期刊资源上，知网合计收录近 1.1 万种期刊，其中中文期刊收录自 1915 年至今，部分期刊回溯至创刊，国内学术期刊 8 440 余种，全文文献总量 6 230 余万篇，国际期刊 7.3 万余种，期刊最早回溯至 1665 年，覆盖 JCR 期刊的 94%，Scopus 期刊的 80%，文献数量超过 1 亿条；万方的中国学术期刊数据库，收录始于 1998 年，包含 8 000 余种期刊，其中核心期刊 3 300 余种，年增 300 万篇；维普收录自 1920 年至今 7 600 多万篇中外文文献。

此外，知网收录自 1979 年至今出版的学术辑刊 1 200 余种，1 万余辑，文献总量 30 万余篇；维普报纸文献 241 种；万方围绕高校课程、学术、医学等多个领域积累适合各层次人员观看的精品视频，共计 33 242 条。

表 3　知网数据资源量

序号	资源种类	类别	单位	数量
1	学术期刊	中文	种	8 440 多
			万篇	6 230 余
		外文	种	73 000
			万条	10 000
2	学位论文	硕士	家	800 多
			万篇	589
		博士	家	530 多
			万篇	56
3	会议论文	—	万篇	377
4	报纸	—	种	500
5	年鉴	—	种	5 550
			万篇	3 680
6	图书	—	本	26 503
7	学术辑刊	—	种	1 200 余
8	专利	国内	项	4 990 余万
		国外	项	1 亿余
9	标准	—	项	60 余万

表 4　万方数据资源建设情况

资源类型	期刊	学位	会议	专利	科技报告	科技成果	标准	法律法规	视频
数量	8 000 余种 1.58 亿篇	646 万篇	1 562 万篇	国内 4 400 万余条 国外专利 1.1 亿余条	10 万余份	65 余万项	240 余万条	153 万条	3.3 万条

维普《中文科技期刊数据库》诞生于 1989 年，目前期刊总计 15 372 种，文章总量 76 527 869 篇，年加工 400 余万篇；其中 OA 期刊 2 299 种。数据资源覆盖全学科领域，为教育和科研用户提供强大的文献检索与数据服务。

二、互联网期刊出版产业发展存在问题与对策

（一）人工智能大模型的发展对互联网期刊、图书馆等行业同样有严格数据安全要求

数据是AI大模型训练和优化的基础，也是大模型的核心要素之一，互联网期刊上拥有庞大而丰富的期刊、学术资源，能够为科研工作者提供优质内容的输出，但是在服务过程中读者的个人信息、阅读偏好等隐私数据以及应用大模型过程中输入和输出的各种数据，在大模型数据收集、存储、利用等环节可能存在多元化的数据风险①。

互联网期刊出版商必须要保证数据收集、数据加工、数据利用各环节的数据安全，要依据国家法律法规，寻求合法数据源，在保护个人信息的基础上，开展训练数据处理活动。

在法律规定的基础上，互联网期刊出版商要对用户只收集必要的个人信息，且定期删除；同时一方面要确保收集的数据资源合法、合规，并遵循相关的数据保护法规，另一方面在数据利用环节要剔除不合法、不真实、虚假数据，并对数据进行加密处理等；还应采用技术手段确保数据安全。

（二）内容智能生成对科研诚信及其检测带来挑战

随着信息技术造假手段不断更新，科研诚信要求不断提高，AIGC时代的来临，给学术不端带来了新的形势，对学术不端的认定及检测带来新的挑战。AIGC给教育、科研、出版、医疗等领域带来了新的挑战，内容是否可信、推理是否可靠、信息安全能否保障等问题亟待解决。大模型时代，如何识别人工智能生成内容，进而监管和引导AIGC技术的科学合理使用，有效规范学术行为、促进知识创新，迫在眉睫。

---

① 马雨珊. 生成式AI应用于智慧图书馆的数据风险及应对［J］. 中阿科技论坛（中英文），2024（5）：148－152.

学术不端引发各界关注。《北京印刷学院学报》副主编李新新就此问题进行研究，提出三条措施。[①] 一是及时总结论文造假特征，要根据论文的原始创新力来区分是否是大模型生成论文。二是开发更加智能的检测工具，这就要求学术不端检测增加快速识别图像造假、科技数据造假、论文工厂、AIGC、GPT类的学术造假文章的功能。[②] 在这一方面，知网开发的“知识增强 AIGC 检测技术”，基于知网结构化、碎片化和知识元化的大数据资源，以语言模式和语义逻辑为切入点，结合算法逻辑，用 AI 检测 AIGC，实现了快速、准确识别学术文本中的 AI 生成内容。[③] 三是推广专家分层审稿模式；四是加强科研道德建设，可以从增强科研人员的道德意识、建立健全监管机制、完善科研评价体系等几个方面进行。[④]

（三）数字出版技术的应用也给互联网期刊出版带来版权等方面的问题

人工智能、AIGC 等技术的运用在提高出版生产力的同时，也将对现行的版权制度、出版管理制度产生颠覆性的影响；大数据精准算法推荐，在为人们提供更加精准的信息服务时，也限制甚至剥夺了人们的知情权、选择权。对于出版单位来说，技术应用存在很多问题，一是复合型人才缺乏，业务熟练、技术熟知的人才不足，难以应对日益增长的发展业务。二是技术标准尚待统一，以避免不同企业、不同业务之间对接的不便。三是技术企业不能充分理解出版单位需求，开发的产品无法达到预期效果。

为进一步适应技术发展的动态，推进出版业更好地应用技术，出版业应积极与各界合作。一是努力推进出版融合标准体系的研制、构建工作，建立各主体相互融通的局面。二是加大复合型人才培养力度，培养出既懂业务、又熟悉技术的人才，增强企业发展人力资源储备与建设。三是搭建平台，创造出版单位与技术企业合作的机会，推动科技成果转化，提高出版物的高科技含量。[⑤]

---

① 李新新. AIGC 时代学术不端的新形式及其治理［J］. 数字出版研究，2024，3（02）：113-118.

② 打造优质平台，做好学术传播，助力实现科技创新［EB/OL］. https：//mp. weixin. qq. com/s/9PvhwZcZOASHrRZQSfaA1g.

③ 用 AI 检测 AIGC——同方知网 AIGC 检测服务赋能创新人才培养［EB/OL］. https：//mp. weixin. qq. com/s/9PvhwZcZOASHrRZQSfaA1g.

④⑤ 魏玉山. 数字出版前沿技术应用与展望［EB/OL］. http：//www. chuban. cc/yw/202306/t20230619_ 32828. html.

三、影响互联网期刊出版产业发展的年度重要事件

（一）主题为“人工智能环境下的学术出版”的中国出版协会首届学术出版年会举办

会上中宣部出版局副局长张怀海表示：做好学术出版应始终坚持正确的政治方向、学术导向和价值取向，紧紧围绕党和国家大局开展工作，积极推动中国自主知识体系建设，着力提高运用新技术服务学术出版的能力。还发布了《中国学术出版广州共识》，倡议：积极拥抱和传播新技术新知识，深化融合创新，积极应用大数据、人工智能、元宇宙等前沿科技，探索学术出版新业态，形成融合发展新成果，推动知识理论新传播，实现产业事业新发展。

（二）二十一届（2023）全国核心期刊与期刊国际化、网络化研讨会在广州召开

会议以“面向中国式现代化的学术期刊高端出版路径”为主题，为探索我国科技期刊的创新发展之路，建设新时代高品质的世界一流期刊平台，加强行业交流与合作，共同推进中国学术期刊高质量发展，研讨中国期刊新时期主要发展特点和趋势，深化学习宣传贯彻党的二十大精神。

（三）各大互联网期刊出版商共同签署我国首个《学术文献网络出版服务行业公平竞争自律公约》

《公约》倡议成员单位通过优化学术文献网络出版服务和相应的技术支撑，实现高质量发展和高水平竞争。公约的签订体现出公约成员不断提升守法经营的合规意识，也体现出社会各方对行业发展的高度重视和凝心聚力，是共治共享、综合治理的有益探索，对于行业高标准、高水平发展具有标志性意义。①

① 知网协同行业伙伴签署《学术文献网络出版服务行业公平竞争自律公约》［EB/OL］. https：//mp. weixin. qq. com/s/uycT8f5U－N0MljyPBpZaBg.

四、互联网期刊出版产业发展趋势

（一）出版与技术的融合将越来越深入

技术推动出版业高速发展，出版业对技术的依赖度越来越高。实现出版业与技术的有效融合，能够助力出版业高质量发展。从目前出版业的实际发展来看，技术对出版业的影响是全方位的，包括出版产业链的各环节，如选题策划、内容生产、存储、传播方式、阅读等层面。未来，出版与技术的融合将越来越深入，对技术对出版业的影响将越来越广泛。①

随着数字技术的发展及在互联网期刊出版中的应用，传播主体实现多元化，新技术迎接新发展，多种技术交叉作用，推动机器作为新的信源进行传播，丰富了信源的产生渠道，带动信源多元化进入新阶段；“把关人”的组成进一步丰富，以往媒体也好、媒介也罢，其把关人的角色均由人或组织机构来担任。现在，随着技术的发展，一些智能系统开始发挥“把关人”的作用，丰富了“把关人”的群体构成。受传者地位发生革命性改变，以往受传者一直充当信息接收者的角色，数字技术的应用改变了这种情况，受者与传者之间的界限不再分明，由单向传播变为双向传播。②

（二）人工智能、VR/AR等前沿技术将在互联网期刊等出版领域大有作为

在2023世界VR产业大会上，中国新闻出版研究院党委副书记、纪委书记董毅敏在致辞中强调，对于出版业而言，作为文化传承和创新的重要领域，要实现高质量发展，离不开对数字新技术的创新应用。高新技术的发展，推动出版业更加网络化、更加云端化，智能化也更加突出。元宇宙与人工智能相结合，为新时期的出版行业和阅读行业开启了革新契机。融合出版、数字教育、

---

① 魏玉山．数字出版前沿技术应用与展望［EB/OL］．http：//www.chuban.cc/yw/202306/t20230619_32828.html.

② 王丽芳．迈向“数智”出版：数字技术在出版领域的应用、演变及提升［J］．传播与版权，2024（8）：47-51.

沉浸式体验不断强化虚拟现实在出版业中的作用，通过案例可以发现，越来越多出版机构投入到“虚拟现实＋出版”这场创新探索中。未来，VR/AR 技术在出版业的应用将会更加普及、便捷、高效，更加智能、创新、个性，更加多元、开放、协作。[①]

在互联网期刊服务模式从知识传播走向知识服务的进程中，人工智能技术能够精准捕捉用户需求信息、使用行为，根据用户的喜好，推出个性化的定制服务，能够有针对性地提供检索、查询、溯源等服务，提高服务的精准性。也可以在服务过程中实现知识价值的增值，发挥知识资源的最大效用。[②]

（三）数据要素概念的提出对互联网期刊出版商带来新的契机

数据已经成为现代经济的重要组成部分，数据要素在不同领域中的应用非常广泛，如在医疗、金融、能源、物流等行业中的数据分析、管理和决策支持等方面都有重要的作用。同时，数据要素的应用还涉及信息安全、隐私保护、知识发现和智能推荐等方面，对于推动信息化和数字化进程具有重要意义。

互联网期刊出版商的知识资源数据有存量大、增速快、来源广、质量高、专业性强等特点。与此同时，知识资源在保障高校、研究机构、企业在数字资源建设、科技研发、企业创新经营等方面发挥着日益重要的作用。然而，知识资源流通交易依然面临众多难点。针对这一难点，上海数据交易所与中国知网成立知识资源数据交易行业中心，探索知识资源的合规流通和交易活跃，共建知识资源流通生态。知网的这一做法开创了互联网出版商在数据要素方面的先河，依托丰富的数据要素产品化和市场化经验，发挥先行先试的示范作用，更好推动数据要素赋能千行百业，促进数字化转型和智能化升级，[③] 为其他互联网期刊数据要素利用提供可借鉴的经验。

（韩文、王友平单位：同方知网数字出版技术股份有限公司；李广宇单位：中国新闻出版研究院）

---

① 技术赋能新闻出版高质量发展 AI＋VR 新闻出版融合发展论坛在南昌召开［EB/OL］. http：//www. chuban. cc/lbt/202310/t20231026_ 33145. html.

② 王晖. 智媒时代学术期刊融合升级的特征及实践策略探究［J］. 新闻研究导刊，2024，15（10）：234－236.

③ “中华知识大模型”、双语对照平行语料，2023 全球数商大会“数”果累累［EB/OL］. https：//www. thepaper. cn/newsDetail_ forward_ 25473184.

2023—2024 中国网络游戏出版产业年度报告

郝园园

一、中国网络游戏市场规模和用户规模

（一）市场整体规模

2023 年我国游戏市场实际销售收入为 3 029.64 亿元[①]，这也是我国游戏市场规模首次突破 3 000 亿元。国内游戏用户规模增至 6.68 亿人，再次创下历史新高点。

进入 21 世纪以来，我国游戏市场一直处于高速发展阶段，2022 年受疫情后宅经济红利消退影响，游戏实际销售收入出现下滑，市场发展预期不足。2023 年，随着数字经济蓬勃推进，诸多负面因素明显消退，游戏市场规模恢复增长并创新高，游戏企业战略转型发挥效用，未成年人游戏时长降低至历史最低，成年游戏玩家消费意愿有所回升。

（二）用户整体规模

2023 年中国游戏用户规模达 6.68 亿人，同比增长 0.61%，为历史新高点。据市场调研公司 Newzoo 的调查显示，在 2023 年全球游戏玩家数近 30 亿人，这意味着地球上 39% 的人类都玩游戏，且从游戏人口构成来看，大多数年轻人都玩游戏。

---

① 数据来源：中国音数协游戏工委发布的《2023 年中国游戏产业报告》。

（三）自主研发游戏规模

2023 年我国自主研发游戏在国内市场实际销售收入达到 2 563.75 亿元，较上一年度增长 15.29%。自研产品在海外实际销售收入达 163.66 亿美元，连续四年超过了千亿人民币规模，但受到国际局势的动荡、市场竞争加剧、隐私政策变动等影响，海外实际销售数据同比下降了 5.65%。

（四）国内游戏细分市场变化情况

在我国游戏细分市场中，移动游戏仍处于主导地位且增幅明显，其实际销售收入占游戏整体收入的 74.88%；客户端游戏实际销售收入占比 21.88%，同比持续升高；网页游戏占比降到了 1.57%，仍处于萎缩状态。

（五）中国移动游戏市场情况

根据游戏工委数据显示，2023 年我国移动游戏市场实际销售收入为 2 268.6 亿元，同比增长 17.51%，创下新的纪录。

2022 年随着市场逐渐饱和，用户消费支出下降，移动游戏市场规模出现下滑，给移动游戏厂商敲响了警钟。2023 年，移动游戏整体仍处于存量阶段，内容和运营竞争加剧。基于版号常态化的原因，游戏厂商恢复研发布局，市场有所回暖，小游戏大幅增长，AIGC 成为游戏企业的共识。

（六）客户端和网页游戏市场情况

我国移动游戏市场的高速发展，给客户端游戏和网页游戏的发展带来较大程度的冲击，这两类游戏整体规模较小，发展缺乏稳定。2023 年，国内的客户端游戏市场实际销售收入为 662.83 亿元，较 2021 年的 588 亿元，略有增长。主要得益于 MMORPG（大型多人在线角色扮演游戏）收入稳定，以及电竞和二次元游戏在 PC 端同步发行所带来的增长。网页游戏市场实际销售收入继续下跌，整体规模仅剩 47.5 亿元。

（七）国内主机游戏市场情况

国内的主机游戏市场在游戏产业中占比甚微，通常被放置其他一栏。2023年，其实际销售收入为28.93亿元，同比增长了22.93%。国内的主机游戏用户中，男性占比达到63.6%，女性占比为36.4%。从用户年龄分布上看，20—29岁的青年占比达到40.7%，30—39岁的用户占比则达到39.1%。

（八）电子竞技游戏市场情况

2023年，中国电子竞技游戏市场实际销售收入1 329.45亿元，同比增长12.85%。根据游戏工委的说明显示，该数据为电竞游戏产品的销售数据，没有包含按国际惯例统计的电竞直播、俱乐部运营和赛事收入等。在杭州亚运会电竞赛事成功举办以及中国队的出色战绩下，电竞被主流社会认可。头部的电竞游戏产品带动的市场销售较为稳定，新兴电竞游戏品类储备丰富，重点产品陆续上线，受到玩家青睐，为市场带来显著增量。

（九）二次元移动游戏市场情况

二次元游戏是以二次元元素和风格为主要特征的游戏。其植根于日本动漫、轻小说、漫画等文化要素之中，塑造了游戏独特的审美风格和艺术表现，中国的二次元市场规模上千亿。其中2023年二次元移动游戏市场实际销售收入317.07亿元，同比增长31.01%，增幅明显，已成为移动游戏市场中的重要组成部分。二次元用户群体主要以年轻人为主，他们注重游戏的剧情、人物设定以及沉浸式体验，对游戏品质有着较高的要求，这一群体的付费意愿较高且能力较强，二次元游戏市场集中度较高，集中在头部游戏产品。

（十）移动休闲游戏市场情况

休闲游戏凭借上手较快，内容轻度、玩法简单、即时娱乐性较高等特点，受到玩家青睐。近年来，休闲游戏在全球下载量回升明显，占比较高。2023年，国内休闲游戏市场收入318.41亿元，同比下降7.54%。休闲游戏的变现主要包括内购和广告收入，其中内购产生的收入200.87亿元，广告变现

收入 117.54 亿元。内购收入占比有所升高，广告收入占比下降，这表明其收入结构和商业模式出现较大变化，广告变现模式走弱。

（十一）小游戏市场情况

小游戏是 2023 年游戏市场的新增亮点，市场收入增幅迅猛，短短的发展周期，规模已达 200 亿元，同比增长 300%，在移动游戏中已占到 20% 左右。微信、抖音、QQ、快手、支付宝、头条、百度等都是国内的小游戏平台，玩家数量过亿，越来越多实力雄厚的游戏厂商投入其中，小游戏品类逐渐从超休闲向中重度发展，例如 MMO、策略游戏等也开始往小游戏平台发展，Unity 引擎针对性地推出了微信小游戏的解决方案，推动小游戏的品质快速提升。

（十二）海外市场分布和产品类型情况

2023 年，我国移动游戏主要海外市场主要为美国占比 32.51%、日本占比 18.87%、韩国占比为 8.18%。德国、英国以及加拿大整体占比为 9.45%。中东和拉美等海外新兴市场占比没有显著提升。

在我国出海的自研游戏中，收入排名前 100 位的游戏，有 40.31% 为策略类，15.97% 为角色扮演类；10.03% 为射击类，5.11% 为休闲类。其中策略类营收在近三年中都占据主力地位，其中射击类占比有所下降，休闲类增长明显（见图 1、图 2）。

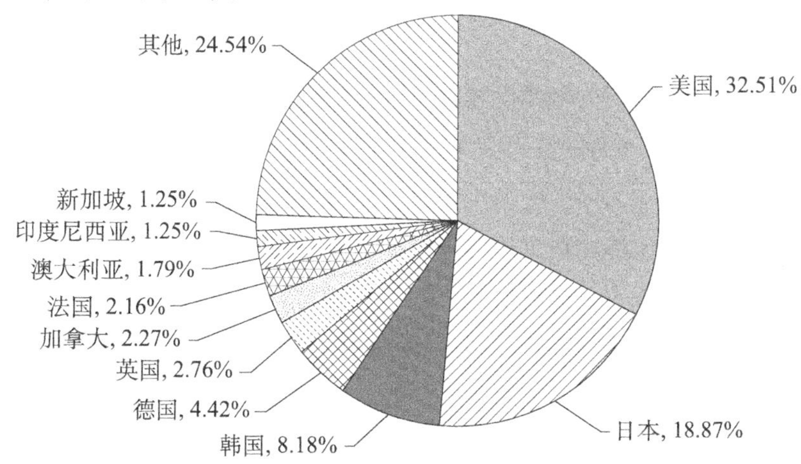

图 1　2023 年中国游戏企业海外市场分布

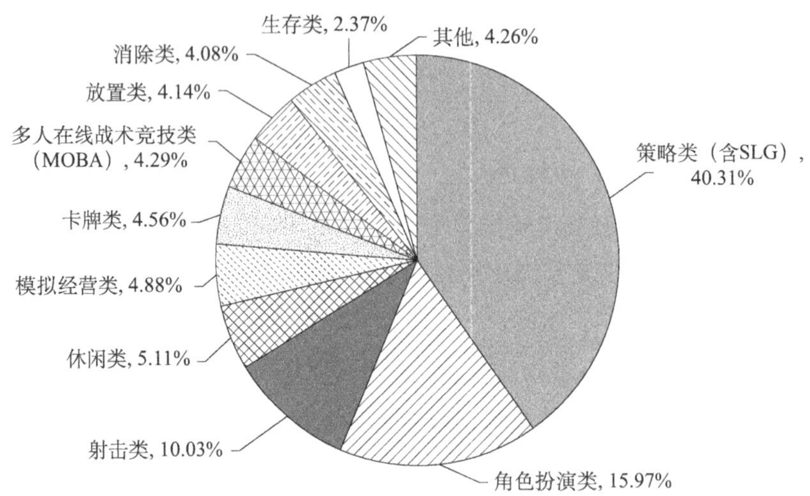

图 2　2023 年中国自研游戏出海产品类型

二、中国网络游戏产业分析

游戏产业作为数字经济的重要组成部分，具有市场潜力大、社会关注度高、融合效应强、经济效益好的显著特点。在数字中国、文化强国建设的全面部署下，游戏产业与新一轮科技革命与产业变革共舞，将成为重塑全球创新版图与文化格局的先导力量。

（一）国内游戏市场进一步规范，促进精品游戏落地

2023 年 10 月，国务院公布《未成年人网络保护条例》。这是我国出台的第一部专门性的未成年人网络保护综合立法，重点就规范网络信息内容、保护个人信息、防治网络沉迷等作出的部署。《未成年人网络保护条例》颁布为游戏行业完善和落实未成年人保护工作提供了更为具体的指引；为加强网络游戏正向引领，推动网络游戏弘扬真善美、传播正能量，促进游戏产业健康有序发展，国家新闻出版署在 2023 年 10 月发布《关于实施网络游戏精品出版工程的通知》为我国游戏产业规范化和可持续发展设定了新标准、提出了新要求。着力弘扬主流价值，鼓励游戏精品打造，着力进行规范管理，完善游戏生态建

设，为游戏产业的高质量发展提供了保障，为营造游戏产业与相关产业深度融合、互促互进提供支撑。

（二）对中华优秀传统文化的传承与弘扬业已成为行业共识

文化是精品游戏的灵魂，越来越多的游戏热衷于融入传统文化元素，以数字 IP 助推中华传统文化在全球青年群体中的传播。传统文化与游戏有机结合，让玩家由此了解中国的人文、地理、历史甚至哲学，同时游戏也会变得更加鲜活、更有生命力。游戏对传统文化的演绎应层层递进，用心创作、创新、表达，才能跨越地域与时空界限，触达更多年轻人。

（三）游戏产业的科技创新能力和跨界赋能效应进一步提升和强化

技术创新正在成为全球性游戏产品竞争力的关键，AIGC（生成式人工智能）技术的迅猛迭代，让游戏公司的降本方针有了新的选择。从长期来看，AIGC 能实现降本增效、开拓新玩法及新品类等利好。在中短期内，能较早提升大模型能力、接入稳定性较强大模型的企业，更易在研发、营销等领域分享 AIGC 利好。

随着游戏科技不断发展，相关科技的运用还将突破游戏行业本身，在诸多领域产生作用，不断丰富其经济属性，成为支持数字技术与实体经济融合发展的驱动器。如实时 3D 数字内容呈现从文化到生活乃至工业生产领域的趋势日益明显，3D 引擎已不再是游戏行业的专属工具，它可以被广泛应用到其他的行业，成为“新型的工业软件”。典型案例就是作为全球应用非常广泛的游戏引擎 Unity 已延伸到集研发、运营于一体的内容创作平台，被广泛应用于工业、建筑设计、城市管理等领域，以及元宇宙等未来可见的新兴产业。高大为先生结合 AI 作画作品、《三体》剧照、《流浪地球 2》场景图三张图片说明了随着技术的革新，游戏正在成为一个“超级数字场景”，而未来游戏将参与到更广泛的内容和科技生产的革新中，释放更大的可能性，让更多的人在数字未来受益。

（四）国际间的交流与合作更为频繁和深入

海外市场已成长为游戏公司的新增长引擎，但随着出海竞争激烈，国外增加了对本地游戏产业的扶持力度，对进口产品的监管也会越来越严格，包括准入条件、隐私保护、支付合规等，市场面临增速放缓、竞争加剧、本土化需求提升、技术创新等挑战，这意味着游戏出海将面临更大的挑战，中国游戏厂商正步入出海的新阶段。新兴市场，如中东、拉美等地区成为游戏出海的新机遇，这些地区的游戏玩家增长显著，为中国游戏厂商提供了新的增长点。这表明游戏破除文化壁垒、推动文化出海使命取得新进展。

三、年度影响游戏出版产业发展的重要事件

（一）中共中央、国务院印发《数字中国建设整体布局规划》

2023年2月，中共中央、国务院印发了《数字中国建设整体布局规划》提出打造自信繁荣的数字文化，大力发展网络文化，加强优质网络文化产品供给，引导各类平台和广大网民创作生产积极健康、向上向善的网络文化产品，加快发展新型文化企业、文化业态、文化消费模式。游戏已成为数字经济建设中重要的主流文化产品，并对国家科技创新具有重要意义的行业。《数字中国建设整体布局规划》对构建中国游戏产业未来具有指导意义。

（二）2023年10月，国务院总理李强签署国务院令，公布《未成年人网络保护条例》

该条例自2024年1月1日起施行。这是我国出台的首部专门性的未成年人网络保护综合立法。该条例的颁布为游戏行业完善和落实未成年人保护工作提供了更为具体的指引。2021年“830新规”落实以来，针对未成年游戏超时的相关措施已取得显著成效，未成年人过度游戏问题得到有效改善。《未成年人网络保护条例》的实施将从法治层面为未成年人在网络空间的健康成长提供坚实的保障。

（三）国家新闻出版署组织实施网络游戏精品出版工程

2023年10月，国家新闻出版署决定组织实施网络游戏精品出版工程，发布

《关于实施网络游戏精品出版工程的通知》（以下简称“《通知》”）。《通知》要求网络游戏要突出正能量，弘扬中华优秀传统文化和民族精神，展现时代风貌和社会进步，激发青少年的爱国情怀和社会责任感，避免传播低俗、暴力、色情等不良内容。减少对玩家的经济压力和时间消耗，遵循公平竞争的原则，防止利用算法诱导玩家进行不合理的消费或投入过多的精力。《通知》的出台是对网络游戏行业的一次重大调整和引导，推进了对广大青少年玩家的进一步关怀和保护。

（四）GPT－4大模型推动生产力变革

2023年3月14日OpenAI公司发布了基于Transformer[①]神经网络创新架构模型创建的GPT－4，在全球范围内掀起了新一轮人工智能热潮。以ChatGPT、Midjourney为代表的生成式AI，对游戏行业产生深刻的影响。

四、总结与展望

（一）总体态势

受益于游戏版号审批流程恢复正常，重磅游戏产品储备将得到释放。随着宏观周期的复苏，用户平均收益相应增长，2023年市场回暖明显，游戏行业在国内前景依旧良好。各大游戏企业继续加大多元化和密集化布局。在成熟的发展策略下，将引领中国游戏向全球市场扩张，并有望加快拓展市场占有率。

（二）未来展望

1. 游戏产业监管体系进一步完善

游戏产业监管体系的规范化和科学化是一个持续发展和完善的过程。游戏产业监管部门的工作是多方面的，需要平衡创新自由与社会责任，促进游戏产业高质量健康发展，同时要保护消费者特别是未成年人的权益。近十年来，游

① Transformer：谷歌2017年提出的一种基于自注意力（self-Attention）机制的神经网络架构模型，与之前的卷积神经网络CNN和循环神经网络RNN不同。

戏逐渐转变为繁育多元正向社会价值、跨域赋能产业升级的丰厚沃土。我国游戏产业的监管，一方面要进一步加大游戏防沉迷治理力度，建立和完善游戏防沉迷的长效管理机制，构建精准发力、标本兼治的监管体系。另一方面也要鼓励“游戏+”跨界赋能模式在数字经济中的广泛应用，引导游戏行业在新时代、新征程上找方向、打基础，实现新作为。

2. 内容质量将得到进一步提升

精品立业是国内游戏产业仍坚定不移地发展路径。游戏内容的高质量发展，不仅是游戏行业的自我革新，更是国家文化软实力的全面提升。面对当前游戏玩家对游戏品质日益增长的多样化需求，以及科技的高速发展，游戏企业与创作者们将选择不断突破当下框架限制，以创新思维开发新颖、独特的颠覆性创新产品，赢得市场青睐。作为当代文化引擎载体，游戏融入了多元文化元素，提升游戏内容的文化内涵和教育价值。越来越多的游戏为文化传承做出贡献、丰富文化创新模式，也是一个最好的破壁方式，帮助不同文化之间彼此交流，提升不同文化之间的理解。

3. 科技创新持续推动数实融合

云计算、区块链、实时渲染、人工智能等科技未来将会不断迭代在游戏中得到实践应用，推动着游戏引擎的迭代，形成良性循环。

此外，作为科技引擎，游戏产业的发展显著推动了数实融合，与人工智能、芯片等领域相互影响和促进，在数字经济的高质量发展中，游戏产业将在更多领域提供和发挥价值。

（作者单位：中国新闻出版研究院）

2023—2024 中国网络（数字）动漫出版产业年度报告

郝园园

2023 年是实施“十四五”规划承上启下的关键一年，也是全面贯彻落实党的二十大精神的开局之年。数字中国建设全局化部署进一步夯实，国家文化数字化战略持续深入推进。新质生产力为文化产业带来了发展新机遇。动漫产业作为文化产业发展的重要落脚点，已经深度参与到数字媒体时代的大众生活，与社会发展密切交织相互影响。网络动漫领域通过技术突破革新、挖掘时代创作语言、推进产业迭代更新，为文化产业高质量发展赋能添力。

本报告通过分析 2023 年中国网络动漫的发展环境、总结重点领域的发展态势以及展望未来发展趋势，为推动动漫产业健康发展贡献力量。

一、网络（数字）动漫出版产业市场规模

2023 年我国已经成长为全球最大的动漫市场之一，动漫产业总产值从 2017 年的 1 536 亿元增长至 3 000 亿元，预计 2024 年中国动漫产业总产值有望达到 3 500 亿元。2023 年，中国网络动漫市场规模为 364.03 亿元。

网络动漫的主要受众泛“二次元”群体持续扩大，已逼近 5 亿，用户数字消费习惯稳定。从我国网络动漫的用户画像来看，目前用户性别基本保持均衡，男性占比稍微高于女性（见图 1）；群体年轻化特征明显，“90 后”“00 后”是漫画市场主要消费者，在动漫 App 用户中，二者合计占比的 62.4%（见图 2），随着用户黏性的不断增强，用户的消费潜力将被进一步挖掘，中高等消费者合计占比过半，市场潜力有望持续释放。2023 年中国“二次元”行业规模增长 27.6%，达到 2 219 亿元。

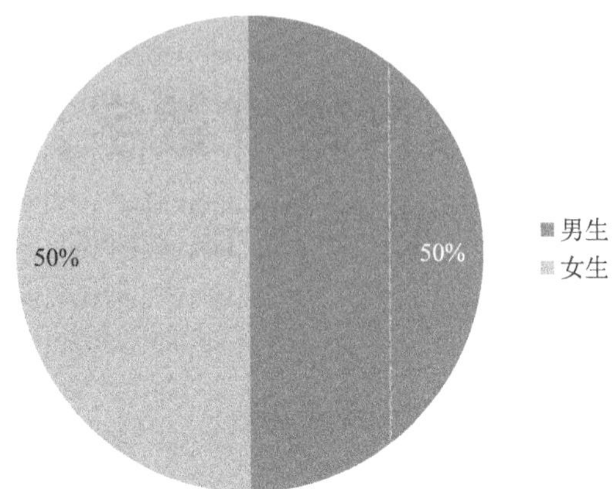

图1　2023年中国动漫App性别占比

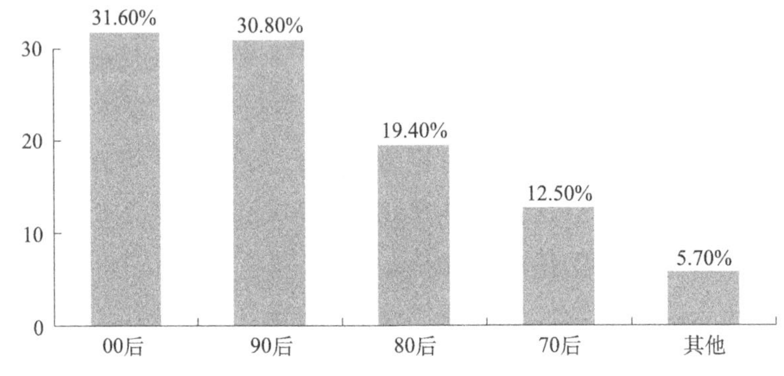

图2　2023年中国动漫App用户年龄分布

数据来源：比达咨询

互联网时代，数字化阅读已经成为新的阅读习惯，尤其是对于年轻群体而言，动漫App已成为网络动漫阅读的主要渠道之一。调研数据显示，“动漫内容丰富”是影响用户选择使用动漫App的最主要因素，目前我国主要的网络动漫App中，快看漫画凭原创内容丰富，社区氛围活跃等因素，活跃用户行业领先。

网络动漫App用户黏性进一步提高，用户地区分布差异明显。目前，我国动漫产业正处于快速发展阶段，动漫App企业着力实现业务多元化发展，富有国产特色的IP在中国动漫中出现的频次正在提高。调研数据显示，2023年，国内动漫App用户中，日均使用时长为30—60分钟的用户占比51.6%、1小时以上占比32.7%，用户黏性进一步提高。同时，网络动漫App用户地区分布差异明显，湖南（11.3%）占比最高，其次为江苏、广东和福建。

二、网络（数字）动漫出版产业发展态势

（一）网络动画生产规模持续扩大

网络动画产业紧跟国家政策，在经历了萌芽、培育和成长期后，产业发展日臻成熟，作品形式越来越丰富，不断向年轻人的生活靠近、贴近年轻人的喜好，迎来多线拓展时代。

网络动画产能扩张。2023 年在国家广播电视总局“重点网络影视剧信息备案系统”中登记且符合重点网络影视剧上线备案通过片目共计 498 部。更多的动画作品被制作和播出，满足了观众对不同题材和类型的需求。从备案且通过片目的主题和题材上来看不仅包括玄幻、武侠、都市恋爱等传统题材，还涵盖了现实、传记、革命等更为广泛的主题，其中未来科幻、都市幻想类作品成为新宠。这种多样化的趋势为观众提供了更多的选择，也反映了网络动画创作者对于不同类型内容的探索和创新。

（二）网络动漫产业集中度高，改编 IP 仍是主力军

作为深受年轻人喜爱的数字内容领域，网络动漫的产业集中度很高。从市场来看，网络动画已成为腾讯视频、B 站、优酷、爱奇艺等大型视频平台的核心品类。市场上的绝大多数网络动画的资金和产能与视频平台参与出品有关。

表 1　2023 年 1—7 月部分流媒体平台备案情况

时间	平台	上线备案数量
2023 年 1—7 月	腾讯	通过上线备案的动画有 81 部
2023 年 1—7 月	B 站	通过上线备案的动画有 61 部
2023 年 1—7 月	爱奇艺	通过上线备案的动画有 41 部
2023 年 1—7 月	优酷	通过上线备案的动画有 22 部

数据来源：雷报

改编 IP 仍是网络动画的主力军。改编 IP 的网络动画要想具有较高的市场

潜力和商业价值，需要从选材合适、保持原作特色、创新性改编、重视受众反馈以及跨平台合作等方面入手，以打造出具有影响力和价值的IP作品。从腾讯近两年播出的动画内容来看，《斗破苍穹》《斗罗大陆》《完美世界》等五部年番和多部长篇季番，在行业内继续保持领先优势；《诛仙》《龙族》等IP改编新作讨论度居高不下，《完美世界》等年番作品持续更新；《一人之下5》《吞噬星空》等作品的热度不减；《星域四万年》等未来科幻作品新品类也属上乘之作，被漫迷认可。B站作为国内网络动漫的巨头，同样有出色的表现。如网络小说改编的动漫作品《凡人修仙传》《百妖谱·京师篇》等，改编自游戏的网络动画《剑网3·侠肝义胆沈剑心 第三季》等以及改编自漫画的网络动画《镇魂街第三季》等都收获了良好的口碑。另外，爱奇艺在“2023爱奇艺世界大会片单”还发布了动画部分38部作品，包括《神澜奇域无双》《大主宰年番》等热作。优酷于2022年底“优酷动漫新片发布会”发布了42部作品，包括《沧元图》《真阳武神》等动画。

（三）原创网络动画不断带来惊喜，短文化动漫发展迅猛

网络动画产业整体的蓬勃发展，为原创网络动画带来了发展契机，原创网络动画在内容上具有独特的创新性和自由度，相比改编IP的网络动画，通常具有成本低廉、收看免费、带有实验性质等特点，这使得创作者们可以更加自由地发挥创意，尝试新的表现形式和题材，如《中国奇谭》《雾山五行》等。其中网络动画《中国奇谭》刚一开播就受到了广泛关注，豆瓣评分直接冲上了9.6分，这部网络动画作品，由八个植根于中国传统文化的独立故事组成，题材包罗万象，从乡土眷恋到末世情怀，从生命关怀到人性思考，铺陈开一个极具中式想象力的世界，呈现出中华文化跨越时空的魅力，透露出中式美学和现代思想的碰撞。《雾山五行之犀川幻紫林》是中国水墨风动漫《雾山五行》的续篇，2020年《雾山五行》横空出世三集动画就已圈粉无数被央视称赞，续篇再次引起漫迷圈的轰动，故事文戏不拖沓，打戏多但表达的内容丰富，主线剧情，背景设定清晰明了，人物命名也包含着上古典故，如动画中地膳村管理者兄弟八人的名字出自周代典籍《穆天子传》中周穆王的八匹能够日行万里的骏马，如赤骥、盗骊。观众盛赞《雾山五行》是“会动的泼墨山水”“每一帧都是绝美的中国风壁纸”且具有深刻的道德感和情感共鸣，是一部真正

带着热爱与诚意的国漫。《雾山五行》的创作团队不到十人，从画面的精美和故事的细节可以看出，剧作者的传统文化功底并不亚于老一辈的动画艺术家，这也让大众看到了动画人对自己工作的热爱，抱着诚意蛰伏在行业的角角落落，展现出中国动画创作者们的坚守和坚持，也让大众看到了中国原创动画的前景。

短文化动漫迅速占据一定市场。在各大视频平台，只要是国漫区就充斥着短文化动漫。短文化动漫简而言之就是每一集时长都很短，每集加上片头片尾曲不到十分钟。短文化动漫通常制作粗糙、成本低、时长短，娱乐性强、属于快餐化。但因为主打成本低，产量高，占据一定市场，也成为网络动漫备受争议的话题。这一现象与高质量动漫制作周期长有密切关系，目前精品动漫普遍是季番，一季约十几集，三个月左右完结。当优质动漫完结后，观众选择性小，会自然转向短文化动漫。短文化动漫虽时长短，但更新快，而一更基本会持续大半年，有助于慢慢地聚起了受众，引发短文化动漫数量幅度性增长。同时，现代年轻人受短视频影响，开始喜欢倍速看动漫，也是短视频动漫大行其道占有一定市场的原因之一。

（四）AIGC 提升网络动画生产效能

在生成式 AI 技术正在引领产业创新的当下，动画是最早关注并受到影响的行业之一。2023 年 ChatGPT、Stable diffusion、Midjourney 让包括动画在内的多个行业看到了 AI 的能力，并开始探索对 AI 的批量化应用，基于 Stable diffusion 的开源架构，更多的动画公司和平台开始探索研发适配自身业务的插件工具；随着 Midjourney 的出图能力不断升级，其在前端创意和策划环节的应用价值几乎获得动画行业的一直认可。2023 年春节前后，腾讯视频与红龙影业合作尝试将 AI 应用到动画制作。网络动画作为腾讯视频相对稳定的商业化赛道，其核心是借助动画内容稳定拉动新用户增长，网络动画热度越高，收益越大。但热度不仅取决于内容质量，还依靠更新频率。有了 AI 辅助，对人力和时间的需求都减少很多，大大降低了试错成本。这让原本不到 20 人的团队，需在 8—10 个月周期完成的工作，变成只需要不到 10 个人，3 个月左右就能完成。因产能限制而无法想象的“日播”模式，将在作为网络动画 IP 产业链一环，推动动漫 IP 的高速发展。更通用的流程和素材库资源将被建构，从动画到游戏的高速转化有望在 AI 的介入下变为现实。当更多的动画人从烦琐的体力型、流水线工作中解放出来，网络动漫行业将更多地回归由创意型人才驱动的发展模式中。

（五）拓展国际发行国漫在多方发力下开始走向世界

现阶段，我国网络动漫出海参与者共分为：内容制作、内容传播、内容变现三大类。其中视频平台、漫画平台和宣传发行机构负责内容传播，在加强国际文化交流、努力建设健康动漫创作生态的同时，将优秀的国漫作品成功发行至海外平台，与全球观众交流。从动画 IP 出海品牌榜单看：低幼类的内容海外社媒影响力优于青少类，受众广、门槛低成为优势。当前我国动漫 IP 出海主要分为低幼类、青少类和短视频类。其中低幼类 IP 占比最多，达 43% 且排名更靠前，青少类和短视频占比基本相同，但青少类 IP 除登录网飞的《伍六七》之外，排名多在中后位置。对现阶段的中国动漫 IP 出海来说，显然低幼类 IP 比青少类在海外更具有影响力。

国内视频平台一方面通过打造自主的海外版长视频、短视频平台拓展海外发行业务；另一方面与当地流媒体或传统资源合作将众多优秀的国漫作品推广到全球。如腾讯视频出品的国漫《龙族》通过与 Aniplex 株式会社等当地品牌渠道合作在日本、韩国、东南亚等地受到广泛关注。在日本，《龙族》不仅上线了 4 家主流动画电视台，中日双版本更是在 Niconico、Hulu、ABEMA 等 18 家流媒体同步播出；在欧美、韩国、东南亚等地，《龙族》也取得了头部动画的播出成绩，取得了韩国主流电视台四月番第六名，欧美全范围动画作品中排名 18 位的优异成绩，吸引了大批海外观众，起到了文化促进的作用。B 站作为中国 ACG 视频社区，积极推进中国原创动画作品走向海外，《凡人修仙传》等网络动画作品在多个海外主流平台和电视台播出，深受观众喜爱。

漫画平台征战海外的平台分为漫画内容提供平台与漫画 IP 综合运营机构等。其中发行机构包含了国内、日本、美国等地区的相关公司。国内漫画出海曾是被国内厂商押宝的一大内容赛道，腾讯、字节、B 站等厂商分别推出了 WeComics、Fizzo Toon 和 Bilibili Comics，但目前这些漫画平台或停更、或下架，均已宣告放弃。国内漫画工作室开始转战比较成熟的海外漫画市场，由

国内水得兴工作室联合海外 KOMOGI 出版社，在 WEBTOON[①] 上架的法语版 *AISHA*，阅读人数突破 40 万，并迅速涨至近 50 万，给国漫出海一针强心剂。仍处于复兴阶段的国漫 IP，尚未形成非常明显的创作共性，也可以说这是国漫 IP 未陷入同质化困境的标志。但无疑，诸多头部国漫 IP 均根植于东方文化背景。

三、年度影响网络动漫出版产业发展的重要事件

1. 《中国奇谭》：国创动画在传承中创新

2023 年 2 月 23 日，《中国奇谭》研讨会在京举办，就国创网络动画如何制作、创新与传播等话题进行了研讨。《中国奇谭》由上海美术电影制片厂与 B 站联合出品，播出后收获较高热度和口碑。该作品经广电总局评审入选“中国经典民间故事动漫创作工程（网络动画片）重点扶持项目”，于 2023 年 1 月 1 日起播出，《中国奇谭》相关话题微博阅读量达 43.2 亿，B 站站内播放达 2.3 亿。上海美术电影制片厂厂长速达介绍，《中国奇谭》的策划源起于对中国动画百年和上海美术电影制片厂 65 周年的致敬。

2. 动画《镖人》上线，以狂草画风筑新时代武侠基底

改编自许先哲同名漫画，由腾讯视频、新漫画出品，彩色铅笔承制动画《镖人》于 2023 年 6 月 1 日登陆腾讯视频。相较于当下其他主流的国漫动画，《镖人》是极为少见的硬核武侠题材，在当今国漫领域有自己的独特性。

3. 10 部网络动画获“2023 年中国经典民间故事动漫创作工程”扶持

2023 年 8 月 4 日，国家广播电视总局办公厅发布《国家广播电视总局办公厅关于公布 2023 年中国经典民间故事动漫创作工程（网络动画片）重点扶持项目的通知》（以下简称“《通知》”）。经专家评审，国家广播电视总局确定了 10 部网络动画片作为 2023 年重点扶持项目。在本次入围的十部作品中，既有

① WEBTOON Entertainment 是目前活跃在全球网络漫画市场的韩国网络漫画厂商，2024 年 6 月已正式在纳斯达克上市。相较于中国厂商更强势的网文业务，WEBTOON 旗下的网络漫画业务市场优势更多，影响力也更大。据 Sensor Tower 统计数据显示，WEBTOON 是全球第二大的漫画应用发行商，2023 年前 10 个月在漫画品类上的内购收入已超过 6 亿美金。

与历史名人故事相关的作品，如《珠算宗师程大位》；也有依托神话故事展开创作的作品，如《黄帝史诗》之《炎黄合》、《海神妈祖》等。

4. 国漫亮相法国专业展会，实力“圈粉”全球市场

2023 年 10 月 13—19 日，咏声动漫携近 10 部原创 IP 作品，在法国戛纳青少年节目交易会（MIPJUNIOR）和法国戛纳电视影视展览会（MIPCOM）亮相，进一步开拓国际市场，向全球客商展示中国动漫的魅力。这是时隔 5 年，中国以“主宾国”身份在法国戛纳电视影视展览会再度闪耀亮相，通过组织高峰论坛、作品推介会、中国联合展台等形式，助力国产视听精品“组团出海”。

四、总结与展望

2023 年我国的二次元群体如雨后春笋般地爆炸性扩张，一年内，全国共举办了超过 1 000 个规模不同的漫展，谷圈（热衷购买“谷子”的群体，以“00后”“10 后”学生为主）、手办圈（“90 后”为主）等多个垂直圈层逐渐兴起。加上情绪消费风行，二次元群体“狂热化程度”“收集癖好”“投入持久力强”的消费特性充分释放，氪金力度大，忠诚度高。特别是“10 后”逐渐转换为网络动漫用户群体增长的内生动力，“10 后”在国际上被称为“α 一代”“α世代”，是伴随数字化、智能化成长的一代，堪称人工智能时代的首批“原住民”。他们也是 AI 智能小说的第一代“创作者”，随着新一轮技术革命的来临，特别是生成式人工智能技术的突破性进展，越来越多的“10 后”已经在用各类 App 上使用 AI 智能生成属于自己的小说了，不久这一流行风潮将会吹到动漫领域，为网络动漫发展带来新的机遇。

此外，网络动漫本身在表现形式上将更加多元化。2023 年既有注重创作连续性与完整性的系列化作品，也涌现出众多优秀的动画短片。形式方面，网络动画短片集合正成为一种新的创作态势，这些动画短片集合具有很强的先锋实验特征，以斑斓的想象、迥异的风格探索着中国网络动画的多种可能。时长方面，3 分钟以内的“短剧类”网络动画日渐增多，它们以明快的节奏适应当下碎片化的视听消费习惯，受到年轻人喜欢，市场前景良好。

从网络动漫平台来看，B 站与腾讯视频仍将是两大主力军，随着优酷与爱

奇艺加速发力，国漫 IP 正在经历新一轮产业扩张。

此外，随着我国的国漫工业化体系与产业化运作流程的进一步成熟，网络动画行业对项目负责人的要求将更高，不仅要懂内容更要懂技术，从编剧到技术再到制片，网络动漫对新型数字文化人才的孵化、人才队伍和培养体系建设将更加紧迫，关系着未来我国网络动漫领域发展的活力。

整体来看，当前我国网络动画发展成绩显著，特别是网络动漫 IP 的传播环境明显改善、传播效果日益凸显，但仍然存在优质 IP 数量偏少、原创能力偏弱、题材结构失衡等问题。未来，网络动漫需要进一步强导向、重规划、勇创新，积极拥抱新技术带来的新机遇，以高质量网络动漫内容的生产创作为核心，以打造全链条网络动漫品牌为突破口，系统化推动网络动漫领域的高质量发展。

（作者单位：中国新闻出版研究院）

2023—2024 中国网络社交媒体出版产业年度报告

张孝荣

一、2023 年中国网络社交媒体发展概况

2023 年，疫情带来的“线上红利”消失，网络社交媒体流量见顶。用户增长放缓，用户黏性下降。互联网覆盖率和使用时长已处高位，增长空间有限。网络社交媒体整体增长接近天花板，网络媒体向“短视频化”和“音频化”发展，微短剧开始流行，社交媒体全面电商化。

（一）中国网络音视频行业发展概况

1. 网络视频行业概况

据央视《中国网络视听发展研究报告（2024）》显示，2023 年，移动端网络视听应用人均单日使用时长为 187 分钟，超过 3 小时。其中，短视频应用的用户黏性最高，人均单日使用时长为 151 分钟，随后依次为长视频应用（112 分钟）、娱乐/游戏直播应用（63 分钟）和网络音频应用（29 分钟）。

内容平台与电商（生活服务）的相互渗透趋势日益明显。QuestMobile 数据显示，一边是内容平台纷纷搞起了电商和生活服务，除了抖音、快手等短视频平台在电商领域高歌猛进外，2023 年 12 月，哔哩哔哩与淘宝 App 重合用户规模提升 17.0%；另一边，电商及生活服务领域消费平台均加强对视频内容属性的建设，2023 年 12 月，美团 App 月人均使用时长同比提升 8.9%，淘宝、京东 App 观看直播用户比例进一步提升至 23%、8.1%。

2023 年，优质剧集对在线视频平台的流量和口碑产生了显著影响，热播剧如《繁花》《狂飙》和《漫长的季节》等吸引了大量观众，显著提升了在线视频平台的 DAU 和 MAU，并促进了付费转化和 ARPU 的增长。

微短剧成为新的内容增量场，短剧 App 也逐渐涌现。抖音通过小程序建设短剧生态，并积极探索与长视频平台的合作，同时改编大热剧集、电影 IP。QuestMobile 12 月数据显示，六款短剧类抖音小程序流量超千万。从热门小程序来看，抖音短剧受众以女性、中老年用户为主，快手短剧成品牌营销新阵地，品牌定制短剧使得“短剧粉”和“品牌粉”互相引流，2023 年爆款短剧多出现在上半年及暑期档，芒果 TV《风月变》、腾讯视频《招惹》月播放量破亿。短剧垂直应用主打“免费 + 广告”模式，自 4 月开始，多个 App、微信小程序流量迅速攀升。

2. 网络音频行业概况

网络音频行业出现微增长。据 CNNIC 第 53 次《中国互联网络发展状况统计报告》显示，截至 2023 年 12 月，我国网络音乐用户规模达 7.15 亿人，占网民整体的 65.4%（见图 1）。

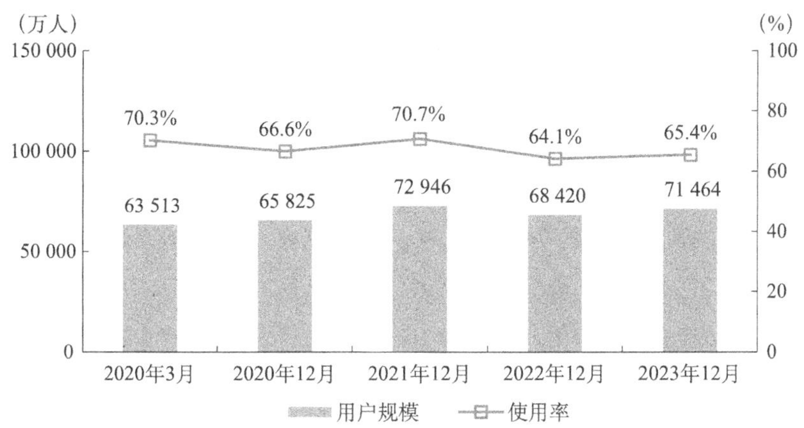

图 1　2020.3—2023.12 网络音乐用户规模及使用率

2023 年，在线音频市场回暖。微信高调加码音频赛道、一些商业音频平台开始出现盈利、AIGC 音频方兴未艾……

《2023 国民收听趋势白皮书》显示：在音频使用者中，18—30 岁的青年群体占据了 40%，而 30—40 岁的中青年占据 36%。音频平台的内容数量也实现了显著增长，2023 年数量是 2020 年的 9 倍。用户收听音频的设备越来越多样：

六成用户使用超过 2 种设备收听音频，车载音频、智能手表、电脑和平板等设备呈现递增趋势。

在 2023 年中，我国音乐产业线下音乐市场复苏，诞生了一百多个全新的音乐节 IP，演唱会票房实现了跨越式增长。同时，线上音乐市场迎来了彻底洗牌。腾讯音乐集团与网易云音乐这两大行业巨头，在 2023 年采取了一系列削减成本并提升运营效率的举措之后，各自的利润均呈现出不同程度的回升与改善。

从市场格局来看，腾讯音乐、网易云音乐双雄争霸的形势十分清晰，两者合计市场份额一直保持在 90% 以上。这种态势在短期内不会有所改变。

抖音、快手等都已经跨界进入音乐赛道，开始争夺在线音乐板块的流量。抖音在 2022 年推出的汽水音乐，截至 2024 年 3 月 6 日，iOS 已经有 3 000 多万次下载，在 App Store 排名中，位列音乐分类实时第一，总体评分 4.9 分，高于 TME 旗下的 QQ 音乐。另据《2023 快手音乐生态数据报告》显示，3.4 亿创作者创造了 106 亿条音乐短视频。

（二）自媒体行业发展概况

1. 播客类用户规模与活跃度持续增长

根据 CNNIC 发布的《第 52 次中国互联网络发展状况统计报告》显示，截至 2023 年 12 月，我国网络直播用户规模达 8.16 亿人，较 2022 年 12 月增长 6 501 万人，占网民整体的 74.7%。这一增长趋势反映出越来越多的人加入到直播行业中，主播群体的规模不断扩大（见图 2）。

另外，短视频平台的用户规模为 10.53 亿人，占网民整体的 96.4%。相关数据显示出视频自媒体平台的用户基础不断扩大。同时，随着用户对自媒体内容的依赖程度加深，活跃用户数量也在不断增加。

2. 博客类自媒体面临着前所未有的挑战

一重挑战是生存压力：自今日头条平台并入抖音之后，博客类自媒体的生存空间被进一步压缩。这一变化不仅影响了博客作者的创作热情，也让读者逐渐转向其他更具互动性和娱乐性的平台。截至 2023 年，全国网民每日浏览短视频的平均时长已经高达 100 分钟以上，而浏览文字资讯的平均时长却不到

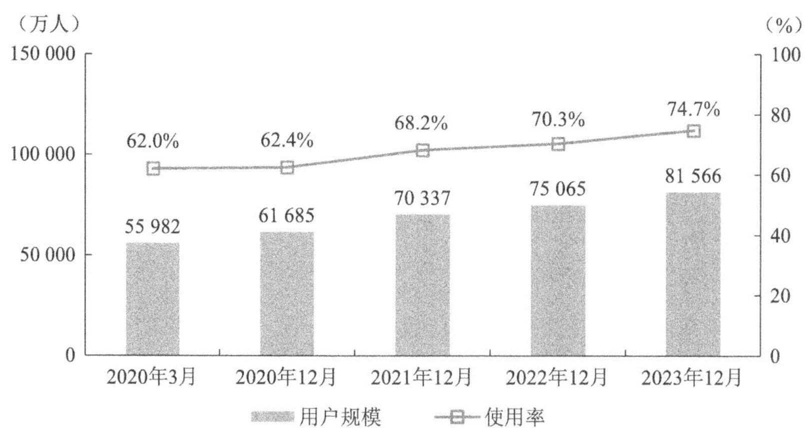

图 2　2020. 3—2023. 12 网络直播用户规模及使用率

10 分钟。这种显著的差异反映了人们阅读习惯的改变，也揭示了博客类自媒体在内容形式上的局限性。短视频以其直观、生动的特点迅速吸引了大量用户，而博客类自媒体则往往需要读者花费更多的时间和精力去阅读和理解。

一重挑战是 AI 内容生成带来的污染。AI 内容生成技术在博客类自媒体中的应用正在改变内容创作的生态。它大大降低了内容生产的门槛，为作者提供选题辅助编辑，协助博主完成文章的初稿，甚至直接生成完整的文章。

AI 生成内容在带来便利的同时，也引发了信息污染的担忧。信息污染通常指的是虚假信息、误导性内容、低质量或重复性内容的传播，这些内容可能会对公众的认知和决策产生不良影响。虽然 AI 能够基于大量数据生成看似合理的内容，但如果训练数据存在偏差或包含错误信息，那么生成的内容也可能是误导性的。例如，AI 生成的假新闻可能看起来非常真实，但实际上是基于错误或虚构的信息。AI 可能被用于制造大量低质量内容，如点击诱饵或垃圾邮件。这些内容通常没有实际价值，只是为了吸引用户点击或阅读，从而获取广告收入或其他利益。这种行为不仅浪费用户的时间，还可能降低用户对网络内容的信任度。

AI 生成内容带来了信息污染，加重了流量下滑的颓势，导致广告收入进一步缩减。微博作为博客类自媒体的重要平台之一，其主要盈利业务是广告收入。然而，随着广告主越来越不关注微博，其广告业务的下滑幅度最大。微博原发的议题和传播力都已经严重下滑，平台缺少热点，逐渐被广告主们抛弃。这种困境不仅影响了微博的盈利能力，也对整个博客类自媒体生态造成了负面影响。

（三）收入规模

1. 网络音视频市场收入规模

《中国网络视听发展研究报告（2024）》显示：以网络视听业务为主营业务的存续企业共有66.08万家。网络视听已逐渐成为激活数字经济新质生产力的关键引擎，发挥着重要作用。

艾媒咨询《2023年社交平台研究报告》估测，2023年非视频类的中国社交媒体市场规模达到1 023.3亿元，其中AIGC技术的应用是推动市场增长的重要因素之一。AIGC技术不仅能够自动生成新闻报道、音乐、艺术作品等，还能够在社交媒体营销中发挥重要作用，如自动生成广告文案和图像，提高广告的吸引力和转化率。

据艾媒咨询《2023年中国短视频行业市场运行状况监测报告》，中国短视频市场规模进入平稳增长阶段，预计2025年中国短视频行业市场规模会达到1万亿元。

目前，我国短视频行业收入主要来源于广告收入、电商佣金、直播分成和游戏等。广告收入分为来自信息流广告的收入、来自开屏广告的收入和来自自助化商业开放平台的收入。电商佣金收入则分为自有电商和第三方平台佣金分成，一般抖音抽成2%—10%，快手抽成5%。直播分成一般比例在30%—50%。

根据2023年短视频行业研究报告，中国短视频市场规模已接近3 000亿元人民币，用户规模占整体网民的94.8%，成为中国互联网应用中使用人数最多的应用之一。在竞争格局方面，抖音和快手是短视频领域的两大巨头，它们在定位、功能和结构等方面存在差异。由于电商价值的显现，抖音和快手都在强化内容与电商的结合，采用“内容+货架”的模式来实现盈利。在用户洞察方面，报告显示“00后”是短视频的重度用户，他们每天花费近两小时观看短视频，然而他们更喜欢观看不超过1分钟的短视频，对于超过5分钟的短视频接受度较低，而相比之下，“70后”能够接受5分钟内的短视频。

在长视频爆发的2023年，爱奇艺和腾讯视频都已经实现了扭亏为盈。据爱奇艺财报显示，2023年Q3季度总营收80亿元，同比增长7%；净利润为4.759亿元，去年同期净亏损3.956亿元，扭亏为盈；日均订阅会员数1.075亿人，同比增长6%；2022年全年，爱奇艺实现营收290亿元。

2. 博客类自媒体平台收入情况

自媒体平台收入以微博为代表，微博收入125亿元，持续下滑。

3月14日，新浪微博发布2023年全年财报。2023年全年，微博实现总营收17.6亿美元，同比下降4%；2023年全年调整后营业利润5.921亿美元。其中，广告及营销收入同比下降4%；增值服务收入同比下降6%。

其他自媒体平台如今日头条和微信公众号均不披露相关收入情况。

二、主要服务商发展情况

（一）主要的网络视频服务提供商

长视频在订阅会员收入的发展出现新趋势，所有平台的核心焦点除了持续推出精品内容之外，几乎都集中在对会员服务的深度优化与精细化管理上。

2023年初，爱奇艺、优酷、腾讯等多家长视频平台纷纷缩减会员权益，以刺激会员数量增长，或者吸引会员以更高价格购买更高权限的VIP，但此举被消费者吐槽“吃相难看”，让多家平台身陷负面舆论旋涡。其中，爱奇艺就曾被会员告上法庭。后来，爱奇艺表示修改了投屏规则，不再限制清晰度，同时还不再限制登录设备种类。

如何进一步增长ARPU值，成了长视频竞争的下一轮关键，其中不少玩家纷纷发力SVIP。爱奇艺早在迷雾剧场第一季开播之时，就推出了“星钻会员”的升级概念，随后，SVIP的概念也相继被腾讯视频、优酷确立。

腾讯视频、优酷从去年年底开始试水在一些热门剧集中为SVIP提供提前解锁更新时间的“特权”。

从VIP到SVIP，不难看出平台试图在会员层级上做出进一步划分，除了提供更多权益增加会员的付费黏性之外，更多还是为了未来提升客单价做更长远规划。

1. 网络长视频典型平台

（1）爱奇艺

2024年2月28日，爱奇艺发布截至2023年12月31日未经审计的第四季度和全年财报。全年总营收319亿元，同比增长10%。基于非美国通用会计准则财务指标（Non-GAAP）的全年运营利润为36亿元，同比增长68%，连续两年实现规模化运营盈利。爱奇艺全年营收、Non-GAAP运营利润均同比两位数增长，利润增速高于营收增速，堪称史上最强业绩。

根据云合数据，爱奇艺剧集市占率连续3年位居行业第一。在线电影方面，全年爱奇艺以47%的播出市占率排名第一。

持续输出高质量自制内容是爱奇艺保持市场领先的主要原因。2023年，爱奇艺全年上新重点剧集中原创剧集数量占比超过65%，为公司史上年度新高。高品质的原创内容也成为爱奇艺全年营收贡献的主力。在重点剧集热播期收入中，原创剧集对收入的贡献占比超过80%，已连续7个季度保持在50%以上。

2023年强劲业绩背后，是爱奇艺内容贯穿全年的强势表现。根据云合数据，全年上新剧集有效播放排行榜前10位中，爱奇艺占7席。

（2）腾讯视频

2024年3月20日，腾讯控股发布财报，2023年连续四个季度实现毛利和净利润显著增长，呈现V型反弹。腾讯视频在2023年凭借高品质内容战略实现了显著的业务突破，《三体》《漫长的季节》《长相思》等热门剧集受到观众欢迎，带动付费会员数回升到1.17亿人（比上一年1.19亿人下降200万人）。

过去一年，腾讯的社交、广告、游戏等传统核心业务保持稳健成长，巩固了业绩基础。与此同时，视频号、小程序、小游戏、微信搜索和AI大模型等新业务崭露头角，为公司长期发展注入新增长动力。

财报显示，微信及WeChat的合并月活跃账户数进一步增至13.43亿个，用户参与度的提升带动了视频号、小程序、小游戏、微信搜索等产品线的发展，为腾讯带来了新一轮高质量增长。视频号2023年用户使用时长增长翻倍。2023年四季度在视频号产生收入的创作者数量同比增长超两倍。小程序、小游戏和微信搜索等同样展现强劲势头，小游戏流水年增长超50%，微信搜索日活跃用户数破1亿人，微信生态进一步展现强大的活力和商业价值。

（3）优　酷

优酷的亏损面还在扩大。2024年2月7日阿里发布2024财年Q3财报，财报显示阿里大文娱集团收入为人民币50.4亿元，同比增长18%，与此同时经调整EBITA亏损为5.17亿元，同比增加32.23%，收入上涨得益于线下演出和娱乐活动势头强劲，而亏损增加则是优酷亏损加大所致。

（4）哔哩哔哩（B 站）

3 月 7 日，B 站公布了截至 2023 年第四季度和全年未经审计的财务报告。财报显示，2023 年 B 站收入 225 亿元，同比增加 3%，增速继续放缓；净亏损为 48 亿元，相较前几年亏损扩大的趋势，过去一年 B 站亏损大幅收窄了 36%，“减亏”也是 B 站管理层过去两年提到的重要工作。

2023 年 Q4 B 站毛利率为 26%，去年同期为 20.3%，目前 B 站毛利率已连续 6 个季度提升。2023 年 B 站毛利率为 24.2%，较 2022 年的 17.6% 有所增加。

B 站首席财务官樊欣表示，整个 2023 年，B 站专注于提高业务运营效率，从而实现了毛利率的增长以及净亏损的收窄，2024 年将致力于进一步提升财务表现。

2. 短视频典型平台

（1）抖　音

2024 年 1 月 2 日抖音生活服务发布《2023 年度数据报告》（完整版）。报告显示，2023 年抖音生活服务平台总交易额增长 256%，门店共覆盖 370 多个城市，抖音平台入驻团购达人数量增长 2.89 倍，达人探店助力实体商家增收 946 亿元；相比去年，平台短视频交易额增长 83%，平台直播交易额增长 5.7 倍。

过去一年，用户观看超 20 亿个种草视频，1 061 万个种草直播间，搜索生活服务相关内容 593 亿次。450 多万实体门店在抖音经营，其中 215 万个中小商家获得营收增长。

2024 年 3 月份，《抖音演艺直播数据报告》发布。数据显示，2023 年全年，抖音演艺类直播总场次达 7 143 万场，同比增长 47%。演艺类直播场均观众 4 263 人次。这相当于每天有 19 万场中等规模演出在直播间上演。其中，传统文化演出获得线上新观众、新收入，英歌、越剧、唐诗等文化演出在直播间广受欢迎。

《报告》还显示，演艺直播打赏“票房”同比增长 38%，传统文化演出获得线上新观众、新收入。例如，随戏曲演员陈丽君走红“火出圈”的越剧，直播观看人次达 8.9 亿人，同比增长 50%。因基层演员生存现状受关注的晋剧，场均打赏收入同比增长 379%。

(2) 快　手

3月20日，快手公布了2023年第四季度及全年的“成绩单”。财报数据显示，快手2023年全年总收入达1 134.7亿元，同比增长20.5%，首次突破千亿规模；全年经调整净利润和期内利润均实现扭亏为盈，其中经调整净利润首次超百亿元，达102.7亿元。

快手的收入主要包括线上营销服务（广告）、直播和其他服务（含电商）。分业务来看，去年快手线上营销服务收入达到603亿元，同比增长23%。直播业务收入达到391亿元，较2022年的354亿元增长10.4%。其他服务收入则从98亿元增长44.7%至141亿元，该项收入增长主要由于电商业务增长，电商商品交易总额增加。电商已成为拉动快手收入的重要引擎。数据显示，第四季度，快手电商业务GMV（全年交易总额）保持29.3%的同比增长，规模达到4 039亿元，带动去年GMV超过1.18万亿元。

在外界关注的短剧方面，财报显示，截至2023年年底，快手星芒短剧上线短剧总量近千部，其中播放破亿的爆款短剧超过300部。另外，快手还引入了数万部第三方付费短剧。快手表示，现如今，每天有2.7亿用户在快手观看短剧内容。2023年第四季度，每日观看10集以上的重度短剧用户数达9 400万人，同比增长超50%；2023年第四季度，快手短剧日均付费用户规模同比增长超3倍。

(3) 视频号

腾讯在2023年全年业绩财报中公布了视频号商业化的进展：三大业务中除了增值服务业务（主要为游戏和社交网络）之外的两大业务，均在视频号的驱动下实现收入增长。同时，视频号也带动利润空间的改善，全年毛利率提升5个百分点。

视频号的业绩贡献主要有两个方面。首先，在收入增长方面，腾讯网络广告业务收入同比增长23%至1 015亿元，主要受视频号及微信搜一搜的新广告库存以及广告平台持续升级所带动；金融科技及企业服务业务收入同比增长15%至2 038亿元，其中企业服务收入实现了双位数增长，主要得益于视频号带货技术服务费的收取以及云服务的稳步增长。

3. 网络直播行业典型平台

2023年，中国网络直播行业在经历了初期的爆发式增长后，进入成熟和稳

定的发展阶段。各大平台在政策监管、技术创新、市场竞争等方面呈现出新的发展态势。网络直播平台内卷加剧，营收下滑，通过降本增效，实现扭亏为盈。随着当前抖音、快手、B站等泛娱乐直播平台的流行，细分的直播赛道的蛋糕被抖音、快手、B站等新来的巨头平台侵袭。除了直播业务外，巨头还在短视频、中长视频等领域广泛布局。给游戏直播的用户和受众提供了更多的娱乐选择，在一定程度上加速了斗鱼、虎牙用户的流失。

（1）虎牙直播

营收连续两年下滑，虎牙想用游戏相关服务增加新收入。3月19日晚间，游戏直播平台虎牙公布了2023年第四季度及全年财报。财报显示，2023年，虎牙的总营收为70亿元人民币，同比下跌24.08%，已连续两年下滑；在非美国通用会计准则下，虎牙的调整后净利润为1.2亿元，而2022年同期的调整后净亏损为2.81亿元。用户数据方面，虎牙2023年的直播移动端月均活跃用户数（MAU）达8 410万，与2022年同期的8 430万基本持平。

海外业务方面，虎牙公司认为海外业务发展具有重要的战略意义，能够推动收入多元化发展，并支持整体增长，同时也可以抓住国内游戏厂商出海带来的机会。

（2）斗鱼直播

3月26日，斗鱼发布了2023年四季度及全年财报。从财报数据来看，2023年第四季度斗鱼总营收额为12.96亿元，较2022年同期的16.811亿元下降22.9%；第四季度毛利润为1.262亿元，而2022年同期为人民币1.861亿元，毛利率由去年同期的11.1%降至了9.7%。

2023年第四季度，斗鱼仍未能扭转直播主营业务的营收颓势。2023年第四季度的直播收入从2022年同期的15.967亿元下降至10.208亿元，同比下降36.1%。

以打赏为主要营收项的直播业务在2023年呈现出不断下降的趋势，这也是公司总营收下降的主要原因。2023年全年，斗鱼整体收入为55.304亿元，较2022年的71.082亿元同比下降22.3%。

（3）YY直播

2024年1月1日，百度宣布终止收购欢聚集团旗下的YY直播业务。3月19日，欢聚集团发布2023年第四季度及全年财报。财报显示，欢聚集团

2023 年第四季度营收 5.7 亿美元，较上年同期的 6.1 亿美元同比下降 6%；归属于股东的净利为 4 580 万美元，而 2022 年同期的净亏损为 3.8 亿美元。

2023 年全年实现营收 22.7 亿美元，较上年同期的 24.1 亿美元同比下降 6%；归属于股东的净利润为 3.0 亿美元，较上年同期的 1.3 亿美元同比增长 134%；经调整净利润为 2.9 亿美元，同比增长约 46.8%。

（二）主要的网络音频社交媒体

1. 网络电台

网络音频行业在国内已进入成熟期，随着行业赛道的不断细分和音频模式的延展与再构，如今网络音频依靠场景多元化和主打“陪伴”属性，潜移默化地影响着用户的选择。已几乎覆盖日常出行生活的全部场景，并与用户形成强绑定关系，提供业余充电、情感陪伴和互动社交等内容价值，最典型的应用场景例如睡前助眠、运动健身及家务劳动等。

市场总量保持稳健较快增长，增速波动拉升后趋于平缓回落。目前网络音频行业在新增流量见顶后进入稳定发展的平台期，主要音频平台的商业竞争进入下半场，依托独特、优质内容构建护城河、维持用户黏性（高留存率）成为关键所在。同时，在 6G 及 AIGC 技术集中涌现的时间节点，主要玩家积极导入前沿技术，探索全场景下音频形式内容的整合及创新，进一步优化用户的个性需求，迎接即将来临的市场格局彻变与行业洗牌。

“AI + IOT”层面，音频平台通过与汽车厂商共建车联网、与家电企业合作打造智能物联家居等方式，加速推进 AI 技术在车载娱乐系统、智能音箱、智能家居和穿戴设备等终端的整合应用，覆盖更广阔的应用场景的同时，拓宽网络音频的潜在变现渠道，释放耳朵经济价值。

网络音频的主流用户是生活在一、二线城市的中青年白领阶层，女性居多。他们的整体学历及收入水平偏高，生活节奏快、闲暇时间较少。同时，出于旺盛的消费意愿和对生活品质的高要求，用户普遍对音频内容付费持积极态度，对于契合个性化需求的优质内容不吝惜维持并增加相关投入。

（1）喜马拉雅

喜马拉雅流量增长，困于变现。据中投公司数据，中国在线音频市场规模年增长率约为 69.4%，预计到 2025 年市场规模将进一步增长至 1 201 亿元。喜

马拉雅全场景 MAU 也从 2022 年三季度的 2.84 亿增长至今年三季度的 3.45 亿，其中移动端 MAU 同比增速 21.2%，全场景 DAU 同比增速为 12.2%。

喜马拉雅在 2022 年冲击港股上市披露的财报显示，2019 年至 2021 年，其营收从 26.8 亿元增长至 58.6 亿元，但同期亏损金额分别为 19.25 亿元、28.82 亿元、51.06 亿元，累计亏损 99.13 亿元；经调整年内亏损分别为 7.49 亿元、5.39 亿元、7.59 亿元，累计亏损 20.47 亿元。

（2）荔 枝

荔枝 3 月没有如期发布 2023 全年财报。参考去年 11 月 30 日，中国在线音频平台荔枝集团发布的 2023 年第三季度财报。从财务数据来看，荔枝的营收为 4.25 亿元同比降 25%，净亏 6 200 万元，全平台移动端月均活跃用户数为 4 210 万人，月均付费用户数为 40.26 万人。

按照官方公布，荔枝在音频娱乐业务方面，打造健康、可持续的产品生态，通过持续优化运营策略，完善内容创作者拓展和赋能机制，提升创作者的规模和质量，以此增强平台竞争力。

荔枝通过内容品类拓展以及产品创新持续改善用户体验，吸引更多高质量用户群体。首先是基于用户偏好，推出多个精选模块，丰富内容品类，为用户提供更多元化的内容供给；此外，荔枝基于平台特性，持续对产品设计进行更新迭代，开发了全新的产品功能以及互动工具，结合前沿技术的应用，推出创新性音频互动娱乐玩法，并通过丰富的运营活动及主题赛事吸引用户参与，进一步增强用户黏性和活跃度。

值得注意的是，荔枝正在打造新一代的社交通讯产品，并结合多终端、实时、AIGC 等特性，持续优化产品的功能形态，更好地满足用户需求。同时，荔枝也致力于通过增强产品的网络效应，提升用户参与度，促进用户规模的自然增长。未来，荔枝将持续拓展海外市场，加强全球化能力建设，加速全球化布局。

2. 在线音乐平台

（1）腾讯音乐

3 月 19 日，腾讯音乐（TME）发布 2023 年第四季度及全年财报。财报显示，腾讯音乐娱乐集团 2023 年总营收 277.5 亿元，净利润 52.2 亿元，同比增长 36%。全年在线音乐订阅收入同比增长 39.1%，实现收入 121 亿元，占总收入的43.6%。第四季度，在线音乐服务收入增长强劲，在线音乐订阅收入为34.2亿元，同比增长45.3%，整体继续保持稳健高质量增长，核心业绩指标超出市场预期。在用户数据层面，在线音乐付费用户数量同比增长20.6%，达到1.067亿人。

AI作曲正在参与TME音乐的制作流，不仅带来了新的创作方式，也挑战着传统艺术创作的观念和界限。TME与宏声文化联手打造了华语乐坛首位官方授权“全AI”歌手——AI力宏，并发布了由其翻唱的*Letting Go*，且该单曲封面及MV均由AI生成，说明AI已具备了系统性的创作能力。

截至2023年底，TME曲库拥有超过2亿首音乐和音频曲目。而本季度，TME除了与环球音乐集团成功续签多年合作协议，为付费用户带来顶级曲库和更高音质的多种权益之外，在流行、摇滚、国风等细分领域的进一步深耕，也为更多年轻消费群体带来更多样的选择。

（2）网易云音乐

2024年2月29日，网易云音乐披露2023年业绩公告。财报显示，网易云音乐2023年净收入为78.7亿元，净利润7.34亿元。其中，在线音乐服务收入达43.5亿元，同比增长17.6%；社交娱乐服务及其他收入为35.2亿元，社交娱乐服务月付费用户数增长至160万人，同比增长20.3%。

2023年，网易云音乐持续推进以音乐为中心的核心生态发展，变现能力及盈利能力大幅提高。得益于会员订阅收入增加、运营效率及成本控制的持续优化，2023年全年网易云音乐盈利创新高，毛利率飙升至26.7%。2023年录得净利润人民币7.34亿元，去年同期为亏损1.1亿元，实现首次全年扭亏为盈。

（三）主要的自媒体类应用服务商发展概况

1. 新浪微博

3月14日，微博发布2023年第四季度及全年财报。微博2023年全年调整后营业利润5.921亿美元，同比小幅下降1.5%；调整后营业利润率为34%，上年为33%，归属于微博股东的净利润为3.426亿美元，同比增长约3倍。

截至去年年末，微博月活跃用户5.98亿人，同比净增1 100万人，日活跃用户2.57亿人，同比净增约500万人。

作为社交媒体平台，微博目前有两大业务，分别是广告营销业务，以及增

值服务（包括会员服务、线上游戏服务及社交商务解决方案等），前者收入占比约 87%，是公司营收的“基本盘”，增值服务依旧处于成长阶段。这也表明广告市场冷暖直接决定微博生意好坏。

据财报显示，2023 年以来，微博开始完善与商业强挂钩的垂直领域生态建设，将数码、汽车、医疗、美妆、游戏、运动、旅游等垂直领域流量的复苏和增长作为运营重点，提高垂直领域内容在平台流量的结构占比。尤其是去年 10 月，微博发布广告共享计划，为七大垂类产业提供千万元补贴扶持，目前来看垂直内容战略成效明显。

根据《微博垂直领域生态白皮书》数据显示，2023 年微博垂直领域内容规模占比达 41%，2023 年垂直创作者规模同比增长 14%。2023 年 Q4 日均垂直热搜流量同比增长 82%，金橙 V 账号规模同比增长 20%，Q4 金 V 收入同比增长 66%，橙 V 收入同比增长 173%，优质创作者变现效率进一步得到提升。

微博方面表示，2024 年，微博将以提升用户规模及活跃度，强化平台内容生态竞争力，提升平台经营效率作为核心目标。在目前的市场环境下，保持收入稳健增长的同时提升经营效率；加强热点和 IP 竞争力的同时恢复行业垂直生态竞争力；做好内容营销和效果商业产品竞争力的提升，为宏观经济的转好，品牌需求的提升，收入恢复增长打好用户、生态、商业基础。

2. 今日头条

今日头条的数据和发展情况不再披露。字节跳动的情况可以反映一些该公司的经营情况。2024 年 3 月 15 日，英国《金融时报》援引五位知情人士消息称，字节跳动 2023 年的营收达到 1 200 亿美元（约 8 640 亿元人民币），同比增长约 40%，主要得益于国内广告和电商业务。海外市场 TikTok 业务发展迅速，总用户数超 30 亿，月活跃用户数超 10 亿。

TikTok 电商业务的发展正成为字节跳动的增长引擎。其中，TikTok 去年在美国的营收达到约 160 亿美元（当前约 1 152 亿元人民币）创下新高，全年约有 1.7 亿美国人使用。媒体分析称，目前 TikTok 电商东南亚 GMV 已经超过 130 亿美元，其中印尼突破 40 亿美金，泰国市场 35 亿美金左右。而两个多月的封禁，印尼市场至少损失 10 亿美金。

与此同时，媒体分析指出，广告收入也是字节跳动今年的营收增速远高于其他互联网公司的主要原因，虽然 TikTok 海外业务的营业收入仅占集团总营收的20%。但实际上，TikTok已经将谷歌、Facebook在美国的广告收入挤占到了50%以下。

3. 微信公众号

据腾讯2023年财报，微信及WeChat月活13.43亿，同比增长2%。

从用户数量来看，微信及WeChat的合并月活跃账户数持续增长，已经达到了一个非常庞大的规模。同时，微信的日活跃用户数（DAU）也在稳步增长，显示出用户对微信的依赖性和黏性在不断增强。

从用户活跃度来看，微信的用户平均使用时长也在逐渐增长，这反映出用户在微信上花费的时间越来越多，进一步证明了微信在用户日常生活中的重要地位。此外，视频号的总用户使用时长甚至超过了朋友圈总用户使用时长的80%，显示出视频内容在微信平台上的受欢迎程度。

在交易规模方面，微信生态市场表现出强劲的增长势头。通过微信支付等支付平台，用户可以在微信上进行各种购物和交易活动，使得微信生态市场的交易额呈现出快速增长的趋势。微信支付在中国市场的份额超过50%，成为最受欢迎的支付方式之一。

微信公众号的发展情况仍然保持着一定的活跃和增长的态势，尽管面临着短视频等新媒体的冲击，但其在内容传播、用户互动、品牌营销等方面仍然具有重要地位。

三、2023年社交媒体行业发展特点

（一）网络视频行业的发展特点

1. 网络长视频行业特点

2023年以来，长视频行业走向复苏，行业逐步释放向暖信号，爱奇艺、腾讯均实现了业绩拐点，全面增长势头出现。整个行业在内容、发行模式、技术支持和受众结构等方面都展现出了新的特点和趋势。这些变化不仅提升了观众的观看体验，也推动了行业的持续发展和创新。

首先，从市场整体来看，长视频行业在经历了前几年的挑战和变革后，迎来了业绩拐点，全面恢复增长的势头已较为明显。特别是头部平台，凭借其优质的内容和强大的平台竞争力，率先展现出企稳乃至重新恢复增长的态势。

其次，在内容创作方面，长视频行业更加注重热点与深度的结合。剧集和综艺作为提高用户黏性的核心内容品类，在数量上有所减少，但整体质量显著提高。热门剧集和综艺不仅在内容上更加丰富多元，而且更深入地挖掘了热点话题和社会现象，吸引了大量观众的关注和讨论。

此外，长视频行业还积极探索新的发行模式。除了传统的免费模式外，付费模式也逐渐成为主流。通过提供高质量的独家内容，长视频平台成功吸引了大量愿意为优质内容付费的用户。在技术支持方面，2023 年的长视频行业也展现出了显著的特点。AI 等技术的应用为长视频提供了更为丰富的表现力和互动体验。基于 AI 技术的精准推荐引擎可以根据用户的行为记录精准定位用户的口味，提升用户的内容体验。

最后，从受众结构来看，长视频行业的受众群体也在发生变化。老年群体逐渐成为网络视频市场的新客源，他们将为行业带来全新的受众视野和消费需求。同时，跨界融合的视频版权也将越来越多，放到更多的平台上，受众群体将更加多样化，进一步推动视频观看率的上升。

2. 短视频行业特点

2023 年网络短视频行业在用户规模、内容创新、精品化、技术驱动等方面都展现出了显著的特点和趋势。这些变化不仅推动了行业的持续发展，也为用户提供了更加丰富、多元和高质量的视听体验。

尽管用户规模增速在 2022 年底已跌至个位数，但短视频行业依然保持着庞大的用户基数。根据 CNNIC 数据，截至 2023 年 12 月，我国网络视频用户规模达 10.67 亿人，占网民整体的 97.7%。这表明短视频已经成为大众生活中不可或缺的一部分。

新入网的网民中，有相当一部分人首次上网时选择使用的是网络视频应用。例如，2023 年新入网的 2 480 万网民中，37.8% 的人首次上网时选择了网络视频应用，这显示出短视频对于新网民的强大吸引力。

短视频内容创作百花齐放，主题形态日益多元。例如，全国广播电视和网络视听行业推动的短视频“首屏首推”工程，涌现出如《弄潮》《中国心愿》

等大量精品力作。这些作品不仅丰富了短视频的内容生态，也提升了行业整体的内容质量。

泛知识类短视频内容生产不断拓展，成为短视频行业的一大亮点。越来越多的知识创作者和用户涌向短视频平台，分享和传播知识。在抖音等平台，知识内容兴趣用户数量庞大，这反映出短视频在知识传播方面的巨大潜力。

网络视频平台纷纷推出精品扶持计划，鼓励高质量微短剧创作。2023年微短剧拍摄备案量达3 574部、97 327集，分别同比增长9%、28%。这表明短视频行业正在从数量扩张向质量提升转变，精品化和专业化成为行业的发展趋势。

同时，短视频平台也在加快出海步伐，将海外本土化题材与中国短剧叙事结构相结合，推动中华优秀文化以更加新颖、更具活力的方式走向海外。

短视频行业依托先进的技术手段，如实时直播技术、AI算法等，提升了用户体验和内容推荐精准度。这些技术的应用不仅增强了用户与平台之间的互动，也提高了内容的传播效率和影响力。短视频制作技术也日趋简单和易操作，使得更多用户能够轻松参与到短视频的创作和分享中来。

3. 网络直播行业特点

市场覆盖扩大。网络直播进一步向各个领域渗透，涵盖了游戏直播、电商直播、娱乐直播等多个领域，网络直播行业拥有“实时”“真人”“互动”与“体验型”等特性，加上O2O及社交等服务，在教育、医疗、金融等领域中也有了广泛的应用场景，如在线培训、远程医疗会诊、金融投资直播等。

观众主要分为普通网络用户观众及广告客户。普通网络用户是主要的网络直播消费者，他们对网络看点的需求有了质的爆发，但在真正投资上比较主观，其需求更加注重体验性，其画质、内容及服务等要求也比较高。广告客户则是把网络用户的欣赏体验作为营销及品牌宣传的有效工具，他们的主要需求则是针对广告位的准确投放及投资回报率。

电商直播的火热发展。电商直播作为网络直播的重要分支，在2023年继续保持了强劲的发展势头。例如，抖音平台上的知名主播“董宇辉”凭借其幽默诙谐的风格和高质量的带货内容，吸引了大量粉丝。同时，消费者在购买决策时越来越注重产品知识的介绍，这也为电商直播提供了更多的发展空间。

内容生态的丰富与变革。2023 年，直播行业在内容生态方面进行了丰富与变革。一方面，优质内容的涌现吸引了更多用户的关注，如抖音平台上的“于文亮”“导游小祁”等创作者，通过记录真实而松弛的生活或提供真诚的服务，赢得了众多网友的喜爱。另一方面，短视频直播电商的崛起也改变了传统电商的形态，短视频与直播的结合为用户提供了更加生动、直观的购物体验。

直播行业的规范化与监管加强。随着直播行业的快速发展，规范化与监管问题也日益受到关注。2023 年，针对直播行业的负面舆情和乱象，政府加强了对直播平台的监管力度。例如，对“虚假助农”“卖惨带货”等直播乱象进行了打击和整治，以维护行业的健康发展。同时，直播平台也加强了对主播行为的规范和管理，如设立严格的违规处罚机制等。

（二）博客类自媒体行业发展特点

进入 2023 年，该行业继续保持了稳健的发展态势，呈现出一些新的特点和趋势。以下将通过具体数据和事实，对 2023 年我国博客类文字自媒体行业的发展现状与特点进行详细说明。

首先，从用户规模和活跃度来看，文字类自媒体依然拥有庞大的受众基础。根据相关统计，截至 2023 年底，我国文字类自媒体用户规模超过 5 亿人，占互联网用户总数的比例达到一半以上。这些用户每天活跃在各大自媒体平台上，阅读、分享、评论各类文章，形成了庞大的阅读市场和传播网络。

其次，在内容创作方面，文字类自媒体展现出多样化与专业化的特点。一方面，自媒体人通过撰写原创文章、专栏评论等形式，分享知识、表达观点、传递情感，满足了用户对于多样化内容的需求。另一方面，随着行业竞争的加剧和读者口味的提升，越来越多的自媒体人开始注重内容的专业性和深度，通过深入研究、精准分析，为用户提供有价值的信息和见解。

此外，文字类自媒体在营销价值方面也表现出色。许多品牌和企业开始将文字类自媒体作为重要的营销渠道，通过与自媒体人合作、投放广告等方式，实现品牌推广和产品销售。一些知名的文字类自媒体平台，如微信公众号、知乎等，已经成为品牌营销的重要阵地。

在商业模式方面，文字类自媒体也在不断探索和创新。除了传统的广告收入，许多自媒体人开始尝试付费阅读、知识付费等新的盈利模式。这些模式不仅提升了自媒体人的收入水平，也为用户提供了更加优质和专业的服务。

然而，文字类自媒体行业的发展也面临着一些挑战。一方面，随着信息爆炸和竞争加剧，自媒体人需要不断提升内容质量和创作能力，才能吸引和留住读者。另一方面，行业规范和监管的缺失也导致了一些乱象和问题的出现，如抄袭、洗稿等不良行为时有发生。

针对这些问题，政府和相关机构正在加强行业规范和监管力度。例如，出台相关政策法规，明确自媒体人的权益和义务；加强内容审核和版权保护，打击不良行为和侵权行为；同时，鼓励自媒体人加强自律，提升专业素养和道德水平。

（三）网络音频行业的发展特点

1. 网络音频

2023 年，头部网络音频企业仍然挣扎在盈亏死亡线上。尽管整个行业在市场规模、用户规模、内容创作和技术创新等方面都取得了一定好转，依然面临着一些挑战和问题。

从市场规模来看，网络音频行业呈现出增长乏力的态势。网络音频用户规模在经历了 2019 年之前移动互联网业务扩张期的迅猛增长后，整体增速放缓并趋于平稳。2023 年我国网络音频平台的市场规模达到了一个平稳期，巨头企业跨界开通了音频产品，行业竞争日益激烈，头部玩家盈利艰难。

网络音频的主流用户是生活在一二线城市的中青年白领阶层，女性居多。他们的整体学历及收入水平偏高，生活节奏快、闲暇时间较少。用户普遍对音频内容付费持积极态度，对于契合个性化需求的优质内容不吝惜维持并增加相关投入。网络音频依靠场景多元化和主打“陪伴”属性，覆盖日常出行生活场景，并与用户形成较强绑定关系，提供业余充电、情感陪伴和互动社交等内容价值，最典型的应用场景例如睡前助眠、运动健身及家务劳动等。

为应对激烈竞争，网络音频行业在内容创作方面，呈现出多样化与专业化的特点。一方面，平台上的音频内容涵盖了音乐、有声书、播客、知识分享等多个领域，满足了用户多样化的需求。另一方面，随着市场竞争的加剧，越来越多的音频创作者开始注重内容的专业性和深度，通过提供高质量的内容吸引和留住用户。

技术创新也成为行业竞争的重要因素。在6G及AIGC技术集中涌现的时间节点，主要玩家积极导入前沿技术，探索全场景下音频形式内容的整合及创新。这些技术的应用不仅提升了用户体验，还进一步拓宽了网络音频的潜在变现渠道。

同时，网络音频行业的发展也面临着一些挑战。例如，如何在海量内容中筛选出优质、有价值的信息，如何平衡内容创作与商业利益之间的关系，以及如何应对其他娱乐形式的竞争等。

针对这些挑战，网络音频平台需要加强内容审核和版权保护力度，提升内容质量和原创性；同时，积极探索新的商业模式和盈利方式，实现可持续发展。

2. 在线音乐

2023年，我国在线音乐行业经历了显著的变革与增长，不仅市场规模持续扩大，用户基础也更加稳固。

在商业模式方面，我国在线音乐行业正逐渐从单一的广告收入模式向多元化盈利模式转变。除了传统的广告收入，越来越多的在线音乐平台开始探索会员制、数字专辑销售、线下演出等新型盈利方式。这些创新模式不仅为平台带来了更多的收入来源，也提升了用户体验和黏性。

从内容创作和版权保护方面来看，我国在线音乐行业也取得了显著进步。越来越多的音乐人和创作者开始重视在线音乐平台的传播价值，积极将作品发布到平台上。同时，平台也加强了版权保护力度，打击侵权行为，为音乐人提供了更加公平的创作环境。

在科技发展方面，新技术的应用也为在线音乐行业带来了更多可能性。例如，通过大数据分析用户喜好，平台可以更加精准地推荐音乐内容；虚拟现实和增强现实技术的应用，也为用户带来了更加沉浸式的音乐体验。

尽管我国在线音乐行业取得了显著进展，但仍然存在一些挑战和问题。例如，市场竞争依然激烈，各大平台需要不断创新和提升服务质量以吸引和留住用户；同时，版权问题仍然是行业发展的一个难题，需要各方共同努力解决。作为行业领军企业，腾讯音乐娱乐集团面临营收下滑和转型压力，社交娱乐业务逐渐失去盈利担当地位，而在线音乐业务虽增长迅速但仍面临挑战。公司正经历从社交娱乐向在线音乐转型的艰难过程，面临市场竞争、监管压力、版权问题和用户付费等多重挑战。

四、2023 年社交媒体重要事件

生成式 AI 进入社交媒体，引起内容制作爆发，成为整个行业贯穿全年的大事。

年初，ChatGPT 聊天机器人横空出世，引发了社交媒体平台的高度关注。ChatGPT 由大量级的文本数据训练而成，能够结合上下文自然与用户对话，通过大数据的搜索、分析和整合回答用户提出的问题，还能完成翻译、草拟邮件和撰写代码等任务。年底，谷歌推出了号称多模态任务处理能力首次超越人类的 AI 大模型——双子座 Gemini。

国产大模型。2023 年随着 ChatGPT 的一夜爆火，蓬勃发展的人工智能大模型也成为了国内热议的焦点。百度推出文心一言，华为推出盘古，各类国产大模型百花齐放，引领驱动着社交媒体产业变革。截至 2023 年 7 月，我国累计已经发布 130 个大模型。

AI 数字人。AI 技术驱动着数字人的应用场景进一步落地，为长短视频和直播行业发展带来更多想象力和可能性。除了以往常见的虚拟偶像、虚拟主持人外，今年数字人技术正在被运用于直播行业，新兴数字人主播正在对社交媒体领域产生强烈冲击。

AIGC 全面渗透社交媒体平台。例如，字节跳动的抖音平台利用 AI 技术进行内容推荐和审核，通过深度学习算法分析用户行为，为用户提供个性化的短视频内容。此外，腾讯的微信也在尝试利用 AI 技术进行智能对话和内容创作辅助，以增强用户体验。

面对 AI 技术伦理问题，各国政府、学界和业界开展了关于发展和治理的讨论，中国则扮演着越来越重要的角色。2023 年 10 月，在第三届“一带一路”国际合作高峰论坛开幕式主旨演讲中，中方宣布将提出《全球人工智能治理倡议》，其核心内容包括主张建立人工智能风险等级测试评估体系，不断提升人工智能技术的安全性、可靠性、可控性、公平性，支持在充分尊重各国政策和实践基础上，形成具有广泛共识的全球人工智能治理框架和标准规范等。该倡议向世界提出了人工智能治理的中国方案，为未来的人工智能全球协同治理建设性解决思路，为相关国际讨论和规则制定提供了蓝本。

五、总结与展望

（一）网络音视频行业总结与展望

2023年，是长视频稳住势头的关键年。以多模态、大模型为特色的新兴AI新技术与应用正在快速发展，网络音视频内容生产门槛大幅降低，技术竞争将日益激烈。

目前AI技术已普遍应用于有声小说的朗读中，AI生成视频也在酝酿发展，虚拟人技术也正在挑战网络主播。网络音视频正在利用生成式预训练AI模型构建良好的人机互动模式，让新兴技术赋能内容，提升平台价值。

社交媒体平台的电商化：几大社交媒体平台开始打造电商闭环，自成生态。例如，微信视频号、抖音等平台都在探索如何将社交媒体流量转化为电商销售，推动了社交媒体营销的新趋势。

社交媒体平台功能迭代：社交媒体平台不断推出新功能，如微信视频号的商业化之路、抖音的“FACT+”全域经营方法论等，这些新功能和策略的推出，为品牌营销提供了新的机遇和挑战。

社交媒体平台的营销策略变化：随着用户行为和消费习惯的变化，社交媒体平台的营销策略也在不断调整。

（二）博客类自媒体的总结与展望

进入2023年来，在AI生成式大模型的加持下，博客类自媒体行业经历了新的发展，大量AI制作内容涌入自媒体平台，平台信息垃圾化成为新的挑战。

从生产角度来看，AI技术的创新大大提高了文字生产效率，为博客类自媒体行业带来更加广阔的发展空间。但是，也带来了信息垃圾化的问题，随着新技术的深入应用，博客类自媒体依靠AI生产的内容，主要是满足平台推荐算法的内容，这些内容千篇一律格式单调，令人难以卒读。

此外，内容付费和知识变现将成为博客类自媒体行业的重要盈利模式。随着用户对高质量内容的需求不断增加，越来越多的自媒体人开始尝试付费阅读、会员制等收费模式，通过提供独家、专业的内容来获取收益。同时，知识付费市场的兴起也为博客类自媒体人提供了更多的变现机会。

然而，随着行业的快速发展，博客类自媒体也面临着一些挑战。例如，如何在海量信息中脱颖而出，吸引用户的关注和留存；如何保证内容的质量和原创性，避免抄袭、洗稿等不良行为的发生；如何建立有效的盈利模式，实现可持续发展等。

针对这些问题，博客类自媒体人需要不断提升自身的专业素养和创作能力，注重内容的深度和专业性；同时，加强与读者的互动和沟通，了解他们的需求和反馈，不断优化自己的创作方向。此外，政府和相关机构也应加强行业规范和监管力度，打击不良行为和侵权行为，维护行业的健康发展。

参考文献与主要数据来源

［1］《中国互联网络发展状况统计报告》第53次，2024年3月，CNNIC

［2］《中国网络视听发展研究报告（2024）》，2024年3月27日，中国网络视听协会

［3］《2023年中国移动互联网流量年度报告》，2024年3月7日，艾瑞咨询

［4］《2023年度数据报告》，2024年1月3日，抖音生活服务

［5］《2023—2027年中国长视频行业市场前瞻与未来投资战略分析报告》，2024年2月，中研普华

［6］《2023年移动互联网年度大报告》，2024年1月30日，QuestMobile

［7］《2023快手直播生态报告》，2024年1月1日，快手大数据研究院

［8］《2022—2023年中国网络表演行业发展报告》，2023.5，中国演出行业协会

［9］《2023年度视频号年中发展报告》2023年08月30日，新榜研究院

［10］《中国短视频行业市场前景及投资机会研究报告》，2024年1月，中商研究院

［11］《2023中国网络音频发展现状及行业生态》，2023年9月，艾瑞咨询

［12］《2023年中国音频市场年度综合分析》，2023年6月27日，易观分析

[13]《2023 国民收听趋势白皮书》，2023 年 12 月 20 日，喜马拉雅
[14]《2023 年社交平台研究报告》，2023 年 4 月，艾媒咨询
[15] 爱奇艺 2023 年第四季度和全年财报，2024 年 2 月 22 日
[16] 腾讯控股 2023 年第四季度及全年业绩报告，2024 年 3 月 22 日
[17] 哔哩哔哩 2023 年第四季度和全年未经审计的财报，2024 年 3 月 3 日
[18] 快手 2023 年第四季度及全年财报，2024 年 3 月 29 日
[19] 微博 2023 年 Q4 及全年财报，2024 年 3 月 1 日
[20] 虎牙 2023 财年第四季度财报及全年财报，2024 年 3 月 21 日
[21] 斗鱼 2023 年第四季度财报，2024 年 3 月 20 日
[22] 荔枝 2023 财年第四季度及全年未审计财报，2024 年 3 月 16 日
[23] 腾讯音乐 2023 年 Q4 及全年未经审计财务报告，2024 年 3 月 21 日
[24] 网易云音乐 2023 年全年业绩，2024 年 2 月 23 日
[25] 欢聚时代 2023 年 Q4 及全年未经审计的业绩报告，2024 年 3 月 16 日

（作者单位：深度科技研究院）

2023—2024中国移动出版产业年度报告

毛文思

2023年，在数字中国建设背景下，新型基础设施建设稳步推进，新技术、新媒体、新业态不断涌现，带动中国移动出版在内容呈现、产品形态和服务模式上持续创新。

一、移动出版产业发展概述

据市场调研机构IDC公布数据显示2023年中国全年智能手机出货量约2.71亿台，同比下降5.0%，创近10年以来最低出货量。但2023年第四季度，中国智能手机市场已经呈现出比较明显的复苏回暖态势，在连续同比下降10个季度后首次实现反弹，季度出货量达到7 363万台，同比增长1.2%。从排名来看，苹果、荣耀、OPPO、VIVO和小米，与2022年略有变化。虽然苹果在国内高端市场受到竞品加大冲击，加上自身产品升级幅度有限导致吸引力下降，但是在第三方渠道上一直较大幅度的降价促销推动下，还是吸引了较多消费者，居于2023年第四季度和2023年全年出货量排名国内市场首位，市场份额占17.3%。荣耀则以17.1%市场份额位居第二，出货量排名为国内安卓市场第一。① 值得一提的是，2023年中国智能手机出货量排名前5的市场份额均为负增长，表明过去一年来，人们消费趋于理性和保守，对智能手机购买需求下滑。

据中国互联网信息中心（CNNIC）发布的《第53次中国互联网络发展状

① 经济网. IDC：2023年中国智能手机出货量约2.71亿台，苹果、荣耀、OPPO位列前三［EB/OL］. https：//www.ceweekly.cn/company/2024/0125/435494.html.

况统计报告》显示，截至2023年12月，我国网民规模达10.92亿人，手机网民规模达10.91亿，网民中使用手机上网的比例持续上升。手机上网规模与整体网民之间的差距进一步缩短（见图1）。

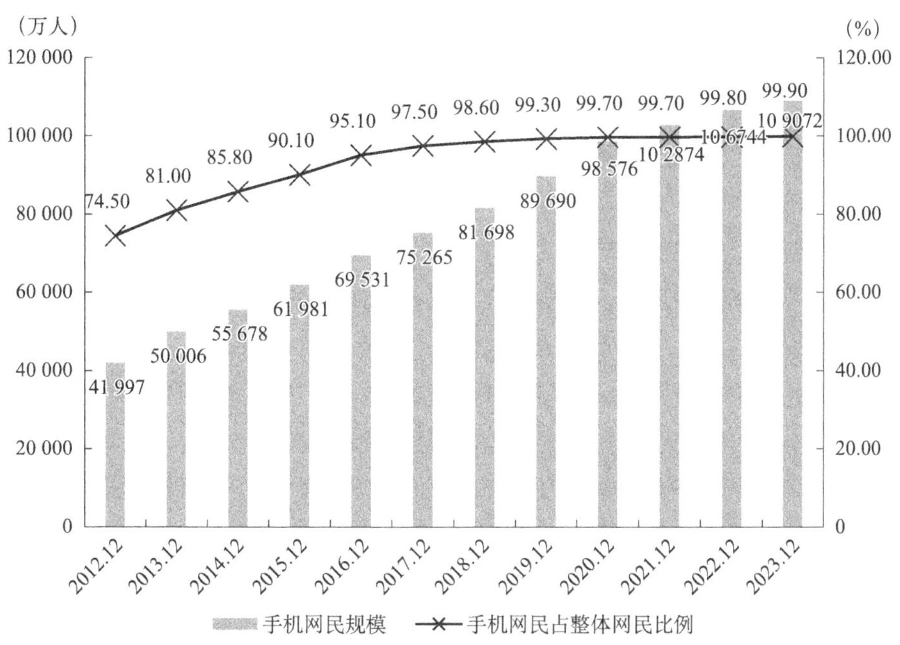

图1　中国手机上网用户规模

2023年，我国移动互联网持续发展。据工信部的统计公报显示，截至2023年12月底，我国移动电话用户普及率达到122.5部/百人，较全球平均水平（107部/百人）高出15.5个点。2023年，我国5G网络在全球的领先优势进一步得到巩固。截至2023年底，我国平均每万人拥有5G基站24个。①

2023年，在建设数字中国总体部署下，我国移动互联网发展的顶层设计日臻完备，为我国移动出版高质量发展提供有力保障。2023年2月，《数字中国建设整体布局规划》出台，数字中国建设总体架构进一步确立。明确提出，深入推进IPv6规模部署和应用，推进移动物联网全面发展；提升数字文化服务能力。2月，工业和信息化部印发《关于进一步提升移动互联网应用服务能力的通知》，旨在推动移动互联网应用优化服务供给，改善用户体验，营造良好信

① 运行监督协调局. 2023年通信业统计公报解读［EB/OL］. https://www.miit.gov.cn/gxsj/tjfx/txy/art/2024/art_c3f0194a3a8141488885fc26ca5c98fd.html.

息消费环境。7月，工业和信息化部印发《关于开展移动互联网应用程序备案工作的通知》，要求移动互联网应用程序履行备案制度，以提升对App监管效能。10月，工业和信息化部等六部门出台《算力基础设施高质量发展行动计划》，提出了深化算力赋能行业应用、加强安全保障能力建设等六方面重点任务。

2023年，数据领域相关政策陆续出台，基础制度不断完善，专业管理机构也开始设立，为移动互联网高质量发展奠定了重要基础。《关于促进数据安全产业发展的指导意见》《企业数据资源相关会计处理暂行规定》《数字经济促进共同富裕实施方案》《“数据要素×”三年行动计划（2024—2026年）》《关于加强数据资产管理的指导意见》等文件相继出台，聚焦数据安全、企业数据资源、区域数字协同发展、数据资产管理等方面，明确任务、提出举措，推动数据在多场景应用，提高资源配置效率，创造新产业新模式，培育发展新动能，实现经济发展倍增效应。《党和国家机构改革方案》提出组建国家数据局，推进数字中国、数字经济、数字社会规划和建设等。①

2023年，我国各地持续强化数字化发展的顶层设计，积极探索推进数字化发展路径。上海、广东、贵州、福建等地积极探索具有地方特色的“数据二十条”，因地制宜规划数据要素市场发展重点任务和目标。如北京启动运行数据基础制度先行区；上海市政府印发《立足数字经济新赛道推动数据要素产业创新发展行动方案（2023—2025年）》；浙江省发布实施《数据资产确认工作指南》；安徽、海南、成都、青岛等13个省市制定出台公共数据授权运营专项制度。31个省（区、市）和新疆生产建设兵团完成相应数据机构的组建工作。

从全国到地方，2023年我国数字化建设全面推进，为移动互联网发展提供有力保障。在数字技术赋能下，移动出版的产品形态和服务模式持续创新，应用场景不断拓展，推动移动阅读、移动音视频等各细分领域持续发展。过去一年来，我国移动出版主要呈现出以下发展态势。

（一）文化数字化战略深入推进，习近平文化思想为行业高质量发展提供指引

2023年是实施“十四五”规划承上启下的关键一年，也是全面贯彻落实

---

① 五度易链．政策盘点：2023年数据要素、数据安全领域政策汇总！［EB/OL］．https：//www.sohu.com/a/757019729_121179845.

党的二十大精神的开局之年。过去一年来，国家文化数字化战略持续深入推进。《数字中国建设整体布局规划》明确提出加强优质网络文化产品供给，推进文化数字化发展，深入实施国家文化数字化战略，加快发展新型文化企业、文化业态、文化消费模式。国家发改委发布《产业结构调整指导目录（2023 年本）》征求意见稿，国家文化专网及国家文化大数据体系首次列入鼓励类目录。全国信息技术标准化技术委员会大数据标准工作组设立文化大数据行业组，文化数字化标准体系和工作机制趋于完备。

2023 年 6 月，习近平在文化传承发展座谈会上发表重要讲话，全面深入阐述了中华文明的五个突出特性，即连续性、创新性、统一性、包容性、和平性，对文化强国建设具有重要的指导意义。习近平总书记在讲话中提出要深刻理解“两个结合”的重大意义，将马克思主义基本原理同中国具体实际、同中华优秀传统文化相结合。强调在新的起点上继续推动文化繁荣、建设文化强国、建设中华民族现代文明，是新时代新的文化使命，从坚定文化自信、秉承开放包容、坚持守正创新三个方面提出任务要求。2023 年 10 月 7 日至 8 日召开的全国宣传思想文化工作会议上首次提出习近平文化思想，这一重要思想是新时代党领导文化建设实践经验的理论总结，是指导文化建设的行动纲领，标志着我们党对中国特色社会主义文化建设规律的认识达到了新高度，为移动出版高质量发展提供了重要精神指引。

2023 年 9 月，习近平总书记在黑龙江考察调研时首次提出“新质生产力”这一概念。2024 年政府工作报告则将“加快发展新质生产力”列为 2024 年政府工作任务的首位。移动出版作为数字出版的重要组成部分，是出版业转型升级的重要方向，是文化领域发展新质生产力的重要力量。

（二）精品建设持续加强，社会价值引领作用进一步提升

2023 年以来，在管理部门积极引导下，移动出版进一步加强精品建设意识，出版质量持续提升。以移动阅读为例，以“数字出版精品遴选推荐计划”和“现实题材网络文学出版工程”等精品出版工程为引导，推进移动出版精品建设持续加强。2023 年“数字出版精品遴选推荐计划”有 41 个项目入选，反映了主题出版、大众出版、专业及学术出版、教育出版、少儿阅读服务等细分领域数字出版的突出成果。其中，红岩春秋杂志社（今日重庆杂志社）的红岩

精神学习研究宣传数字服务项目，结合党史学习教育需求，顺应移动化、知识化、数据化、音视频化传播趋势，打造红颜精神学习研究服务平台。中国数字文化集团有限公司打造的中国戏曲影像库平台上线 180 余部戏曲演出影像及 5 000 余首音频、1 000 余个戏曲故事等系列知识普及资料，立体生动地呈现“戏曲故事”。① 在“2022—2023 年优秀现实题材网络文学出版工程”（见表 1）入选的 10 部作品中，《苍穹之盾》《南北通途》等作品生动书写强国建设的伟大成就；《生命之巅》《桃李尚荣》《熙南里》等作品展现各行各业不懈奋斗；《野马屿的星海》《上海凡人传》反映城乡变迁；《粤食记》《洞庭茶师》则聚焦文化传承；《守鹤人》传递人与自然和谐共生理念。②

表 1　2022—2023 年优秀现实题材网络文学出版工程入选作品

序号	作品名称	作者	申报平台或单位
1	《苍穹之盾》	伴虎小书童	七猫中文网
2	《粤时记》	三生三笑	起点中文网
3	《守鹤人》	吴半仙	逐浪网 海燕出版社
4	《生命之巅》	麦苏	咪咕阅读 海燕出版社
5	《桃李尚荣》	竹正江南	七猫中文网
6	《南北通途》	张炜炜	安徽文艺出版社
7	《洞庭茶师》	童童	番茄小说
8	《熙南里》	姞文	红薯中文网
9	《上海凡人传》	和晓	创世中文网
10	《野马屿的星海》	姚璎	火星女频

2023 年 10 月，国家新闻出版署宣部实施“网络游戏精品出版工程”，围绕传承中华优秀传统文化、展现新时代发展成就和风貌、促进科技创新和新技术应用、具有国际市场潜力等五个方面，推选一批价值导向正确、富有文化内涵、寓教于乐的网络游戏精品，发挥正向引领作用，让正能量成为网络游戏发展主基调。③

① 中国新闻出版广电局. 为什么这些项目能入选？“秘诀”来了［EB/OL］. https：//www. im-pg. com/zbzx/8034. shtml.

② 书香上海. 2022—2023 年优秀现实题材网络文学出版工程入选作品公布，上海网络作协两位会员作品入选［EB/OL］. https：//sghexport. shobserver. com/html/baijiahao/2024/04/15/1297114. html.

③ 游戏头条. “网络游戏精品出版工程”实施，大量《绝地求生》玩家被封号［EB/OL］. https：//www. 163. com/dy/article/IHE26IQC052688E2. html.

（三）科技创新应用支撑行业创新发展，人工智能应用持续深入

2023 年，在加快建设数字中国、网络强国，推动实施国家文化数字化战略的背景下，数字技术加快产业应用场景落地，与各个领域深度融合，对移动出版创新发展的支撑作用日益凸显。据《2023 中国高科技高成长 50 强暨明日之星报告》显示，上榜的科技企业非常重视创新和研发投入，研发投入占营收 80% 以上企业的占比，上榜企业普遍重视数字化、智能化技术在业务流程中的应用，40% 上榜企业选择把数据分析和智能决策作为数字化建设重点投入领域。[①] 过去一年来，腾讯、阿里巴巴、小米等企业纷纷加码科技研发投入。阿里巴巴的研发投入长期居于国内互联网科技企业前列。截至 2023 年 9 月 30 日，阿里巴巴集团 AI 专利超过 5 000 件；阿里云全新升级了人工智能平台 PAI，可支持高达 10 万卡量级的集群可扩展规模；AI 大模型在阿里旗下电商、企业服务、搜索、文娱等业务场景得到初步应用。[②] 2023 年，小米全年研发支出达到人民币 191 亿元，同比增长 19.2%，在操作系统、新能源汽车、人工智能、机器人、移动影像等相关的多个领域取得突出成绩。腾讯打造的腾讯觅影数智医疗影像平台，基于医疗 AI 引擎，以“云 + AI”实现远程诊断、远程会诊、辅助诊断等多种数字影像应用，可帮助医生通过移动端完成多场景、多终端的诊断，加速医联体内检验检查结果互认、共享，助推分级诊疗，该平台入选 2023 年世界互联网大会“世界互联网领先科技成果”[③]。

（四）短视频面临发展拐点，流量争夺进入白热化

截至 2023 年 12 月，中国短视频用户规模达 10.53 亿人，在营销、影视等领域持续释放价值。同时，也可以看到，短视频用户增长已趋向平稳，致使短视频领域的流量争夺更加激烈。

从市场格局来看，从短视频活跃用户、市场份额、营收等各个维度分析，

---

① 张莫. 2023 中国高科技高成长 50 强暨明日之星报告：生命科学行业发展潜力巨大［EB/OL］. http：//www.jjckb.cn/2024－02/01/c_ 1310763028.htm.

② 猎云网. 阿里 Q2 超预期：AI 驱动战略稳步落地 多业务场景用上大模型［EB/OL］. http：//www.jjckb.cn/2023－11/17/c_ 1310751108.htm.

③ 李汶键，曾震宇. “腾讯觅影数智医疗影像平台”获 2023 世界互联网大会领先科技奖［EB/OL］. https：//politics.gmw.cn/2023－11/09/content_ 36952884.htm.

抖音、快手仍然稳居国内短视频行业的第一梯队。据快手业绩报告显示，2023年快手全年总收入达1 134.7亿元，快手电商全年GMV（平台交易总额）首次突破万亿规模，达1.18万亿元；线上营销服务板块年收入同比增长23%达603亿元，同比增长20.5%，首次突破千亿规模。快手应用的平均日活跃用户和平均月活跃用户分别达到3.83亿和7.00亿，同比分别增长4.5%和9.4%。①

在创作扶持、技术应用、短剧等业务布局方面，抖音和快手均进行了积极推进。在AI大模型技术的应用方面，抖音推出了“AI搜”，提供智能问答、智能检索等服务；快手推出“AI小快”提供短视频互动、文案修改和图片生成等功能。短剧是移动互联网领域的新赛道，在过去一年来实现了快速发展。也成为短视频平台布局的重要领域。微信视频号虽相较于抖音和快手稍逊一筹，但在过去一年来增速明显。2023年，随着日活跃账户数和人均使用时长的增长，视频号总用户使用时长实现翻番。视频号电商交易数据也取得了颇为亮眼的成绩。2023年视频号直播带货GMV（成交总额）达到了2022年的3倍，供给数量增长300%，订单数量增长244%。②

除了抖音、快手、微信视频号三家短视频平台，越来越多的平台在将短视频当成基础组件布局，包括支付宝、拼多多等电商平台以及美团等生活服务平台都在平台设置了短视频（及短剧）的一级入口③。

（五）行业规范体系进一步健全，构建移动出版良好发展秩序

随着移动互联网成为信息传播的主要载体，新技术赋能下，信息以更高效率、更多元形态、更多样的方式生产和传播。2023年，数字经济持续快速发展，围绕网络安全、信息技术、信息服务以及短视频、直播等重点细分领域等方面监管力度也进一步加强，相关部门出台多项制度。

2023年9月，国家网信办等七部门联合公布《生成式人工智能服务管理暂

① 李静．快手2023年全年总收入达1 134.7亿元，同比增长20.5%［EB/OL］．https：//www.sohu.com/a/765847118_121124367.

② 消费日报．2023年微信生态贡献高毛利新收入：视频号用户时长翻番、搜一搜日活破亿［EB/OL］．https：//t.cj.sina.com.cn/articles/view/1653603955/628ffe7302001jopo.

③ 湃客．短视频的2023：视频号强势崛起，网红们越来越急了［EB/OL］．https：//www.tmtpost.com/baidu/6867334.html.

行办法》，采取有效措施鼓励生成式人工智能创新发展，对生成式人工智能服务实行包容审慎和分类分级监管，明确了提供和使用生成式人工智能服务总体要求。提出了促进生成式人工智能技术发展的具体措施，明确了训练数据处理活动和数据标注等要求。规定了生成式人工智能服务规范。同月，中央网信办印发《关于进一步加强网络侵权信息举报工作的指导意见》，要求各地网信部门把握举报受理重点内容和重点领域；重点受理处置侵害企业及企业家名誉的虚假不实信息、违法网站和账号。

网络治理专项行动营造网络健康生态。2023 年 3 月，中央网信办开展“清朗 · 从严整治‘自媒体’乱象”专项行动，重点针对自媒体”信息内容失真、运营行为失度等深层次问题进行整治，督促网络平台健全账号管理相关制度；11 月，中央网信办发布开展“清朗 · 网络戾气整治”专项行动，针对专项行动围绕社交、短视频、直播等重点平台类型，重点打击对恶意攻击谩骂、挑起群体对立、宣泄极端情绪等突出问题，遏制网络戾气传播。2023 年底，中央网信办发布开展“清朗 · 整治短视频信息内容导向不良问题”专项行动的通知，规范短视频行业发展。

二、移动出版产业发展现状

2023 年，人们线上消费需求持续培育。2022 年，大多数移动互联网应用使用都实现了一定程度的增长，但增长幅度趋缓，部分应用呈下降态势。截至 2023 年 12 月，我国网民互联网应用使用率 TOP10 依次是：网络视频（含短视频）、即时通信、短视频、网络支付、网络购物、搜索引擎、网络直播、网络音乐、网络外卖、网络文学。其中，网络视频（含短视频）成为网民使用率最高的应用，达 97. 7% 。即时通信排名第二，网民使用率为 97% ；短视频规模持续增长，网民使用率达到 96. 4% 。2023 年，网络购物和网络直播网民使用规模的增长幅度均超过 8% 。网络直播成为网络购物的重要渠道。电商直播用户规模达到 5. 97 亿人，占网民整体的 54. 7% 。网络音乐和网络文学的网民使用率分别为 65. 4% 和 47. 6% （见表 2）。

表 2　中国网民各类网络应用使用率

序号	网络应用	网民使用率（2022.12）	网民使用率（2023.12）	网民使用规模增长率
1	网络视频（含短视频）	96.5%	97.7%	3.5%
2	即时通信	97.2%	97.0%	2.1%
3	短视频	94.8%	96.4%	4.1%
4	网络支付	85.4%	87.3%	4.7%
5	网络购物	79.2%	83.8%	8.2%
6	搜索引擎	75.1%	75.7%	3.1%
7	网络直播	70.3%	74.7%	8.7%
8	网络音乐	64.1%	65.4%	4.4%
9	网上外卖	48.8%	49.9%	4.5%
10	网络文学	46.1%	47.6%	5.7%

（一）移动阅读

2023 年以来，网络文学、有声读物、知识付费等领域持续发展，移动阅读呈现平稳发展态势。据中国新闻出版研究院第二十一次全国国民阅读调查报告显示，2023 年，我国成年国民的数字化阅读方式接触率达 80.3%。其中，手机在数字阅读中占比持续提高。2023 年，78.3% 的成年国民进行过手机阅读，成年国民人均每天手机接触时长达到 106.52 分钟。①

2023 年，以移动阅读为核心组成部分的数字阅读市场规模达到 567.02 亿元，其中，大众阅读市场营收 407.12 亿元，有声阅读 116.35 亿元，专业阅读 43.54 亿元，较上一年增长率为 22.33%。我国数字阅读用户规模 5.7 亿人。②

有声阅读作为数字阅读的新领域，保持快速发展。有 36.3% 的成年国民在 2023 年通过听书的方式阅读。据喜马拉雅 FM《2024 春季有声阅读数据报告》显示，2023 年，喜马拉雅听书用户数增长 10%，人均年播放专辑数达 27 张。

---

① 中国全民阅读网. 2023 第二届全民阅读大会［EB/OL］. https：//www.nationalreading.gov.cn/wzzt/dejqmyddhzq/cgfb/202304/t20230423_713063.html.

② 王景平. 数字阅读用户规模达 5.70 亿《2023 年度中国数字阅读报告》重磅发布［EB/OL］. https：//new.qq.com/rain/a/20240424A06NP800.

平台累计 1 163 万部有声剧、9.8 万部广播剧、280 万部在线课程，以及 501 万部曲艺、热点、娱乐、生活等其他有声作品，总时长超过 4 161 万小时。平台数据显示，有声阅读覆盖全年龄段，有声阅读热情高涨，过半用户每天听书 30 分钟以上，超六成用户年听书量在 11—30 部。①

2023 年，移动阅读市场持续平稳发展。数字阅读付费与免费并行发展的路径更加清晰。移动阅读市场竞争更加激烈，除了阅文、掌阅、番茄等头部平台外，还有知乎、网易等新入局者。2023 年 5 月，原创故事平台“知乎盐言故事”正式上线，以付费阅读模式为主，重点发力短篇故事赛道，以“问答—故事—IP”为核心路径，通过举办“知乎故事大赛”“追光计划”等活动，挖掘优秀作家作品。截至目前，盐选故事的投稿创作者规模已超过 60 万，累计上线的短篇故事超过 10 万篇，题材类型涵盖职业、言情、悬疑、轻松脑洞等 180 余个细分品类。② 2023 年 12 月，网易推出免费阅读 App“红豆小说”，与其说是网易布局网络文学，不如说是网易以网文为切入点，构建完整的 IP 链条。

短剧成为网络文学 IP 开发的重要领域。阅文、点众科技、掌阅、字节跳动等纷纷布局短剧业务。2023 年 12 月，阅文发布了“短剧星河孵化计划”，并设立“亿元创作基金”，正式进军短剧市场。此外，掌阅科技推出“子诗短剧”，点众科技推出“河马剧场”。③

（二）移动游戏

移动游戏实销收入增幅明显，呈回暖态势。据中国音像与数字出版协会游戏工委《2023 年中国游戏产业报告》显示，2023 年我国移动游戏市场实际销售收入 2 268.6 亿元。

2023 年全年获批游戏版号数 1 075 个，同比增长 109.96%，2023 年共计

---

① 湖南日报.《2024 春季有声阅读数据报告》发布：年轻化趋势愈发明显［EB/OL］. https://www.163.com/dy/article/J0ETN64H0514R9P4.html.

② 豆芽. 从社区出发，知乎盐言故事的“生态升级”进行时［EB/OL］. https://new.qq.com/rain/a/20240323A038MN00.

③ 三易在线. 短剧蛋糕太诱人，网文大佬阅文集团也忍不住下场了［EB/OL］. https://www.163.com/dy/article/ILCK4NJ40511BE1V.html.

1 023 款移动游戏获得版号，相较于 2022 年 474 款整体增加了 115.82%。[①] 其中国产游戏 947 款、进口游戏 76 款。

从游戏类型上来看，二次元移动游戏市场增幅十分明显。实际销售收入 317.07 亿元，同比增长 31.01%。这主要由于二次元用户群体具有较高的付费意愿和消费能力。二次元移动游戏市场集中度较高，头部产品和少数新品市场表现较为突出。

2023 年以来，移动游戏持续向精品化、规范化迈进。《未成年人网络保护条例》的颁布为移动游戏领域落实未成年人保护工作提供了更加明确且具体的指引和要求。《网络游戏精品出版工程》启动实施，鼓励游戏企业突出正向引领作用，积极推动网络游戏弘扬真善美、传播正能量。红色主题和中华优秀传统文化成为游戏的重要主题元素。

2023 年，游戏持续发挥文化出海主力军作用，加速推动全球化进程。2023 年中国自研游戏海外市场的实际收入为 163.66 亿美元，同比下降 5.65%。需要说明的是，这是继 2022 年再次出现下降。一方面是受国际文化贸易政策的影响，另一方面也表明游戏海外市场竞争日益激烈。

美日仍是我国移动游戏主要海外市场，占比分别为 32.51% 和 18.87%；韩国居第三，为 8.18%。2023 年，《使命召唤手游》稳居出海美国手游收入榜首，*WHITEOUT SURVIVAL*、《崩坏：星穹铁道》、*MARVEL SNAP*、*CALL OF DRAGONS* 和 *AGE OF ORIGINS* 等 5 款中国手游进入 2023 年美国市场手游收入增长榜 TOP10。[②]

（三）移动音乐

2023 年中国在线音乐市场规模约为 322 亿元，同比增长 33.1%。截至 2023 年 12 月，我国网络音乐用户规模达 7.15 亿人，较 2022 年 12 月增加 3 044 万人，占网民整体的 65.4%。

随着版权保护体系的逐步完善，以及用户对高质量音乐内容需求日益增

---

① Gamelook. 2023 年游戏版号审批报告：版号 1 075 个同比增 109%，79 款多平台游戏过审［EB/OL］. https://new.qq.com/rain/a/20240104A09YP100.

② DoNews. 2023 中国手游出海年度盘点：《原神》蝉联出海手游收入冠军［EB/OL］. http://k.sina.com.cn/article_1654203637_629924f5020011mny.html.

长，主要数字音乐平台的付费用户数量和付费比率均实现两位数的增长。①

从平台发展来看，腾讯音乐和网络云音乐两家头部平台保持稳定发展。据两家公布的业绩状况来看，2023 年网易云音乐在线音乐服务收入达 43.5 亿元，同比增长 17.6%，占总收入的 55.3%；腾讯音乐在线音乐服务收入为 173.3 亿元，同比增长 38.8%，占比 62.3%。从用户数据上来看，2023 年，网易云音乐在线音乐服务月活跃用户数同比增长 8.7% 至 2.06 亿人，月付费用户数同比增长 15.3% 至 4 412 万人。受益于此，平台的会员收入较 2022 年同比增长 20.2% 至 36.5 亿元。抖音强势入局在线音乐领域。抖音平台为音乐增加曝光度和流传度，抖音“神曲”层出不穷，短视频音乐为用户提供了欣赏音乐的新方式。与此同时，受疫情影响，线上音乐演出大行其道，抖音则在这一赛道展现出巨大优势，并为音乐平台发展拓展了新路径。此外，字节跳动打造的“汽水音乐”是 2023 年增速最快的数字音乐产品，三季度月活达到 4 000 万，增长 400%。以 3 000 多万次下载量占据 App Store 音乐免费 App 排行榜 TOP1。②

（四）移动音频

2023 年以来，“耳朵经济”持续良好发展。因伴随性强和多场景共存的特点，音频相关已成为人们日常生活中文化休闲的重要方式。播客是音频的重要领域。2023 年，喜马拉雅听书用户数增长 10%，人均年播放专辑数达 27 张。平台累计 1 163 万部有声剧、9.8 万部广播剧、280 万部在线课程，以及 501 万部曲艺、热点、娱乐、生活等其他有声作品，总时长超过 4 161 万小时。同时，车载空间成为全家收听的重要载体。喜马拉雅车载端有声内容日均播放量同比增长 35%，车载端收听时长达 80 分钟。2024 年第一季度，喜马拉雅全景声有声内容时长对比上年底同比增长 56%，日均播放量提升 140%。③

2023 年，AI 在音频平台得到落地应用。部分音频平台引入了 AI 大模型。截至 2023 年初，喜马拉雅平台已通过 AI 技术创作有声书专辑超 37 000 部，

---

① 中国传媒大学音乐产业发展研究中心.《2024 中国音乐产业发展总报告》重磅发布［EB/OL］. https：//t. cj. sina. com. cn/articles/view/5255791141/139450225001014giu.

② 德黑兰. 重卷音乐初心，腾讯音乐、云音乐都需要更多深思［EB/OL］. https：//xueqiu. com/6004295484/282848048.

③ 湖南日报.《2024 春季有声阅读数据报告》发布：年轻化趋势愈发明显［EB/OL］. https：//www. 163. com/dy/article/J0ETN64H0514R9P4. html.

2023 年 7 月，喜马拉雅推出 AI 智能创作工具“云剪辑”，具备智能音量、智能配乐、音转文剪辑、AI 分段、智能检测、一键成片等功能，可提高播客内容的创作效率。①

在产品交互性方面，2023 年 2 月下旬，荔枝在其全球化声音社交产品内接入了 AI 大模型，推出人工智能聊天机器人模块，可为用户提供更加个性化的 AI 聊天体验和广泛的互动场景，提升用户对产品的陪伴感。

（五）移动视频

2023 年以来，我国网络视频呈现持续迅猛发展的势头。网络视频已成为人们日常休闲娱乐的重要方式。网络视频业已成为用户使用率最高的互联网应用。其中短视频用户规模为 10.53 亿人。

过去一年来，网络视听领域主题主线宣传取得了丰硕成果。2023 年上线的主旋律类长视频作品播放量达 515.34 亿次；主要短视频平台主题主线相关内容播放量达 580 多亿次。②

2023 年，网络视频市场格局较为稳定，马太效应进一步显现。爱奇艺、腾讯两家平台居于行业第一梯队。特别是爱奇艺，数据显示，2023 年视频平台独播剧热播期集均有效播放 TOP20 中由爱奇艺出品的有 8 部，在各大平台中位居首位，先后播出了《狂飙》《长风渡》《宁安如梦》《云襄传》等爆款剧作；而在骨朵“2023 年播出剧集平均热度‘75 +’的平台数量分布榜单”中，腾讯视频包括独播和联播在内的数量共有 22 部，居全网首位。芒果 TV、优酷、哔哩哔哩三家处于网络视频第二梯队。过去一年来，优酷进一步加强精品赛道，除了继续稳固仙侠题材优势之外，积极布局真人漫改、科幻、先锋短剧等新兴赛道。

过去一年来，短剧取得快速发展，成为网络视频领域的新生力量。2023 年微短剧行业市场规模为 358.6 亿元，同比增长 234.5%；全年共上线重点网络微短剧 384 部，较 2022 年的 172 部实现翻番。③ 腾讯视频、芒果 TV、优酷等综

① 永州新闻网. 引入 AI 科技，喜马拉雅推出“云剪辑”赋能播客创作者［EB/OL］. https：//china. qianlong. com/2023/0815/8091021. shtml.

② 戴建伟.《中国网络视听发展研究报告（2024）》发布［EB/OL］. http：//jswx. gov. cn/yw/202403/t20240329_ 3383024. shtml.

③ 21 世纪经济报道. 多地角逐短剧之城［EB/OL］. https：//www. 163. com/dy/article/J9SFMV0P0519DKDI. html.

合性平台和抖音、快手为代表的短视频平台纷纷布局短剧领域。与此同时，短剧还成为文化出海的新生力量，成为多家网文企业布局海外市场的新途径。

三、影响移动出版产业发展的年度重要事件

（一）《数字中国建设整体布局规划》正式印发

2023 年 2 月，中共中央、国务院印发《数字中国建设整体布局规划》，部署加快数字中国建设的重点任务，为数字中国建设体系化布局提供了纲领性指导。

（二）百度发布 AI 大模型文心一言

3 月 16 日，百度正式发布 AI 大模型文心一言。具备文学创作、商业文案创作、数理推算、中文理解、多模态生成等功能。

（三）《生成式人工智能服务管理暂行办法》出台

2023 年 7 月，国家网信办联合七部委发布《生成式人工智能服务管理暂行办法》，促进生成式人工智能健康发展和规范应用。

（四）国家数据局正式挂牌成立

2023 年 10 月，国家数据局正式挂牌成立，并于 12 月发布《“数据要素 ×”三年行动计划（2024—2026 年）（征求意见稿）》，数据要素发展顶层设计逐步完善。

（五）中方提出《全球人工智能治理倡议》

2023 年 10 月，第三届“一带一路”国际合作高峰论坛开幕式上提出《全球人工智能治理倡议》，为人工智能全球治理提供中国方案。

四、总结与展望

（一）精品建设日益增强，引领行业高质量发展

数字中国建设整体布局要求引导各类平台和广大网民创作生产积极健康、向上向善的网络文化产品，为移动出版发展提出了更高要求。移动出版是文化建设的重要新生力量，也是出版业发展新质生产力的重要着力点。移动出版将以习近平文化思想为指引，加强精品内容建设。特别是新经济、新业态、新模式的兴起，为移动出版带来更大发展空间。有关部门将加强对移动出版新领域、新形态的关注，进一步加强顶层设计，健全规范制度。以精品出版工程为抓手，加强网络文学、网络游戏、有声读物等领域精品建设。明确质量管理原则方法，按细分领域建立质量评价标准，从移动出版的创作、出版、传播等环节，健全移动出版质量管理体系。

（二）人工智能发展迅速，引发内容生产范式变化

过去一年来，人工智能发展迅速。因 ChatGPT 的出现，让 AIGC（人工智能生成内容）引发广泛关注。AIGC 技术是人工智能技术领域的又一项突破，引发内容生产范式乃至内容生态成为共识。2024 年 2 月，视频大模型 Sora 的出现，可根据提示词生成 60s 的连贯视频，是 AIGC 领域的新升级。

AIGC 在数字阅读、新闻、音乐、视频、绘画等领域都得以应用，应用场景持续拓展。百度、腾讯、阿里巴巴等国内互联网头部企业纷纷布局 AIGC 领域。对数字内容领域而言，AIGC 作为一种新型内容生产模式，将对数字内容生产方式、服务模式、营销模式等都带来巨大影响。

（三）数实深度融合，构建多维场景

随着元宇宙的场景化落地，数字文化成为各地布局数字经济的重要着力点。继数字藏品之后，虚拟数字人成为元宇宙的重要入口。2023 年度，在实时

渲染、动作捕捉、AI 语音合成等技术的支持下，“数字人”“虚拟人”以低成本高安全为特征，被积极运用于多元化媒体平台和社交场景，在直播电商、网络音乐、新闻播报等领域表现更为活跃。其中，众多电商平台纷纷推出“数字人”，成为数字人最为活跃的领域。

（作者单位：中国新闻出版研究院）

专题报告

中国数字教育出版产业发展报告

唐世发　杨兴兵

2023—2024 年是数字教育出版业快速发展和转型的时期。技术创新、在线教育市场增长、政策支持和教育需求变化是推动行业发展的关键因素。随着数字教育出版业持续发展，行业未来将面临更多挑战和机遇，需要不断创新和适应市场变化。

一、中国数字教育出版产业动态

（一）国内教育信息化行业发展情况

1. 构建智慧教育平台标准规范

2023 年 2 月 13 日至 14 日，教育部、中国联合国教科文组织全国委员会在北京共同举办世界数字教育大会①。大会发布了智慧教育蓝皮书、中国智慧教育发展指数报告和智慧教育平台标准规范等，深度呈现了中国教育数字化转型发展进程，提出凝聚教育变革共识，深化数字教育国际合作，提升数字教育治理和公共服务水平，推动构建开放共享、平等互利、健康安全的全球数字教育生态。

2. 提升教师数字素养

为推进国家教育数字化战略行动，完善教育信息化标准体系，提升教师利用数字技术优化，创新和变革教育教学活动的意识、能力和责任，教育部研究

① 宋毅. 高等教育数字化研究的价值意蕴和发展方向[J]. 中国高等教育评论，2023（6）.

制定了《教师数字素养》标准，并于2023年世界数字教育大会上正式对外发布①。提升教师数字素养，增强教育数字转型关键软实力，是中国深入推进数字化战略行动的重要举措。

3. 完善教育信息化行业标准体系

2023年世界数字教育大会上，教育部科技与信息化司发布《教育基础数据》《教育系统人员基础数据》《中小学校基础数据》等三项教育行业标准②，为完善教育信息化标准体系，规范教育基础数据管理，实现数据互通共享提供了支持。

4. 推进数字化赋能教学质量提升

2023年5月9日，教育部办公厅印发《基础教育课程教学改革深化行动方案》，提出充分利用数字化赋能基础教育，推动数字化在拓展教学时空、共享优质资源、优化课程内容与教学过程、优化学生学习方式、精准开展教学评价等方面广泛应用，构建数字化背景下的新型教与学模式，助力提高教学效率和质量③。

（二）中国在线教育行业发展情况

1. 在线教育行业发展情况

2023年在线教育企业发展进行了不断创新和发展。

（1）在技术应用方面

腾讯教育凭借强大的技术实力和丰富的教育资源，在人工智能、大数据等领域不断创新，推出了一系列智能教育产品和解决方案；好未来注重技术研发，旗下的学而思网校等产品运用了人工智能、虚拟现实等技术，提升教学效果和学生体验；新东方在线积极探索在线教育技术，推出智能教学系统、个性化学习平台等，为学生提供更优质的教育服务；VIPKID作为在线英语教育的领军企业，利用互联网技术，实现了全球优质教育资源的共享；作业帮在在线

---

① 于汝清. 我国高等教育数字化转型探析[J]. 商丘师范学院 学报，2023（5）.

② 王娟，李新. 加强国家智慧教育平台数据治理：经验洞察与路径优化杨现民[J]. 中国电化教育，2023（9）.

③ 教育部办公厅关于印发《基础教育课程教学改革深化行动方案》的通知[J]. 中华人民共和国教育部公报，2023（5）.

直播课、智能辅导等方面不断拓展技术应用，为学生提供全方位的学习支持；猿辅导在技术研发上投入大量资源，开发了智能教学工具和课程体系，帮助学生更高效地学习。

（2）在素质教育方面

美术宝提供专业的美术在线教育，包括绘画、书法等课程，培养学生的艺术素养；编程猫专注于少儿编程教育，通过有趣的课程和实践项目，培养孩子的逻辑思维和创造力；VIP 陪练提供音乐、乐器等方面的在线陪练服务，帮助学生提高技能和艺术修养；豌豆思维以数学思维课程为主，培养孩子的逻辑思考能力和解决问题的能力；火花思维提供多元化的思维课程，注重培养孩子的综合素质和创新能力。

（3）在职业教育方面

知乎旗下在线职业教育平台知乎知学堂，2022 年 12 月 30 日发布 2023 年该平台取得快速发展，持续拓展教育品类，优化产品服务，已经成为全领域覆盖职业成长的知名职业教育品牌；十方融海是数字职业在线教育科技领域代表企业，入选《2023 中国职业教育行业发展趋势报告》精选案例；三茅人力资源网荣获 2023“回响中国”腾讯新闻·教育频道年度论坛“2023 年度影响力在线教育品牌”奖项，凭借强大的品牌影响力和专业的师资团队，受到行业广泛认可；正保远程教育在 2023 年度“国际在线教育峰会”上揽获十项大奖，其中旗下品牌医学教育网获得“2023 年度职业教育影响力品牌”称号。

（4）在教育硬件方面

2023 年《个人消费类教育智能硬件发展报告》显示，以作业帮为代表的教育科技企业，在多个产品线均有布局，推出了学习机、学习笔、词典笔、错题打印机、学习打印机、单词卡等数十个品类，并在 2022 年取得了出货量第一、产品覆盖场景最为丰富、品类最全的好成绩；步步高、读书郎等品牌的学习机，具有丰富的学习资源和功能，如课程辅导、题库练习、智能批改等；一些品牌的智能手表专门为学生设计，具有定位、通话、学习提醒等功能，方便家长与孩子沟通和管理学习；优必选的教育机器人，可以进行编程学习、互动教学等，培养孩子的创造力和解决问题的能力；电子词典/翻译器帮助学生查询单词、翻译句子，提高语言学习效率；护眼台灯保护学生的视力健康，一些护眼台灯还具备智能调光、定时提醒等功能；虚拟现实设备为学生提供沉浸式、历史场景还原等的学习体验。

（5）在融合发展方面

新东方作为知名的教育培训机构，在在线教育领域积极布局，同时也拥有众多线下培训中心。他们通过线上线下相结合的方式，为学生提供更全面的学习体验；好未来旗下拥有学而思网校等在线教育品牌，同时也在全国各地开设了实体培训机构。这种融合模式让学生可以根据自己的需求选择最适合的学习方式；VIPKID是一家在线英语教育平台，他们也提供线下外教活动和体验课，让学生有机会与外教面对面交流，增强学习效果；掌门教育既有在线课程，也有线下的辅导中心，为学生提供了更加灵活的学习选择；豆包教育虽然没有线下教育，但可以随时陪你聊天，为你提供各种知识和建议；人民教育出版社作为国内知名的教育出版机构，在数字化出版方面积极探索，将线上资源与线下教材相结合，提供更加丰富的教学内容；外语教学与研究出版社推出了线上学习平台，与线下教材配套使用，为学生提供多元化的学习方式；中信出版集团在教育领域涉足广泛，通过线上课程、电子书等形式与线下出版物相结合，满足读者的不同需求；江苏凤凰教育出版社致力于推动教育信息化，将线上教育资源与传统教材融合，提升教学效果；机械工业出版社在工科领域具有深厚底蕴，通过线上线下融合的方式，为读者提供专业的工科教育出版服务。

（6）在政策规范方面

教育部党组书记、部长怀进鹏在2023年全国教育工作会议上强调，要纵深推进教育数字化战略行动，重点做好大数据中心建设、数据充分赋能、有效公共服务、扩大国际合作四件事①；教育部颁布《信息技术产品国家通用语言文字使用管理规定》，这是第一部规范信息技术产品中国家通用语言文字使用的专门规章，初步构建了相关管理制度；教育部发布《教师数字素养》，制定了教师数字素养框架，将用于对教师数字素养的培训与评价②；教育部科学技术与信息化司发布《教育基础数据》《教育系统人员基础数据》《中小学校基础数据》等三项教育行业标准，为完善教育信息化标准体系，规范教育基础数

① 加快建设高质量教育体系　办好人民满意的教育：2023年全国教育工作会议召开[J]. 西藏教育，2023（1）.

② 刘洋溪，任钰欣. 数字化赋能高质量教师队伍建设：何以可能与何以可为[J]. 当代教育论坛，2023（7）.

据管理提供支持①；工业和信息化部、中央网信办、国家发展改革委、教育部等八部门联合印发《关于推进 IPv6 技术演进和应用创新发展的实施意见》，围绕构建 IPv6 演进技术体系、强化 IPv6 演进创新产业基础、加快 IPv6 基础设施演进发展等五个方面部署 15 项重点任务②；教育部印发《基础教育课程教学改革深化行动方案》，提出充分利用数字化赋能基础教育③，建好用好国家中小学智慧教育平台，丰富各类优质教育教学资源，引导教师在日常教学中有效常态化应用④。

2. 在线教育行业投融资情况

2023 年获得投融资的在线教育企业有羊驼教育、一点马、Solo 音乐、和气聚力、学科网、悟空教育等。部分企业的融资情况如下。

（1）羊驼教育

11 月 7 日，羊驼教育公布，已经获得过亿元战略融资，该轮融资投资方为湖南增量资本。该轮融资将被用于推进公司全面 AI 化战略，进一步迭代公司垂直模型、智能客服、数字人老师等研发，以及提升公司在语言学习领域的领先地位。

（2）一点马

9 月 19 日，人工智能物联网教育科技服务商一点马完成天使轮融资 5 000 万元，投资方未披露。此次融资将用于品牌宣传，课程开发等领域。

（3）Solo 音乐

9 月 1 日，在线音乐教育品牌“Solo 音乐”宣布获得 B 轮 3 200 万美元融资。本轮投资方是起鸣创投。本轮投资将用于课程制作、AI 产品开发，全面提升服务质量和产品内容，重点发力 AI 技术，致力于将在线音乐教育推向转型升级。

（4）和气聚力

8 月 24 日，北京和气聚力教育科技有限公司已完成数千万元 C1 轮融资，

---

① 王娟，李新. 加强国家智慧教育平台数据治理：经验洞察与路径优化杨现民[J]. 中国电化教育，2023（9）.

② 要闻点击[J]. 广播电视信息，2023（5）.

③ 基础教育课程教学改革深化行动方案[J]. 河南教育（基教版），2023（8）.

④ 教育部办公厅关于印发《基础教育课程教学改革深化行动方案》的通知[J]. 中华人民共和国教育部公报，2023（5）.

由德宁资本和考拉基金投资。本轮融资主要用于产品研发和市场开拓。公司将在低代码 aPaaS 平台及生成式 AI 技术应用方面着力投入，并继续拓展业务，布局更多省份。

（5）学科网

8 月 1 日，中国移动投资公司宣布完成对 K12 数字教育内容资源平台服务商——学科网（北京）股份有限公司的战略投资，股份占比 21.98%，成为后者的第三大股东。

（6）悟空教育

6 月 19 日，悟空教育成功完成数千万美金 B 轮融资。这次投资由 Marcy Venture Partners（MVP）和 Bessemer Venture Partners（Bessemer）领投，影视明星吴彦祖（Daniel Wu）和超级碗冠军 Bobby Wagner 也加入了投资人行列。

3. 在线教育死亡企业情况

由于市场竞争激烈、资金问题、教学质量问题、技术更新换代、政策法规变化、市场需求变化、经营管理不善等多重因素影响，“电数宝”电商大数据库显示，2023 年数字教育领域企业“死亡”数 128 家，与 2022 年的 157 家相比，2023 年数字教育“死亡”企业数量下降 18.47%。其中，存活时间最长的为 15 年，最短的为 1 年 9 个月。具体死亡名单如下。

（1）K12

爱创家、爱尚理科通、文亨科技、爬梯阅读、乐播课、麦萌学院、天天酷背、趣学习、南橡树、易题库、卓然互联、真慧学、精益教育、梦柯教育、开课啦、学霸公社、门学网、闻道教育、始祖鸟科学教育中心、新东升、学能教育、稚库网校、课课网络、金学堂、博海信息、Learner。

（2）教育服务商

同乐教育、奇聊科技、须印教育、阅家校、学力星球、求渔学院、手心网、暑假计划、鲁志愿、开小课、优易特级教师、学到平台、每时每课、昂立网校、掌上安院、国子序教育、深圳蜜蜂、小马课表、汇教启明、福务网、奥领科技、大圣学课、无界优师、成绩宝。

（3）职业教育

海绵学堂、奇迹曼特、泛学苑、点点学车、得奥、优堂网、购九八乐、栗子财商、汇众鼎视、戴维营教育、51 视频自学网、柏睿教育、九派壹线、知创学习、英柏教育、学唯用教育、都斓教育、涵品教育、奋斗龟。

（4）早　教

宝宝绘画、甬动科技、好奇里奥、TOB、Dismap 极客爸爸、哆啦 AI 学、小小银行家、童年科技、灵豆宝宝、中科智造、粉红猪小妹讲绘本、佩棋、国育教育、星宝贝、美伦润达、童果乐园。

（5）语言教育

Beelink、阿拉说、哆啦日语、英语智学汇、VIIVBOOK、小太阳点读软件、易课文化、SpeakingMax、咖啡英语、瑞英在线、杰森英语、W91 Listen、顶上英语、帮你说、帮你说 Utalk。

（6）stcam 教育

习音堂、早早玛特、音乐 e 课堂、天天陪练、美悦钢琴、乐评家、云上笔墨、思清音乐、趣迷、趣恐龙、好乐知、画点文化、特汇亲子、绍兴易明、西格码。

（7）高等教育

柏佑教育、毅星辰、易考言、腰果公考、职得教育、纯粹大学、考上研、森塾教育、中科教育、考试喵、咸冰考研。

（8）综合教育

拼班、步步学。

（三）中国教育出版行业发展情况

2023 年国内教育出版发展情况主要表现如下。

1. 政策引领

2023 年政府加大对教育信息化的投入，推动数字教育资源的建设和共享，这为教育出版的数字化转型提供了机遇；强调学生全面发展的素质教育政策促进相关教材和读物的出版，例如艺术、体育、科学等领域的教材和课外读物；政府继续推动教育公平，加大对农村地区、贫困地区的教育支持，这为相关教材和教育资源的普及提供政策支持；对职业教育的重视会带动相关教材、实训指导书等的出版需求；加强知识产权保护政策将有助于保护教育出版的创新成果，鼓励出版社投入更多资源进行内容创作和研发。

2. 市场规模

2022年图书零售市场规模较2021年同比下降11.77%，其中实体店渠道零售图书码洋同比下降37.22%，平台电商同比下降16.06%，短视频电商实现正增长。[①] 根据中国出版传媒商报报道，2023年文化教育书和少儿读物是图书市场中刚需属性较强的图书门类，二者年度销售同比增长，市场份额同比扩大。[②]其中，文化教育类份额居中，占比22.28%，比重同比扩大0.57个百分点。[③]

3. 产品结构

从2022年各类图书的码洋构成看，少儿类是码洋比重最大的类别，且码洋比重进一步上升；教辅类码洋比重位居第二，文学类码洋比重增幅最大。[④]2023年中国图书零售市场码洋规模同比增长率由2022年的负增长转为正向增长，同比上升了4.72%，码洋规模为912亿元。从2023年各类图书的码洋构成来看，少儿类是码洋比重最大的类别，码洋比重为27.21%，但同时也是码洋比重降幅最大的门类。[⑤]

4. 技术创新

以大数据、人工智能为代表的新一代技术发展，云计算、5G、VR等信息技术的跨界融合，给数字教育出版带来了新的机遇，深刻改变了教育的形态，也全面影响着教育出版的面貌。上海科技教育出版社有限公司入选2023年出版业科技与标准创新示范项目拟入选名单，申报项目为“基于《竺可桢全集》的大数据挖掘和人工智能问答融合出版技术”；河南教育电子音像出版社有限责任公司入选2023年出版业科技与标准创新示范项目拟入选名单，申报项目为“基于知识图谱和云原生技术的数字教育云平台”；数字教育出版技术与标准重点实验室入选2023年出版业科技与标准创新示范项目拟入选名单，申报项目为“数字教材服务平台”；“智能+”教育融合出版创新与应用重点实验室入选2023年出版业科技与标准创新示范项目拟入选名单，申报项目为“数字教材‘云创’平台”；四川文轩在线电子商务有限公司入选2023年出版业科

① 记者：史竞男. 去年全年图书零售市场总规模为871亿元［N］. 人民日报海外版，2023（1）.
② 记者：文东. 2023图书零售同比微增［N］. 中国出版传媒商报，2024（1）.
③ 记者：文东. 2023图书零售同比微增［N］. 中国出版传媒商报，2024（1）.
④ 乔羽. 2022年图书零售市场总规模为871亿元［J］. 广东印刷，2023（2）.
⑤ 记者：史竞男. 去年全年图书零售市场总规模为871亿元［J］. 人民日报海外版，2023（1）.

技与标准创新示范项目拟入选名单，申报项目为“图书电商智能配送管理平台”；古联（北京）数字传媒科技有限公司入选2023年出版业科技与标准创新示范项目拟入选名单，申报项目为“中华先贤数字人之‘苏东坡3D超写实数字人’”；广东省出版集团数字出版有限公司、上海音乐出版社有限公司、英大传媒投资集团有限公司入选2023年出版业标准应用示范单位拟入选名单。

二、中国数字教育出版细分类型市场与运营分析

（一）数字教育出版细分类型

数字教育出版是将教育内容以数字形式进行制作、发布和传播的过程。它利用数字化技术，将传统的教育资源转化为数字产品，如电子书、在线课程、教育软件、虚拟学习环境等，通过互联网或其他数字渠道提供给学习者使用。

1. 与传统教育出版相比数字教育出版具有以下特点和优势

（1）多媒体形式

数字教育出版可以融合多种媒体元素，如图像、音频、视频等，提供更加丰富和生动的学习体验。

（2）互动性

学习者可以与数字内容进行互动，例如参与在线测试、做练习、提交作业等，实时得到反馈和评价。

（3）个性化学习

根据学习者的特点和需求，数字教育出版可以提供个性化的学习路径和资源，满足不同学习者的学习风格和进度。

（4）实时更新

数字内容可以随时更新和改进，及时反映最新的知识和教育理念。

（5）便捷性和可访问性

学习者可以通过各种数字设备，如电脑、平板、手机等，随时随地访问数字教育资源，打破了时间和空间的限制。

(6) 数据分析和评估

通过数据分析，教育者可以了解学习者的学习情况和行为，进行精准的教学评估和改进。

2. 数字教育出版细分类型

(1) 电子教材

将传统的纸质教材转换为电子格式，如 PDF、EPUB 等，方便学生在电子设备上阅读和学习。典型企业有：中原大地传媒股份有限公司作为一家拥有资质优势和教材教辅出版优势的上市公司，加速推进“四横七纵多生态”产业发展格局。2023 年上半年，其“数字教育平台”注册用户近 178 万人，“数字教材”访问总量 5.78 亿人次，大象题库增至 87 万道；河北冠林数字出版有限公司致力于出版融合发展，建设布局以数字教材全媒体资源为核心的河北省“5G+智慧教育”新基建服务体系，努力革新出版方式，推进融媒体出版物建设；南方传媒积极布局“AI+教育领域”，AI 青少年语言学平台，背靠拥有英语/语文教材的教育社，AI 辅助语言听/读/背/默学，拥有数字教材 App 粤教翔云，其平台拥有海量数字教材资源。

(2) 在线课程

通过网络平台提供的各种课程，包括视频讲座、互动学习材料、作业和测试等。典型企业有：腾讯课堂，它是腾讯旗下的在线教育平台，提供广泛的课程类别，包括职业技能培训、语言学习、考试辅导等；网易云课堂是网易公司推出的在线学习平台，涵盖了多个领域的课程，如编程、设计、职场技能等；Coursera 是国际性的在线教育平台，与众多知名大学和机构合作，提供高质量的在线课程和专业认证；Udemy 是一个大型的在线课程市场，拥有大量由独立讲师创建的各种主题的课程；中国大学 MOOC 是由多个高校联合发起的在线教育平台，提供来自国内高校的优质课程；VIPKID 是专注于少儿英语在线教育的企业，提供一对一的外教课程；猿辅导是提供全科在线辅导课程，包括小学、初中和高中各个年龄段的学习内容。

(3) 教育软件

专门为教学和学习设计的软件，例如语言学习软件、数学辅导软件等。典型企业有：腾讯教育是腾讯旗下的教育品牌，提供一系列教育软件和解决方案，涵盖了在线教育、智慧校园等多个领域；好未来旗下拥有多款知名的教育

软件，如学而思网校、励步英语等，致力于提供优质的教育资源和服务；新东方在线是新东方旗下的在线教育平台，提供各种在线课程和学习工具，包括语言培训、考试辅导等；科大讯飞是专注于智能语音和人工智能技术的企业，其教育软件产品如讯飞输入法、讯飞听见等在教育领域得到广泛应用；作业帮是以在线辅导和作业解答为主要功能的教育软件，受到了很多学生和家长的喜爱；有道词典是网易旗下的词典软件，除了基本的查词功能外，还提供了丰富的学习资源和工具；跟谁学是提供多元化的在线教育课程，包括中小学课外辅导、成人职业教育等。

（4）移动应用

适用于手机或平板电脑的教育应用程序，提供各种学习内容和功能，如单词记忆、题库练习等。典型企业有：中南传媒在 2023 年上半年实现营业收入 67.70 亿元，同比增长 8.23%；归母净利润 9.71 亿元，同比增长 16.53%；归母扣非净利润 9.31 亿元，同比增长 6.10%；曼迪匹艾（北京）科技服务有限公司是一家总部位于瑞士巴塞尔的顶尖学术类期刊出版公司；中国科学院自动化研究所；上海阅文信息技术有限公司是正版数字阅读平台和文学 IP 培育平台；海豚传媒股份有限公司是为中国的家庭和孩子提供先进、高品质的原创读物和数字产品；同方知网（北京）技术有限公司是从事国内外知识文化资源的数字出版和数字化增值开发；武汉理工数字传播工程有限公司是一家专注于“互联网 + 出版”的高科技公司；广东人民出版社有限公司。①

（5）虚拟实验室：利用虚拟现实或仿真技术，让学生进行实验操作和实践学习。典型企业有：网龙网络公司是与北京师范大学、塞尔维亚诺维萨德大学共建了“未来教育虚拟实验室”，并编撰了《中国与中东欧国家教育 ICT（信息与通信技术）的比较分析》一书；长沙千马软件科技有限公司是一家以湖南大学为依托，以博士团队为主要骨干的，具有专业背景的提供数字教育产品及服务的公司，该公司在虚拟仿真实验、数字出版、数字孪生等领域成功实施多项技术创新，并取得 50 余项软件著作权。

（6）数字图书馆

在线的图书馆，提供各种电子书籍、期刊、论文等学习资源。典型企业

---

① 杜伟伟. 新时代背景下教辅与互联网的深度融合. 传播与版权，2019（6）.

有：超星集团是国内较早从事数字图书馆建设的企业之一，提供数字化图书、期刊、论文等资源服务；知网是以知识服务为核心，提供学术文献、科研数据等资源的检索和下载；维普资讯是专注于学术科技文献的数字化出版和服务，涵盖多个学科领域的数据库资源；万方数据是提供综合性的文献数据库服务，包括学术论文、专利、标准等资源；读秀知识库是由海量图书资源组成的庞大知识系统，为用户提供全面的图书检索和阅读服务；中国国家图书馆是积极推进数字图书馆建设，通过数字化手段将馆藏资源向公众开放。

（7）互动教材

具有互动性的电子教材，可能包含动画、游戏、音频等元素，以提高学生的参与度。典型企业有：新东方推出了一系列互动性较强的在线教材和学习工具，如新东方在线、新东方小学等；好未来旗下拥有多款互动教材产品，如学而思网校、小猴 AI 课等；VIPKID 是专注于少儿英语教育，其互动教材以生动有趣的形式吸引孩子学习；掌门教育是提供全科辅导的在线教育平台，互动教材是其教学体系的重要组成部分；作业帮除了在线辅导，也开发了多种互动性较高的教材和学习工具；一起教育科技致力于 K12 在线教育，其互动教材注重与学生的互动和个性化学习。

（8）智能辅导系统

基于人工智能技术的辅导系统，能够根据学生的学习情况提供个性化的学习建议和指导。典型企业有：科大讯飞的智能辅导系统结合了语音识别、自然语言处理等技术，提供个性化的学习辅导；好未来旗下的学而思网校等产品采用智能辅导系统，根据学生的学习情况进行个性化推荐和辅导；百度教育通过大数据和人工智能技术，为学生提供智能辅导和学习规划；腾讯教育借助腾讯的技术优势，推出了一系列智能辅导产品，如企鹅辅导等；猿辅导以在线辅导为核心业务，其智能辅导系统能够根据学生的特点和需求提供个性化的学习方案；① 松鼠 AI 专注于人工智能个性化教育，通过智能辅导系统实现因材施教。

3. 数字教育出版市场概况

（1）在线教育的迅速发展

由于疫情的影响，线上教育的需求大幅增长，许多数字教育出版企业加快

① 郭慧慧. 数字化技术在高职教学中的应用实践[J]. 产业科技创新，2023（6）.

了在线教育产品的研发和推广。根据中国新闻出版研究院发布的数据，2022 年中国数字出版产业市场规模达到 13 586.99 亿元，[①] 比上年增加 6.46%。

（2）智能化教学的应用

人工智能、大数据等技术在教育领域的应用不断深入，智能辅导、个性化学习等功能成为数字教育产品的重要特点。好未来提供在线教育课程和智能学习工具，利用人工智能技术实现个性化教学；新东方将智能化技术应用于语言培训和课外辅导领域，提供个性化学习方案；腾讯教育通过人工智能和大数据技术，为学校和教育机构提供智慧教育解决方案；百度教育借助百度的技术优势，推出智能教育产品和服务，如智能辅导、智能测评等；科大讯飞专注于语音识别和自然语言处理技术，在教育领域推出智能教学产品和解决方案；网易有道提供在线教育和智能学习产品，利用数据分析和智能推荐实现个性化学习。

（3）多平台融合

数字教育出版企业开始注重与其他平台的融合，如与社交媒体、直播平台等合作，拓展用户群体和传播渠道。腾讯教育通过整合腾讯旗下的多个教育产品和平台，提供全方位的数字教育服务；阿里巴巴钉钉将教育与办公平台融合，为学校和教育机构提供一体化的解决方案；字节跳动旗下的产品如抖音、今日头条等与教育内容相结合，实现多平台的教育传播；百度智慧教育整合百度的技术资源，打造涵盖多个平台的智慧教育生态系统；新东方在线结合线上线下教育，通过多个平台提供多元化的数字教育课程；网易云课堂将在线课程与移动端、PC 端等平台融合，提供便捷的学习体验。

（4）内容创新

为了吸引用户，数字教育出版企业更加注重内容的创新和优质化，推出特色课程、互动学习资源等。湖南新华书店集团首次参加 2023 年服贸会，展示了“阅达教育”“智趣新课后”“研学实践课程”“A 佳教育”等教育数字化转型的创新成果；简知科技作为互联网数字文化、在线教育领域代表企业成功上榜 2023 年度“科创之星”创新型企业 100 强，该企业通过自主研发技术创新，拥有近 200 件技术性知识产权，向国家知识产权局申请专利数量近 40 项，具备

① 卢毅刚，方贤洁. 多模态融合趋势下提升数字出版传播效能的模式、方法与进路[J]. 出版广角，2023（3）.

强大的产品研发和创新、科技成果产业化能力；高顿教育荣获“2023 年度中国数字化先锋企业”称号，该企业凭借前瞻性的视野和深入的行业理解，不断创新将数字科技与教育相结合，提出各种解决方案，增强学员学习效率，让学习变成一种更有趣、更舒适的体验。

（5）跨界合作

教育与科技、文化等领域的跨界合作增多，共同推动数字教育出版的发展。鸿合科技与阿优科技、朗朗教育、欧菲斯集团等企业合作，加速推进幼教数字化，共建幼教服务的新生态；北京教科院与飞象星球人工智能研究院合作，共同打造教育数字化科研协同创新平台，探索教育科研与教育科技机构跨界合作新范式。

（二）数字教育出版运营模式

2023 年数字教育企业的运营模式主要包括以下几种。

1. 在线教育平台模式

通过在线教育平台提供课程和服务，学员可以在平台上学习各种课程，如语言、职业技能、兴趣爱好等。杭州铭师堂是一家成立多年的在线教育企业，致力于让学生更全面成长，升学 e 网通为该公司主要运营的产品。在 2023 全球智慧教育大会上，该公司与浙江省杭州第二中学蕙兰心育名师工作室共建的“互联网 +”学生心理健康管理平台，以“积极心理学 + 智慧教育”为核心理念，运用规范化、便捷化的数据手段助力学生全面发展。有书多年来积极响应国家号召，在业内首创“共读 +”模式，举办丰富多彩的阅读活动，在北京、上海、广州等 160 多座城市，均可以看到有书书友阅读的身影，通过阅读帮助书友们成为更好的自己。运用有书微信公众号、有书 App、“达人领读 + 书友共读 + 语音听书 + 群组讨论 + 直播分享”的立体化服务体系，有书帮助千万级的书友培养了阅读习惯。科大讯飞是智慧教育行业重点企业，根据学生自身的能力和特点，运用有效的教学模式，因材施教，推动学生更有效的学习，更加深入的思考和更多的创造能力，实现学生的个性发展。① 竞业达是智慧教育行

① 张艳波. 智慧教育时代下外语教学多元化评价体系构建研究[J]. 湖北开放职业学院学报，2023（12）.

业重点企业，以“科技赋能教育，助力人才成长”为使命，以人工智能、大数据、物联网等新一代信息技术为基础，为客户提供智慧教育整体解决方案。佳发教育是智慧教育行业重点企业，专注于智慧教育领域，以“智慧教育服务专家”为定位，以“让教育更智慧”为使命，为用户提供智慧教育产品及解决方案；津学教育凭借卓越的教研体系、优质的学习服务荣膺“2023 年度影响力在线教育品牌”。

2. 内容提供商模式

通过自主研发或合作的方式，为在线教育平台或其他机构提供教学内容和课程，如教材、课件、视频等。2023 年中国国际服务贸易交易会（以下简称“服贸会”）期间，猿力科技首次公开其数字化教育产品矩阵。9 月 5 日，在服贸会教育服务专题展上，猿力科技相关负责人介绍，猿力科技集团此次在服贸会期间展示了飞象星球、斑马、猿编程、海豚自习 App、小猿学练机、数字教辅等最新科研成果和场景应用，涵盖数字资源、数字工具、数字出版、数字解决方案等多个教育细分领域，为全线数字化产品的首次亮相。其中，飞象星球是猿力科技旗下的数字内容提供商，拥有数字资源、数字工具、数字出版、数字解决方案等多个教育细分领域的产品，为全线数字化产品。

3. 教育服务提供商模式

为学校、机构和企业提供教育服务，包括教育咨询、课程设计、教学管理等。腾讯教育是腾讯旗下的教育品牌，提供在线教育平台、课程内容、教育技术等服务；阿里云教育是阿里云旗下的教育板块，提供云计算、大数据、人工智能等技术支持的教育解决方案；百度教育是百度旗下的教育品牌，提供智能教育平台、教育资源、在线课程等服务；华为教育是华为旗下的教育板块，提供数字化教育解决方案、教育信息化产品和服务；新东方在线是新东方集团旗下的在线教育平台，提供各类在线课程和教育服务；好未来提供多元化的教育服务，包括在线课程、线下培训、教育科技产品等；VIPKID 专注于在线少儿英语教育，提供一对一外教课程和教育服务；51Talk 提供在线英语教育服务，包括一对一外教课程、课程培训等。

4. 教育硬件提供商模式

通过研发和生产教育硬件产品，如平板电脑、学习机、智能教育机器人等，为在线教育提供支持。步步高教育电子提供学习机、点读机等教育硬件产品；读书郎教育科技专注于教育智能硬件研发，提供学生平板、家教机等产品；希沃是视源股份旗下的教育品牌，提供交互智能平板、智慧黑板等教育信息化硬件；极米科技专注智能投影和激光电视，其产品可应用于教育场景；华为技术有限公司推出了多款适合教育场景的平板电脑等硬件设备；小米集团旗下有多款智能硬件产品，如平板电脑、智能音箱等，可用于教育领域；联想集团提供笔记本电脑、台式机等教育硬件产品；创维集团的电视产品在教育领域有一定应用。

5. 广告变现模式

通过在平台上展示广告获取收入，支持免费或低价的教育服务。这种模式在一些免费的教育应用中较为常见。腾讯课堂是腾讯旗下的在线教育平台，提供各种课程和培训，通过广告投放实现商业化；知乎是知识分享平台，其中的教育相关内容也可以通过广告变现；作业帮是提供在线辅导和学习资源的平台，广告是其盈利模式之一；掌门一对一是在线一对一辅导平台，可能通过广告和推荐课程等方式实现收益；尚德机构是成人教育培训机构，广告宣传是其市场推广的手段之一；猿辅导是在线教育品牌，旗下有多款教育产品，广告收入是其重要的收入来源；跟谁学提供多种在线教育课程，广告是其商业化的一部分；网易有道是网易旗下的教育科技公司，其产品可能通过广告实现盈利；高途课堂是在线课外辅导平台，广告变现是其商业模式的一部分。

（三）数字教育出版市场销售动态

1. 产品市场销售动态

（1）线上课程销售增长

随着在线学习的普及，线上课程的销售持续增长，尤其是在疫情期间，更多人选择在线学习。线上课程销售的增长受到多种因素的影响：优质的课程内容，是提供高质量、有吸引力的课程内容，是吸引学生购买线上课程的关键；多样化的课程形式提供多样化的学习方式，如视频课程、直播课程、互动学习等，以满足不同学员的学习需求；良好的用户体验包括简洁易用的学习平台、良好的互动性和个性化的学习体验等；强大的技术支持，通过稳定的线上学习

平台、良好的用户体验和技术支持可以提高学员的满意度；有效的市场推广，通过各种渠道，如社交媒体、搜索引擎优化、广告投放等，提高品牌知名度和课程的曝光度；客户满意度和口碑让满意的学生可能会推荐给其他人，从而促进销售增长；及时了解市场动态，推出符合当前教育趋势和学生需求的课程；与其他教育机构、学校或企业合作，扩大用户群体和销售渠道。

（2）智能硬件销售火爆

智能学习设备，如平板电脑、智能学习机等，销量不断上升，这些设备为学生提供了更便捷的学习方式。一些知名的教育科技企业，如步步高、读书郎、优学派等，在智能硬件领域已经取得了一定的成绩，他们具有以下特点：推出具有独特功能或创新设计的智能硬件产品，满足市场需求（创新的产品）；与优质的教育内容和服务相结合，提供更具吸引力的整体解决方案（教育内容和服务）；注重产品的易用性、稳定性和安全性，提供良好的用户体验；通过有效的市场营销和品牌推广，树立良好的品牌形象；与学校、教育机构、渠道商等建立合作关系，拓展销售渠道；利用数据分析了解用户需求和市场趋势，不断改进产品和服务。

（3）个性化学习产品受欢迎

消费者越来越关注个性化学习，相关产品的销售也较为火爆，如根据学生特点定制的学习计划和辅导服务。科大讯飞 AI 学习机的最新机型为 T20 系列，包括 T20 和 T20 Pro 两款产品，该学习机针对3—8 岁、8—12 岁、12—18 岁三大学龄段孩子的不同心理特点，及对知识的接受程度和相应的教学要求，在业内创新性地使用了“汉字输入法学龄梯层教学法”，分别推出了启蒙益智精准学、自主辅学精准学、学业提升精准学三种模式，涵盖了语文、数学、英语、科学、书法、美术、编程、音乐、体育、名著、思维等多个学科和素质的学习内容，可以满足孩子的不同学习需求和兴趣；小度学习平板主要分为 P20 系列和 Z20 系列，最新机型为 Z20 Plus，该平板搭载了百度文心大模型，内置“作业助手”“AI 精准学”“AI 作文助手”等功能，其中全科 AI 作业助手像一位助手，无论是语文、数学、英语、物理还是化学，只需轻轻一拍，作业题目即可跃然平板之上，并给出智能批改、解析等，AI 精准学则根据年级、教材版本、学习进度和测试成绩等信息，推荐适合的课程和视频，并可根据孩子的学习表现和反馈，课程难度和内容实时调整，AI 作文助手则能帮助孩子轻松完成作文任务，无论是拍照上传还是直接输入作文题目，它都可以迅速生成智能范文，并进行评分，帮助孩子快速完成作文作业。

（4）教育 App 下载量增加

各种教育类 App 的下载量大幅增加，这些 App 提供了丰富的学习资源和互动功能。根据网经社电子商务研究中心联合网经社教育台发布的《2023 年 2 月 App Store 中国免费榜（教育）TOP100》，驾考宝典、作业帮、学信网、学习通、超级课程表、驾校一点通、百度文库、智慧中小学、多邻国、粉笔等教育类 App 入围了该榜 TOP10。

（5）付费会员制逐渐普及

一些数字教育平台推出付费会员制度，提供更多优质内容和服务，吸引用户付费。小鹅通以知识产品与用户服务为核心的知识付费平台，用户可以在该平台解决产品和服务交付、营销获客、用户运营、组织角色管理、品牌价值输出等问题；优课星球是创客匠人旗下的知识付费平台，为想要做知识付费的用户提供一站式解决方案，比如帮忙制课、制造爆款产品、提供搭建服务、营销推广等；课堂街是科汛旗下的知识付费平台，打通公域和私域，实现轻松获客、轻松转换，帮助用户实现人生价值，课堂街通过高性价比的优势以及不同的知识付费变现方案吸引了大批用户；海豚知道是知识付费平台，在这里用户可以找到专业的讲师为其讲解各种知识，帮助用户提升自己的能力，海豚知道的课程内容丰富多样，包括语言学习、编程技能、职业技能等；喜马拉雅是国内最大的音频分享平台之一，拥有海量的有声读物、电台节目和音乐资源，用户可以通过订阅和购买的方式获取高质量的内容；腾讯课堂是腾讯旗下的在线教育平台，汇集了众多优质的教育机构和名师团队，用户可以在腾讯课堂上选择自己感兴趣的课程进行学习，涵盖了各个领域的知识；网易云课堂是综合性在线学习平台，提供各类知识付费课程，包括语言学习、职场技能、文化艺术、兴趣爱好等领域；百度问咖是问答社区平台，用户可以在这里提出问题并得到其他用户的回答，百度问咖的优势在于其庞大的用户群体和专业的回答者团队，用户可以快速获得准确的答案和解决方案；知乎 Live 是知乎推出的实时在线讲座平台，用户可以通过观看直播或回放来获取知识，知乎 Live 的特点是内容丰富多样，涵盖了各个领域的专业知识和经验分享；豆瓣时间是豆瓣推出的知识付费平台，主要以文化、艺术和生活为主题，豆瓣时间的特点是内容独

特而有趣，涵盖了文学、电影、音乐等多个领域，用户可以通过订阅和购买的方式获取高质量的内容。

（6）跨平台销售趋势明显

数字教育出版企业通过多个平台进行销售，如电商平台、社交媒体平台等，拓宽了销售渠道。2023 年，新东方积极布局电商直播平台，跨平台直播打开了发展的新空间，旗下平台账号“东方甄选”于 2021 年 12 月首播，在 2022 年 6 月董宇辉双语讲解牛排的出圈效应之下，带动了新东方业务的快速增长，除此之外，东方甄选还打造了自营产品号、图书号、将进酒号和看世界号等多品类直播间，进一步拓展了抖音矩阵账号。高途是一家在线教育机构，2023 年高途开始涉足电商直播领域，尝试跨平台销售。豆神教育则是一家语文教育机构，在 2023 年也开始尝试跨平台销售。

2. 数字教育出版盈亏企业

2023 年 9 月 14 日部分教育行业上市公司的财报显示，蓝色光标（300058）实现营业收入 122. 15 亿元，同比增长 36. 8%，归母净利润 1. 36 亿，同比增长 660. 53%；视源股份（002841）营业收入 45. 81 亿元，归属上市股东的净利润为 3. 18 亿元，全面摊薄净资产收益 2. 64%，毛利率 27. 7%，每股收益 0. 45 元。部分数字教育企业在 2023 年的盈亏情况：昂立教育预计 2023 年度亏损 1. 53 亿元至 2. 27 亿元，上年同期归属于上市公司股东的净利润为 1. 68 亿元，同比由盈转亏；科大讯飞 2023 年实现归属于上市公司股东的净利润 6. 45 亿元至 7. 3 亿元，同比增长 15%—30%；好未来 2024 财年第三季度净收入为 3. 735 亿美元，同比增长 60. 5%，营业亏损为 3 220 万美元，同比亏损收窄 2. 1%；新东方 2024 财年第二季度净营收同比上升 36. 3% 至 8. 696 亿美元，新东方股东应占净利润同比上升 4 007. 4% 至 3 006. 6 万美元，新东方每 ADS 基本应占净利润 0. 18 美元；传智教育预计 2023 年归属于上市传智教育股东的净利润 1 150 万—1 650 万元，同比下降 90. 87%—93. 64%；基本每股收益 0. 03—0. 04 元。

东吴证券发布研究报告称，出版行业业绩稳健增长，估值有望提升。其中，图书出版与发行业务在 2023 年迎来行业整体复苏，AI 技术发展有助于打开数字教育业务和版权业务的第二增长曲线。凤凰传媒 2023 年上半年营业收入达 71. 79 亿元，同比增长 1. 66%，多次位居出版业上市公司首位；中南传媒

2023年上半年营业收入达67.70亿元，同比增长8.23%；皖新传媒2023年上半年营业收入达60.33亿元，同比增长9.57%；中文在线2023年上半年营业收入同比增长34.54%，由于中国数字内容行业收入规模不断扩大，网络文学繁荣发展，公司全面布局数字文化内容行业，累积数字内容资源超550万种，网络原创驻站作者450余万名，推动科技与文化融合发展；世纪天鸿2023年上半年营业收入同比增长24.33%，主要业务是教材教辅的出版发行，属于刚需，受宏观经济的影响较小；时代出版2023年上半年营业收入同比增长11.00%，公司聚焦出版主业，首次入选第十五届"全国文化企业30强"；中国科传2023年上半年营业收入同比增长11.00%，主要是由于公司坚持质量优先，强化精品出版，持续提升公司产品质量效益与品牌影响力，同时加速推进数字产品建设，转型升级成效显著；中国出版2023年上半年营业收入同比增长13.29%，通过进一步改善选题结构同质化问题，品种效率、新书贡献率、单品盈利能力有效提升；内蒙新华2023年上半年营业收入同比增长14.92%，源于夯实主业核心竞争力，一方面做好教育服务，完成春季"两教""课前到书"任务；另一方面，坚决履行重点读物发行责任，发行政治读物2 262万元，推广发行《石榴籽系列绘本丛书》89.93万册，2 248万元；新华传媒2023年上半年营业收入同比增长14.67%，主要是由于报告期各项经营活动恢复正常，而去年同期受疫情影响，导致门店停业未正常开展经营活动。

三、中国数字教育出版行业存在的问题及发展策略

（一）教育信息化行业存在的问题与解决策略

1. 教育信息化行业存在的问题

教育信息化是将信息技术手段有效应用于教学管理与科研，注重教育信息资源的开发和利用。2023年教育信息化行业主要存在以下问题。

（1）信息技术与教学融合不够深入

部分教师的信息技术应用能力不强，不能将信息技术与学科教学深度融合，影响了教学效果。

（2）区域发展不平衡

不同地区的教育信息化发展水平差异较大，发达地区的教育信息化水平相对较高，而一些偏远地区的教育信息化水平则相对较低。

（3）教育信息化投入不足

部分地区对教育信息化的重视程度不够，投入不足，导致教育信息化基础设施建设不完善，影响了教育信息化的推广和应用。

（4）网络安全问题

随着教育信息化的发展，网络安全问题也日益突出。一些学校的网络安全防范意识不强，网络安全管理制度不完善，容易遭受网络攻击和数据泄露等安全问题。

2. 教育信息化行业问题解决策略

要解决教育信息化行业存在的问题，可以考虑以下策略。

（1）加强教师培训

提高教师的信息技术应用能力，促进信息技术与教学的深度融合。

（2）促进区域均衡发展

加大对偏远地区的教育信息化投入，缩小区域发展差距。

（3）增加投入

政府和学校应加大对教育信息化的投入，完善基础设施建设。

（4）强化网络安全

加强网络安全意识培训，完善网络安全管理制度，确保教育信息化的安全运行。

（5）推动产学研合作

鼓励企业、高校和研究机构在教育信息化领域开展合作，促进技术创新和应用推广。

（6）建立评估机制

建立科学的教育信息化评估体系，及时发现问题并进行改进。

（二）在线教育行业存在的问题与解决策略

1. 在线教育行业存在的问题

2023 年在线教育行业主要存在以下一些问题。

（1）技术问题

例如网络卡顿、平台不稳定等，可能会影响学生的学习体验。

（2）教学质量参差不齐

教师的教学水平和教学方法可能存在差异，导致教学质量不稳定。

（3）缺乏互动性

相比传统课堂教学，在线教育的互动性可能较弱，学生容易感到孤独和缺乏动力。

（4）学生自律性问题

在线学习需要学生具备较高的自律性，但一些学生可能难以自主学习，影响学习效果。

（5）视力健康问题

学生长时间使用电子设备进行在线学习，可能对视力造成影响。

2. 在线教育行业问题解决策略

针对 2023 年在线教育行业存在问题主要解决策略如下。

（1）提升技术水平

优化网络基础设施，确保平台的稳定性和流畅性。

（2）严把教师质量关

建立教师选拔和培训机制，提高教学水平。

（3）增强互动性

通过直播互动、小组讨论等方式，提高学生的参与度。

（4）培养学生自律性

家长和教师可以共同引导学生制定学习计划，培养自主学习能力。

（5）关注学生身心健康

合理安排学习时间，提醒学生注意眼部休息和锻炼。

（6）个性化教学

利用大数据和人工智能等技术，为学生提供个性化的学习方案。①

① 田甜. 信息技术 2.0 背景下 K12 在线教育的营销策略研究［D］. 云南师范大学硕士论文，2021.

（三）教育出版存在的问题与解决策略

1. 教育出版存在的问题

2023 年教育出版主要存在以下问题。

（1）内容质量

部分教育出版物存在内容过时、错误或质量不高的情况。

（2）数字化转型

随着数字化时代的到来，教育出版需要加快数字化转型，但面临技术和资金等方面的挑战。

（3）市场竞争

教育出版市场竞争激烈，出版社需要不断创新，提高产品竞争力。

（4）版权保护

在互联网环境下，教育出版物的版权保护面临一定难度。

（5）读者需求变化

读者的学习方式和需求在不断变化，教育出版需要紧跟时代步伐，满足读者多样化的需求。

2. 教育出版问题解决策略

针对 2023 年教育出版存在问题主要解决策略如下。

（1）优化内容质量

通过严格的编辑审核流程，确保教育出版物的准确性和实用性。

（2）推动数字化创新

投入资源研发数字化产品，提供多样化的学习体验。

（3）强化市场调研

深入了解读者需求，针对性地开发产品，提高市场竞争力。

（4）加强版权保护

采取法律手段和技术措施，保护教育出版物的知识产权。

（5）开展合作与联盟

与其他教育机构、技术公司等合作，共同推动行业发展。

（6）提升作者与编辑素质

加强专业培训，提高团队的创新能力和业务水平。

四、中国数字教育出版行业发展趋势

（一）教育信息化行业发展趋势

2024 年教育信息化行业可能会有以下发展趋势。

1. 技术应用不断深化

随着人工智能、大数据、虚拟现实等技术的不断发展，它们在教育信息化中的应用将不断深化，为学生提供更加个性化、智能化的学习体验。

2. 在线教育持续增长

在线教育的便捷性和灵活性使其在 2024 年可能会继续增长，更多的教育机构和学校将采用在线教育模式来提供教学服务。

3. 教育数据的重视

教育数据的分析和应用将成为趋势，学校和教育机构将更加注重数据的收集、分析和利用，以提升教学质量和效果。

4. 与教育出版的融合

教育信息化和教育出版可能会进一步融合，例如电子教材、数字化课程资源的开发和应用。

5. 关注学生的心理健康

在教育信息化的过程中，可能会更加关注学生的心理健康，通过技术手段提供心理辅导和支持。

6. 个性化学习

借助信息化手段，个性化学习将得到更多的关注和发展，满足不同学生的学习需求和特点。

（二）在线教育行业发展趋势

2024 年在线教育行业的发展趋势可能包括以下几个方面。

1. 技术创新驱动

随着技术的不断进步，如人工智能、虚拟现实、增强现实等，在线教育可能会更加注重个性化学习体验，提供更加多样化的教学方式。

2. 移动学习的普及

随着移动设备的普及，移动学习将成为在线教育的重要趋势，用户可以通过手机、平板等设备随时随地进行学习。

3. 课程内容的优化

在线教育平台可能会更加注重课程内容的质量和针对性，以满足不同学习者的需求。

4. 与线下教育融合

在线教育和线下教育的融合可能会更加深入，形成更加完善的教育体系。

5. 重视数据分析

数据分析将在在线教育中发挥更重要的作用，帮助平台了解学习者的学习情况，提供更加精准的教学服务。

6. 行业规范的加强

随着行业的发展，相关的规范和标准可能会进一步加强，以保障学习者的权益和教学质量。

（三）教育出版行业发展趋势

2024 年教育出版行业的发展趋势可能会有以下几个方面。

1. 数字化转型

随着数字化技术的不断发展，教育出版行业将加速向数字化转型，更多的电子教材、数字课程和在线学习资源将涌现。

2. 个性化学习

教育出版将更加关注个性化学习的需求，提供满足不同学生特点和学习风格的教材和教学资源。

3. 跨媒体融合

教育出版可能会与其他媒体形式，如视频、音频、游戏等进行融合，提供更加多样化的学习体验。

4. 数据驱动的出版

数据分析将在教育出版中发挥更大的作用，帮助出版商更好地了解市场需求和学生学习情况，从而优化产品和服务①。

5. 开放教育资源

开放教育资源的发展将继续推动教育出版行业的创新，促进知识的共享和传播。

6. 国际化发展

随着全球化的推进，教育出版行业可能会更加关注国际市场，加强国际合作与交流。

7. 注重质量和品牌

在竞争激烈的市场环境下，教育出版企业将更加注重产品质量和品牌建设，提升自身的竞争力。

（作者单位：北京世元科技有限公司）

① 张晶晶，张芙蓉. 数字化转型赋能，构建智慧高效课堂——以小学信息技术课为例[J]. 科幻画报，2023（5）.

中国数字出版标准化年度报告

陈　磊

一、行业背景

（一）以习近平文化思想牵引指导标准化实践，推动标准化工作高质量发展

习近平总书记在不同场合多次指示并明确强调："意识形态关乎旗帜、关乎道路、关乎国家政治安全。""在意识形态领域斗争上，我们没有任何妥协、退让的余地，必须取得全胜。"新闻出版传播已成为宣传文化思想的重要阵地，要确保新闻出版安全必然要求坚持网上网下一个标准、一把尺子、一条底线，统一导向。因此要充分发挥标准化作用，做好顶层架构、统筹安排，保障内容质量，帮助出版媒体传播把好关守好责，确保媒体传播树立正确的舆论导向，在文化思想宣传中传播正能量。全国新闻出版标准化技术委员会较为注意在涉及内容加工制作、质量要求、产品管理等方面的标准研制中坚持把意识形态要求放在首位。由该标委会归口的于2022年底立项、2023年初启动的《有声读物》国家标准，在研制过程中特别增加了对内容展现的相关要求："符合公序良俗，无不当言论，符合正确政治方向、价值取向和舆论导向。"在制定行业规则时，真正做到守土有责、守土负责、守土尽责，坚持以习近平文化思想统领标准化建设，做到旗帜鲜明、立场坚定，绝不含糊，着力建设具有强大凝聚力和引领力的社会主义意识标准化生态，着力践行社会主义核心价值观。

此外，各标准化技术委员会牢牢把握习近平文化思想核心，不断推动标准

化工作向纵深发展，大胆探索标准化新方向。全国新闻出版标准化技术委员会至今已经归口制定了23项国家标准、103项行业标准，积极在行业前沿布局，开展了关于知识服务、数据库出版、虚拟现实、区块链、数字教育出版等行业急迫的数字领域标准研制，其中知识服务领域已经出台了5项国家标准，区块链制定了行业标准体系；全国新闻出版信息标准化技术委员会本着急用先行的原则，在数字内容对象存储、复用与交换、内容资源数字化加工、期刊文章标签集、生僻汉字结构数字键编码等方向上近几年先后制定了11项国家标准，在新闻出版数字内容对象、期刊全文XML描述、出版资源内容部件数据元、新闻出版数字内容加工、数字期刊的术语、分类、代码、核心业务流程、产品服务、内容质量管理、数据库出版物质量检测与评价、网络出版监管、新闻出版信息交换格式等诸多数字方向上全面发力，制定了70项行业标准。可以说各标委会的标准化积极探索为行业融合发展提供了创新性的科学航标、方向引领和技术助力。

（二）全面把握产业融合发展趋势和规律，实现高水平顶层架构布局

各标委会普遍做到深刻认识和理解社会主义发展新时期标准化工作所面临的挑战和机遇，以习近平文化思想为指导开创性地实施了标准顶层设计。主要体现在两个方面。

一方面，各标委会均结合行业发展，制定并发布了适合于自身业务范围和特点的标准体系表。全国新闻出版标准化技术委员会发布了CY/T175—2019《辞书出版标准体系表》、CY/T 179—2019《专业内容数字阅读技术标准体系表》、CY/Z 23—2019《光盘复制标准体系表》，同时在研制数字教材标准体系表、学术出版规范标准体系表；全国出版物发行标准化技术委员会发布了CY/Z 27—2019《出版物发行物联网应用标准体系表》；全国印刷标准化技术委员会发布了CY/Z 31—2019《印刷智能制造标准体系表》；全国新闻出版信息标准化技术委员会则在SAC/TC553工作层面形成了基础类、电子政务、电子商务、数字出版等方面的新闻出版信息标准体系。

另一方面，各标委会在各自归口范围集中攻关、集中发力行业焦点领域，为行业高质量发展做好铺路工作。全国新闻出版标准化技术委员会组织研制的CY/T174—2019《学术出版规范期刊学术不端行为界定》，分别对论文作者、

审稿专家和编辑在学术期刊中的学术不端行为类型进行了界定和分类，对常见的剽窃、伪造、篡改、不当署名、一稿多投、重复发表等学术不端行为均给出了详细描述和规范，在行业中引起了强烈的反响，也引起了管理部门的重视和关注，2022 年中宣部、发改委、科技部等 22 部委联合印发的《科研失信行为调查处理规则》的通知中明确指出“本规则所称抄袭剽窃、伪造、篡改、重复发表等行为按照学术出版规范及相关行业标准认定”，将此标准正式纳入法律判定框架的内容，有力支撑了行业管理，与此标准同步推出的学术规范系列标准共 12 项，完整涵盖了学术出版的全流程，提升了行业创新创意保护水平，产生了巨大社会效益（见表 1）。

表 1　学术出版规范系列标准一览表

序号	标准编号	标准名称	标准范围
1	CY/T 174—2019	学术出版规范　期刊学术不端行为界定	适用于学术期刊论文出版过程中各类学术不端行为的判断和处理，其他学术出版物可参照使用
2	CY/T 173—2019	学术出版规范　关键词编写规则	适用于学术期刊论文的编辑出版工作，其他学术出版物可参照使用
3	CY/T 172—2019	学术出版规范　图书出版流程管理	适用于学术图书出版工作
4	CY/T 171—2019	学术出版规范　插图	适用于学术图书、学术期刊，其他出版物可参照使用
5	CY/T 170—2019	学术出版规范　表格	适用于学术图书、学术期刊，其他出版物可参照使用
6	CY/T 124—2015	学术出版规范　古籍整理	适用于古籍的整理和出版，其他类别的古代文献可参照执行
7	CY/T 120—2015	学术出版规范　图书版式	适用于学术图书版式的设计、编辑和出版
8	CY/T 121—2015	学术出版规范　注释	适用于学术专著的编纂出版，期刊、论文、研究报告可参照使用
9	CY/T 123—2015	学术出版规范　中文译著	适用于外文学术著作的翻译出版，外文学术文章的翻译出版、少数民族语言学术著作和文章的汉文翻译出版可参照执行
10	CY/T 118—2015	学术出版规范　一般要求	适用于学术作品的编辑出版

续表

序号	标准编号	标准名称	标准范围
11	CY/T 119—2015	学术出版规范　科学技术名词	适用于学术性图书、期刊、音像电子出版物等，包括古籍整理、翻译著作和工具书的编辑出版
12	CY/T 122—2015	学术出版规范　引文	适用于学术专著的出版，期刊、研究报告、论文等其他文献可参照使用

全国新闻出版信息标准化技术委员会牢牢牵住“内容资源数字化加工”这个数字出版发展的“牛鼻子”，在相关标准研制方面下大力气，推出了内容资源数字化加工系列国家标准，通过对出版资源内容的数字化采集、加工、管理、质量控制等提出要求，保证了出版内容资源利用的高效性以及数字出版成品的准确性和易用性。这个系列标准的推出，不仅提升了出版内容的数字化处理效率和质量，还对促进出版资源的共享和利用，推动出版行业的技术创新和人才培养起到了很大作用，为出版行业的数字化融合和高质量可持续发展提供了重要支撑（见表2）。

表2　内容资源数字化加工国家标准一览表

序号	标准编号	标准名称	标准范围
1	GB/T 38 548. 1—2020	内容资源数字化加工　第1部分：术语	适用于内容资源的建设和管理
2	GB/T 38 548. 2—2020	内容资源数字化加工　第2部分：采集方法	适用于内容资源的数字化采集和管理
3	GB/T 38 548. 3—2020	内容资源数字化加工　第3部分：加工规格	适用于内容资源的数字化加工
4	GB/T 38 548. 4—2020	内容资源数字化加工　第4部分：元数据	适用于内容资源的数字化元数据加工
5	GB/T 38 548. 5—2020	内容资源数字化加工　第5部分：质量控制	适用于内容资源数字化的质量控制和管理
6	GB/T 38 548. 6—2020	内容资源数字化加工　第6部分：应用模式	适用于内容资源的数字化加工成果应用

二、数字出版标准化现状

（一）团体标准工作稳步推进，形成覆盖全面的扎实产业布局

2023年数字出版团体标准方面，工作成果显著，不仅推动了数字出版技术的进步和市场的拓展，也为消费者带来了更优质的阅读体验，为出版行业高质量发展奠定了坚实基础。

抓牢发展主线，政府、企业、社会多方合力打造新质生产力。标准的制定往往需要学术研究机构、产业界以及出版行业专家的共同努力，以确保标准的科学性和实用性。团体标准《出版业生成式人工智能技术应用指南》既有大学代表（北京印刷学院），也有出版社代表（化学工业出版社有限公司等）参加，团体标准《专业内容资源聚合服务平台接入规范》既有科技公司代表（北京万方数据股份有限公司等），也有出版社代表（中国大百科全书出版社等）和图书馆代表（北京理工大学图书馆等）参加，不同行业的组织和企业能够共同参与到标准的制定和应用中，促进了跨界合作，提高了标准适用性和广泛性，在促进不同领域间的知识和技术交流的同时，有力推动了行业的融合发展。

实现了融合开放的标准化工作新局面。数字出版领域的团体标准化体系得到了进一步完善，涵盖了电子书、网络文学、数字内容资源聚合、电子竞技等多种标准，特别是随着人工智能、大数据、区块链等新技术的应用，数字出版团体标准在技术类标准前沿上实现的重大突破使不同出版领域、不同技术平台之间，标准化活动变得更加协同、互通和透明，为行业的健康发展提供了有力支撑。融合开放的标准化工作强调过程的透明度和规范性，确保所有利益相关者都可以参与到讨论和决策中，从而提高标准的公信力和接受度，开放的标准化工作环境有助于快速收集市场和技术的最新动态，使标准能够及时更新，更好地适应市场和技术的快速变化。融合开放的标准化工作新局面将为数字出版领域带来诸多积极影响，包括促进行业合作、加速技术创新、提高标准适用性、保护知识产权、提升人才培养水平等，最终推动出版业的高质量持续发展

和行稳致远。

团体标准的内容质量再上新台阶。首先，标准内容全面覆盖行业发展的最前沿热点领域。2023 年共出台 10 项团体标准，从人工智能到数字内容分发与运营均有涉及。其次，重点领域研制系列标准，形成标准体系，科学引领行业发展。游戏出版是数字出版领域规模较大的分支，2023 年针对游戏研制了一系列团体标准，包括《网络游戏分类》《游戏产品创新指标》《精品游戏评价规范》等，均向行业征求了意见。最后，标准设定全面合理，立体支撑产业发展。2023 年研制和出台的团体标准不仅涉及数字内容的生产，还包括内容的管理、分发和利用等环节，这有助于整合出版产业链的上下游企业，形成更为紧密的产业联盟（见表 3）。

表 3　2023 年数字出版团体标准汇总表

序号	标准编号	标准名称
1	T/CADPA 38—2023	数字内容分发与运营指南
2	T/CADPA 39—2023	数字出版内容资源管理通则
3	T/CADPA 40—2023	电子竞技标准体系表
4	T/CADPA 41—2023	电子竞技赛事分级分类
5	T/CADPA 42—2023	电子竞技赛事保障体系架构
6	T/CADPA 43—2023	网络文学内容自审流程
7	T/CADPA 44—2023	电子图书出口海外数据要求
8	T/CADPA 45—2023	专业内容资源聚合服务平台接入规范
9	T/CADPA 46—2023	专业内容资源聚合服务元数据
10	T/CADPA 47—2023	出版业生成式人工智能技术应用指南

（二）重点标准领域实现突破，切实助力行业高质量发展

行业标准 CY/T 266—2023《图书编校质量差错判定和计算方法》（适用于图书编校质量的检查，非连续性内部资料性出版物参照使用，电子图书参考使用）在 2023 年 6 月由国家新闻出版署批准发布。该项标准解决了多年以来图书质检实践工作中判错、计错宽严尺度不统一的问题。最大限度降低图书质检操作的主观性，提高出版从业人员的积极性，促进了图书出版业实现“双效合一”。标准发布后受到出版界的广泛关注。自标准发布以来，已成功应用到中

央宣传部出版产品质量监督检测中心、化学工业出版社有限公司、中国科技出版传媒股份有限公司、人民卫生出版社有限公司、全国科学技术名词审定委员会等20多家单位的出版和质检工作，产生了非常良好的社会效益。此外，标准发布后仅两个月内，通过培训推广使用标准人数达2 000余人。通过《中国新闻出版广电报》《出版商务》等行业权威媒体进行了宣传、报道，使标准为出版界所熟知。这项标准的发布、宣贯，对提高图书出版质量，提升图书质检效率发挥了积极作用。

2023年12月，经国家市场监督管理总局、国家标准化管理委员会联合发布的GB/T 30330—2023《中国出版物在线信息交换　图书产品信息格式规范》（简称“CNONIX”），早在2013年即已作为国家标准发布，此次为升级修订。标准修订前已在行业中发挥了重大作用，取得了瞩目的成就，国家新闻出版主管部门已先后确定两批共51家CNONIX标准应用示范单位，并组建了基于CNONIX国家标准的国家出版发行信息公共服务平台和“CNONIX国家标准应用与推广实验室”。截至目前，CNONIX平台应用取得良好成效，已接入出版发行单位和互联网电商166家、门店4 571家，累计交换书目数据142.8万条、销售数据4.35亿条、库存数据104亿条，已基本打通产业上下游数据壁垒，实现出版、发行与用户的信息共享交换，初步构建起互联互通、信息共享、业务协同的产业格局。

（三）筑牢产业发展基础、不断提升标准化运作水平

标准化产业基础建设得到不断加强和完善，行业运营效率获得不断提升，表现在两个方面。

第一个方面是标准化流程管理不断完善。主要体现于业务流程的数字化、标准化程度不断加深。中国标准出版社承担了国家标准的出版工作，该社以往国家标准样书出版采取的是电话咨询、口头申报、纸面记录后的付印方式，易出错且沟通时间成本高。现在该社在国家标准化管理委员会的协助下，开发了样书申请系统，可以直接系统填写样书数量和收货方式，同时设立了积分系统，可以在标准出版社的官网商城（中国标网）上兑换购买标准资料，让各标委会减少了很多工作量。这一做法确保了标准出版流程的有序高效，适应了不断变化的业务环境和技术进步，推动标准化领域的流程管理更加科学化、现代化、规范化。

第二个方面是社会化服务水平不断提高。国家标准化管理委员会委托国家市场监督管理总局国家标准技术审评中心开发了国家标准全文公开系统，全社会可以免费查阅国家标准文本及相应信息，在全球标准化领域普遍实行付费阅览的传统下，开了标准文本免费阅读的先河。目前系统已收录现行有效强制性国家标准 2 000 余项，收录现行有效推荐性国家标准 40 000 余项，现行有效指导性技术文件 600 余项。国家标准化管理委员会同时还组织建设了行业标准信息服务平台，向全社会免费开放各行业的标准查询，目前平台以 GB/T 4754—2017《国民经济行业分类》为划分依据，收录了 40 余个部委主管的 75 类行业共计 80 828 个备案行业标准。在开放的标准化环境中，各行业各领域参与者可以共享到标准研制成果和数据资源，降低了重复工作的成本，加快了标准的普及和应用。通过上述措施，巩固了标准化产业基础，提升了标准化行业的整体运作水平，从而为产业的健康发展和市场竞争提供了有力支持。此外，完善的社会化标准化不但有助于规范市场秩序，确保不同企业和系统之间良好的互操作性，也为相关政策制定提供了科学依据，有助于政策市场实施的科学性和有效性。

三、存在的问题和对策

（一）职业标准投入力度不足，难以适配行业人才发展需求

人力资源和社会保障部自 1999 年起颁布《中华人民共和国职业分类大典》，对职业进行分类，以开展劳动力需求预测和规划，引导职业教育培训，加强人力资源管理。该职业大典平均每 7—10 年进行修订，最新的职业大典颁布于 2022 年 10 月。人社部还同时组织研制《职业分类和代码》的相应国家标准，以标准形式规范职业分类，同时对重点职业研制职业技能要求，形成职业标准化规范，科学支撑行业运行。目前最新颁布的职业分类标准中，因应数字化技术的发展，对出版行业新增了“数字出版编辑”“网络编辑”2 项新职业，使出版业职业标准分类下直接涉及数字化的职业达到了 5 项（另外 3 个职业为“文字编辑”“电子音乐编辑”“校对员”）。但目前国家职业分

类大典对于出版相关职业的设定还存在一定的不合理性，难以满足高质量发展的行业需求。

《出版业“十四五”时期发展规划》已明确将“产业数字化迈上新台阶”作为具体发展目标，同时提出了“健全以创新能力、质量、实效、贡献为导向的出版人才评价体系”。当前数字化融合发展正处于快速发展期，知识服务、AR/VR 出版、区块链出版等新模态不断涌现，数字出版产品环节不断增加，原有数字编辑、出版传播等职业要求也随之变化，对出版相关的职业技能设定和职业评价也形成了客观挑战。数字技术应用与出版新业态的快速发展，必然要求结构性推进新职业供给侧改革，实现职业标准的有效供需匹配对接，建立有效可靠的人才评价机制和行业治理运营体系。

面对这个情况，各新闻出版相关的专业技术委员会应该组织力量加强对职业标准的科研力度，通过理顺宏观经济指导与职业岗位设定的关联关系，梳理厘清数字化条件下出版要素及所涉产业，框定数字出版相关职业边界范围，从行业实践需求出发，提出当前数字环境下出版新职业的标准体系建设方案。此前，新闻出版领域并没有提出职业或职业技能的相关标准，这一领域始终处于空白状态，对于数字化融合发展中的产业难以形成有效支撑。各标委会应根据急用先行的标准化原则，尽快研发设计相应新职业标准，对数字条件下出版新职业的业务形态、岗位定位、技能要求等提出具体规范要求，为未来行业数字化人才队伍建设和相关标准研制等方面提供助益，引导整个行业向更优质、高效和可持续的目标努力，推动行业加速升级，进一步提升行业在国内和国际市场的竞争力。

（二）需进一步强化政治意识、大局意识，大力突出出版内容相关标准的意识形态属性

出版标准中的意识形态属性仍需进一步强化，以确保出版行业在传递信息、塑造公共舆论、传承文化价值和提升社会意识方面发挥积极作用。

一方面现有标准中普遍存在对于意识形态的要求提得不够细的问题。现有编辑审核的底线依据为《出版管理条例》等国家出版相关法律法规文件的“国九条”，其最初来自 1995 年公安部公布的《计算机信息网络国际联网安全保护管理办法》中的“九不准”，即个人和单位不得利用互联网查阅、制作、复制

和传播等9类信息，但是线条较粗不易精准把握使用，现在网络充斥海量信息，仅用这九条作为标准进行评估判断缺乏精准统一的可执行性。特别是一些期刊报纸融媒体开设了自己的网络平台或在公共网络信息平台上开设了相关账户，这些平台或账户下面每天都有大量的即时网络信息产生，难以实时有效管控，极大提高了行业风险系数，使解决这一问题更加存在紧迫性。

另一方面在市场经济条件下，大量民营公司涌入数字出版产业链条，容易导致出现因过分追求经济效益而忽视意识形态属性的可能，使内容生产的市场化取向影响了意识形态的正确传达。因此，除了应继续坚持正确的政治方向，严格遵守国家法律法规和出版伦理，不断提高出版产品的质量和水平外，还应从标准角度发力，建立起针对数字环境下网络出版信息的审核规范，提出全新要求，守好意识形态关口，提升行业自我管理水平。

解决这些问题，需要对现有的标准进行审视和完善，确保能够适应时代发展的需要，同时坚持正确的意识形态方向，要从两个方面着手落实。

一是尽快研制建立健全适合于内部审查监督的标准体系，推动出版单位完善自身内容管理制度，对发布的内容进行严格把关，确保其符合社会主义核心价值观，不传播有害信息和错误观点。特别应在“国九条”的基础上进一步增加内容上“真实准确，遵守公序良俗，无不当言论，符合正确政治方向、价值取向和舆论导向，弘扬优秀道德文化和时代精神，引导正确社会共识，促进团结稳定，无损害国家利益、公共利益和他人合法权益的不当言论”等相关方面的要求。甚至可以考虑研制不定期更新的动态主题词、关键词库规范，特别是在技术催生的出版内容多元化应用的大环境下，必须从源头入手，狠抓渠道，确定数字出版范围内的违法和不良流向趋势，才能做到正本清源、通衢疏浚、网络清静。

二是建立新职业岗位及职业标准，专人专职从事信息审核，确保信息准确真实，符合意识形态导向要求。国家现有职业体系中缺少意识形态相关成系统、成规范的职业技能要求，而随着当前数字出版行业的发展，面临越来越多的即时性网络信息需要处理，可考虑研制“‘网络出版信息审核员’职业要求标准”，对网络出版相关信息实现规范化、科学化运作，进一步加强出版从业人员的思想政治教育，提升出版行业的整体素质和社会责任感，确保出版从业人员在工作中坚持正确的原则，杜绝低俗、庸俗和不良内容的产生与流传，推动整个行业做到统一思想，旗帜鲜明地拥护中国共产党的领导，正确体现党的相关路线方针政策，为构建习近平新时代特色社会主义社会和推动文化繁荣发展作出更大贡献。

（作者单位：中国新闻出版研究院）

中国数字版权保护状况年度报告

李 婧 肖美玲

2023年是实施知识产权强国建设纲要和“十四五”规划承上启下的重要一年。习近平总书记非常关心知识产权保护工作，在2023年4月做出重要指示：“要深入实施知识产权强国建设，强化知识产权全链条保护。”2023年《政府工作报告》同样明确：“加强知识产权保护，激发创新动力。”

一、我国数字版权保护新进展

《2023年全国知识产权行政保护工作方案》指出的总体要求是：坚持以习近平新时代中国特色社会主义思想为指导，推进《知识产权强国建设纲要（2021—2035年）》和《“十四五”国家知识产权保护和运用规划》实施，认真落实《关于强化知识产权保护的意见》，持续提升管理水平，助力营造良好创新环境和营商环境，为社会主义现代化强国建设提供支撑保障。

创新乃发展之先导力量，保护知识产权即等同于捍卫创新精神。2023年，人民法院以法治之力呵护创新创造，切实严格保护知识产权，全年新收各类知识产权案件544 126件，审结544 112件（含旧存），比2022年分别上升3.41%和0.13%①，为知识产权保护工作提供了有力的法治保障，对维护市场秩序、促进创新发展、保护消费者权益发挥了重要作用。

“剑网2023”专项行动，聚焦体育赛事、点播影院、文博文创、网络视频、

① 人民法院网. 中国法院知识产权司法保护状况（2023）[EB/OL]. https://www.chinacourt.org/article/detail/2024/04/id/7908580.shtml.

网络新闻、有声读物等版权保护，并对电商平台、浏览器、搜索引擎版权重点监管，进一步加大对网络侵权盗版行为的打击力度，对于维护网络版权秩序、保护创新成果、促进文化繁荣和经济发展具有深远的影响，对于构建新发展格局、推动经济高质量发展具有重要作用。

在数字版权保护方面，我国从立法保护、司法保护、行政保护等层面均采取了一系列的措施，取得了全面的新进展。

（一）数字版权立法保护新进展

1. 推进修改《中华人民共和国著作权法实施条例》

目前，《中华人民共和国著作权法实施条例》（以下简称“《实施条例》”）等法规的修订工作正在推进中。2023 年 8 月 1 日，国家知识产权局印发《2023 年知识产权强国建设纲要和“十四五”规划实施推进计划》，指出要完善知识产权法律法规规章，包括《实施条例》等。著作权法配套法规修订热点问题的研讨活动也在积极开展，来自版权主管部门、司法机关及学术界代表纷纷表达了观点，就热点问题进行了深入探讨和交流，各类研讨活动推动了配套法律修订工作的有序进行。

2. 最高人民法院发布《最高人民法院关于知识产权法庭若干问题的规定(2023 修正)》

2023 年 10 月 27 日发布的《最高人民法院关于知识产权法庭若干问题的规定（2023 修正）》明确知识产权法庭审理案件的范围与裁判要求，有助于统一知识产权案件的裁判标准，提高司法保护的一致性和权威性。同时，随着知识产权法庭专业化审判机制的建立和完善，有利于加大数字版权等知识产权的司法保护力度，提高侵权成本，有效震慑侵权行为。

3. 《生成式人工智能服务管理暂行办法》实施

生成式人工智能应用爆发，引发了关于数据获取、版权授权、生成内容是否构成作品、侵权责任和版权登记等问题的讨论。随后，国家互联网信息办公室等七部门出台了《生成式人工智能服务管理暂行办法》（以下简称“《办法》”）。《办法》明确了尊重知识产权的原则性要求，指出训练数据处理活动不得侵害他人依法享有的知识产权，强化了对版权的尊重和保护。《办法》还规定生成式人工智能服务提供者应当对生成的图片、视频等内容进行标识，并要求不得生成法律、行政法规禁止的内容，这有助于监管和控制侵权内容的产生与传播。

《办法》的出台响应了国家全面加强知识产权保护的战略部署，不仅体现了中国在新兴领域知识产权保护立法的最新成果，也展现了中国对新技术新应用发展规制策略的持续推进，体现了国家对知识产权保护工作的高度重视，有助于促进人工智能产业的健康发展。

（二）数字版权司法保护新进展

2023 年，中国各级司法机关忠实履行宪法和法律赋予的职责，依法严格保护知识产权，落实惩罚性赔偿制度，充分发挥刑罚对侵犯知识产权犯罪的威慑预防功能。

1. 知识产权案件刑事打击力度显著增强

近年来侵犯知识产权犯罪案件数量呈上升趋势，2023 年全国司法机关在知识产权案件刑事打击力度方面持续加大。

2023 年全国法院新收知识产权民事一审案件 462 176 件，审结 460 306 件，比 2022 年分别上升 5.4% 和 0.55%。其中，新收著作权案件 251 687 件，同比下降 1.57%，审结著作权民事一审案件 246 013 件。2023 年，知识产权领域的刑事案件数量显著增加，与民事案件相比，刑事案件的增长幅度显著高于民事案件。2023 年全国法院新收侵犯知识产权刑事一审案件 7 335 件，审结 6 967 件，比 2022 年分别上升 37.46% 和 27.69%，其中新收侵犯著作权类刑事案件 627 件，审结 543 件，同比上升 106.25% 和 79.8%，著作权类刑事案件增幅显著。①

2023 年全国检察机关受理侵犯知识产权审查逮捕案件 7 049 件 12 729 人，同比分别上升 72%、61.4%；起诉 17 728 人，同比上升 40.8%。2021 年至 2023 年间，全国检察机关共受理审查起诉侵犯著作权罪 1 835 件 4 729 人。值

① 人民法院网. 中国法院知识产权司法保护状况（2023）[EB/OL]. https://www.chinacourt.org/article/detail/2024/04/id/7908580.shtml.

得注意的是，2023 年著作权类犯罪人数增幅明显高于整体侵犯知识产权犯罪案件。[①]

通过坚决和果断的措施打击知识产权犯罪，司法机关不仅捍卫了公平竞争的市场秩序，而且为科技创新和文化多样性的繁荣发展提供了坚实的法治基础。这一行动体现了对创新精神的最高尊重，从而激励更多的创新创造活动，推动社会整体进步。在全球化的背景下，这种对知识产权的严格保护也向国际社会传递了一个明确的信号：中国是知识产权保护的坚定支持者和积极践行者，致力于构建一个开放、合作、共赢的国际创新交流平台。

2. 惩罚性赔偿的司法实践提升

2023 年，中国法院在案件中积极适用惩罚性赔偿，显著提高侵权代价和违法成本，让“真创新”受到“真保护”，“高质量”受到“严保护”以此来加大对侵权行为的惩治力度。

全国法院在知识产权民事侵权案件中，319 件案件适用了惩罚性赔偿，同比增长 117%，判赔金额 11.6 亿元，同比增长 3.5 倍。[②] 最高人民法院审理的广州天赐公司等诉安徽纽曼公司等侵害技术秘密纠纷一案中，确定了 5 倍惩罚性赔偿倍数，判决侵权人赔偿 3 040 万元人民币，这是最高法院适用惩罚性赔偿作出的首例判决。

惩罚性赔偿制度的实施和具体落实，强化了法律对知识产权侵权行为的威慑力，保护了创新者的合法权益，鼓励了更多的创新活动，随着惩罚性赔偿制度的不断完善和应用，中国的知识产权法律环境将会得到进一步优化，为构建清朗的网络空间、保护公民权益、推动法治中国建设提供了有力的司法保障。在全球化背景下，适用惩罚性赔偿展现了中国对知识产权保护的坚定立场，也提升了中国在国际社会中的法治形象和国际竞争力。

3. 知识产权检察工作成效显著

最高人民检察院在 2023 年 4 月相继发布了《关于加强新时代检察机关网络法治工作的意见》（以下简称“《意见》”）和《人民检察院办理知识产权案

① 最高人民检察院网. 知识产权检察工作白皮书（2021—2023）[EB/OL]. https://www.spp.gov.cn/spp/xwfbh/wsfbh/202404/t20240425_652562.shtml.

② 人民法院网. 中国法院知识产权司法保护状况（2023）[EB/OL]. https://www.chinacourt.org/article/detail/2024/04/id/7908580.shtml.

件工作指引》（以下简称“《指引》”），强调了要发挥知识产权检察办公室综合履职的优势，推动数字技术成果的创新发展和转化，确立了建立上下一体、内部协同的监督办案模式，提高网络犯罪案件的办理效率和质量。同时，也明确了人民检察院办理知识产权案件的基本原则和目的，包括维护司法公正、保护权利人合法权益、服务国家知识产权强国建设等，并对知识产权刑事案件的办理以及知识产权民事、行政诉讼监督案件的办理等工作做出工作指引。《指引》是中国检察机关为加强知识产权保护、规范办案流程、提高办案质量而制定的一份重要文件，是检察机关综合履行检察职能、加强知识产权法治保障的重要举措。

2024 年 4 月 25 日，最高人民检察院发布首部《知识产权检察工作白皮书（2021—2023 年）》（以下简称“《白皮书》”），对三年来全国检察机关受理涉知识产权刑事、民事、行政和公益诉讼案件基本情况进行解析，从“刑事惩治、民事行政监督、公益诉讼、综合履职”四方面进行特征梳理，系统呈现知识产权检察改革的主要成效。[①]

（三）数字版权行政保护新进展

1. “剑网 2023”专项行动开展针对体育赛事、点播影院、文博文创、网络视频、网络新闻、有声读物等重点领域的专项整治

2023 年 8 月至 11 月，国家版权局、公安部等四部门联合开展“剑网 2023”专项行动，聚焦三个主要方面开展重点整治。一是以体育赛事、点播影院、文博文创为重点，着力整治未经授权非法传播杭州亚运会和亚残运会等体育赛事节目的行为。二是以网络视频、网络新闻、有声读物为重点，加强平台及各类智能终端的版权监管，着力整治未经授权网络传播他人文字、口述等作品的行为。三是以电商平台、浏览器、搜索引擎为重点，强化网站平台版权监管，深入开展电商平台版权专项整治。在专项行动期间，出动执法人员近 26 万人次，检查出版物市场等场所 20 万余家（次），查办侵权盗版教材教辅、儿童图书重点案件 1 130 件，为青少年健康成长营造良好版权环境。[②]

---

① 最高人民检察院网. 知识产权检察工作白皮书（2021—2023）[EB/OL]. https://www.spp.gov.cn/spp/xwfbh/wsfbh/202404/t20240425_652562.shtml.

② 中国政府网. 中国打击侵权假冒工作年度报告（2023）[EB/OL]. https://www.gov.cn/lianbo/bumen/202404/content_6947930.htm.

因深圳市懒人在线科技有限公司未经金庸、梁羽生等权利人许可将《鹿鼎记》《萍踪侠影》等文学作品制作成有声书上传至其运营的“懒人听书”App供免费收听，深圳市版权行政执法部门对其作出罚款10万元的行政处罚。打击网络侵权盗版“剑网2023”专项行动重点领域包括有声读物，该案查办体现了版权行政执法快捷高效的优势，也是版权执法部门加强新业态版权监管的典型案例。

2.“清朗·杭州亚运会和亚残运会网络环境整治”专项行动

2023年9月至10月，中央网信办、国家版权局联合开展“清朗·杭州亚运会和亚残运会网络环境整治”专项行动，与相关部门联合建立亚运会版权保护快速响应联动执法机制，发挥预警保护，及时处置网络侵权信息。杭州亚运会期间，各级版权执法部门查办涉亚运侵权盗版重点案件12起、涉案金额1 100余万元，关闭境外非法侵权网站149个，[①] 有效保证了亚运版权保护秩序。

二、各省区版权保护状况统计分析

（一）各地区版权保护状况综述

2023年全国法院新收知识产权案件544 126件，审结544 112件（含旧存），比2022年分别上升3.41%和0.13%。其中，一审民事案件462 176件，比2022年上升5.4%；一审行政案件20 583件，比2022年下降0.28%；一审刑事案件7 335件，比2022年上升37.46%。

2023年北京市新收知识产权案件60 929件，上海市新收知识产权案件66 120件，广东省新收各类知识产权案件91 089件。与2022年相比，2023年新收知识产权案件的数量中北京市和广东省呈下降趋势，上海地区呈上升趋势。

① 中国政府网. 中国打击侵权假冒工作年度报告（2023）［EB/OL］. https：//www. gov. cn/lianbo/bumen/202404/content_ 6947930. htm.

（二）我国部分地区版权保护情况

1. 北　京

2023年北京市强化政治引领，统筹首都知识产权工作，北京市知识产权局印发《2023年北京市区域知识产权工作方案》，开展“一区一特色”知识产权专项工程，其中海淀区被确定为国家知识产权保护示范区。

2023年，北京市法院新收各类知识产权案件60 929件，审结68 855件。[①]北京市检察机关办理审查批准逮捕案件205件，同比上升19.88%，办理审查起诉案件151件，同比上升62.37%。[②]

2023年，北京法院共在26件侵害知识产权案件中适用惩罚性赔偿，较2022年适用惩罚性赔偿的案件量涨幅明显，判赔金额从数万元至数千万元不等，惩罚性赔偿倍数自1—5倍不等。其中，在央视国际网络有限公司与北京一点网聚科技有限公司侵害著作权及不正当竞争纠纷一案中，央视国际网络有限公司主张北京一点网聚科技有限公司通过其运营的“一点资讯”应用程序，以GIF动图的方式向公众提供东京奥运会赛事节目直播和点播的行为侵犯了其复制权、广播权、信息网络传播权和广播组织权。北京知识产权法院在该案中参照版权授权许可费确定赔偿计算基数，并适用一倍惩罚性赔偿，其认为若对惩罚性赔偿的计算基数苛以过高的举证责任，将不利于惩罚性赔偿的适用，加大侵权保护力度的目的将会落空，因此计算惩罚性赔偿的基数不需要完全精准，如果在案证据能够证明实际损失或者侵权获利的大致数额，即可以作为计算惩罚性赔偿基数的依据。

2. 上　海

2023年，上海法院案件受理与审结案件数量，同比分别上升56.87%和38.03%，收结案数大幅增长。同时，一审服判息诉率为97%，平均结案时间79.37天，同比缩短了23天。上海法院加大对恶意侵权的惩治力度，判决侵权人赔偿损失总额8.2亿元，其中惩罚性赔偿5 000万元，同比上升45.2%。上

---

① 北京法院网. 北京高院发布2023年度知识产权司法保护状况及侵害知识产权案件适用惩罚性赔偿典型案例[EB/OL]. https://bjgy.bjcourt.gov.cn/article/detail/2024/04/id/7914035.shtml.

② 北京市人民检察院百家号. 北京市检察机关知识产权检察白皮书（2023）[EB/OL]. https://baijiahao.baidu.com/s?id=1797545216 781 919 063&wfr=spider&for=pc.

海市检察机关共受理知识产权犯罪审查逮捕案件425件738人，批准逮捕242件397人；审查起诉案件944件2 072人，提起公诉785件1 481人。上海市公安局共侦破知识产权刑事案件1 398起，抓获犯罪嫌疑人4 266人，涉案金额52.9亿余元。①

2023年，上海市版权局、上海市检察院等指导发布《企业数字版权技术措施保护与合规指引》（以下简称"《指引》"），《指引》为企业提供了全面的数字版权保护规范指引，帮助企业更好地保护自身的数字版权，特别是在计算机软件、网络游戏、网络音视听、网络小说等领域，是上海市在加强数字版权保护、优化法治环境、提升公共服务、促进国际合作等方面的重要举措。

随着数据经济的快速发展，数据相关的法律问题和争议日益增多，2023年，上海市贸促会指导上海国际经济贸易仲裁委员会发布全球首部《数据仲裁规则》，为数据知识产权保护提供了专业化的仲裁服务，体现了上海在数据治理和仲裁领域的探索，这不仅响应了国家关于加强数据知识产权保护的战略部署，而且对于促进数据知识产权保护、数据安全等方面都起到了积极作用。

3. 广　东

2023年，广东省审结涉外知识产权案件2 325件、审结涉港澳知识产权案件475件；调撤案件53 500件，调撤率57.39%，同比上升8.8个百分点。② 广东省共有62件知识产权案件适用惩罚性赔偿严惩侵权，全年最高判赔数额达3.17亿元。2023年，广东省检察机关共批捕侵犯知识产权犯罪案件800件1 156人，起诉1 155件2 061人，共立侵犯知识产权犯罪案件1 926起，破案1 678起，打掉窝点1 648个，抓获犯罪嫌疑人4 870名。③

2023年7月，国家知识产权局、广东省政府联合印发《中新广州知识城深化知识产权运用和保护综合改革试验实施方案（2023—2027年）》，标志着知识城综合改革试验进入新阶段。2023年广东省法院制定发布全国首例涉数据司法政策性文件《关于强化数据要素知识产权司法保护服务数字经济高质量发展的意见》。

---

① 上海市知识产权局官网. 2023年上海知识产权白皮书[EB/OL]. https://sipa.sh.gov.cn/shzsc-qzk/20240425/fdbb26d285cd4346b65ba7eed7ff055b.html.

② 广东法院网. 广东高院发布知识产权司法保护状况白皮书[EB/OL]. https://www.gdcourts.gov.cn/xwzx/gdxwfb/content/mpost_1842453.html.

③ 广东省市场监督管理局（知识产权局）官网. 2023年广东省知识产权保护状况白皮书[EB/OL]. http://amr.gd.gov.cn/zwgk/tzgg/content/post_4424401.html.

2023年，广东省著作权登记总量为32.93万件，其中，一般作品登记5.49万件；计算机软件作品登记27.44万件，居全国首位。[①] 其中广东省加强转化运用，使知识产权赋能实体经济，实施知识产权质押融资“倍增计划”，全省专利和商标质押融资金额达2 306.71亿元，同比增长137.75%。[②]

三、数字版权保护技术发展状况

（一）数字版权链（DCI体系3.0）入选2023年区块链创新应用全国十大优秀案例

2023年全国著作权登记总量达892.39万件，同比增长40.46%。其中，作品著作权登记642.83万件，同比增长42.30%；计算机软件著作权登记249.52万件，同比增长35.95%，登记数量和增速均创5年来新高。著作权登记量大幅上涨为助推版权产业高质量发展奠定坚实基础。同时，也对版权登记技术提出了更高的要求。

由中央网信办信息化发展局指导，中央网信办数据与技术保障中心开展的2023年区块链创新应用案例征集评选活动中，数字版权链（DCI体系3.0）项目入选十大优秀案例[③]。该项目以区块链、人工智能等技术为支撑，努力打造综合性数字版权服务创新体系与治理机制。它实现了与司法链、中国知链、中国V链等跨链连接，积极响应了数字时代版权保护与服务创新发展的客观要求。

此外，DCI体系3.0还聚焦于数字版权服务模式的创新与实践，提供“即时申领DCI，按需办理数字版权登记”的版权权属确认服务。它利用AI计算引擎服务能力，可以快速提取视频中图像和音频特征，完成相似内容的自动检测和定位。

DCI体系3.0的推广应用，预示着DCI（数字版权唯一标识符）将成为数

---

① 广东省市场监督管理局（知识产权局）官网．2023年广东省知识产权保护状况白皮书[EB/OL]．http：//amr.gd.gov.cn/zwgk/tzgg/content/post_ 4424401.html.

② 广东省市场监督管理局（知识产权局）官网．2023年广东省知识产权保护状况白皮书[EB/OL]．http：//amr.gd.gov.cn/zwgk/tzgg/content/post_ 4424401.html.

③ 新华网．数字版权链（DCI体系3.0）入选2023年区块链创新应用全国十大优秀案例[EB/OL]．http：//www.xinhuanet.com/info/20240204/c590079dc4fe40dba382f6fd3a123460/c.html.

字时代信息内容的“版权身份证”标识，为数字经济和版权事业的高质量发展起到积极作用。

（二）网络文学平台“防盗系统”再升级，阻击盗版站侵权

“笔趣阁”等盗版网站长期通过爬虫、OCR等手段批量、快速地盗取正版网络平台的内容，严重损害了广大作者和正版内容提供商的利益，而诉讼的滞后性、局限性导致盗版屡禁不止。

阅文集团自主研发了一套更主动和高效的反盗版体系，该系统综合运用人工智能、大数据等10多种前沿技术，包括上线涉密技术方案，用于追踪盗版源头等，建成智能化的反盗版中台，与盗版商展开“贴身肉搏”。据阅文集团总裁侯晓楠介绍：“在最猛烈的时候，我们1分钟能收到8 000次来自同一IP的访问攻击，一天要跟25个盗版团伙过招。”数据显示，阅文旗下起点读书App在启用防盗系统后，每500本书的单日泄露链接数由18万条下降至0.8万条；30日内新增用户中由盗版转化而来的用户占比达到40%；作品单章最长防护时长从48小时提升到7天，为作家打开了收入空间。[①]

盗版窃取拦截技术的研发和应用，不仅提升了著作权人自身技术防护的能力，保障了创作者权益，也维护了数字版权市场秩序，优化了行业生态。

四、典型案例分析

（一）导航电子地图著作权侵权及不正当竞争纠纷案

〔北京市高级人民法院（2021）京民终421号民事判决书〕

北京四某科技股份有限公司自2002年开始进行电子地图研发和推广，创作完成了15Q4互联网电子地图和16Q2互联网电子地图（以下统称“权利地图”）。2013年，北京四某科技股份有限公司与北京百某科技有限公司等签署

① 阅文公布反盗版进展，一年为7万余部作品发起维权诉讼拦截盗版攻击1.5亿次[EB/OL].http://www.cbbr.com.cn/contents/608/84652.html.

《合作协议》，约定授权北京百某科技有限公司等使用权利地图至2016年底。北京四某科技股份有限公司主张，合同到期后北京百某科技有限公司及其关联公司在运营的“百度地图”“百度CarLife”“百度导航”等6款被诉应用软件中使用与权利地图构成实质性相似的导航电子地图，侵害其著作权并构成不正当竞争，遂诉至法院。一审法院认为北京百某科技有限公司等在应用软件中使用的导航电子地图构成著作权侵权，判令该公司及其关联公司停止侵权、赔礼道歉、消除影响、连带赔偿经济损失6 450万元及合理支出92万余元。北京百某科技有限公司等不服，提起上诉。北京市高级人民法院二审认为，权利地图构成著作权法上的图形作品。对于海量地图数据，通过权利人举证的30处暗记、125处内部道路及47处扩海行政区域图和44处模式图的比对，可以认定北京百某科技有限公司及其关联公司在《合作协议》期限届满后，在运营的6款被诉应用软件中使用了与权利地图构成实质性相似的导航电子地图，侵害了北京四某科技股份有限公司的著作权。鉴于已适用《著作权法》保护权利人的合法权益，不宜再适用《反不正当竞争法》第二条作重复保护。据此判决驳回上诉，维持原判。

典型意义：数据是数字经济的关键要素。该案凸显了知识产权司法审判服务保障数字经济的重要作用。①

（二）网络文库服务提供者责任认定

〔（2023）津03民终9167号〕

中文在线（天津）文化发展有限公司（以下简称“中文在线”）依法取得了涉案作品《大明王朝1566》（刘和平著）的信息网络传播权及维权权利，2022年12月，中文在线发现在某（北京）网络技术有限公司运营的“豆丁网”向用户有偿传播涉案作品，遂诉至天津自由贸易试验区人民法院。某（北京）网络技术有限公司以涉案作品为网络用户上传，自身仅提供网络服务为由提出抗辩。

一审法院认为，首先虽然该下载费用名义上归属于上传用户，但须满足达到提现金额的条件方能提现，而某（北京）网络技术有限公司并未提交该用户

① 2023年中国法院10大知识产权案件和50件典型知识产权案例[EB/OL]. https://www.court.gov.cn/zixun/xiangqing/430692.html.

相关提现记录，不能排除某（北京）网络技术有限公司因上传用户无法提现而占有该费用的可能性，某（北京）网络技术有限公司运营作为网络服务提供者能够从涉案作品中直接获取经济利益，其应当对该涉案作品的上传用户侵害信息网络传播权的行为负有较高注意义务。其次，某（北京）网络技术有限公司对涉案文档设置有“分享赚钱”功能，并对分享用户提供豆元奖励，该奖励与上传文档的使用直接挂钩，明显具有诱导、鼓励其他用户帮助上传用户传播涉案作品的意图，该功能已超出信息存储服务的范畴。最后，涉案作品上传文档的标题明确注明了作品类型及作者姓名，而作品本身及其作者均具有较高知名度，某（北京）网络技术有限公司对此类作品的注意义务要高于一般文章，侵权信息较为明显。法院认为，某（北京）网络技术有限公司对涉案作品上传用户的侵权行为具有应知的主观过错，其为涉案作品上传用户的侵权行为提供了信息存储空间服务，构成侵害作品信息网络传播权的帮助侵权行为，应承担相应侵权责任。二审法院认可一审法院的裁决，维持原判。

典型意义：以网络文库为代表的网络存储空间服务模式已成为互联网内容传播的主流方式，同时以网络用户为直接侵权人的侵权盗版活动呈增加趋势，本案对网络存储空间服务提供者应尽的合理注意义务做出清晰界定，明晰了应承担的法律责任，具有典型意义。网络服务提供者对侵权内容具有较强的控制力，尤其对于知名的、付费的、点击量较高等有显著区别的内容，在提供网络服务时，应积极尽到审查义务，以净化规范网络版权环境。

（三）生成式人工智能平台侵权第一案宣判（奥特曼案）

〔（2024）粤0192民初113号〕

上海新某文化发展有限公司是“奥特曼”系列作品的著作权人，被告某AI公司经营的Tab网站（化名）提供具有AI对话及AI生成绘画功能的服务。原告发现Tab网站可生成具有奥特曼形象的图片，侵犯了其著作权。

法院审理认为，奥特曼作品享有较高的知名度，被告存在接触该特摄作品的可能性。同时，通过Tab网站生成的案涉图片，在一定程度上复制了奥特曼作品形象的独创性表达，并在多个关键特征与作品具有极高的相似度，构成实质性相似。Tab网站也可生成包含奥特曼局部特征或具有特殊风格（如插画风）的图片，这种生成式人工智能二创构成违法“改编”。因此，该AI公司生成的奥特曼图片侵害了原告对作品的复制权和改编权。法院判令被告立即停止侵权行为，并采取技术措施防止侵权行为的再次发生，并判处赔偿。

法院认为，生成式AI服务提供者和生成式人工智能平台都应采取一定的包括技术在内的措施来保证权利人作品的权益。

典型意义：随着生成式人工智能的快速发展，AI文生文、文生图、文生曲、文生视频等技术的日渐成熟，平衡AI技术发展与知识产权保护的话题热度持续，本案中法院判决也强调，考虑到生成式AI产业正处于发展的初期，需要同时兼顾权利保障和产业发展，不宜过度加重服务提供者的义务。在技术飞速发展过程中，服务提供者应当主动积极履行合理的、可负担的注意义务。

五、数字版权保护存在的困境及应对措施

现阶段，数字版权产业已成为数字经济的重要组成部分，也是激发全民族文化创新创造活力、建设文化强国的重要力量。2023年12月28日，2023数字版权保护与发展论坛在北京举办，公布了“生成式人工智能版权保护”“版权赋能”“院线电影版权保护”等年度关键词。数字技术的发展，使得数字出版形式多样化，数字载体多元化，也导致了数字侵权形式复杂化。

（一）生成式人工智能技术发展引发新的版权问题

2023年初，生成式人工智能应用爆发，引爆了新一轮人工智能热潮。生成式人工智能模型在训练阶段的数据获取和版权授权、生成内容是否构成作品、生成内容的侵权责任和版权登记等议题，成为业界讨论和产业关注的热点，对版权行业和相关制度带来一定的影响和挑战。

不可否认的是，生成式人工智能技术在助力内容创作方面发挥着越来越重要的作用，生成式人工智能应用的广泛使用可以降低创作门槛、丰富创意来源、满足个性化定制、拓展创作领域、提高创作效率、提升内容质量、优化内容生产流程、促进人机协同，进而推动内容产业全面创新，为内容产业的发展注入了新的活力。

特别是在2023年，生成式人工智能技术在内容创作领域取得了显著的进

展，出现了一些优秀的产品，以下是一些代表性的产品，例如ChatGPT：由OpenAI开发的一款聊天机器人程序，能够与用户进行对话，生成符合用户要求的文本内容，可以撰写邮件、视频脚本、文案并进行翻译等工作。由OpenAI开发的文生视频大模型Sora能够根据提示词生成长达1分钟的视频，或者扩展生成的视频使其更长，同时视觉质量相当惊艳；由清华大学联合北京生数科技有限公司发布，单段视频最长可达16秒，并且在视频呈现上，Vidu已经不输Sora；中文在线于2023年10月发布AI大模型"中文逍遥"1.0版本，对助力作家创作具有重要意义。

这些产品展示了生成式人工智能技术在不同内容创作领域的应用潜力，它们通过自动化、智能化的方式，提高创作效率，降低成本，为创意落地提供支持。随着技术的不断发展，未来生成式人工智能有望在内容创作领域发挥更大的作用，借助生成式人工智能技术的原创内容会几何倍剧增。这也引发了"用AI治理AI"的新思考，如何提升技术对抗能力，强化版权技术开发，鼓励企业探索创新，研究生成式人工智能大模型的版权保护问题成为当下的热点问题。

（二）网络微短剧涉"抄袭""融梗""搭便车"问题

网络微短剧作为一种新兴的网络文化产品，因其制作成本低、周期快、互动性强等特点，在短视频平台上迅速流行起来，微短剧改编是网络文学产业链的延伸，共同构成了网络文化的良好生态。中国作家协会网络文学中心发布的《2023中国网络文学蓝皮书》印证了这一趋势：2023年上线微短剧超1 400部，备案近3 000部，年度市场规模达370多亿元，而网络文学授权改编的微短剧作品备案超过800部，同比增长超过46%。

然而，随着行业的快速发展，网络微短剧大量"抄袭""融梗""搭便车"等问题逐渐显现，例如为了迅速吸引观众，直接复制他人的剧情、人物设定的抄袭行为；或将他人多个已有的创意、情节或者桥段融合在一起形成新作品的行为；或为追逐热点，将他人作品中代表性的名称、语句等吸收进短剧的行为等，这些都成为制约网络微短剧健康发展的重要因素。上述行为侵犯了原创作者的著作权，损害了行业的创新动力。

然而，面对"抄袭""融梗""搭便车"等问题，原创作者在维权时往往面临诸多困难。首先，在海量的短视频内容中发现侵权行为本身就非常困难；其次，“抄袭”“融梗”类维权案件难度极大，维权成本和所需时间远超常规侵权案件，而短视频传播周期短、获利快，权利人尚未完成立案时，短视频已实现一轮或多轮的盈利周期，导致权利人损失难以挽回，致使原作品 IP 价值无法实现；最后，“抄袭”“融梗”类维权案件判赔低，权利人无法掌握短视频获利情况，法定赔偿甚至不足以覆盖维权成本，权利人难以有效维护自身权益。

（三）数据要素流通所涉版权保护问题

2023 年，我国在数据要素流通方面取得了显著进展。中共中央、国务院于 2023 年 2 月印发的《数字中国建设整体布局规划》明确数字中国建设按照“2 522”的整体框架进行布局，其中数据资源体系建设被认为是数字中国建设的“两大基础”之一。2023 年 11 月国务院政策例行吹风会，国家知识产权局、中宣部版权管理局在答记者问中指出，现阶段已研究梳理了数据知识产权保护的一系列关键问题，积极推动地方数据知识产权工作试点等工作。从国家层面，各项工作有序推进，对保护数据流通中的知识产权制度有望及时落实。

目前，在数据要素流通过程中，版权保护与技术发展的平衡发展问题十分突出，如何既能保护原创者的权益，又能推动技术创新和产业发展，是解决数据版权问题的关键。

版权作品作为大数据模型数据训练的基础，一些观点认为，在未经许可的情况下对版权作品进行复制、存储和分析处理，前述行为应当落入《著作权法》的规制范畴，现行的“合理使用制度”无法完全涵盖大模型训练；但大数据模型对版权作品的使用是海量的，使用方式为“阅后即焚”，存储复制行为难以固定，权利人维权难度极高。也有观点认为，考虑到技术发展的需要，应当对大数据模型采取责任豁免机制，一些国家和地区已经开始探索为 AI 研发平台在模型训练阶段提供一定的责任豁免。例如，欧盟的“文本与数据挖掘”模式、日本的“非欣赏性作品利用”模式以及美国的“四要素分析法 + 转换性使用”模式。

在作品获取阶段，需要考虑内容数据获取的合法性，包括是否存在破坏计算机信息系统、违反数据爬取保护措施等行为，可能构成不正当竞争行为。目前，数据要素市场化配置机制不完善、数据交易和定价机制不成熟、数据质量

参差不齐、数据使用者的获许可的法律意识淡薄、经营者投机心理等问题，影响了数据流通和数据价值的实现。

版权作品作为大模型训练数据的版权性问题是一个复杂且不断发展的法律领域，需要版权持有者、技术开发者、法律专家和政策制定者共同努力，以找到平衡创新与保护的解决方案。从法律法规、技术保护、市场监管、国际合作等多方面进行改进和创新，建立一个健康、有序的数据要素流通市场。

（四）著作权维权司法环境仍待改善

司法环境方面，长期困扰版权维权的问题持续存在，著作权维权案件立案周期延长的问题尤为突出，平均立案周期较去年增加一倍。互联网侵权案件遵循“被告所在地”管辖后，个别地方保护主义有所抬头。诉前调解制度虽然一定程度上发挥了及早定分止争、节约司法资源、提高司法效能、促进和谐社会的作用，但对于侵权规模较大、侵权情况复杂、被诉方为 UGC（User Generated Conten，用户创造内容）平台的案件，调解中心无法发挥其力量。同时，著作权侵权法定判赔标准持续降低，惩罚性判赔普遍认定较难，侵权代价的减少客观上纵容了侵权行为的泛滥。

UGC 平台已成为互联网内容传播的主流方式，平台为个人创作者带来经济利益的同时，伴随而来的盗版侵权问题也越来越突出，即便各平台都建立了知识产权保护机制，但都缺乏版权预警机制、主动审查制度，长期处于被动的“不告不理”状态，权利人通知删除的举证责任过大，侵权内容下架不积极。现有的司法资源配置不足，尤其在确定侵权者身份的方面，平台迫于隐私保护“不诉不给”，维权人被迫先行向平台发起披露信息之诉，属于典型的“简单问题复杂化”，客观上造成时间、人力、物力成本的增加，且披露信息不完整，有些平台仅能提供一个电话号码，导致法院在审理此类案件时面临送达难题，浪费了有限的司法资源。

而“诉前禁令”“预警作品清单”都具有一定的局限性，“诉前禁令”仍需要大量的司法资源，与权利人的迫切需求相比仍具有滞后性。行政管理部门的“热门作品预警清单”，也无法覆盖海量内容的版权保护需求。

针对目前存在的数字版权保护面临的困境，提出如下应对措施。

（一）加强理论与实务研究，完善新技术中的法律保护

生成式人工智能对于现有《著作权法》《不正当竞争法》等相关理论和适用提出了新的挑战，对于AIGC生成物是否构成作品、独创性标准、可版权保护性、版权归属、合理使用、侵权责任方认定、激励与保护平衡、原创作者交易权受损等等问题均需加强法理基础研究、实证研究和案例研究，以适应新的技术变革，确保法律与技术同步发展，实现各方权益平衡，促进产业健康发展和持续创新，提高公众对知识产权的保护意识，预防潜在侵权风险，为人工智能技术持续性发展中的知识产权问题奠定研究基础。

大数据训练模型作为生成式人工智能技术发展的基础，对人工智能技术的持续健康迭代具有决定性作用，训练数据的使用问题中存在的版权问题和不正当竞争问题需要加强相关理论研究和探索，在“数据二十条”的框架下，国家知识产权局将北京市、上海市、江苏省、广东省、深圳市等8省市确定为数据知识产权工作试点地方，开展试点工作，各地“先行先试”将为相关法律研究的调查和实证研究提供一手资料。

（二）加强司法队伍建设，扩充人民调解和司法审判力量

随着版权人维权意识的逐步觉醒，为知识付费的社会需求愈发强烈，短视频“抄袭”“融梗”问题大量发生，UGC平台新型“拿来主义”的剪辑、二创内容同样涉及大量侵权，这类忽视原作品的版权保护，如果放任侵害原作品著作权的行为，将会陷入原创作者创作动力枯竭、社会文化发展停滞的恶性循环。目前，涉及改编权的版权侵权案件呈现个性化、复杂化趋势，而司法机关的案件吞吐量明显不足以应对，“枫桥经验”发挥了调解中心的前置作用，但仍有大量案件需要司法机关投入力量研判，扩充司法审判力量，是目前维护法律权威、稳定社会秩序的关键。

（三）推动内容生产企业与UGC平台建立投诉下架高速通道

对版权人而言，侵权内容下架需求较赔偿需求更为紧迫，而UGC平台目前对侵权内容的审查要求较为苛刻。除1:1复制的内容下架流程相对简单，执

行力较高外，针对抄袭、改编、二创等非 1:1 复制的侵权内容，投诉下架过程漫长而坎坷，甚至经过多轮反复沟通后，仍然以权利人不能提供有效侵权证明而无法下架，而在这个过程中，原创内容的价值被严重消耗，损失也难以估量，有效缩短侵权行为的损害时长十分必要。建议内容生产企业与 UGC 平台可就投诉下架问题建立“下架执行标准”，由内容生产企业做出侵权误删担保，先行下架侵权内容后，约定一定期限内进行更为细致的侵权研判工作，将侵权损失降到最低，并平衡各方的权益。

（四）监测技术、对比技术再升级

剪辑、改编或二创的侵权作品，为达到“搭便车”的目的，会延用原作品的角色名称、作品关键词、主角形象等代表性特征，目前的爬虫监测技术有待进一步降低成本、提升监测能力，对侵权视频进行内容拆解或部分抓取后进行监测，以帮助权利人解决人工监测局限性的问题。在侵权内容对比方面，人工对比成本高，尤其大篇幅内容对比工作耗时长，对于仅有侵权下架需求的权利人而言，维权成本过高。人工智能大模型已具备长篇内容学习总结和信息提取的能力，将这种能力应用于剪辑、改编或二创的侵权行为的监测和对比，实现侵权监测业务降本增效，从而提升维权效能。

六、2024 年数字版权保护展望

2024 年被称为“AI 应用元年”，随着人工智能技术的快速发展和广泛应用，人工智能将更深入地赋能各行各业，推动经济社会的转型升级，受其影响，从理论立法到司法实践，数字版权保护将迎来一次重大变革。

科技赋能内容产业，生成式人工智能技术的发展将带来大量新作品，数字内容的发展将激发数字经济的繁荣；同时新技术、新业态也将带来版权法律纠纷的新挑战，AI 技术发展趋势对著作权理论和立法、司法的完善将是 2024 年的重要命题。

在大数据训练模型快速发展的背景下，我国展现出对数据权益保障的高度重视和积极应对，通过制度创新和技术进步，力求实现数据资源的高效利用和权益的充分保护，各省试点工作也在紧张有序开展，相信在数据治理制度创新、数据保护技术、数据权益平衡发展等层面将取得有效成果。

2024年将加快推进《中华人民共和国著作权法实施条例》《著作权集体管理条例》等的法律法规修改工作，以完善著作权配套制度。期待新规在适应数字化时代发展中保持动态性和前瞻性，以构建一个更加健全和高效的版权保护环境。

2024年，数字版权保护将迈入一个以技术创新为支撑、法律制度为保障、国际合作为拓展、公众意识为基础的全面进步新阶段，为创作者权益和知识共享构建一个更加公平、安全、高效的生态系统。

（作者单位：中文在线集团股份有限公司）

中国数字出版教育年度报告

张　博　马晋宇　马颖蕾　陆云雪　张亦驰

一、中国数字出版教育的新进展

随着出版业向数字化、智能化方向不断迈进，对数字出版、智能出版人才的需求和要求也在不断发展变化。2023 年以来，大数据、人工智能等信息技术对我国出版业和出版教育产生深刻影响，以 ChatGPT 为代表的人工智能领域的新突破赋能出版教育全过程，数字出版教育所发挥的重要作用日益凸显。与传统出版业相比，数字出版更强调创新、实践和具体操作能力，在这种职业素养要求之下，数字出版教育更加注重理论与实践的有效结合，为数字出版行业的快速、协调、可持续发展提供稳定的人才支撑。数字出版人才培养在 2023 年的变化和进展可以浓缩为“重基础、重融合、重质量、重转型”十二个字。

（一）夯实基础，促进出版学科自主知识体系建设

2022 年 4 月 25 日，习近平总书记考察中国人民大学时强调指出：“加快构建中国特色哲学社会科学，归根结底是建构中国自主的知识体系。”出版学界和业界积极响应，围绕出版学科自主知识体系进行了广泛而深入的学术讨论，取得了丰硕的研究成果。政府部门发起，高校与相关管理部门、学术团体、出版机构多方合作，共同策划开展合作共建，成为 2023 年出版学科发展的一大亮点。2023 年 12 月，中宣部、教育部印发《关于推进出版学科专业共建工作的实施意见》，从总体要求、师资队伍、人才培养、学术研究、组织保障五个方面提出 15 项促进措施。这一文件的颁布将进一步激发社会各界参与

出版学科专业共建的热情，推动中国特色出版学科自主知识体系建设取得快速发展。

学术研究是学科建设的基石，出版学界和业界围绕出版学科自主知识体系建设开展的学术研究和讨论，不断充实和完善了出版学的理论研究成果，促进了学术共同体的形成。2023 年，有关出版学科自主知识体系的研究论文涵盖了出版学科体系、出版学术体系、出版话语体系、出版创新体系、数字出版学科体系等多个主题。在这些议题上，出版领域的研究者们展开了热烈的学术交流，就学科建设、学术研究、人才培养、协同发展等方面形成了共识，这些成果为塑造具有鲜明特色的中国出版学科知识体系提供了坚实的理论基础。

（二）融合创新，培养超学科数字出版人才

在中宣部的指导和教育部的支持下，首届全国出版学科共建工作会在 2023 年顺利召开。这次会议积极探讨了出版学科建设和出版人才培养的问题。随后，在 2023 年 8 月 30 日至 31 日，以“共创一流新学科，同圆出版强国梦”为主题的全国出版学科专业共建暨出版专业学位研究生教指委工作会议在天津举办，进一步加深了对中国特色出版学自主知识体系建构、教育、教材等问题的研讨。

当前数字产业革命和融媒体发展的新趋势愈演愈烈，传统出版业正在积极推动互联网、大数据、人工智能与产业的深度融合，努力实现出版数字化。在此背景下，培养符合时代要求的高层次数字出版人才，成为出版业迎接数字产业革命挑战的关键任务。

数字出版产业的形态特点和技术特征，决定了其需要的人才必须具备最新的数字化技术和扎实的专业技能。然而，目前国内多数学校开设的实践环节，既不能让学生具备最新的数字化技术，又不能让学生掌握扎实的专业基本功。因此，仅用单科思维来思考数字出版专业的发展和人才培养，显得有些单薄。从人类知识生产模式的发展史来看，学科的发展大致经历了单学科—多学科—跨学科—超学科的范式转换，正呈现出逐渐从学科分化走向学科综合的趋势。因此，在学科发展已经走向超学科发展的当下，唯有充分认识到数字出版专业在边界处应该是开放的，在专业结构上应该是优化、重组、整合的，超越数字出版专业人才培养现有的单学科逻辑，才能助推其未来更好的发展。

（三）更新智库，助力数字出版高质量发展

2023 年 7 月，国家新闻出版署公布了 2023 年度出版智库高质量建设计划入选机构名单。27 家机构包括新申报机构和已入选机构，涵盖高校出版院系、出版企业研究部门、出版领域专门研究机构等多种类型。这些机构具备政产学研用一体化建设高质量出版智库的良好基础，并且理论与实践相结合的优势较为突出。12 家新申报机构入选，包括北京大学出版研究院、中国科学院文献中心科技出版研究中心、中信出版发展研究中心等。同时，此前入选的中国人民大学出版研究中心、中国新闻出版研究院国民阅读研究与促进中心、中南出版传媒集团股份有限公司产业研究院等 15 家出版智库也将继续被培育。

2024 年 2 月 22 日，国家新闻出版署关于重点实验室的申报项目有了新的进展，其官网公布了《国家新闻出版署关于实施 2024 年度出版智库高质量建设计划的通知》，这次遴选培育范围将对建设进展缓慢、效果不佳的已入选机构予以退出。关于入选机构的培育建设工作，坚持有统筹、有特色，既自上而下安排重点研究任务，也鼓励开展自主研究，推动其在研究成果的质量、数量、成果转化率、社会影响力等方面进一步突破，着力提升出版智库建设水平。

根据国家新闻出版署要求，各已入选的机构将坚持目标导向、效果导向，聚焦打造高质量出版智库，进一步做大做强机构实体，加强专职人才队伍建设，强化出版理论、政策和实践研究，推出更多高水平智库成果，在咨政建言、理论创新、行业服务、国际交流等方面发挥更大作用。

（四）建立课程，推动高等教育数字化转型

2023 年全国教育工作会议指出要推进教育数字化战略行动。同年 2 月，世界数字教育大会在北京召开，大会指出，数字化教学的创新应用取得了初步成果，学生数字素养培养效果显著。

随着人工智能、大数据和虚拟现实等新一代信息技术的广泛运用，高等教育正加速构建基于数字化的高质量教育体系，推动高等教育向数字化转型迈出重要步伐。《教育部高等教育司 2023 年工作要点》中强调要加快高等教育数字化转型，打造新型高等教育教学模式。高等教育数字化转型是指利用数字化技术优势，从文化、技术和劳动力 3 个方面，系统优化高等教育的系统结构、功

能、文化转型发展的持续进程。

截至2023年1月31日，据央视新闻报道，我国已建立了全球最大的资源中心。国家智慧教育公共服务平台中的职业教育平台已接入1 173个国家级和省级专业教学资源库，高等教育平台则收录了2.7万门优质慕课。这为学生提供了随时随地进行自主学习的资源和平台支持，同时，教师也可以借助这些技术和资源优势，开展混合式、在线等多样化的教学模式。

（五）市场新需求成为人才培养发力方向

为了及时了解数字出版行业人才市场的需求变化，本报告选取典型招聘网站作为数据来源，主要包括前程无忧、百度百聘、卓越英才网、齐鲁人才网、拉勾网。以“文字编辑”“策划编辑”“美术编辑”“版权编辑”“数字出版剪辑”“新媒体编辑”“数字出版编辑”“编辑助理”“网站运营”“网站运营主管”“新媒体运营编辑”“新媒体运营主管”“校对”“发行”“主编”“编辑主任”为搜索关键词，共抓取2023年1月—2024年2月数字出版相关招聘信息1 509条。

本报告将抓取的职位描述信息数据去除停用词，分词后进行词频统计，结合高频词和相关学者对数字出版人才的职业能力细分要求进行分析。通过内容分析（见图1），发现职业技能还是最为重要的招聘需求，相关岗位需求描述共有1 958个（每条招聘信息中可能有多个描述）；职业素质重要性紧随其后，职业素质相关的岗位需求描述有598个，各大出版企业在招聘过程中对于个人素质的要求在近两年上升显著。数字出版技术的发展促进了生产流程和营销方式的改变，进而对从业人员的相关专业知识提出了新的更高的要求，相关岗位需求有310个；市场对关键能力即跨职业的、普遍适用的能力如外语能力、创新能力等也较为重视，相关岗位需求描述224个。

其中，专业知识细分为出版专业知识、数字媒体经营管理知识、信息科技应用知识、新媒体应用技术知识、出版法律法规知识等，出版专业知识包括出版学知识、编辑学知识、图书学知识、中西方文化知识、传播学理论知识、社会心理学知识、选题策划知识、编印发出版流程知识以及出版美学知识（含装帧设计）等；数字媒体经营管理知识包括市场调查与分析知识、公共关系学知识、信息资源管理知识、媒介经营与管理知识、数字资产管理知识等；信息科

技应用知识包括计算机网络技术知识、数据库技术知识、信息安全技术知识、网页设计技术知识、电子出版物制作知识、XML 技术基础知识、数字版权保护知识、跨媒体出版知识等；新媒体应用技术知识包括数字内容管理知识、新媒体存储知识、媒体传输知识、新媒体再现知识和媒体表达知识等；而出版法律法规知识即出版法律法规，特别是版权保护知识。由图 2 可以看出，数字媒体经营管理知识占比最大，为 25.3%，其次是数字媒体经营管理知识，占比为 20.5%，信息技术应用知识占比为 20.3%；与此同时，新媒体应用技术知识占比为 15.1%，数据科学与人工智能知识及出版法律法规知识占比相对较小，分别为 10% 和 8.8%。

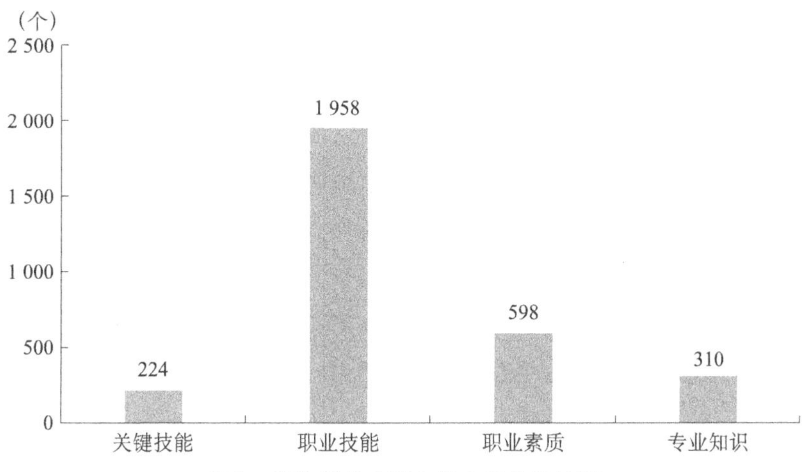

图 1　岗位需求中职业能力相关统计图

（注：一条招聘信息中可能包含多个岗位需求描述，因而统计个数超过招聘条数）

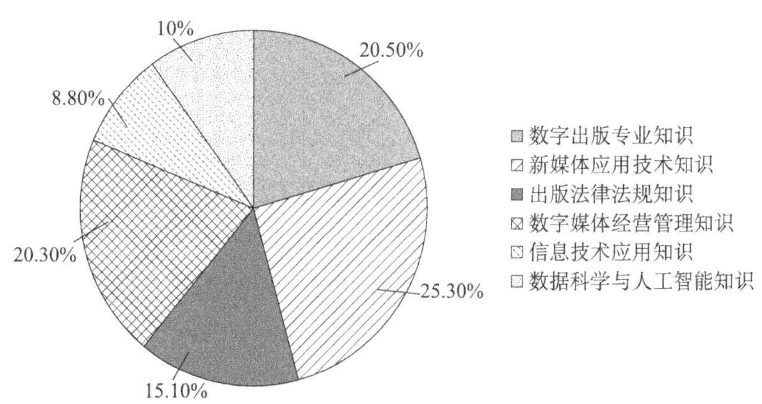

图 2　专业知识细分指标占比统计图

在职业技能细分指标中（见图3），选题策划技能占比为14.55%，信息加工技能和新媒体运用技能分别占比为18.45%、26.40%。

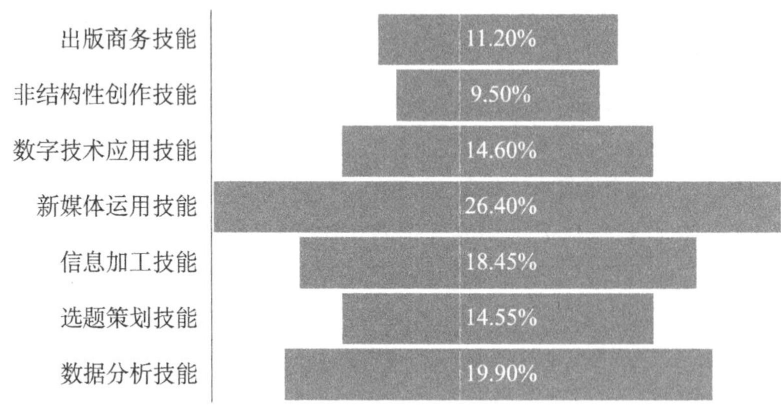

图3　职业技能细分指标占比统计图

以上对2023—2024年度数字出版相关招聘信息的分析表明，行业人才的能力要求总体构成虽未发生太大改变，但能力所占比重的变化显著。从职业技能来看，新媒体运用技能、数据分析技能的比重不断提升，这和出版企业新媒体传播营销渠道的不断拓展密切相关。人工智能等技能虽然比重不高，但是其发展趋势不容忽视。非结构性创作技能比重减少，且随着人工智能等技术的普及应用，这一趋势将更加明显。

二、中国数字出版教育的典型范例

（一）重绘知识体系，培养复合型人才

在当前数字出版教育变革中，人才培养的理念和措施急需革新，重构知识体系成为培养创新型和复合型人才的关键举措之一。数字化、网络化等新技术的涌现使得出版行业呈现出全新的面貌，传统的出版模式已无法满足现代社会的需求，因此培养具备跨学科知识和多元技能的复合型人才成为当前数字出版教育的迫切需求。中共中央办公厅、国务院办公厅联合发布《关于推进实施国家文化数字化战略的意见》（以下简称“《意见》”），旨在应对互联网快速发展

对文化建设带来的机遇与挑战。《意见》强调针对新型出版传播人才的培养，各类高等学府及职业院校均应充分发挥主体作用，积极开门办学，以促进教育与产业的紧密融合。

在教学领域，充分发挥高等学府的优势，实施跨学科交叉授课，对数据分析、内容创作、市场营销等课程进行深入教学。在教材改进方面，以出版学为核心，整合管理学、传播学、广告学等多学科理论，进行教学与课题研究。通过跨学科的教育模式，学生能更深入地理解出版专业知识体系，为未来的学术研究与职业发展奠定坚实基础。在自主知识体系构建上，我们将知识视为未来出版研究的通用概念，以此为路径审视和重塑出版研究。这种方法有助于打通出版史研究的历程，支持出版理论知识体系的重建，并探索出版应用服务发展策略。

（二）适应市场所需，引入数字化技术

市场对出版业的需求正发生深刻变革，传统的出版形式和模式已无法满足当前市场需求。因此，采用数字化技术已成为适应市场变化、提升竞争力的关键要素之一。数字化技术为出版业注入了新的发展活力，诸如电子书、数字期刊、在线出版平台等新兴业态的出现，使得读者能够更为便捷地获取和阅读图书资料。同时，出版业也需熟练掌握先进的数字技术，如数字编辑软件、网络出版平台、数据分析工具等。

目前，我国已有 20 多家出版单位，如湖北教育出版社、福建人民出版社、广东人民出版社、青岛出版社、延边教育出版社等，在纸质图书中应用了数字人服务，标志着我国出版业步入 AI 新时代。数字人可广泛应用于大众图书、教辅图书、少儿绘本、职业教育等各类图书，为读者提供内容解答、学习辅导、作业批改、专项提分、学习提醒、绘本伴读、品读分析等多场景服务。读者只需扫描纸质图书上的二维码，即可获得一个专属于自己的数字人。

（三）理论实践交叉，统筹人才管理

在数字出版教育中，理论与实践的交叉是培养优秀人才的核心策略之一。通过将理论知识与实践技能相结合能够更好地适应行业的需求，同时也提升其综合素养和竞争力。学校可以通过整合课程设置，将理论课程与实践课程有机

结合起来，构建起一个完整的学习体系。理论课程旨在为学生提供学科基础和理论框架，而实践课程则通过项目实践、实习实训等形式，让学生将所学知识应用于实际操作中，加深理解，提升技能。这种理论与实践相结合的教学模式，能够使学生在学习过程中既能够进行理论学习，又能够实践操作，从而全面提升其综合能力。同时，学校应该加强对学生的个性化指导和辅导，通过导师制度为学生提供更为深入的实践指导。学校也可以与行业企业建立合作关系，共建实践基地，为学生提供更广阔的实践平台。通过实践基地，学生可以参与真实的项目开发、行业调研等活动，将所学知识应用于实践中，提升实践能力和工作经验。同时，实践基地也为企业提供了人才储备和技术支持，促进了产学合作的深度和广度，推动了行业的持续发展。

在融媒体时代的背景下，数字出版行业人才的培育需以丰富的实践活动为基石。中国传媒大学编辑出版教学团队经过深入研究与实践，创新性地提出了出版教育实践观的新理念。该理念强调，应将实践作为核心要素，全面融入课程与教材建设以及教育教学管理的各个层面。同时，此理念亦注重知行合一的教育模式，明确学生和教师在这一过程中的主体地位，倡导在做中学、在学中做的教育理念，确保知识与行动的高度统一。鲁迅美术学院秉持理论与实践相结合的原则，为数字出版专业的学生打造宽广的实践平台，以便学生充分发挥自身创意，引领他们紧跟行业发展趋势，并针对自身专业知识结构的短板进行弥补。鲁迅美术学院热衷于推动学生参与各类社会实践活动与设计竞赛，教导他们在比赛中展现专业实力与独特创意，以此培养其创新思维与设计能力。

三、中国数字出版教育发展的主要问题

目前我国传统的出版专业教育发展已经有几十年的历史，培养了一批杰出的出版行业人才，取得了亮眼的成就。2022 年 1 月，国务院印发《“十四五”数字经济发展规划》。在信息社会背景下，我国教育信息化从“简单应用”走向“深度融合”，教育数字化转型开启新征程。《教育部 2022 年工作要点》也提出“实施教育数字化战略行动”，大力发展“互联网 + 教育”，加快推进教

育数字化转型和智能升级。在出版业数字化转型升级、文化强国战略提出的背景下，中国数字出版教育发展的各项问题日益凸显，目前主要有以下几点。

（一）数字出版专业缺乏独立学科地位，核心课程建设缺乏完整体系

长期以来，出版专业一直未能列入一级学科，导致出版学学科和专业点的教学科研力量分散、师资缺乏、专业教材难成体系、学术资源的获取受限，难以形成专业严谨的培养方式和规范，成为限制出版专业可持续发展的最大阻力。

截至2023年，有包括武汉大学、中山大学在内的26所本科院校开设了数字出版专业。各高校之间的课程设置差异较大，所围绕的主干学科也有很大区别。专业核心课程是体现专业特色的课程，是专业培养中主要理论和主要技能的体现，而目前对于数字出版专业核心课程的设置，各校并没有达成一致，这也体现了数字出版专业作为一个科技发展背景下新兴的学科，目前发展尚未完全成熟，有待进一步完善和深化。积极探索建立完整统一的核心课程体系，是突出数字出版专业学科特质和专业特色的必然选择，也能更好地培养专业型人才，适应企业、社会发展的需要。

（二）数字出版专业师资规模小，传统理论式模式遭遇冲击

《全国高校出版教育现状调研报告》显示，当前我国高校出版专业师资队伍规模普遍较小，52%的高校中出版领域的专职教师人数主要集中在10人以内，达到20人以上的仅有17%，平均每所高校只有13位出版专业教师。据高校相关人员反映，由于出版学缺乏独立的学科地位和相对固定的院系支撑，出版专职教师的招聘指标常常受到其他学科和专业的挤压，招聘需求并不被完全重视，在许多综合性大学，出版专业教师转投其他学科和专业的现象也较为普遍。除此之外，与其他学科相比，数字出版专业发展时间较短，时代色彩鲜明，这要求高校教师在扎实掌握传统出版理论的同时丰富技术层面的理论和实践知识，这与传统的理论式教学模式有较大差异，目前数字出版专业急需一大批复合型专业人才，种种问题影响着数字出版教育的发展。

（三）数字出版专业招生、就业面临困境

相关调研数据显示，2018 年以来，出版专业本科招生人数呈逐年递减趋势，这与各高校大力推进一级学科大类招生有很大关系。各高校对于数字出版专业并不够重视，相关宣传不足，相应的资源配置也不完善，这导致很多学生对于数字出版专业知之甚少。数字出版专业作为一个新兴专业，在课程设置方面仍存在一定的滞后性，传统的理论性课程较为单一，不能完全适应行业发展的新态势，这导致很多毕业生在就业时缺乏核心竞争力。

（四）出版行业发展面临转型，相关高质量教材数量不足

在出版业数字化转型升级的背景下，各出版社积极探索融合发展的新道路。但目前整体建设进度缓慢，这与人才素质、资金投入等因素有关。对于出版社来说，短时间内生产同一领域但各具创新的教材是一个很大的难题。另外，缺少一级学科支撑对于出版领域的学术氛围有很大负面影响，高水平出版专业教材短缺。在实际教学中，往往缺乏严谨的框架理论支撑，教学标准也很难统一，这些都制约着中国数字出版教育的发展。

综上所述，数字出版专业作为科技与传统融合的产物，具有鲜明的时代特色，对学生、教师的专业素养要求很高。但目前由于缺少一级学科支撑，数字出版教育发展存在一定困境。

四、加快中国数字出版教育发展的对策

“百年大计，教育为本”，教育与人才培养自古以来就是任何一个行业高质发展的关键因素。2021 年 12 月，国家新闻出版署印发《出版业“十四五”时期发展规划》，其中明确指出要“加强创新型、应用型、复合型人才培养”“建设新时代出版人才矩阵”。因此，加强数字出版专业素质提升已经成为当下数字出版人需要关注的重中之重。

（一）面向国家战略需要，实现社会发展内核与数字出版的有机融合

2024年是新中国成立75周年，也是改革开放后我国精准脱贫的关键年份，因此对出版业来说，服务大众、服务社会是其重要指向标。出版业一方面要围绕党中央工作大局，服务于国家重大发展战略，在出版战线聚焦马克思主义中国化、时代化、大众化的最新成果，从理论专著和大众读物的双重出版进路中，积极诠释中国式现代化的深刻内涵；另一方面，凝聚社会内核、巩固社会主义核心价值观也是国家赋予出版业的时代任务。在2024年春节期间，各地的文化风俗与非物质文化遗产通过多种智能媒体迅速火遍大街小巷，象征着国人精神支撑与文化传承的内容也是数字出版需要留心的关键内容，当数字出版内容与社会大众的内心刻画紧紧相连时，数字出版业的发展将会更健康、更高质。

出版工作也要弘扬好中国优秀传统文化、传播好中国声音、讲好中国故事。出版人才的学术底蕴、理论积淀和政策分析能力决定了出版物的水准，这就要求出版从业者既能编发，又能熟悉党和国家的方针政策；既能在思想上创新观点，又能在表达上深入浅出，同时在数字化的背景下，如何在碎片化时间中将内容与用户内心需求有机结合是出版人才培养与挖掘的重要方向。

（二）立足社会与行业现状，共同推进行业融合与全面人才培养

据《中国数字经济发展研究报告（2023年）》统计，2022年，数字经济同比名义增长10.3%，高于GDP名义增速4.98个百分点。自2012年以来，我国数字经济增速已连续11年显著高于GDP增速。数字经济保持高位增长，表明发展数字经济已成为推进中国式现代化的重要驱动力量。数字出版在社会洪流中，已经发展为跨行业、跨领域、智能化、网络化的充盈着新鲜血液的学科。20世纪40年代以前，由于受到牛顿经典逻辑的影响，知识体系的单学科发展成为总趋势。学科之间边界化意识强烈；“关起门来自成体系开展科学研究，进行教学活动，培养专门人才”成为单学科的突出特征，部分高校的本科相关课程中也仍然保有该特点，因此学生在进入社会将出版问题落地时，由于出版

以外的其他能力欠缺导致形而上学。

数字出版业作为将传统出版业、社交与数字媒体、智能设备与大数据分析结合而形成的时代产物，其有客体构成复杂、主体来源广泛等特点，其理论也是社会传播学、新闻学、心理学、自然科学等糅合交杂而成，因此在人才教育与培养时，就需要尽可能突破传统理论与学科间的明显边界，除了开设常见的出版概论、编辑出版史等传统理论课程，也应开设编辑出版软件应用、数字媒体编辑、数字出版信息分析与处理等交融课程；在开课过程中，我们也应尽量避免因为应试教育而导致的划水现象，帮助学生将繁杂的应用理论与技能转化为他们可以吸收的专业养分。

既往出版人才协同培养的主体大多聚焦“高校”与“行业”两方面，但现实情况是，高校和行业都是相对宽泛的概念，而出版专业人才的管理将会更细化。在上一部分我们提到了高校对于学生课业的调整，政府更要积极推进相关部门对专科、本科、硕士、博士不同层次出版专业人才的统筹管理，同时政府与高校加强同专业不同级人才交流互鉴，实现创意的挖掘与实现。在各级学校的教育过程中，实习也是必不可少的项目，高校也应促进出版专业学生积极参与实习活动与行业交流，实现知识技能的落地，尽可能避免例行公事地对待实习活动。

（三）建设中国特色教育体系，完善师资队伍与人才激励机制

在任何学科的高素质人才培养中，教师都是一盏最重要的“引路灯”，高质量的师资队伍尤为重要。首先，在高校师资中理论型偏多，在专业方向上更集中于新闻传播学、文学方面，既有业界实践经验又有专业理论水平的“双师型”教师偏少，国内在学科教师引进中学历与经验究竟如何平衡始终是尚未得到解决的矛盾，新闻传播专业的教师理论水平高，动手能力差是较为普遍的现象。虽说有的高校从业界引进了有实践经验的精英从业者，或是以计算机或数据挖掘分析为长的学者，但全学界的“理论倾向”仍未有根本改善。

由于新媒体技术的迭代更新太快，高校新闻传播教育从师资、实验设备等多方面都无法快速跟上新媒体变化的步伐。特别是为了满足网络传播而开设的网络与新媒体专业，师资力量更是稀缺。其次，教学实验设备的更新速度无法跟上新媒体技术更新的速度。新闻与出版是最需要跟进社会变动的行业，而新

媒体技术的进步，基本上是由资金雄厚的企业研发推动，常见的出版和新闻传播应用程序，都是由专业的行业机构研发，作为高校，没有巨资投入，也难以有足够的资金对实验设备进行不断迭代更新。同时，技术的高速迭代也造成了教师专业性的降低，教师无法完全理解技术背后的逻辑，而是与学生同时成为技术的使用者，甚至有一些相对年长的教师，对于数字智能出版软件的应用显得更为生疏。

但凡事皆有两面。高校聚集了大批新闻传播方面的专家和学者，他们在从事教学和科研工作的过程中，长期关注和致力于自己研究的某一领域。任何一个高校都无法拥有全能之才，但各大高校在历史沿革期间，往往已经形成了自己独特的发展方向与优势专业，因此可以借助政府与顶层设计的力量，培养全媒体某一方面所需的“专”才，而不是一味追求教育与知识的全能，从而导致学艺不精；一方面能促进学科之间的交流，另一方面也要注重教师研究方向与出版专业之间的契合度，必须以出版学科为核心，保证教研过程中的专业性与针对性。高质量的师资队伍能成为促使学生成功从学校踏进出版企业的重要力量。

综上所述，充分结合出版行业的发展需求和学科建设的要求，创新出版人才培养的内容和模式，提升出版人才培养的效果，有利于推动出版产业的高质量发展，为建设出版强国提供强而有力的人才支撑。

（作者单位：上海理工大学）

中国出版产业基地（园区）[①] 研究报告

重庆华略数字文化研究院

2023年，是贯彻落实党的二十大精神的开局之年。首次提出的习近平文化思想为社会主义先进文化指明前进道路。出版产业基地（园区）作为推动文化事业和文化产业持续繁荣的关键动力源，正展现出勃勃生机。其在基础设施建设、要素生态构建、产业数字化转型、绿色低碳发展以及产城深度融合等方面均实现了稳健发展，成为支撑新闻出版产业高质量发展的重要基石。《国家出版产业基地（园区）管理办法》明确指出，其重点服务对象包括国家数字出版基地、国家音乐产业基地、国家文化出口基地、国家新闻出版小镇、国家新闻出版装备基地等，从而精准界定了国家出版产业基地（园区）的产业布局与具体服务对象。同时，必须注意到，在国家出版产业基地（园区）体系之外，尚存大量与出版产业紧密相关的基地（园区），它们亦是我国出版产业基地（园区）体系不可或缺的重要构成部分。

本报告以出版产业基地（园区）为观察对象，以国家出版产业基地（园区）和地方出版产业基地（园区）为主要对象，梳理2023年我国出版产业基地（园区）发展，管窥我国出版产业基地（园区）基本情况。观察发现，数字经济繁荣发展、数字科技深度渗透，加速推动出版产业基地园区发展呈现出兼具传统工业园区和数字经济园区的特点。一方面，出版产业基地（园区）基础设施不断完善、产业体系迭代加快，融合发展、绿色发展、数智发展、集约发展成为显著

① 本报告所指的出版产业基地（园区）包括《国家出版产业基地（园区）管理办法》的国家数字出版基地、国家音乐产业基地、国家文化出口基地、国家新闻出版小镇、国家新闻出版装备基地等外，还包括各省市区地方政府设立的出版产业基地（园区）。前者根据官方名单梳理其发展情况，后者由本课题组根据公开资料梳理。

趋势；另一方面，出版产业基地（园区）技术创新、要素优化、人力资源等已成为高质量发展新动能，公共服务、产业政策成为赋能发展的关键因素。

一、我国出版产业基地（园区）的基本概况

我国出版产业基地（园区）已构建起一个相对完善的体系。宏观而言，国家与地方层面已在不同细分领域建立了一系列产业基地（园区），初步形成了多层次的产业集群体系。这些出版产业基地（园区）已成为我国出版产业发展的重要载体，其空间分布与数量占比等集聚格局已初步显现。

在空间分布上，我国出版产业基地（园区）主要集中于东部省份，而中西部地区则相对分散。具体而言，广东、江苏、浙江等东部省份在基地（园区）数量上占据显著优势，这些地区经济发达、文化资源丰富，为基地（园区）的发展提供了优越的环境和条件。尽管中部和西部部分省份也拥有一定数量的基地（园区），但其分布相对较为稀疏，且与东部沿海省份在数量上存在显著差距，如河南、四川、山西等地。此外，北京、上海等特大城市基地（园区）数量也较多，凸显了城市在出版产业基地（园区）发展中的核心地位。

从数量分布和结构占比来看，印刷包装和广告产业在园区数量上占据主导地位，分别占总园区数的 39.87% 和 22.27%。动漫、出版、知识产权、音乐、游戏和电影等产业亦占据一定份额，但相对较少；电子竞技产业的园区数量最少，仅占 0.89%。这表明电子竞技、知识产权等产业具有较大的增长潜力和发展空间。值得注意的是，出版、动漫、音乐、游戏、电影等内容产业的基地（园区）占比相对较高，凸显了内容在出版产业基地（园区）中的核心地位。

表 1　我国部分类型出版产业基地（园区）[①] 统计表

单位：个

所在省份	广告	电子竞技	出版	印刷包装	动漫	知识产权	音乐	游戏	电影	合计
广东省	3	1	1	29	12		1	4	4	55
江苏省	17		4	20	5	4			2	52
浙江省	5			24	4	2		1	1	37

① 本表由课题组根据公开信息整理汇总。基地（园区）类型为广告、电子竞技、出版、印刷包装、动漫、知识产权、音乐、游戏、电影。统计范围不包括我国港澳台地区。

续表

所在省份	广告	电子竞技	出版	印刷包装	动漫	知识产权	音乐	游戏	电影	合计
山东省	10		4	11	6	2		1	1	35
北京市	2		3	3	2	4	3		8	25
河南省	3		2	17		2				24
上海市	1		5	9	3	1	1	1	1	22
安徽省	4		1	6	4		1		1	17
福建省	3		1	8	1		1	1	2	17
四川省	4			7	1		1	1	2	16
陕西省	2		2	4	3		1		2	14
天津市	1		1	5	1	3	1		1	13
河北省	1		1	6	4				1	13
辽宁省	5		1	4			1			11
湖北省	7		1	1		2				11
广西壮族自治区	2	1	1	5						9
山西省	1		1	5	1			1		9
云南省	6			1			1			8
吉林省	1			1	5			1		8
湖南省	6		1	1						8
重庆市	4	1	1	1						7
贵州省			1	5						6
宁夏回族自治区	1			3	1		1			6
黑龙江省	4			1	1					6
内蒙古自治区	3							1	1	5
江西省	1	1	1		1					4
新疆维吾尔自治区	1		1	1						3
海南省	1						1		1	3
甘肃省	1			1						2
合计	100	4	34	179	55	20	14	12	28	446

二、2023 年我国出版产业基地（园区）发展主要特点

（一）政策引导基地（园区）发展步伐持续加快

在宏观政策层面，为顺应技术进步和经济环境变革，出版产业基地（园区）的宏观布局得到了持续优化，同时在技术革新和内容建设方面也呈现出不断加强的趋势。具体来看，文旅部、商务部于 2023 年 6 月 25 日公布了新一批的 12 家国家对外文化贸易基地，其中上海、深圳通过复核。这一举措与 2018 年、2021 年商务部、中宣部、文化和旅游部、国家广播电视总局分别公布的 13 家、16 家国家文化出口基地在政策上保持了高度的连贯性和延续性。此外，工业和信息化部等五部门于 2023 年 9 月 8 日印发的《元宇宙产业创新发展三年行动计划（2023—2025 年）》明确提出“工业元宇宙 + 园区”的发展模式，旨在推动新型园区的虚实结合建设，并探索工业园区的虚拟运营模式。① 再者，上海市人民政府办公厅于 2023 年 11 月 22 日印发的《关于推进张江高新区改革创新发展建设世界领先科技园区的若干意见》，为张江国家数字出版基地的发展目标、管理机制、建设质量、创新生态以及保障措施提供了明确的指导方向。②

（二）出版产业基地（园区）基础设施日趋完善

出版产业基地（园区）在基础设施建设方面持续增强投入，随着数字基础设施的逐步完善，基础发展条件已达到成熟阶段。中南传媒投资 24.49 亿元的中南国家数字出版基地，总建筑面积约 29.3 万平方米，已完成主体结构封顶，预计将于 2024 年 8 月全面竣工。在 2023 年，马栏山视频文创产业园成功引进

① 工信部. 关于印发《元宇宙产业创新发展三年行动计划（2023—2025 年）》的通知[EB/OL].（2023-09-08）[2024-07-10]. https://www.miit.gov.cn/zwgk/zcwj/wjfb/tz/art/2023/art_e715a9d4611742d5a5f7a4f36ea74974.html.

② 上海市人民政府办公厅. 关于推进张江高新区改革创新发展建设世界领先科技园区的若干意见[EB/OL].（2023-09-08）[2024-07-10]. https://www.shanghai.gov.cn/nw12344/20231201/a1c657c7fcc847dbbf4640195f681256.html.

爱奇艺、中影年年、蓝亚盒子、创壹科技等音视频领域的领军企业共计40家，并规划了30个重大项目，全年新注册企业数量达到1 035家。[①] 此外，中建安装集团有限公司负责的天津数字出版产业园提升改造项目，位于河西区宾馆西路，该项目原址为天津美术印刷厂旧厂区，对其中13栋建筑物进行了全面的提升改造，改造总面积达10 493.92平方米。该项目以智慧教育、游戏电竞、网络文学、数字版权为核心，致力于打造集原创、研发、生产、孵化、运营于一体的现代化融合出版创意基地。[②] 而在2023年12月19日，成都市成功举办了2023年重大文旅项目分贝音乐产业园的签约仪式，同时有10家优秀的音乐企业同步完成集中签约。该项目占地面积194亩，园区内包含12幢独立的二层洋楼，总面积达7 000平方米，将成为凤凰未来新城音乐、文创产业的配套设施，构建包括音乐原创、音乐制作、作品宣发、版权交易、演艺经纪、音乐节、演唱会、餐饮娱乐等在内的全产业链。[③]

（三）新要素成为产业基地（园区）竞争力的核心

随着新技术的行业应用和高层次人才队伍的崛起，这些关键要素已成为出版产业基地（园区）培育新质生产力的核心。2023年9月25日，国家文创实验区管委会与中国文化产业协会携手，在朝阳区北京音乐产业园成功举办了“魅力京津冀”2023文化产业合作对接暨人才培养活动，成功促成了京津冀三地6家公司的项目签约合作。[④] 2023年10月18日，北京师范大学京师大厦举办了“出版、发行与大模型应用高端论坛”，共同探讨出版、发行与大模型应用的未来发展。[⑤] 2023年11月27日至30日，以“大视听、新产业、向未来——AI驱动大视听产业创新发展”为主题的2023中国视听创新大会在浙江

---

① 长沙市开福区发改局. 预计年内竣工！开福这一“新质生产力”标杆项目即将建成[EB/OL].（2024-04-08）[2024-07-10]. https：//mp. weixin. qq. com/s? __biz = MzAxMjcyNjI2MQ = = &mid = 2650927830&idx = 1&sn = affd7b2c988bf4c49efbaf9525a72097.

② 天津数港. 天津数字出版产业园预计年内交付使用[EB/OL].（2023-11-07）.[2024-07-10]. https：//baijiahao. baidu. com/s? id = 1781856626676476722&wfr = spider&for = pc.

③ 薛维睿. 构建成都音乐产业新地标 分贝音乐产业园项目落地签约[EB/OL].（2023-12-19）[2024-07-10]. https：//sichuan. scol. com. cn/ggxw/202312/82430746. html.

④ 北京市朝阳区人民政府文创实验区管委会.“魅力京津冀”2023文化产业合作对接暨人才培养活动在朝阳区北京音乐产业园举办[EB/OL].（2023-10-13）[2024-07-01]. http：//www. bjchy. gov. cn/dynamic/news/4028805a8b12b490018b27a8c50a1789. html.

⑤ 新华网. 出版、发行与大模型应用高端论坛在北京师范大学举办[EB/OL].（2023-10-23）[2024-07-07]. http：//www. xinhuanet. com/talking/2023-10/23/c_1212292348. htm.

省杭州市举行，共同探讨和推动大视听产业的创新发展。①

（四）平台体系成为基地（园区）建设的核心途径

在出版产业基地（园区）的建设与发展中，交流、交易等平台体系已被确立为推动高质量发展的核心途径，特别是在北京、上海等大城市，其先发优势尤为显著。2023 年 2 月 21 日，以“为出版强国建设贡献产业力量”为主题的北京出版发行产业高质量发展年会在北京举行。此次年会共同探讨了出版产业的未来发展。② 2023 年 8 月 9 日，北京国家数字出版基地在与中国城市经济研究院的交流中，相关负责人明确指出其当前工作的主要方向是构建健康、稳定的产业生态。在具体执行上，该基地通过研究产业图谱，全面梳理全行业的核心企业，对平台加工、生产资料、生产环节、交易及客户需求进行详尽分析，成功编制了《北京国数基地产业研究报告》③。同年 11 月 1 日，为推动数字教材的健康发展，高等教育数字教材创新发展联盟在北京正式成立④。2023 年 11 月 28 日，备受瞩目的 2023 张江数链（元宇宙）创新大赛总决赛在上海浦东软件园成功举行。其中元宇宙相关特色企业达到 500 家，元宇宙产业规模高达 330 亿元。⑤ 此外，2023 年 12 月 14 日至 16 日，以“潮起·音乐未来”为主题的杭州国际音乐产业博览会开幕。会上，主办方发布了《2023 中国音乐产业发展报告——音乐科技发展十大趋势（2024—2026）》，为音乐产业的未来发展提供了重要参考。⑥

---

① 李晓晓，杨正弘. 2023 中国视听创新大会将于 11 月 27 日至 30 日举行[EB/OL].（2023-11-20）[2024-07-10]. https://zj.cnr.cn/zjyw/20231120/t20231120_526492507.shtml.

② 李婧璇，商小舟. 2023 北京出版发行产业高质量发展年会开幕[N]. 中国新闻出版广电报，2023-02-22（03）.

③ 看丹街道办事处. 北京国数、中国城市经济研究院交流互访活动顺利举行[EB/OL].（2023-08-11）[2024-07-06]. http://www.bjft.gov.cn/ftq/jxdt/202308/89e4abb593c841fa9e3adb7033d888ef.shtml.

④ 章红雨. 高等教育数字教材创新发展联盟在京成立[N]. 中国新闻出版广电报，2023-11-02（03）.

⑤ 宋宁华. 元宇宙产业新生态崛起！2023 张江数链（元宇宙）创新大赛落幕[EB/OL].（2023-11-29）[2024-07-10]. https://view.inews.qq.com/k/20231129A01MN100?no-redirect=1&web_channel=wap&openApp=false.

⑥ 钱晨菲，吴卓颖. 中国音乐产业发展报告在杭州发布[EB/OL].（2023-12-15）[2024-07-10]. https://baijiahao.baidu.com/s?id=1785356121925030699&wfr=spider&for=pc.

（五）消费驱动成为基地（园区）发展成效的核心指标

部分基地（园区）在产业布局上广泛涵盖了游戏、动漫、音乐、教育等具有显著消费属性的行业，这些行业对基地（园区）的繁荣发展起到了重要的推动作用。在2023年，音乐产业被成都市确立为建圈强链重点发展的28条产业链之一。围绕音乐产业，成都市构建了以“链长＋牵头市级部门＋主要承载地和协同发展地”为架构的产业建圈强链工作推进机制，并建立了完善的音乐产业政策包体系，以精准匹配产业要素资源，实施市场主体全生命周期服务，从而推动音乐产业迈向新的发展阶段。① 据统计，2023年前十个月，成都音乐产业整体产值规模达到了463.8亿元，同比增长24.03%。同时，成都市的营业性音乐演出场次高达4 500场，票房收入达到12亿元，吸引了400万人次的观众。其中，全年明星演唱会场次达215场，吸引了302万人次的观众，票房收入达到6.2亿元，并带动了周边消费达40亿元。② 为进一步加强音乐产业的发展，成都市于2023年11月24日在北京举办了2023成都市音乐产业招商推介会，邀请了京津冀地区100余家音乐企业、艺术机构等相关负责人参与，共同推动成都市音乐产业的繁荣发展。③

（六）特色项目作为基地（园区）品牌构建的核心策略

深入挖掘基地（园区）的独特资源，精心打造特色项目，已成为国家出版产业基地（园区）品牌建设和特色塑造的关键举措。在2023年8月18日上午，朝阳区正式公布了《黑庄户乡推进北京音乐小镇建设三年行动计划》，此计划详细规划了六大行动，包括音乐产业领航行动、小镇青年助航行动、音乐伙伴携航行动、音乐慢城引航行动、音乐田园暖航行动以及音乐品牌远航行动。此外，还将大力引进和培养国际性音乐展会、音乐节庆项目，持续孵化培育跨界音乐IP，推动“音乐＋田园”“音乐＋研学”“音乐＋科普”“音乐＋康

---

① 中新网. 成都音乐产业政企座谈会召开，推进音乐产业建圈强链［EB/OL］.（2023－09－08）［2024－07－10］. https：//baijiahao. baidu. com/s? id＝1776523806274892886&wfr＝spider&for＝pc.

② 看度新闻. 票房达12亿元！成都2023年音乐市场“成绩单”出炉［EB/OL］.（2023－12－29）［2024－07－10］. https：//www. cditv. cn/show/4813－1708121. html.

③ 卢星宇. 2023成都音乐产业招商推介会举行［EB/OL］.（2023－11－06）［2024－07－10］. https：//www. wenjiang. gov. cn/wjzzw/c152333/2023－11/06/content_ 20d26149c56940a 79da5fae31a450c34. shtml.

养”等多元业态的发展。[①]

江西则充分发挥其资源优势和虚拟现实产业特色，通过数字展馆云平台的方式，传承红色文化，并建设革命历史类爱国主义教育基地，为江西国家数字出版基地的企业发展提供项目参考。目前，江西省已实现了全省革命历史类爱国主义教育基地数字化建设的全覆盖，完成了67个爱国主义教育基地的数字化建设。依托数字展馆云平台互动传播系统，成功制作了43个江西红色故事讲演视频，发布了近1 800条红色资讯、21部红色读本以及147个红色影音作品。同时，推出了“追寻红色足迹”“云端祭英烈”等多个互动H5，得到了社会公众的广泛赞誉和积极转发。[②]

（七）产业定位基地（园区）特色发展的重要驱动力

产业聚焦是基地（园区）公共服务体系构建、平台效能发挥的核心要素，对推动基地（园区）产业集聚、生态建设、路径优化等具有显著的引导作用。泰山新闻出版小镇依托其健全的平台支撑、金融支持及数字治理能力，展现了显著的特色发展优势。在平台支撑方面，小镇已建成全国首个图书交易中心、国际新闻出版合作大会，以及泰山国家图书版权交易中心。此外，还建设了泰山印刷博物馆、党建教育基地、大安书院和文化馆等。在版权方面，小镇与香港知识产权交易所等3家版权机构建立了合作关系，完成了专属区块链的搭建工作，并与上海文化产权交易所就版权金融、版权质押、图书版权及图书版权衍生等领域进行了深入探索与合作。在金融领域，小镇建设和运营主体成功获得项目贷款2亿元，为30余家入驻企业提供了超过3 000万元的贷款及其他金融服务。在数字治理方面，泰山新闻出版小镇通过开发搭建新闻出版产业大数据、智慧管理运营平台，有效存储和处理新闻出版产业的海量数据，通过采集各监测点数据，以数字化、可视化的方式展示了小镇的数字生态体系。[③]

---

① 吴婷婷，王飞．朝阳区黑庄户乡打造北京音乐小镇，发布三年行动计划[EB/OL]．(2023-08-18)[2024-07-10]．https：//www.bjnews.com.cn/detail/1692337722129702.html.

② 李韵涵．江西50个革命历史类爱国主义教育基地实现数字化建设[EB/OL]．(2023-11-10)[2024-07-10]．https：//www.chinanews.com/gn/2023/11-10/10110039.shtml.

③ 王赟等．千亿级新闻出版产业集群构建中的鲁J金融“镇”兴样本[EB/OL]．(2024-06-26)[2024-07-10]．https：//k.sina.com.cn/article_5328858693_13d9fee4502001w4v4.html?finpagefr=p_104_js.

2023年8月17日，山东泰安泰山新闻出版小镇积极响应，为河北涿州、永清等地受灾的图书企业提供了1至3年的免费仓储服务、图书物流中转费优惠等支持措施，助力受灾企业重建和恢复仓储物流渠道。同年9月，部分相关企业正式签约入驻山东泰山新闻出版小镇，据不完全统计，已有超过40家图书企业完成了签约工作。[①]

三、出版产业基地（园区）发展的主要挑战

（一）政策环境与产业生态的不稳定性

一是政策波动与园区适应性差异。当前，深化改革持续推进，国家及地方政策在财税、土地、环保、金融、内容等领域的波动变化，对出版产业基地（园区）的长期发展构成重要影响。二是激烈的产业竞争与同质化问题。我国出版产业基地（园区）数量众多，竞争激烈。部分园区定位模糊、产业内容同质化严重，难以形成独特的竞争优势，影响行业综合发展效率。

（二）技术演进与智能化转型的双重挑战

一是技术创新不足与智能鸿沟。技术创新是出版产业基地（园区）发展的关键。然而，部分园区技术研发投入不足，高端技术人才缺乏，技术创新能力薄弱，难以跟上行业发展。人工智能技术的快速渗透，对园区智能化升级提出更高要求。二是数字化转型的成本与资源约束。数字化转型涉及资金、人力资源、技术支持和基础算力等多方面投入。规模较小、资金薄弱的园区在转型过程中面临更大挑战。

（三）产业集聚与协同发展的结构分歧

一是产业集聚效应未充分发挥。部分出版产业基地（园区）在产业集聚方

---

① 张君成. 16家受灾企业首批入驻泰山新闻出版小镇[EB/OL].（2023-08-28）[2024-07-10]. https://www.chinaxwcb.com/2023/08/28/99830669.html.

面存在不足，企业间缺乏紧密合作，产业链断裂、缺失现象突出，影响整体竞争力。二是协同发展机制构建不足。跨区域、跨行业、跨业态的产业协同发展对提升园区整体竞争力至关重要。然而，当前园区间缺乏有效的沟通与协作平台，导致产业要素资源无法高效利用，制约了协同发展水平。

（四）品牌建设与影响力培育的短板

一是品牌建设缺乏系统部署。品牌是吸引企业入驻、提升市场竞争力的关键。但部分园区在品牌建设方面投入不足，规划缺失，影响招商引资效果。二是影响力培育不足。部分园区在市场推广方面缺乏创新性和针对性，策略单一，对区域产业优势、园区产业定位把握不准，甚至缺乏相关工作，限制了园区在综合影响力和竞争力方面的提升。

四、促进出版产业基地（园区）高质量发展的建议

（一）政策环境的稳固与优化

建议国家层面及各地方政府制定清晰、长期、稳定的出版产业基地（园区）发展政策与规划，确保基地（园区）的稳定发展。同时，需建立要素供给的调整机制，充分发挥市场在资源配置中的决定性作用，以适应技术和市场的变化。地方政策应着重提升政策扶持的精准性和有效性，根据各出版产业基地（园区）的资源特点、产业特色和功能需求，制定差异化的扶持政策，构建市场化的运营管理机制体系，以实现基地（园区）的可持续发展，并构建其核心竞争力。

（二）技术创新与研发投入的深化

建议完善出版产业基地（园区）的研发投入资源体系，与科研机构、高校紧密合作，建立面向市场的研发机构，积极引进和培养高端技术人才，共同推动关键技术的突破和成果的转化。同时，应扎实开展人工智能、大数据、区块

链等前沿技术在出版产业中的深度融合应用实践，推动生产流程的智能化改造，以持续提升产业效能。

（三）构建产业集聚新生态

建议搭建完善的协同发展平台体系，促进各领域出版基地（园区）构建跨区域、跨行业、跨业态的协同发展机制，建立资源共享、优势互补的机制，以实现更高层次的协同发展。同时，应深化产业集聚效应，引导出版产业基地（园区）围绕核心产业链、优势产业集群、龙头企业，吸引上下游企业集聚，形成紧密协作的产业集群，以增强规模效应和协同效应。

（四）基地（园区）品牌建设的强化

建议加强出版产业基地（园区）的品牌建设工作。各出版产业基地（园区）应制定明确的品牌发展战略，塑造独特的品牌形象，提升品牌知名度。同时，应积极推广基地（园区）品牌，结合其特色和优势，运用多元化的市场推广手段，增强市场推广的针对性和有效性，以扩大综合影响力，提升招商引资的成效。

（课题组成员：袁毅、吴子鑫、巫国义、董康）

中国新闻出版前沿数字技术应用融合发展报告

尚　烨

随着出版业数字化转型的加速及大数据、AIGC 等技术突飞猛进式发展，我国传统新闻出版行业迎来业态转型变革战略窗口期，融合发展成为不可逆转的趋势，“出版 + 虚拟现实/元宇宙/人工智能”等前沿数字技术应用已成为中国出版领域的新常态，应用的广度和深度日益扩大，尤其以 ChatGPT 为代表的生成式人工智能技术应用席卷而来，成为国内新闻出版业界关注和推动的热点话题。

一、技术赋能“出版 +”发展情况

（一）顶层设计超前布局，政策内容覆盖全面

从国家层面来说，对虚拟现实、区块链、元宇宙、人工智能等技术在新闻出版业的应用给予了高度重视和支持，前沿技术作为“十四五”新经济发展时期的重要推进器，在各领域应用全面开花，政策数量爆发式增长，为技术在新闻出版业的应用提供了政策支持和方向指引。中共中央、国务院印发《“十四五”数字经济发展规划》《数字中国建设整体布局规划》；2024 年“人工智能 +”首次写入政府工作报告，深化大数据、人工智能等研发应用；工业和信息化部、国家体育总局等五部门联合印发《虚拟现实与行业应用融合发展行动计划（2022—2026 年）》；工信部、财政部联合出台《电子信息制造业 2023—2024 年稳增长行动方案》；工信部工业文化发展中心牵头成立工业元宇宙协同

发展组织，并发布《工业元宇宙创新发展三年行动计划（2022—2025）》等，从政策层面以夯实数字基础设施、强化数字文化建设、推进数字技术创新、培育数字消费业态、增强沉浸服务体验等方面为抓手，擘画了数字出版融合发展美好蓝图。

从地方层面来说，各地方政府相继出台的相关专项政策，扶持领域更加细化，专项资金力度加大，持续强化前沿技术在数字经济与实体经济融合、知识平台服务、出版产业链升级、智能终端产品丰富等重点方向应用场景布局和探索；深化前沿技术与新闻出版、文化旅游、教育培训等行业上下游有机融合及应用推广，进一步拓宽出版边界的广度，开展典型应用案例征集和产业对接活动，推动新闻出版产业转型升级走深走实，抢先布局数字经济新赛道。

（二）标准制定加速推进，标准体系规范持续健全

标准是科技成果的载体，是科技成果转化的桥梁与纽带。标准化在新闻出版产业的发展中扮演着至关重要的角色，它具有了奠基性和导向性的功能。国家新闻出版署2023年深入实施出版业科技与标准创新示范项目，加快制定修订新闻出版业数字化转型、产业交叉融合发展等应用标准。全国新闻出版标准化技术委员会加速推进数字出版标准化工作，CY/T 267—2023《出版物二维码应用管理要求》、CY/T 272—2023《出版物虚拟现实（VR）技术应用要求》、CY/Z 32—2023《出版业区块链技术应用标准体系表》、CY/ T 270—2023《静态图像识别与检索技术规则》4项新技术行业标准出台，自2023年8月1日起实施；出版业科技与标准综合重点实验室区块链版权应用研究中心发布《元宇宙可信数字资产应用参考》，解决数字要素的合规流通难题；《出版业生成式人工智能技术应用指南》于2024年1月20日正式生效，为我国出版产业中生成式人工智能技术的稳定健康发展提供合法支持；中国电子商会发布《生成式人工智能数据应用合规指南》，自2024年5月1日起实施，进一步保障了数据安全和隐私保护。这一系列标准致力于通过同步推进先进技术的战略、规划、法规和规范的发展与实施，更全面地优化先进技术标准的全生命周期管理，促进了融合出版内容的健康发展，为前沿技术在新闻出版领域的规范化应用提供了支撑。

（三）学科建设日趋完善，人才资源储备增强

2024 年 3 月，教育部公布 2023 年度普通高等学校本科专业备案和审批结果，全国 12 所高校成功申报“虚拟现实技术”专业，专业代码为 080916T，学位授予门类为工学，学习年限为四年，显示了高校对于培养虚拟现实领域专业人才的重视。据统计梳理，2022 年成功申报“虚拟现实技术”专业的有 11 所高校，2021 年成功申报“虚拟现实技术”专业的有 6 所高校，而 2020 年则有 10 所高校成功申报这一专业。这些高等院校地域范围涵盖北京、河南、河北、山东、山西、辽宁、江苏、安徽、广东、广西、江西、湖北、云南、四川、海南等地，辐射我国绝大多数经济圈和虚拟现实产业高地，可构筑区域人才高地，为所在地区不断输送专业技术人才“血脉”。

2023 年 12 月，中共中央宣传部与教育部携手发布了《关于推进出版学科专业共建工作的实施意见》（以下简称“《意见》”），这一举措深度对接了习近平总书记关于新闻出版业和人才培育战略的指导思想。《意见》提出，应深入推动出版领域的学科交叉融合工作，旨在加速建设具有中国特色的出版学科专业独立知识架构，并给出了明确的实施策略。要求在深入实施科教兴国战略、人才强国战略、创新驱动发展战略的大背景下，不断强化教材和学科体系建设支撑人才培养、引领创新发展的基础性作用，为我国开辟新领域新赛道、塑造发展新动能新优势不断提供人才支撑。北京师范大学与中国电子科技集团共建人工智能学院，依托北京师范大学数理优势，设置人工智能学科方向，完善人工智能学科体系，打造“人工智能 + X”专业培养特色。清华大学出版社紧跟时代人才发展需求，组建了高校虚拟现实专业教材编写指导委员会，编写了《高等职业教育虚拟现实技术应用专业建设指导方案》一书，为院校虚拟现实专业建设提供了全方位的指导和服务；北航虚拟现实技术与系统全国重点实验室，联合北方工业大学、北京工业职业技术学院共建虚拟现实产教联合体，打造科技创新策源地；华东师范大学的出版学院在教育实践中开创性地整合了各种与出版业紧密相关的业务模式，致力于引领以融合出版为主导的现代出版产业新趋势的发展探索；北京印刷学院出版学院与方正电子共建“人工智能出版联合实验室”，打造新兴交叉学科平台合作示范；上海理工大学致力于深化教育与科研的深度融合，旨在驱动出版行业的创新，服务于上海人工智能产业的繁荣。

（四）技术从落地应用到深度优化，市场规模持续扩大

虚拟现实技术经过不断组合和迭代，在2023年继续发展，关键技术取得突破，全球VR产业已迈过产业发展的初级阶段，从近眼显示技术、交互传感到内容生态皆迎来了不同程度的革新，大厂的入局与发力加速了这一系列技术和内容的落地应用，已经从VR1.0的3I特性，向VR2.0的6I特性发展，即在沉浸感（Immersion）、交互性（Interaction）以及构想性（Imagination）之上，增加了智能化（Intelligentize）、互通性（Interconnection）和迭代性（Iteration）特征。区块链、人工智能、大数据等新技术正与互联网深度融合，催生出各种全新的应用场景，改变着千行百业，也改变着我们的生活、学习和工作。新兴的数字技术，如虚拟人、元宇宙、VR与AR应用，正赋予数字出版新的活力，推动传统出版内容以数字化和符合年轻一代审美的方式呈现。AIGC、3D动漫技术、AI全息交互及人工智能等尖端科技进一步勾勒出数字出版行业的壮丽前景。出版行业网络化、云端化、数据化、移动化、智能化特征更加明显。

基于芯片巨头高通骁龙XR2平台与AI、5G以及8K结合的强大技术支撑，中国头部网络视听平台爱奇艺2023年发布的奇遇3VR一体机，进一步提升了VR一体机性能。在骁龙XR2芯片的强大赋能下，奇遇3VR一体机实现了计算机视觉、头手交互技术、面部追踪、习惯动作识别等前沿科技的应用，终端设备在进行多任务处理工作时，有了更多感知算法，呈现更多沉浸式8K游戏体验，且融合度更高、性能更卓越、8K画质输出更高效以及功耗更低。感知交互方面，预计2024年眼动追踪技术、手势识别、面部识别等先进人机交互技术将进一步落地到消费级VR一体机上。从内容层面来看，2024年，独占/自制VR游戏、VR社交、VR办公、VR直播和影视内容将进一步增多，但用户付费意愿较强的仍然是游戏板块。同时，预计还会有更多元宇宙类产品在2024年上线。

2023年，科技巨头苹果公司发布了VR技术推广里程碑式的产品Apple Vision Pro，这款产品能够在很大程度上满足相关技术对硬件支持的需求。这款设备提供“增强现实”功能并引入“空间计算”，采用世界上第一个空间操作系统vision OS，用户可以通过眼睛、手势以及声音来控制应用界面，是我们肢

体和感官方面的延伸，以一种全新的方式实现与数字内容的实时交互。苹果Vision Pro作为一款高端VR头显，将从进一步推动VR技术发展、提升用户体验标准、增强VR应用生态系统、塑造VR行业标准、提升VR市场认可度五方面改变整个VR行业生态，推动行业迈向新的里程碑。其在显示、跟踪、音频和舒适性等方面的创新将促使其他厂商加快创新步伐；高品质硬件和优化软件将迫使其他厂商提高产品质量和性能，以满足用户不断增长的使用需求；其强大的性能和生态系统支持将吸引更多开发者和内容创作者参与到VR应用的开发和创新中，不断丰富VR内容库；苹果作为一家科技巨头，其产品往往能够成为行业标准的引领者。苹果Vision Pro的推出有望成为未来VR技术和产品标准的引领者。VR技术本身拥有广泛的应用前景，如生产和工作场景、教育、交通、医疗、军事、社交、文旅、培训、运动健身等方方面面，随着技术进一步发展，未来VR眼镜在轻量化和续航能力方面将得到进一步提升，有很大可能取代手机和电脑成为新一代的网络终端设备，可以将数字世界和现实世界完美地融为一体，而不仅局限于一块小小的屏幕。

技术的进步使得虚拟现实内容的制作更加高效，用户体验更加丰富和真实。根据《虚拟现实产业发展白皮书（2023年）》，虚拟现实技术正加快在各行业的落地推广，与各行业融合发展，赋能数字经济。其中，移动出版、网络游戏、在线教育等与VR技术结合紧密的领域收入增长显著，这表明市场对虚拟现实内容的需求正在稳步增长。预测在2026年，中国的AR/VR技术在IT领域的投入将达到130.8亿美元，这将使中国跃居为全球范围内仅次于美国的第二大单一国家市场。虚拟现实技术在出版领域的应用将不断拓展，包括但不限于VR游戏、VR影视、VR直播、VR动漫、VR社交等，全新的商业模式和市场机会将推动产业规模持续增长，成为推动数字经济发展的重要力量。

二、技术赋能“出版+”遇到的问题

（一）技术成熟度和成本问题面临制约

虚拟现实技术虽然快速发展到元宇宙和人工智能落地应用阶段，但仍然面临着技术成熟度不高和成本较高的问题，这限制了其在出版业尤其是在预算有限的中小型出版企业中的广泛应用。首先，与 Apple Vision Pro 强大功能相对应的是高额的能耗和高昂的售价，配备的专用电池一次只能提供最多两个小时的使用时长，这将极大地限制用户在户外的使用，而户外显然是用户购买该设备相当看重的使用场景。其次，3 500 美元的售价在当下阶段必定会阻碍个人用户的推广应用，短时间内难以触及最广泛的 C 端消费市场群体。同时，用户对于虚拟现实技术的接受度和使用习惯也在一定程度上限制了其在出版业的应用。从市场需求与投资回报角度来说，出版企业需要评估市场对于虚拟现实技术产品的需求，并考虑投资回报率。目前，国内出版企业在相关前沿技术应用方面投入的资金和人力资源有限，大多处于试水阶段，对于以营利为目的的企业来说，在市场需求尚不明确的情况下，大规模投资前沿技术应用存在风险。最后，随着人工智能技术的发展和人工智能市场的不断扩大，越来越多的出版企业尝试将前沿技术应用到业务中。然而，市场上相关技术产品种类繁多，产品品质参差不齐，出版企业选择和使用技术产品时，反而面临着诸多困难。如何将前沿技术与出版内容有效融合，创造出既有教育意义又具有吸引力的高性价比产品，是出版业需要探索的难点。

（二）标准制定主体间仍未打破“各自为政”的局面

在实践中，跨产业行业协同制定标准虽然有助于整合标准制定范围及优化指导框架，但仍存在与协作方、上级监管部门、下属标准机构制定的标准内容交叉重叠，各标准名称定义不统一，标准解释难度增大等问题，各标准制定方主体间各自为政的局面仍未打破，需要和其他上下游相关行业建立广泛的合作互联，尽快建立与国际接轨的通用标准体系。

（三）出版融合发展人才需求缺口较大

“人工智能 +”时代的到来，出版产业正面临技术、媒介以及人才应用方面的重大革新，出版融合发展人才队伍中，跨学科、跨领域、复合型人才较少，对新媒体和出版营销领域有研究的编辑人才普遍匮乏，常常面临懂技术的

人不懂媒体，懂媒体的人不懂出版，懂出版的人不懂技术这种尴尬局面，复合型人才的缺乏极大地制约了出版融合高质量发展。如果出版行业的从业者缺乏对大模型等先进技术的深入理解，他们有效运用数据、提炼和整合知识的能力将显著减弱。同时，传统的营销方式和手段已无法满足用户和渠道的需求，要求出版从业人员增强对市场和渠道的敏感性，具备较强的数据分析能力和用户运营能力，能够通过各种技术手段以及互联网用户感兴趣的玩法将用户引流至私域流量池，并持续通过活动增强用户黏性。因此，提升出版业的社会影响力及对杰出人才的磁吸力，亟待塑造一支具备高端水平、高尚品质、专业素养和广阔视野的人才集群。

（四）技术“双刃剑”挑战现行法规制度

技术立法往往落后于技术发展的步伐，前沿技术运用在提高出版生产力的同时，也对现行的版权法规、出版管理制度产生了颠覆性的影响和挑战，加大了监管的难度和准确性。比如大数据精准算法推荐，在为人们提供更加精准的信息服务时，也限制甚至剥夺了人们的知情权、选择权，大数据成为新的媒介，无形中对用户进行了“议程设置”，导致用户间信息“鸿沟”进一步加深。同时，随意获取和使用数据的行为泛滥，数据获取的边界范围界定模糊，个人和机构的隐私权难免受到侵害。另外，生成式人工智能模型并不是通过对现实世界的观察和科学取证的方法来输出结果，生成文本的准确性和真实性有待商榷。它实际上只是依据用户上传的资料进行排列组合，不具有任何文学独创性、创新性和思辨性。而且，智能模型本身不是建立在真正理解语言和现实社会的基础之上，其内容往往偏离人类社会的价值取向，容易产生误导性的话语体系。如果阅读和使用相关内容的读者对此不加思考和批判，而选择依赖和信任，就必然给知识、技能和价值的传承带来风险，进而导致信任的崩塌。许多学术期刊已经明确表示，出于研究的诚信、许可、隐私和知识产权保护等方面的考虑，将不会刊登包含 AI 创作图像或视频的投稿。缺少法规和条例的引导和规制，越来越多使用生成式人工智能的公司发现其系统运行的安全性受到了很大挑战。

三、技术赋能“出版+”发展对策

（一）融合布局，依托出版业内容优势建设AI数据库

随着智能化和数字化技术日益渗透到出版工作的每个环节，这些先进技术已成为推动出版创新的关键工具和策略。它们在媒体融合进程中的影响力不断增强，促进了出版社从传统的单一出版模式向多元化的内容发布形式转变，并推动其从单纯的出版服务供应商演变为提供创新技术及行业解决方案的角色。目前，核心策略在于将前沿技术有效地融入出版领域——关键在于如何借助技术提升内容质量，优化基于纸质书籍的知识服务，以满足读者需求。出版社应当积极推动各类智能数字化技术的整合，不断探索新兴技术的创新应用，以此提升内容产品的附加值，进而从内容创新、传播效率和收入增长等多个层面创造更大的价值。出版业语料资源丰富，出版社通过纸质书电子化形成的图文资源库是AI大模型训练的重要数据库，辅以出版公司在版权、IP等方面的资源优势，将成为AI模型研发进一步提升智能化的关键基石。出版企业应对现有数字化内容进行资源整合，布局统一的数据智能体系，与大模型技术企业合作语言训练，共同开发智能阅读应用。妥善用好版权数据，持续推进AIGC对于积累出版企业数字资产、创新数字经济来源方面发挥的赋能作用。

（二）持续推进，助推前沿技术标准化体系建设日趋完善

标准是重要的创新资源，是国际公认的国家质量基础设施和世界通用语言。随着人工智能技术的成熟，人工智能只有与其他行业深度融合才能发挥巨大潜力，今后对该领域的研究和标准制定将呈现多学科交叉融合的特征。近年来，全国新闻出版标准化技术委员会及各协作机构持续致力于提升融合出版领域的标准体系，不断推进相关规范的建立健全，今后应结合实际提高一批技术、软件、硬件、应用标准，协同推进新兴产业各类型标准研制，提升标准与产业科技创新联动水平，加强跨行业和前沿技术领域交叉标准研制，前瞻布局未来产业标准研究，推动淘汰落后标准，不断提升广大民众对于丰富精神文化

生活的需求，发挥标准在保障数字出版业持续健康发展中的基石功效。以数字人和AI创新为核心，致力于强化关键技术标准的研发，旨在推动自主创新和独特技术向国际认可的标准转变，不断丰富我国融合出版的标准化框架，实质性增强我国数字出版业在全球市场的竞争优势。同时，稳健推进标准的制度性开放，鼓励外资企业依据法律享有同等参与标准构建的权利，并积极融入全球标准化进程，贡献中国深度参与的策略和智慧。可以预见，随着行业规范体系的深化升级，融合出版的实践操作将更加依托于成熟的标准化指引。

（三）数智赋能，培养适应新时代需求的复合型人才

人才是虚拟现实产业持久发展的保障，随着生成式AI技术的持续进化和推广，一些传统编辑岗位将进行智能化升级，未来的出版人才必须具备数智化综合素养，才能充分驾驭新技术、掌握新工具，适应发展新需求。出版单位要建立完整的虚拟现实人才培养方案，培养跨学科融合思维人才，强化各学科各产业之间的关联性，并通过对职业种类、能力要素、能力要求等进行大量综合性调研，结合当前新技术、新工具在新领域的行业业务应用和代表性案例有的放矢地打造应用型数字人才。同时，出版单位还可以联合重点高校，共同创新融合出版人才培养机制，将人才培养工作与高校学科建设、专业设置相结合，与国家出版融合发展的新要求、新项目、新制度相结合。以跨单位协作、项目申报、实务训练、课题研究、论坛培训等多种方式，共同打造校企合作和产学研用的典范，加速推进产学研三方深度对接与高效联动，与高校、科研机构携手培养一批具有互联网思维，具备全媒体生产、传播、运营、管理等相关能力的复合型人才。最后，出版单位可以通过组织各类技能比赛，以赛促学练“精兵”。在人才培养战略中，全力支持出版融合领域的关键部门，倾注于政策咨询、数字化资源注入、专业人才培育和技能提升比赛等多个环节。设立一系列便利措施和激励体系，激发编辑们的能动性，鼓励他们积极参与多元化的出版融合教育项目。通过深度交流与实践，旨在构建一个由领域权威引领、高层领导监督、部门主管积极推动的跨学科、充满活力且持续学习的融合出版团队。

（四）有效防范，切实发挥生成式人工智能应用优势

生成式人工智能的发生与发展，为人类生产生活尤其是融合出版的发展带

来无限可能。有效防范AIGC带来的风险，有助于我们充分发挥技术优势，更好地提升出版服务的质量。首先，政府监管机构要通过制定相关政策法规对生成式人工智能的算法和数据采集进行有效引导、统筹管理。制定的政策框架需要与我国立法和监管背景保持一致，并且要随着技术更迭而更新，不断提高现有法规的适用度。在监管的同时给予人工智能创新的自由度，协同创造出更高质量的内容。其次，对AI使用的数据内容边界要高度清醒，通过制定行业道德规范准则和检验标准，明确AI大模型辅助创作的定位，保持理性判断。增强提供生成式人工智能公司的责任意识，在涉及与个人身份或受版权保护的知识产权有关的内容时，必须获得同意与许可后才能使用。虚拟现实优质内容创作的门槛较高，精通计算机科学且对垂直领域理解深刻的复合型人才培育周期较长，我国出版单位可探索利用AI大模型协助开发虚拟现实内容应用，提升内容创作质量和效率，缩短人才培育时间和成本，切实发挥生成式人工智能应用优势。

（作者单位：中国新闻出版研究院）

中国数字主题出版产业研究报告

重庆华略数字文化研究院

2023年是实施“十四五”规划承上启下的关键一年，也是深入学习宣传贯彻党的二十大精神的开局之年，全年国内生产总值达到126.06万亿元，同比增长5.2%，表明中国经济成功实现恢复性增长。这一年，数字中国建设高站位部署全面落实，国家文化数字化战略持续深入推进，文化繁荣发展态势鲜明，出版业改革态势持续深化。这一年，党对主题出版工作的领导更加全面深入，数字主题出版成为做优做强做靓主题出版工作的关键力量，呈现出亮眼的成绩。

2023年，数字主题出版围绕数字中国全局化部署，紧扣国家文化数字化重大战略定位，主动拥抱新技术，积极打造新业态，不断丰富消费新场景，面对和克服各种不利因素，在国家文化数字化发展进程中展现更强劲活力、更大潜力。

一、数字主题出版产业发展态势

（一）产业政策布局进一步加强

2023年，数字主题出版产业顶层设计持续夯实，产业政策布局进一步加强。1月，全国出版工作会议在北京召开，主题出版作为重要议题之一，明确提出要“围绕宣传阐释党的二十大精神，策划一大批主题鲜明、内容丰富、形式多样的主题出版选题”。2月，中共中央办公厅、国务院办公厅印发《数字中国建设整体布局规划》，数字中国全局发展定位得以确立，明确提出“打造自信繁荣的数字文化”，做出大力发展网络文化、推进文化数字化发展、深入实施国家文化数字化战略、建设国家文化大数据体系、提升数字文化服务能力等具体部署。作为主题出版的重要抓手，数字主题出版在数字中国建设指引下的蓝图更加清晰，举措更加坚定。2023 年“中图数传出版融合投资基金”正式成立运行，出版融合发展工程启动实施，为数字出版精品和出版融合示范企业打造奠定坚实基础。

（二）主题出版文化引领持续加强

2023 年，中国数字主题出版继续保持良好发展势头，在推动主流文化价值传播和凝聚人民奋斗精神力量等方面地位突显。通过数字主题出版，可以有效地传播党的最新理论观点和新时代生动实践为人民提供精神和文化上的引领。随着产业规模的不断壮大和数字化建设的深入发展，数字主题出版不仅推动着出版产业的高质量发展，也在弘扬社会主义核心价值观、弘扬中国优秀传统文化等方面发挥着重要作用。《一文一物话西藏》以铸牢中华民族共同体意识为主线，对西藏的代表性历史文物、文化遗存等进行深度挖掘，用通俗生动的文字呈现了古人的衣食住行，讲述了各族先民在青藏高原交往交流交融的故事；《长江画传》以一种通俗易懂的方式讲述了长江文明的独特内涵，使读者在感叹传统文化魅力的同时更加坚定文化自信；《江山如画：水北镇的新生活》以乡村振兴为底色，描绘出水北镇的中国式现代化乡村生动图景，同时也赞扬了水北人敢闯、敢为、诚信的灵魂。这些优秀主题出版作品促进了文化繁荣发展，提振了人民干事创业的信心。

（三）主题出版选题方向更加聚焦

2023 年，中宣部持续公布主题出版重点出版物选题，入围选题共有 170 种，其中图书选题 150 种、音像电子出版物选题 20 种。相较于 2022 年，图书选题有所增量，音像电子出版物选题较为稳定。总体来看，主题出版选题紧密围绕学习贯彻习近平新时代中国特色社会主义思想，以及党的二十大关于文化繁荣的战略部署，集中体现了主题出版在新时代的重要方向和重大任务。《习近平著作选读》第一卷、第二卷（含民族文字版）、《习近平新时代中国特色社会主义思想学习纲要（2023 年版）》（含民族文字版）、《中国式现代化的世

界意义》、《读懂中国式现代化》等重点出版物体现了主题出版必须以党的创新理论和新时代伟大成就作为选题核心方向；围绕毛泽东同志诞辰130周年、抗美援朝战争胜利70周年等重大时间节点推出的《毛泽东与抗美援朝战争》《毛泽东的党史观》《跨过鸭绿江：抗美援朝影像记忆》等优质主题出版物体现了主题出版物的主要选题方向；文学主题出版、科技主题出版和少儿主题出版等纵向细分领域主题出版精品成为热门选题方向。

（四）数字主题出版势能不断增强

数字主题出版产品种类不断丰富。2023年9月，第十三届中国数字出版博览会上发布的《2022—2023中国数字出版产业年度报告》显示，我国数字出版产业总体营收达1.36万亿元，同比增长6.46%。数字主题出版贡献力持续增强，漫画、动画、电子书、有声书、音视频、数据库等数字主题出版形态日臻丰富完善。《见证新时代》设计3—7分钟的短音频故事讲述新时代革命文物背后的文化故事，让听众感受和领悟其中的思想内涵、时代价值和教育意义；《强国复兴新征程——党的二十大主题优秀原创音乐精品集》布局6个歌曲篇章和3个器乐篇章，精选100余部优秀原创歌曲及器乐作品，还将习近平新时代中国特色社会主义思想和党的二十大报告重要观点贯穿在每一篇章之中；此外，《高质量共建“一带一路”：从思想到行动》（听书版）、《习近平新时代中国特色社会主义思想学习纲要（2023年版）》有声书、《田野之上》纪录片、《碳达峰与碳中和：科普动画百讲》等优质数字主题出版物还立体展现了党的最新理论成果和生动实践。

（五）少儿主题出版大放异彩

2023年，少儿主题出版呈现出多样化和创新性的特点。一方面，儿童主题出版作品更加注重少儿价值引导和成长需要，呈现内容更加具象，语言更加生动，方式更加多元。《中国共产党人精神谱系故事绘本》（第一批10册）、《课本中的红色印记》等以绘本形式向少儿读者生动讲述党的历史故事，传承红色基因，助力“四史教育”；《中华先锋人物故事汇（第五辑）》《国之瑰宝：宋庆龄的故事》《雷锋》等人物传记类图书，用童心童语讲好人物故事，为少儿读者根植了文化基因。另一方面，儿童文学主题出版作品紧密跟随时代脉搏，将现实生活的多姿多彩融入作品中，让儿童读者感受到祖国的巨大变革，并从中汲取精神力量。《我的国家公园》丛书以新时代生态文明实践为背景，向青少年讲述国家公园建设的故事，实现了主题性创作的创新性表达；《慈江雨》以少年视角讲述抗美援朝战争，歌颂平凡人的事迹，同时也关注儿童在特殊时空下的成长，具有重要的历史意义和教育价值。此外，儿童科技主题出版作品创新表达形态，《见证新时代》通过讲述新时代的科技故事，让青少年了解新中国科技发展成果，普及相关科技知识，激发青少年用户的科技兴趣。

二、数字主题出版产业发展的问题与建议

（一）数字主题出版产业发展面临的主要问题

1. 文化数字资源的价值挖掘力有待加强

近年来，主题出版作为推动出版事业繁荣发展的重要抓手，各家出版社在推出一批数字主题出版作品的同时，也出现了选题重复、立项撞车、赛道拥挤等问题。主题出版不应拘泥于狭义的主题概念，也不能一概泛化而论，而应该立足当下，反映现实，彰显文化自信，弘扬时代精神。现阶段，我国部分省域内大量文化资源尚未被有效转化为数字形式，其潜在价值仍然未得到充分释放。作为数字出版从业者，要主动加强技术应用，深入参与到行业交流中来，提升数字化技术应用能力和水平，又要考量文化数字资源更好融入市场，实现其经济价值和社会价值的双重提升。这些都是行业亟待解决的难题。此外，要发挥出版联盟在文化数字资源价值挖掘上的作用，立足各省域独特的红色革命资源、历史文化资源、乡村振兴现象级做法，围绕各出版企业基础优势和特色优势，合力挖掘整合其中具有鲜明主题特色的资源，跨省协作，共同立项，推出了更具引领力和影响力的主题出版优质产品。

2. 细分领域数字主题出版策划有待加强

坚持精品引领、策划带动，构建主题突出、质量上乘的数字主题出版作品策划机制，是各大出版企业共同关注的重点。据统计，2023 年文学、科技、少

儿等主题出版细分领域数字作品数量相对较少，文学故事、科技故事和文化故事全景式、立体式呈现略有不足，对读者群体的吸引力有待增强。关注细分领域出版策划，必须在出版物选题创新上寻求突破。

要充分关注社会事物的发展和人们对文化需求不断增长的持续性，在思想上牢固确立“选题创新无穷尽”的观念；要善于用创新思维的方式，通过对现有素材多维度、深层次、成系统的分析，挖掘出独具特色的原创性选题。还要跳出单一出版单位、单一介绍某个领域科技成果的标准思维模式，站在建设科技强国高度，运用系统论原理进行跨行业设计，使其从众多同类选题中脱颖而出。2023 年公布的科技主题出版作品《“从 0 到 1”的突破——国家科技重大专项创新成果集萃》系列专题片、《中国光谷：走科技自立自强之路》等沿用的是标准制作范式。

3. 数字主题出版运作机制有待完善

随着新一轮科技革命和产业变革的加速演进，数字主题出版运作机制得到出版社的关注和重视。鉴于各出版社自身基础和优势差异，数字主题出版产品的全产业链运营理念仍有待加强，出版企业通常在数字化生产环节遭遇瓶颈。据了解，部分出版企业的数字化运营还停留在数据资源的数字化整合阶段，缺乏深度融合，难以形成有效的数字营销策略。这种局面不仅阻碍了产品的创新升级，也影响了用户思维、数字化思维和数据库思维的形成。《京之轴》《科学人生·百年征程》等数字主题出版产品受众反馈度不高，数字主题出版产品影响力尚未形成，未能为用户提供更加丰富、个性化的阅读体验。在 IP 资源方面，现有优质 IP 资源挖掘力度有待提高，如少儿数字主题出版领域缺乏拳头产品，已公布的少数数字主题出版产品难以形成品牌影响力。同时，新 IP 的打造面临诸多挑战，难以迅速崭露头角。比如《强国复兴新征程——党的二十大主题优秀原创音乐精品集》还必须聚焦选题和受众深化 IP。此外，还要注意数字主题出版经营效率有待提高，尤其是要充分整合加大优质资源投入。

（二）数字主题出版产业发展的对策建议

1. 做好顶层设计推动数字主题出版创新发展

出版深度融合背景下，数字主题出版必须要做好顶层设计，变革传统传播局面，拓展新媒体传播空间，促进数字主题出版的传播力、影响力和辐射力。一是加快明确数字主题出版的目标定位。借助中国数字出版博览会、重庆数字出版年会等行业交流大会，掌握产业政策布局推进效果，洞察产业发展态势，进一步确立目标市场，圈定用户群体，同步创新出版内容和出版形式。二是持续推进数字主题出版精品。当前，网、云出版时代为传统出版带来挑战的同时，也为数字主题出版带来发展机遇，数据库、音视频、游戏、动漫、动画等数字出版形态融合共生，加速融合出版进程。国防工业出版社的《中国科技之路》“航天卷”将31个视频、38个音频、11个VR制品和H5长图等数字资源有机融合，打造成为纸数结合的数字主题出版精品。三是加速数字技术应用创新。促进元宇宙技术在出版领域的应用进一步深化，元宇宙图书、数字藏品、3D超写实数字人苏东坡、图壤·阅读元宇宙等创新应用，以及“斑马百科”“斑马App”等数字主题出版产品不仅提高了数字主题出版的生产效率，还丰富了用户的感官体验。

2. 紧扣主题主线全方位挖掘数字主题出版选题

深入宣传阐释党的二十大精神，聚焦新时代新征程中国共产党的使命任务，把握中国式现代化的中国特色和本质要求，围绕党的二十大作出的各项决策部署，是数字主题出版的根本遵循和价值导向。因此，要全方位挖掘数字主题出版选题，丰富数字主题出版精品类型、数量和质量。一方面，突出原创导向，精准把握选题思路。2023年，国家出版基金资助了一批具有示范性、引领性的精品出版项目。从选题板块看，研究阐释习近平新时代中国特色社会主义思想、学习宣传党的二十大精神等主题出版项目147个，占28.5%；反映历史传承和文化艺术成果的项目207个，占40.1%；反映科技领域成果的项目162个，占31.4%。中宣部2023年重点主题出版物重点选题方向分布与之类似。另一方面，围绕党和国家重大事件、重要时间节点做好选题策划。从历年选题策划上看，如围绕抗日战争胜利70周年主题，有《抗日战争》《抗战家书：我们先辈的抗战记忆》；围绕改革开放40周年主题，有《国家相册：改革开放四十年的家国记忆》；围绕新中国成立70周年主题，有《新中国70年》；围绕建党百年主题，有《奋斗与梦想：近代以来中国人的百年追梦历程》，这些都体现出主线任务是做好数字主题出版的直接牵引。

3. 锻造产业链完善数字主题出版运作模式

产业链完备不仅关系数字主题出版产业的持续稳健发展，还关系到数字主题出版运作模式的拓展创新。一是充分整合数字主题出版内容与渠道。加快构建产业协同发展机制，打造产业协同发展平台，整合产业链上中下游核心资源，从数字主题出版全产业链条上寻求新的运作模式，以此提升数字主题出版产业的核心竞争力，推动产业创新实践。二是加强数字化平台联动传播。按照数字主题出版产品的属性和特点，围绕用户个性化、精细化需求，加强“学习强国”App、县域报刊数字化平台、全媒体平台、融媒体中心互动关联，拓展数字主题出版产品的传播范围，倒逼出版企业挖掘地域优秀历史文化，丰富数字主题出版选题库，提高数字主题出版产品的市场影响力。三是力促经营模式开拓创新。要强化主题出版的数据库和数字化平台功能，不断提升数据存储与处理能力，增强用户互动体验。在此基础上，要开发数字资源交易与服务平台，搭建起连接供需双方的桥梁，提供一站式的数字版权推广解决方案。还要通过跨界融合、技术创新等手段，丰富产品线，提升数字主题出版产品的市场竞争力，进而扩大主营业务收入，实现产品价值的最大化增值。

4. 掌握前沿技术赋能数字主题出版

2023 年，新技术创新和应用在数字出版领域持续深化，加速出版深化改革步伐，促进传统出版数字化转型升级。一方面，主动拥抱 5G、大数据、云计算、人工智能、虚拟现实等技术，要在数字出版内容生产、编辑加工、印刷发行、传播营销及数字内容资源管理等领域发挥示范引领作用。相较于元宇宙场景，AIGC 技术的快速应用，深刻改变了数字出版从业者的工作方式和内容。因此要关注用户动态，了解用户需求，与用户互动，加速数字出版个性化内容推荐、精准化内容加工和智能化内容生产的步伐。另一方面，近年来中宣部深入实施出版融合发展工程，设计了数字出版精品和优质平台的子计划，各出版企业要以此计划推进为契机，加快技术应用实践探索，要以优势技术应用突破出版行业发展瓶颈，力争取得一系列突破性、创新性数字出版产品。此外，新技术加速传统出版业转型升级和融合发展，要注重引导出版单位利用云会议、云首发、云展示等线上形式，实现更高效率、更密集频次的交流，加大开发电子书、数据库、网络文学、有声读物、游戏等优秀数字出版产品。当然，夯实工作基础，强化数字出版前沿技术支撑保障，也不容忽视。

三、数字主题出版产业发展趋势研判

（一）文化价值引领地位更加稳固

数字主题出版产业高质量发展的同时，在传播先进文化、塑造社会价值观方面的重要地位日益凸显。出版深度融合背景下，数字主题出版不仅承载着传承与发扬传统文化的重任，更是文化价值引领的重要阵地。数字主题出版要积极推动出版企业与主流媒体、新兴数字内容平台之间的深化合作，通过跨界融合，实现资源共享，优势互补，共同打造具有影响力、传播力的数字主题出版产品。它们不仅能够深入宣传党的路线方针政策，还能生动展现国家发展成就，弘扬主旋律，传播正能量。此外，数字主题出版还要加强创新传播方式，运用大数据、人工智能等先进技术，深耕用户需求，实现个性化推送，提高传播效果。通过构建立体化传播矩阵，为国家文化数字化战略全面落实提供强大精神动力和文化支撑。

（二）策划选题和内容开发持续深化

打造优质的数字主题出版产品，一是要培养敏锐的洞察力。一方面，要紧跟党和国家的最新政策、国际国内的重大事件，迅速准确地响应党的最新政策向导，同时，对于社会密切关注的热点话题，要深入挖掘其符合社会主义核心价值观的主流观点，用读者所喜闻乐见的方式传播；另一方面，要对相关政治和时事政治事件保持一定的预测性，比如对于国家重要的历史事件、重大的历史纪念日等主题，出版企业和编辑要提前策划和准备，在恰当的时间节点，及时发布，有效地传达给大众。二是要根据自身业务特点整合资源。主流出版企业在进行数字主题出版工作时，可以利用自身资源丰富和技术先进的特点，充分将马克思主义的“魂脉”和中华优秀传统文化的“根脉”相融合，把习近平中国特色社会主义思想和共产主义共同理想相结合，打造大型的数字主题出版服务平台，为地方性出版社提供资源和技术的帮助。地方出版社可以结合当地的地域特色，因地制宜打造具有代表性和影响力的地方特色数字主题出版产品集群。

（三）数字主题出版应用体验更加深刻

一是选择适当的多媒体呈现形式。数字主题出版产业要在优化好数字主题出版内容的基础上，个性化地选择数字主题出版的呈现形式。比如，古籍类的数字主题出版，可以运用图文并茂的互动电子书、VR 场景体验等多媒体形式来呈现较为深奥的古籍内容，实现古今对话，增强阅读的趣味性和沉浸性；重大历史时间点、重大历史纪念活动类的数字主题出版，可以运用互动式的多媒体场景课程，通过应用实体体验，形成思想传播的新高度。

二是提供多元化、个性化的知识服务。在数字化发展的趋势下，人们对于文化的需求越来越多样化和个性化，数字主题出版不仅要挖掘内容的多元化更要形成内容的集约化利用，把不同的文化和新业态结合，推动数字主题出版多元品牌化发展，注重数字主题出版跨界融合 IP 的打造，增强数字主题出版的传播力、影响力和覆盖面。探索形成主题出版的“一个主题，多种生产，多元传播”的协同传播机制，抢占新媒体时代主题出版发展制高点，提升主题出版的传播力、引导力。

三是扩展多媒体内容。一方面，除了传统的文字内容外，数字主题出版还可以扩展图片、音频、视频等多媒体内容，为读者提供多元化的阅读体验；另一方面，组织线上和线下相结合的活动，如持续深化“数博会”“数字出版年会”等数字主题出版高质量发展平台优势，为读者提供较好的交流和互动机会。

（三）数字主题出版作品体系更加完善

一是以内容建设为根本，打造融合主题出版精品。对于一些有建设性的作品，可以邀请知名专家和学者撰写，确保其内容的权威性和专业性。主题出版要高举思想旗帜，持续做好习近平新时代中国特色社会主义思想出版宣传，围绕宣传阐释党的二十大精神，积极反映国家意志、人民主张、时代大趋势等，破除西方舆论霸权和污名化，讲好中国故事，传播中国声音。

二是推动智能采集用户需求信息，实现数字主题出版作品的精准投放。一方面，可以引用大数据和云计算技术，通过准确的市场调研数据，深入了解读者的阅读爱好、购买需求和购买行为，为精准投放提供依据；另一方面，明确市场定位和受众对象，可根据特征进行细分，以便更准确地投放产品。比如，面向青少年的数字主题出版，应该根据青少年阅读习惯，创新方法手段，组织推出一批生动阐释、丰富呈现的学习读物。聚焦培育时代新人，引导青少年以实现中华民族伟大复兴为己任，推出一批立德树人、启智增慧的教材、读物，培养德智体美劳全面发展的社会主义建设者和接班人。组织出版一批大力弘扬民族精神和时代精神、培育和践行社会主义核心价值观、传承中华优秀传统文化的优秀少儿图书、绘本连环画、有声读物等。

三是加强主题出版融合人才队伍建设，完善人才保障措施。数字主题出版融合人才队伍建设是打造精品数字主题出版的关键，要形成系统化培育、跨学科化融合的优质作者群。出版行业工作人员在创新思维与技能等方面依然存在不足与局限性，而懂运营、具备先进技术及懂出版的复合型数字人才及高端的数据分析人才则很少。还应聘请专业人才，加强与出版社的交流，与高校联合培养专业人才，为学生提供实习机会，借助学校为出版社培养储备人才。同时，建立明确的编辑标准和编辑流程，引入专业工具提高编辑效率和质量，推动数字主题出版编辑工作的多维度沟通和成系列创新。

（课题组成员：游登贵、刘永桂、段明月、田欣、朱洁）

中国有声阅读产业年度报告

孟丽　孙瑞淇　于千雯　孙之路

一、有声阅读产业概述

2023—2024 年短视频和直播行业的兴起，推动声音行业蓬勃发展，使得用户使用需求不断增长、规模持续扩大。中国声音经济行业市场前景广阔：一方面行业外部环境良好有利于行业发展，尤其是资本方对相关企业进行投资；另一方面国民逐渐养成“知识付费”的习惯，阅读率及付费意愿都有所提高。近年来我国有声书行业的增长基本上不受宏观经济周期的显著影响，目前正处于一个持续增长的阶段。

（一）政策支持

1. 完善全民阅读良好氛围，大力推动全民阅读工作

近年来，国家大力支持推进全民阅读工作。围绕中宣部印发的《关于促进全民阅读工作的意见》，在全社会大力营造爱读书、读好书、善读书的良好氛围，通过推进有声阅读产业的发展，引导人民群众提升阅读兴趣、养成阅读习惯、提高阅读能力，使全民阅读理念更加深入人心。

2. 国家大力支持数字图书馆建设

我国对数字图书馆的发展给予了极大的支持，将数字图书馆项目纳入了“863 计划”。这一举措表明，有声图书在互联网上的传播享受到了强大的政策支持优势。另外，数字图书馆事业的建设和发展优化了馆藏结构，即根据读者

的需求和喜好来合理配置不同类型的有声读物；这让“阅读”成为“悦读”、“看书”变成“听书”，促进老少同乐和无门槛全民阅读，进一步促进有声阅读产业的全面发展。

（二）经济发展

1. 有声书市场持续增长，平台多元化

2023年有声书市场潜力强大，尤其是AI技术与5G技术给有声书行业带来极大的革新，从而带动有声书市场的持续增长。互联网让不同的文化得以流通，移动端的普及为有声阅读行业的发展提供了很好的发展土壤。根据艾媒数据显示，类似喜马拉雅、番茄畅听以及懒人听书这样的有声书行业应用平台，正逐渐崛起于国内市场。

2. 用户规模持续扩大，需求多样化

新华社联合喜马拉雅近期发布的《2023国民收听趋势白皮书》（以下简称“《白皮书》”）中的数据显示：在音频使用者中，18—30岁的青年群体占据了40%，而30—40岁的中青年占据36%。另外，《白皮书》还显示：更多年轻人通过音频在线学习，其利他观念日益提升，表现为互助共情、珍惜亲密关系、关注社会问题、主动拓展信息面。

（三）社会环境

1. “耳朵经济”融入生活场景

2023年，“耳朵经济”越来越成为中国人的一种提升幸福感、获取新知识的生活方式，陪伴不同年龄层的用户群体悦己、求知。随着全年龄段用户对有声阅读的更高追求，即时满足、亲子共听、播客陪伴、氛围背景音等多种需求爆发——“听”已经成为国人的生活潮流、健康的生活方式、丰富生活和增添趣味性的重要选择。“耳朵经济”的繁荣诱发了有声阅读领域的新消费趋势，具体表现为消费者在生活场景收听有声读物，对收听内容与生活场景的结合度，内容的碎片化、主题的分众定制化、趣味性与讨论度等要求提升。同时，在硬件方面，让有声阅读与生活场景深度结合的智能家居等行业也正在变革中发展优化，以适应“耳朵经济”全方位伴随用户的现代声音消费新趋势。

2. 有声阅读成为国民学习方式

由于听书具有保护视力、移动式碎片化学习、加强记忆背诵、放松身心等方面的优势，有声阅读正成为新兴的国民学习方式。

播客方面，以小宇宙用户为代表的播客App用户群体乐于通过收听播客获取信息，不少播客电台通过音频传播知识，而听众则在收听播客的过程之中学习语言技能、了解商业洞见、培养艺术素养、拓宽知识边界。

而在收听有声读物方面，由于不少通识类有声书都是播讲者对图书内容的朗读、拆解、讲授、解读，因此听书相较于阅读纸书来说，更加具备了以轻松的方式传递知识的功能。例如，近年来，在有声阅读平台上，不少有声书的讲解都以“百家讲坛”的形式出现，播讲人不再局限于图书文本本身，而是延展到大众生活实际，联系到工作学习的方方面面，与听众共鸣，丰富读者的精神世界。

（四）技术赋能

1. 数字人在多领域出现并应用

近期，多个领域的互联网公司、文化旅游广播电视和新闻出版机构相继推广了数字化角色，并实现了跨行业应用。例如，由上海广播电视台推出的虚拟主播申芥雅、国家博物馆的虚拟数字员工艾雯雯，以及抖音平台上的虚拟美妆达人柳叶熙等。同理，数字化角色也渗透到了国内的有声阅读市场。2023年5月，数传集团向出版界介绍了AI阅读服务的虚拟代表小睿，标志着我国出版行业AI新纪元的到来。到了2023年8月，番茄小说宣布了其虚拟数字人IP番卷卷，旨在为读者提供陪伴阅读的体验。喜马拉雅平台上，基于真实人物打造的AI主播亦受到了广泛关注。有声阅读作为与数字平台及技术密切相关的文化形态，无疑将继续探索并拓宽数字化角色应用的新领域。

2. AI等更多新技术融入音频世界

喜马拉雅与新华社国家重点实验室联合发布的《2023国民收听趋势白皮书》这一报告显示，更多新技术正融入音频世界。数据显示，45%受访者认为空间音频/全景声有临场感，五成以上受访创作者愿意尝试制作；62%的被访创作者为提高效率和节约时间而尝试AI工具。AI技术赋能也不断提升用户悦听体验，持续扩大有声阅读市场规模。

二、有声阅读产业市场发展现状

（一）市场整体现状

在移动互联网时代，信息的急速膨胀不仅分散了人们的注意力，使其变得更加碎片化，而且对需要集中视觉注意的感官造成了巨大的压力。为应对读者碎片化的时间，解放视觉和活动空间，依托于技术进步，提供丰富和便捷的有声阅读形式，强调伴随性的听觉阅读方式重焕新生。这种方式支持了跨越空间的“时时阅读，处处阅读”的线性阅读模式。因为有声行业起步晚，付费模式也借鉴了其他行业的付费模式。近几年，随着消费者需求上升，使用习惯的成形，有声读物行业人均消费金额呈稳定增长。

1. 全球有声阅读产业规模

全球范围内，美国和中国稳居有声阅读产业市场的前两名，并且这一领域多年来持续快速增长。根据《国际有声阅读产业发展报告》，音频市场的扩展及付费模式的普及促使有声书籍成为付费内容的领头羊。在全球数字出版市场中，有声书籍板块的快速增长得益于其内容的多样性和广泛性，逐渐转变为一个具有高阅读率保障、出版商获取高利润、平台运营商增加流量及用户高黏性的市场潜力区域。此外，它也被视为数字出版领域的一大新机遇，预计 2028 年全球有声读物服务市场规模将达 542. 04 亿元。

2. 中国有声书市场稳步发展，潜力巨大

根据观研报告网发布的《中国有声书市场现状深度研究与未来投资分析报告（2022—2029 年）》显示，目前我国有声书发展成全球范围内第二大市场，整个行业也处于快速发展阶段。我国有声书市场规模在近几年也呈现快速增长的趋势，其迅速扩大主要得益于用户对有声书的持续需求增长，以及有声书平台和在线音频播放平台的积极推动。我国有声读物媒体资讯量相对集中于华东地区，其中在线音频平台喜马拉雅和蜻蜓 FM 总部均在上海；目前我国上海有声读物媒体资讯量占据 8. 6% 的市场份额，江苏占据 7. 2% 的市场份额，山东、

浙江各占据 6.5% 的市场份额，北京为全国之首，占据 9.3% 的市场份额。

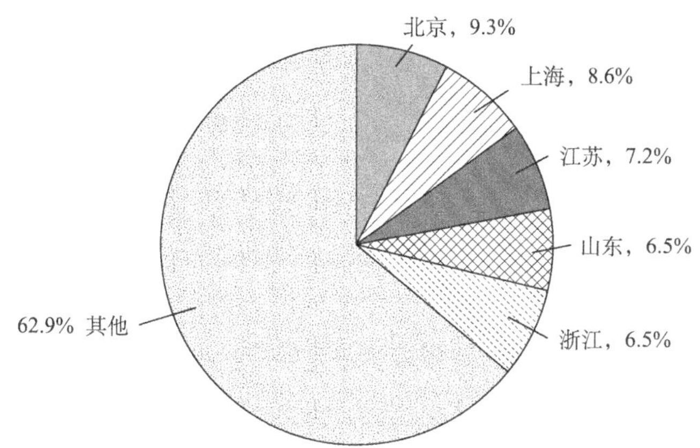

图 1　中国有声读物媒体资讯量分布格局

数据来源：智研咨询

3. 有声剧表现亮眼

2023 年，有声剧成为阅读领域颇具影响力的传播风尚。创作者用场景音效和语言将图书内容沉浸、生动地呈现。在有声剧中，创作者基于人物配音对话，辅以旁白讲播，穿插背景音乐、音效渲染，给用户带来听觉盛宴。以喜马拉雅有声剧厂牌“白夜剧场”，以及《狂飙》《长相思》为代表的有声剧受到大众喜爱。

书、影、音三种传播媒介相互影响，相互促进。其中有声剧作为音频传播的新形式，在“耳朵经济”的促进下表现亮眼。有声剧的繁荣发展，也对出版企业整合资源、推陈出新的能力提出了更高的要求。

4. 网络音频行业的蓬勃发展

2023 年，以有声书、播客和音频直播为代表的网络音频产品品类正在被越来越多人知晓和使用。亚次元文化同样推动着网络音频行业的蓬勃发展，诸如 729 配音工作室一类的商业有声书制作方获得极大的关注度，网络音频行业多品类的配套企业进入快速发展期，并且随着这些品类的发展和收听场景的多元化发展，整个产业迎来新一轮的发展机遇。基于用户对音频产品付费意愿的不断提升、有声书配套行业的逐渐成熟、网络文学市场的发展、AI 技术蓬勃发展以及红利趋势下多行业跨界入局局面的形成，有声书行业得到进一步发展。

（二）细分市场现状

1. 同业竞争者的竞争程度增大

随着多方资本加入有声书行业，现阶段已形成基本竞争格局。总体来看，优势较明显的是综合音频平台。喜马拉雅、蜻蜓FM及荔枝这类综合平台总体的平均月活用户量高于懒人听书、酷我听书这类垂直平台——这从一定程度上反映了综合平台利用多样资源吸引用户群的能力较强——垂直平台在这方面则稍显逊色。在综合类平台中，玩家梯队分化明显。如喜马拉雅拥有市场上70%畅销书的有声版权、85%网络文学的有声改编权和超6 600本英文原版畅销有声书版权，其领先优势明显；其作为有声书的主要发行平台，用户和海量内容都有着天然的运营优势。此外，蜻蜓FM和荔枝则势均力敌。

另外，每一个平台根据自身的用户画像有天然的内容方向。喜马拉雅2023年更加倾向于优质的原创网文，女频古言、男频悬疑推理、都市娱乐、出版物历史、人性、心灵鸡汤；同时，精致的儿童包装作品是平台的主要需求内容。再如蜻蜓FM等对官场、悬疑书的大力推送，华为音乐对官场都市的倾向，酷狗、懒人、企鹅、掌阅等对下沉内容的选择和针对平台侧推广的内容选品，都是有声书行业不断优化甄选的方向。

2. 巨头加码，播客爆发

2023年，互联网巨头纷纷在过往数年试水有声阅读领域过后加大投入，这一现象源于有声阅读在过去几年中展现出的巨大潜力。有声阅读领域头部互联网企业喜马拉雅在2021年至2022年大幅缩小了亏损金额，并在2023年实现了全面盈利 。专注“听书”的喜马拉雅盈利为有声阅读市场注入了巨大信心。2023年，不少互联网巨头进一步加码了有声阅读领域的投入，如微信拓展了App发现页“听一听”功能模块。网易云音乐在调查中发现，“00后”更习惯为网络内容付费，近五成“00后”用户曾为长音频内容付费。这代表着未来消费力的年轻群体对有声阅读领域青睐有加，这也让有声阅读领域从充满未知与潜力的互联网“蓝海”向竞争激烈、精细化运作的“红海”转变。

在有声阅读领域，2023年播客爆发式增长；在社交媒体平台，有关于播客

的讨论持续进行，其也逐渐分化出对谈类、故事类、音乐类等不同的品类。36氪研究院《2023年中国在线音频行业洞察报告》显示，已有近四成的音频用户会收听播客。这其中超过两成的听众表示会尝试制作播客，表明其受众群体已经相当庞大；一些创新性强、内容质量高的播客电台积累了高忠诚度的用户群体。

3. “耳朵经济”呈多方增长趋势

2023年，年轻人正在形成“氛围感逛听”新趋势，用声音打造精神舒适区。《2023国民收听趋势调研》对喜玛拉雅这一音频平台的用户及创作者数据作了系统汇总，数据显示，音频用户外出、走路、短途、等待、自驾等收听场景占比32.68%。年轻人追求即时满足的悦己情绪，2023年平台用耳朵听剧累计播放量超过83亿，有超过5 000万人在平台上“抢先听”2024年待播影视剧。健康类内容的新增用户增长119%，新增健康类用户中超四成是18—35岁青年群体，呈现养生年轻化趋势。

2023年这一年，有声阅读的迅速发展更是为创作者提供了更加良性的工作氛围。喜马拉雅平台有37万创作者实现了收入0到1的突破，35岁以下创作者占比45%。由此表明，越来越多的人在平台上开始了音频创作生涯。

（三）市场结构现状

1. 上中下游产业链日趋成熟

目前，有声阅读产业链发展已经较为成熟。在产业链上游，各大出版企业挖掘出版资源，根据自身内容特色打造IP，为产业链中下游输送可以进行再加工和二次创作的版权资源；在产业链中游，各类音频内容平台策划和生产有声内容产品，也为主播提供平台进行内容创作；在产业链下游，智能手机、智能家居、智能音箱、智能穿戴设备、车载终端等硬件设备设计、生产不断规范化，实用性和品质，在生活场景中的利用率均不断提升。

由于有声书产业中游的各大音频平台在整条产业链上具有较强的影响力，因此，以喜马拉雅、蜻蜓FM、荔枝等为代表的有声阅读音频平台在整条产业链上常常承担起“链长”的角色。这些平台在衔接产业链上下游的同时，不仅促进着上游出版企业策划和打造更加优质的、可音频化的内容及IP，还推动着下游音频硬件设备的精细化发展，以促进有声阅读渗透、浸润听众的不同生活场景。

2. 在线音频快速发展，进入“全民聆听”的新时代

近年来在线音频快速发展，加之政策导向明确新方向，从数字版权、信息安全和用户权益等方面制定了产业链上中下游的规范，保障了相关音频企业的利益。在此基础上，用户规模和市场规模均呈现出逐年递增的状态。政策推动的媒体融合深度以及市场需求的增长促进了电台开发自有App的兴起，导致用户从传统广播转向在线音频的趋势日益明显。我国在线音频市场的渗透率正逐步增加，这不仅为广播媒体提供了新的发展空间，同时也标志着“全民聆听”时代的开启。音频市场正朝着个性化、视觉化、碎片化及规范化的发展方向迈进，与此同时，这一市场还积极与语音交互技术进行整合，以推进智能音频产业的深度布局。随着新媒体产品的持续迭代与更新，在线音频服务需要与这些新兴产品形成紧密连接，以满足市场和用户不断变化的需求。

（四）终端市场现状

1. 智能学习硬件赛道竞争激烈

随着技术进步，近年来越来越多的父母购置学生平板电脑、家教机、智能屏、点读笔等智能学习硬件设备。这些硬件设备，可以帮助学前和学龄青少年儿童以更具趣味性的方式培养学习习惯、检测学习成果。

在全世界智能学习硬件市场持续增长的同时，国内智能学习硬件设备市场也呈现出迅速增长的态势；具体表现为从2018年的30亿元到2023年的60亿元，学习机市场规模年复合增长率达到15%，市场规模发展势头强劲。目前，智能学习硬件已经分化出语言学习类、早教类、电子词典类、翻译类、课外辅导类等多个类别的硬件设备。作为对传统教学手段的补充，学习机等智能学习硬件设备正在以丰富的课内学习资源、兼具趣味性与艺术性的课外兴趣培养功能，以及作文批改、口语陪练、护眼模式、家长远程监控等多种具有较强实用性的功能赢得消费群体的青睐。

在市场规模不断扩大的态势下，智能学习硬件生产厂商也不断迭代产品，将优势技术运用到智能学习硬件的开发之中。如科大讯飞将机器学习、自然语

言处理等技术，落地到教育场景；以教育培训为优势的好未来，将高品质的课程资源、素质教育课程融入智能学习硬件产品；而京东方生产的智能学习硬件则凸显了企业在面板研发领域的专长，在课程内容上则采用了合作模式。

伴随大数据、人工智能等技术的发展和应用，智能学习硬件正在成为青少年的“学习私教”，陪伴儿童成长、青少年课余学习。

2. 适老终端产品崭露头角

伴随老龄化趋势愈发明显以及数字时代的到来，老年人将越来越多的时间投入到数字化产品当中。不过，老年人使用电子产品依然存在难上手的问题，如各种眼花缭乱的功能模块让不少老年人无所适从，意欲融入又望而却步。

秉持着社会责任感和科技向善意识，近年来，越来越多的科技企业将更多注意力投向适老化改造领域，越来越多适老化终端产品进入市场。譬如，喜马拉雅 2023 年发布了陪伴机 SE，该产品仿照老年人常用的收音机进行外形设计，重量轻、续航时间长，内容更贴近银发人群，以此帮助老年有声阅读用户群体丰富娱乐生活。

3. 车载音频发展驶入快车道

随着我国新能源汽车、智能汽车相关技术的不断进步，我国汽车保有量不断增加，车载音频类软硬件的发展正在驶入快车道。由于汽车内空间兼具了通勤、亲子、出游等陪伴功能，因此，车载娱乐尤其是音频系统成为该场景最为常用的功能之一。目前，喜马拉雅已经成为最为领先、最具代表性的车载音频平台。

极光调研数据显示，车载音频行业发展对有声阅读平台的品牌力、内容力、运营力、技术力提出了更高要求，用户期待品牌调性更好、内容选择更丰富、收听场景服务能力更强、音质音效更优质的有声阅读平台。此外，汽车用户大多选择了汽车本身配置的车载音频软硬件，因此，有声阅读平台和汽车厂商开展合作愈发频繁，竞争愈加激烈。

4. 耳机市场多元发展，势头向好

2023 年，我国耳机销量同比增长 9%，达 9 895 万副，这表明其增长势头明显。洛图科技根据耳机的佩戴方式与功能，将耳机分为真无线蓝牙耳机、有线入耳式、蓝牙头戴式、有线头戴式、颈挂式、骨传导式以及全开放穿戴式耳

机七种。

耳机市场横向深耕，纵向拓宽品类，更加丰富齐全，尤其是具备装饰属性的耳挂和耳夹崭露头角。这些为消费者提供了更多选择、更佳音质，满足了消费人群对装饰属性和通勤便利性等多元化需求，在一定程度上深刻变革了传统的耳机市场。

（五）运营模式分析

随着知识付费和直播带货等新型商业模式的兴起，各类音频产品，包括综合性音频平台、有声书籍、在线音乐服务、电台自营应用程序、播客等，正逐渐成为品牌方关注的焦点。这些音频产品的商业运作方式和行业增长潜力，正日益受到更广泛认可。

1. 搭建阅读平台

一方面，有声阅读平台的建立，当以图书出版机构为主导时，允许这些机构直接管理和控制平台上的有声书资源，可以提高资源的使用效率并最大化其效益。另一方面，由于拥有众多有声书籍的版权，基于互联网资本的有声阅读平台结合其网络特性和娱乐价值，成功吸引了大量的用户群体。

2. 分众运营

在有声阅读领域，根据不同的行为数据和用户特征，将内容分类进行投放、对用户群体进行分层运营已经是较为常规的做法。通过这种方式，有声阅读内容充分满足了不同年龄层、地区、内容偏好受众的差异化需求。不过近年来，有声阅读分众运营进入了更加精细化的运作阶段。以小鹅通为代表的技术服务商为十点课堂、吴晓波频道等有声阅读知识服务平台提供标签分类、筛选用户、分层投放的相关服务，协助客户管理用户、高效营销、运营变现。

3. AI +有声阅读

2023 年，是以 ChatGPT 为代表的 AI 模型爆发增长的一年。在传统音频运营模式的基础上，各大有声内容平台在有声阅读领域投入了更多精力，进行了更多有效尝试，以探索有声内容的开发运营链条。例如，阅文集团发布的国内网络文学行业首个大模型“阅文妙笔”和基于这一大模型的应用产品“作家助手妙笔版”为有声内容创作提供了助手；中文在线则将 AI 主播应用至有声书的生产中。

三、有声阅读产业发展趋势

（一）有声阅读融入大视听产业格局

“大视听”是以视听产业为引擎构筑起的全产业链条。在技术的加持下，“大视听”渗透、涵盖到视听艺术创作、文旅协作、文创制作和产业园区建设等业务，还延伸到教育、医疗、科技等公共服务体系的各个领域。

在“大视听”和“视听 +”的产业集合体中，有声阅读以积极融入、深度影响的姿态参与其中。例如，在沉浸式车载大视听产业中，依托音响、智能车载屏幕、空间音频技术等软硬件、高品质车载视听内容共同构成了沉浸式车载视听的关键要素。而在内容消费不断增长的知识付费时代，有声阅读在提供适配的、丰富的、高品质的声音内容方面大有可为。

（二）出版企业在有声阅读领域进行更多探索

近年来，出版企业瞄准有声剧赛道，以四川人民出版社的“盐道街 3 号书院”、山东教育出版社的“小荷听书”、人民文学出版社的“人文读书声”等为代表的有声阅读平台纷纷试水有声书，为传统出版产业赋能。

2023 年 9 月 12 日，喜马拉雅与中信书院联合发布了《埃隆·马斯克传》。作为 2023 年商业版图庞大、备受世界瞩目的企业家，不少科技爱好者对马斯克的人物传记期待已久；这部作品的面世则采用了有声书、纸质书同时发布的“纸生联合宣发”模式，足以见得中信对有声阅读的重视。喜马拉雅平台则对埃隆·马斯克这一 IP 进行了进一步的延伸，邀请主播解读马斯克的人生故事，带动了科技类、人物传记类有声书的收听热潮。

未来，越来越多的出版企业将积极在有声阅读领域探索进路。与此同时，探索有声阅读传播方式，接入、应用融媒体技术，构建全媒体发展链路将是出版企业数字化转型的必由之路。

（三）“耳朵经济”充满潜力，展现独特优势

在政策促进、经济增长、技术革新及社会需求上升的背景下，“耳朵经济”应运而生，其主要围绕有声书、知识付费、网络直播等新型业务模式形成的经济现象。这一经济形态通过其音频价值、传播能力、目标人群和适用场景，有效增强了品牌营销的效果。从市场发展角度看，音频平台正在积极探索如何实现商业化，涵盖了音频业态下的商业模式创新、用户沉浸体验、用户和AI生成内容（UGC和AIGC）的创作模式，以及建立相关行业生态系统等方面。

这些平台主要通过吸引流量、发展会员制度和管理版权资源来实现盈利。其商业盈利途径涉及B端和C端市场，B端收益主要来自广告商和品牌方通过在平台上进行广告投放、营销IP整合以及与出版社分成等方式。C端收益则来源于会员费用、按需付费内容、订阅专辑和购买课程等。未来，有声阅读市场将构建多元业务生态链，拓展产业新边界，配合互动营销、沉浸式体验，实现赋能品牌，实现品效共振。

（孟丽单位：山东大学广播电视台；孙瑞淇单位：北京睿泰数字产业研究院；于千雯单位：武汉大学信息管理学院；孙之路单位：山东大学新闻传播学院）

中国西部数字内容产业发展报告

重庆华略数字文化研究院

数字内容产业作为信息技术与文化创意高度融合的产业，在内容和技术的双轮驱动下不断实现产业升级。在网络游戏、数字动漫、数字音乐、网络文学、数字视频等方面取得一定成就，随着人工智能等新技术的不断发展，数字内容产业的生产模式发生变化，数字内容生产模式和用户交互方式得到重塑，包括内蒙古自治区、广西壮族自治区、重庆、四川、陕西、云南、贵州、甘肃、青海、宁夏、西藏自治区、新疆维吾尔自治区和新疆生产建设兵团在内的西部地区，受环境、经济因素的影响，呈现以成都、重庆、西安、贵阳等为中心的发展格局。

一、国内数字内容产业发展现状

（一）顶层设计不断优化与加强

2023 年 2 月，中共中央、国务院印发的《数字中国建设整体布局规划》强调打造自信繁荣的数字文化。建设国家文化大数据体系，形成中华文化数据库。提升数字文化服务能力，打造若干综合性数字文化展示平台，加快发展新型文化企业、文化业态、文化消费模式。2023 年 8 月，工业和信息化部等五部门的办公厅联合印发《元宇宙产业创新发展三年行动计划（2023—2025 年）》提出丰富元宇宙产品供给，加速 XR 头显、裸眼 3D 等沉浸显示终端的规模化推广，培育写作、绘画、编曲等智能内容生成产品。2023 年 11 月，国家新闻出版署发布《关于实施网络游戏精品出版工程的通知》，强调传承中华优秀文化，要求推出一批传统文化题材游戏作品，打造具有鲜明中国风格的优秀游戏作品，推出一批知识性趣味性俱佳的游戏作品。

（二）国内数字内容产业形成“1＋4＋N”的发展格局

在形成完备成熟的产业政策体系基础上，“京津冀”以北京为核心打造世界级数字内容产业集群；“长三角”以上海为龙头、以杭州为代表形成以电影、动漫、游戏、在线音乐、数字出版、软件、网络文化等为代表的多元化和特色化的数字文化产业集群；“珠三角”以深圳和广州为中心聚集大量创新资源，加快建设国际数字文化中心，并抢占海外市场；“成渝地区双城经济圈”以成都游戏产业为重要支撑推动产业集群成势；“N园区”是以国家网络游戏动漫产业（北京）发展基地、张江国家数字出版基地、广州大湾区数字文化产业园、无锡国家数字电影产业园、杭州高新区（滨江）文化产业园区、长沙马栏山影视产业园区为特色代表。

（三）产业发展呈现发展迅猛、技术推动产业升级

文化新业态发展迅猛，游戏与网络视听持续增长。根据国家统计局数据显示，2023年，文化新业态特征较为明显的16个行业小类实现营业收入52 395亿元，比上年增长15.3%。其中，可穿戴智能文化设备制造、数字出版、多媒体游戏动漫和数字出版软件开发、互联网搜索服务、娱乐用智能无人飞行器制造、互联网其他信息服务6个行业小类营业收入增速较快，分别为24.0%、21.6%、19.4%、19.3%、17.9%和16.5%。游戏与网络视听等门类保持2位数增长，短视频、微短剧持续盈利。

数字技术叠加效应释放，带动产业升级。大数据、云计算、人工智能等数字技术在数字内容产业中的综合运用改变了数字内容产业生产的方式、显著提升了数字内容生产的效率、降低了数字内容生产的成本、优化了用户体验。内容生产创作环节的图文生成、文字生成视频等软件已成熟，腾讯发布的GiiNEX引擎可以将原本5天才能完成的城市建模任务缩短至25分钟。在内容分发环节，云计算协助内容精准推送；在内容消费环节，AR与VR等增强现实与虚拟现实技术为用户提供更多沉浸式体验，西安大唐不夜城开发了《唐朝诡事录·西行》国潮沉浸剧场，让游客身临其境。

数字内容消费呈现爆发式增长。据《数字中国发展报告（2023 年）》显示：截至 2023 年底，网络音乐用户规模达到 7.15 亿人，比 2022 年底增长 3 044万人，增长率为 4.4%；2023 年网络视听市场规模达 11 524.81 亿元。

二、西部数字内容产业发展现状

（一）产业发展呈现显著马太效应

1. 省区市立足产业优势发布政策

贵州以大数据为主导产业，发布《贵州省建设数字经济发展创新区 2024 年工作要点》，打造以数据中心为主导产业集群，抢抓人工智能风口，加快发展北斗产业、元宇宙产业、平台经济、电竞产业、动漫产业等具体任务，加快培育新质生产力。重庆则以元宇宙为方向之一，2023 年 9 月出台《重庆市元宇宙产业发展行动计划（2023—2025 年）》，计划到 2025 年建成国内极具影响力的元宇宙产业集聚区和创新应用先导区，全市元宇宙相关产业规模达到 1 000 亿元，培育 10 家行业头部企业、20 家细分领域专精特新企业。四川成都在数字文创方面给予奖励补助，发布《成都高新技术产业开发区加快数字经济产业重点领域高质量发展若干政策》，支持数字文创产业发展，在游戏产品研发、出海发行、电竞赛事、电竞场馆、影视作品、录音棚建设、元宇宙等新产品研制等方面给予补助，最高奖励 500 万元。据报道，2019 年 11 月至 2023 年 12 月期间，文创通已向成都市文创企业累计提供贷款超 40 亿人民币，平台累计发放补贴金额超 3 700 万元，发放补贴覆盖企业 146 家。陕西重点发展电子竞技、赛事直播等新业态，2023 年 12 月发布《关于推动数字经济高质量发展的政策措施》，提出“发展数字文化创意产业”，要求建设国家文化大数据西北区域中心、陕西省域中心、数字服务平台，加强文旅 IP 产品开发，鼓励智慧场馆、电子竞技、新媒体赛事直播等新业态。内蒙古自治区重点推动数字基础设施建设和数据资源开发利用，2024 年 5 月发布《内蒙古自治区数字经济促进条例》，提出加强数字经济领域开放合作，参与“一带一路”和“中蒙俄经济走廊”数字经济建设，推动与沿线国家和地区在数字基础设施、数字贸易、电子商务、智慧物流等领域的交流合作。广西自治区不断发挥中国—东盟信息港引领作用，《2024年数字广西建设工作要点》提出搭建中国—东盟标准化信息互联互通渠道，与东盟国家建立数字技术标准联盟联系机制。云南则是升级基础设施，优化算力基础设置，2023年3月发布《2023年数字云南工作要点》，从夯实基础设施、大力发展数字经济等方面入手，升级通信基础设施、优化算力基础设置，在"5G+"、人工智能、物联网、区块链等技术研发与应用领域新建省重点实验室。青海、甘肃、宁夏、西藏自治区、新疆维吾尔自治区和新疆生产建设兵团利用数字化手段促进文旅深度融合发展。

2. 推动数字内容基础设施建设

四川成都在全国首创算力券，通过政府补贴的方式降低企业、高校等单位机构的算力使用门槛，推动人工智能技术在医疗、传媒等优势产业深度应用。据数字重庆建设一周年成果新闻发布会报道显示：重庆市基础设施体系持续完善，累计建立视联网点位646个，接入实时数据感知终端668万个，智算算力规模2 500P，西部领先，这为重庆市数字内容产业的优化升级起到了推动作用。贵州发布《贵州省数据要素市场化配置改革实施方案》，提出到2025年底，建成国家数据生产要素流通核心枢纽，力争将贵阳大数据交易所上升为国家级数据交易所。

3. 四川、重庆、广西等地进行人才储备

2023年6月，四川成都开展了2023年度"成都市产业建圈强链人才计划"申报工作，重点面向文创业、音乐产业等28个产业链，评选300名产业领军人才，为入选者提供30万元资助资金，充分发挥用人主体在人才培养、引进、使用中的作用，为产业领军人才提供成长沃土。中国重庆数字经济人才市场自2022年1月挂牌运营以来，截至2023年8月，已举办数字经济人才专场（专区）引才活动94场，意向引进人才1.4万余人；开展各类数字技能人才、职业技能培训近6万余人次；搭建"1+10+N"数字经济人才市场体系，设立北碚、巴南、永川、两江新区4家区县数字经济人才市场，在马上消费、赛力斯等数字经济相关企业设立工作站13家，邀请全国近80家单位成立数字经济人才联盟，目前，全市数字技能人才总量达到66万人。广西区位优势明显，小语种人才资源丰富。广西民族大学、广西外国语学院与东盟7国70多所大学签订交流合作协议，同时中国—东盟网络视听产业基地与广西交通职业技术学

院、广西外国语学院、南宁职业技术学院等院校建立战略合作关系，中国—东盟跨境主播孵化基地、中国—东盟人工智能影视译制科创中心也是人才知识运用的平台。

4. 细分产业呈现显著马太效应

数字内容细分产业呈现显著马太效应，四川、重庆、陕西等省市产业基础优势不断提升，在网络游戏、数字音乐、网络文学、数字视频等方面取得一定成就。

网络游戏方面依然以四川、重庆、陕西为主。根据2023年全国网络游戏审批名单显示，2023年全国出版运营单位共计483家，出版游戏共有978款。西部地区，四川省出版运营单位共计11家，占全国出版运营单位的2.28%，出版游戏49款，占全国出版游戏的5.01%；重庆市出版运营单位共计5家，占全国出版运营单位的1.04%，出版游戏26款，占全国出版游戏的2.66%；陕西省出版运营单位共计2家，占全国出版运营单位的0.41%，出版游戏2款，占全国出版游戏的0.20%。西部其余省市2023年未出版游戏。

数字音乐方面，西部形成了川陕音乐产业集群。主要包括成都、西安等城市，以东郊记忆音乐公园、成都音乐坊、西安曲江新区国家级文化产业示范区为产业发展载体，以音乐产业为核心引领多元文化创意产业发展。2023年12月，四川成都分贝音乐产业园区落地金牛区，将构建音乐原创、音乐制作、版权交易等全产业链业务。在第六届西洽会上，重庆渝北区签约了国家数字音乐产业基地重庆园区，标志着重庆成为继北京、上海、广州、成都、杭州等城市之后的全国第六个音乐产业基地，主要建设中央公园音乐IP、产业园区和国际数字音乐平台。

网络音频方面发展向好，类型丰富。在主题创作方面，精品涌现。2023年11月，重庆三峡融媒体中心和内蒙古广播电视台联合主创的讲述范长江故事的广播剧《不尽长江滚滚来》在北京人民网进行首播，后在中央广播电视总台中国之声、学习强国等平台进行同步播出。陕西近几年先后有聚焦乡村振兴的《最后一班岗》，丝绸之路溯源广播剧《凿空使者》，讲述陕西省柞水县金米村壮大木耳产业的产业振兴剧《金米村的美好时代》等广播剧在中央广播电视总台播出。在二次元以及泛二次元声音产品方面，猫耳FM自2018年落户重庆两江新区以来，产出了《红色文物100》《诗云》《有匪》《庆余年》及抗疫剧

《谢谢你保护了我们》等作品。据报道，截至2023年，其站内有声作品总播放量超百亿次，中文广播剧市场占有量稳居全国第一，开辟了数字内容声音赛道。

网络文学方面，随着云南、重庆、贵州、四川等西部省市网络作家协会的成立，网络作家单打独斗的现状被打破，资源共享、信息交流在加强。四川成立了“天府网络文学产业园”，园区有“网络文学大师工作室”“网络文学主题悦读空间”“网文剧目剧场”“音乐街区”等网络文学产业空间。据报道，重庆现有网络作家已超过40 000名，网络作协的正式会员有500余人，在联网络作家4 000余名。西部作为网络文学的重要组成部分，越来越多的网络作家立足西部，服务西部，发挥网络文学的想象力优势，创造更多优秀作品。

数字视频方面，西部呈现出拍摄制作以重庆、成都、西安等地为主，制作内容赋能文旅产业发展的状况。重庆自2015年创办重庆微视频大赛品牌活动以来，已连续举办9届，评选出《大足石刻：跨越时空与历史对话》《红色文物话百年》《陆海新通道：通四海、联世界》《再生稻》等一批优秀作品，并在第十届中国网络视听大会、2023年中国网络视听精品创作峰会上获得表彰展播。重庆麦芽传媒有限公司深耕短剧，制作的付费剧实现累计播放超百亿，2023年短剧共计营收约9亿。重庆力值科技则以内容分发为主，作为番茄国内优秀服务商背景，内容授权及生产近万本印尼语小说。西安作为微短剧制作的重点城市，据报道，在2023年的全国微短剧中，60%以上出自陕西，西安承制团队的短剧作品更是占到整个短剧市场爆款量的80%。陕西曲江影视集团以打造微短剧文旅融合版图为目标，依托微短剧“繁星计划”平台，加强与头部公司合作联动，计划主导开发10部多元化、精品化的微短剧。重庆达瓦科技与永川区共建科技片场，有摄影棚5个，棚拍面积3万平方米，包含1个3 000平方米LED科技棚，配套虚拟制片、动捕、全景声、数字资产、视效、渲染等生产环境；承接大型电视剧、院线电影12部，在影视、动漫、综艺等数字内容细分产业发挥虚拟制片、特效制作的作用，打通了全数字内容制作流程。

5. 数字内容产业投资主要集中在成渝等地

据不完全统计（见图1），四川共有13起数字内容产业相关的事件，其中游戏行业最多，共5起，其次是区块链与文娱传媒行业分别是3起和2起，主要集中在成都。重庆一共有4起与数字内容产业相关的事件，主要聚集在文娱传媒行业。贵

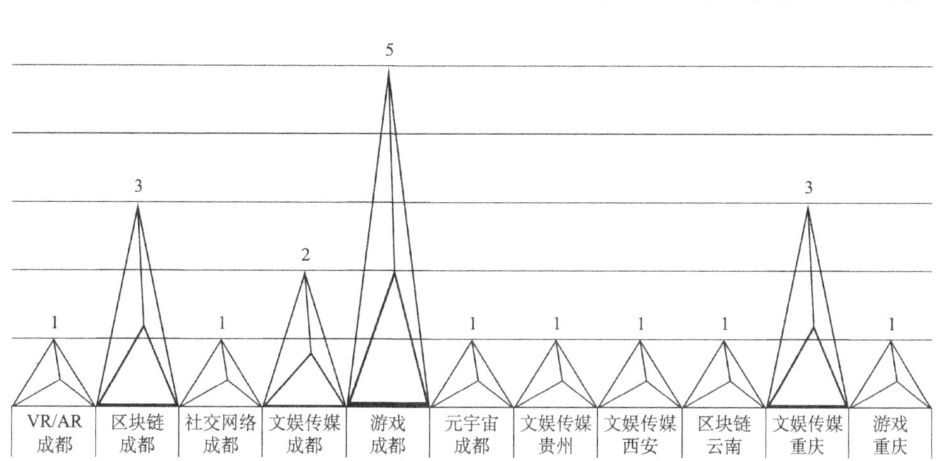

图 1 2023—2024 年西部数字内容产业投融资事件

数据来源：桔子 IT 2023—2024 年 7 月 8 日

州、陕西、云南分别有 1 起与数字内容产业相关的事件，其他省市未查询到。

（二）产业空间布局明晰

四川成都编制了《关于印发成都市数字文化创意产业发展“十四五”规划》，构建“双核多极两带”的数字文创产业空间发展格局，打造千亿元级数字文化创意产业。重点发展网络文学、数字影视、数字音乐、数字动漫、数字艺术、电影游戏、装备制造等七大重点领域。重庆市主要以大力发展数字产业、数字经济、数字消费为主体，以文化产业发展为路径，以落实软件和信息服务业“满天星”行动计划为支撑，培育战略性新兴产业为目标，布局数字内容产业。《重庆市文化产业发展“十四五”规划（2021—2025 年）》提出建设数字文化产业创新岛，构建三级梯队、十四集群的发展格局。贵州以贵阳大数据交易所为抓手，积极探索数据要素流通，制定并发布了《贵阳贵安推进数据要素市场化配置改革支持贵阳大数据交易所优化提升实施方案》，明确做大做优数据资源供给、构建数据流通基础、打造数据流通交易产业生态、丰富数据交易金融产品等。

（三）以园区、基地实现产业集聚

重庆数字内容产业主要集聚于两江新区、南岸、渝中、永川等区域。两江新区聚合了两江新区国家数字出版基地、国家文化和科技融合示范基地、国家广告产业园、国家级文化产业示范基地、国家级版权示范园区等高层平台，形成了以文化创意、内容制作、数字出版、内容营销为核心的数字内容产业集群；南岸区聚集百度大文娱总部基地、人人视频总部基地、盛趣掌游、新世相、微派、百度9377等企业，建设了数字内容·渝产业园、网易文创数字经济产业园、重庆数字出版产业基地等产业发展平台，形成以网络视频、网络游戏、数字出版为基础的数字内容产业发展格局。渝中区现已经拥有重庆市区块链数字经济产业园、全国五大区块链核心集聚区等平台，支撑数字内容相关产业发展。永川区以重庆云谷·永川大数据产业园为核心发展数字影视等相关产业。

四川数字内容产业主要集聚于成都高新区、天府新区、锦江区、青羊区、金牛区、武侯区等区域。成都高新区聚焦发展影视动漫、数字音乐、数字传媒、电竞游戏等数字文创细分领域，引进培育腾讯、抖音、快手、咪咕音乐、索贝数码等一批链主企业，2023年产业规模超830亿元。天府新区依托天府数字文创城，以音频、视频等网络视听产业为主要产业，聚焦内容制作、内容聚合分发等核心产业，构建“平台驱动层+关键功能层+技术支撑层+场景衍生层”产业生态。

陕西绝顶峰动漫产业示范基地集聚动漫游戏企业150余家，实现营收11.5亿元，陕西动漫产业平台集聚动漫企业31家，实现营收1.7亿元，包含二维、三维影视动画制作以及原创IP开发等企业；该平台建立了园区项目库、人才库和IP信息库，帮助企业打造IP形象，同时碑林区开展“新光奖”中国西安国际原创动漫大赛和秦创原——大学生文创动漫嘉年华活动两大品牌活动，为项目、产品、企业间的合作提供平台。

云南省有国家文化产业园区1个，国家广告产业园1个，国家文化出口基地1个，国家版权园区2个，国家文化和科技融合示范基地2个，国家夜间文旅消费集聚区5个。昆明市共建成27个文化产业园区（基地），入驻企业3 000余家。数字经济开发区作为以大数据、云计算、区块链等数字经济产业为特色的园区和数字经济聚集区，截至2023年11月，已入驻以浪潮、移动、数码港、均和等为代表的20个数字经济产业项目，累计服务瑞立视、三耳、小语智能、花易宝等1 461家中小企业，现有中小企业600余家；成功孵化培

育了盛智易联、三耳科技等33家高新技术企业，联合视觉、易用软件、楷码等87家科技型中小企业，小语智能、花易宝等22家创新型中小企业，尚辰科技、云智数字等5家专精特新中小企业。

甘肃电子产业基础雄厚，为数字内容产业的发展提供了坚实的基础，目前甘肃有兰州大数据产业基地（重点发展智能硬件，以人工智能为主导）、天水电子信息产业基地（发展算力设备及服务、智能终端等）、张掖智能制造产业园（发展可穿戴设备等智能终端）、平凉智能光电产业园（新型显示）、兰州产业园（信息消费等行业应用软件）等三个产业园区，基地与园区功能互补，相互依托。

（四）积极开展跨区域合作交流

2023年3月，成都召开第十届中国网络视听大会，聚焦行业发展前沿，为行业间的合作交流搭建了平台。2023年9月，在云南昆明召开CCG Wild云南动漫游戏博览会，为沪滇相关动漫企业提供了动漫游戏产业沟通合作的桥梁。3月，蓝海创意云联合云南数字经济开发区共建“云南（两亚）数字内容产业平台项目”。2024年4月，广西“三月三·八桂嘉年华”活动举办，与腾讯游戏天涯明月刀进行了合作，联合制作了宣传视频，上线了广西侗族服饰“侗灵”，邀请游戏玩家线下打卡体验民族文化。广西作为我国唯一与东盟国家陆海相邻的省区，充分利用地缘优势，积极与周边国家开展视听行业合作。建设了中国—东盟译制中心、中国—东盟国际化通用融合传播平台、中国—东盟影视译制人工智能科创中心。开展“秀甲天下　拍在广西”视听拍摄服务体系建设，吸引中外视听机构到广西摄制广电视听作品，助力打造形成面向东盟的视听产业集聚区。

三、西部内容产业发展的问题和建议

（一）西部内容产业发展的问题

1. 基础设施运营资源利用率低，技术瓶颈与软硬件配套不足

数字内容产业的发展离不开基础设施的不断完善，西部数字中心需要对海

量的、不同结构的数据资源进行处理，但目前存在基础设施利用率低下、软硬件配套不足等问题。自2021年5月国家发展改革委员会等四部门联合发布《全国一体化大数据中心协调创新体系算力枢纽实施方案》，提出加快实施“东数西算”工程以来，西部数据中心项目数量持续增长，但面临着利用效率不高、算不起、算不好等问题。具体表现为：数据中心上架率低，数据更多地被用来储存而非处理，同时面临着算力资源整合等技术问题和网络通信费用高等成本问题。

2. 产品功能、内容场景、内容质量等均落后于东部地区

东部沿海地区经济发展迅速，为数字内容产业的发展提供了坚实的经济基础，因此西部的数字内容产业在产品功能、内容场景、内容质量等方面较薄弱。同时东部地区相关企业竞争激烈，需要不断满足消费者的个性化、多元化的需求。经调研发现，部分企业为了应对快节奏的市场变化，节省成本，过度追求速度与效率，采用人工智能生成大量内容素材，虽然达到了快速产出的目的，但内容创新性略显不足，缺乏独特的创意与思想的深度，这与年轻大众群体提倡的个性化表达和情感共鸣不相匹配，导致产出的作品不符合年轻大众多元化、高质量的审美需求。

3. 人才难留

数字内容产业人才分布与数字经济发展的水平高度一致，根据2022年人瑞人才与德勤共同开展的产业数字人才研究调查，2022年下半年数字人才需求最大的前十大城市分别是广州、深圳、北京、上海、武汉、成都、西安、杭州、苏州、合肥，其中前四位是一线城市，第五到第十是新一线城市。西部由于经济水平与产业结构的原因，相比经济发达地区更难留住和吸引数字内容产业方面的人才，人才的流失加剧西部数字内容产业人才的缺失。

（二）西部数字内容产业发展建议

1. 提高数字基础设施建设

为解决西部数字内容产业在基础设施运营方面存在的问题，可以从以下几个方面入手：一是政府结合当地产业基础的实际情况制定科学合理的数字基础设施建设；二是优化西部基础设施建设布局，通过优化资源配置，建立资源共

享平台，避免设施闲置；三是加快推进西部地区的5G、千兆互联网等网络基础设施建设，提升网络覆盖率和质量。

2. 发挥西部资源禀赋，提升产业与产品功能服务质量

西部地区地域广阔，历史悠久，有着丰富的历史文化和旅游资源，拥有灿烂的民族、民俗文化，是国家西部大开发战略和“一带一路”建设的前沿阵地。2024年4月23日，习近平在重庆主持召开新时代推动西部大开发座谈会并发表重要讲话。他强调，要坚持把发展特色优势产业作为主攻方向，因地制宜发展新兴产业，加快西部地区产业转型升级。强化科技创新和产业创新深度融合，积极培养引进用好高层次科技创新人才，努力攻克一批关键核心技术。西部地区发挥地域优势，将丰富的资源作为数字内容产业发展的重要来源，开发出极具地方特色的数字内容产品，提升西部数字内容产业、产品功能等服务质量。

3. 加强西部地区人才培养和人才引进

2024年4月人社部发布《加快数字人才培育支撑数字经济发展行动方案(2024—2026年)》提出用3年左右时间，扎实开展数字人才育、引、留、用等专项行动，增加数字人才有效供给，形成数字人才集聚效应，更好支撑数字经济高质量发展。人才是数字内容产业高质量发展的“源头活水”，西部地区可通过加强人才引进、留住、培养等制定个性化引才举措。一是加强人才引进和培养计划，吸引优秀的数字人才来西部工作和创业，为人才提供优厚的政策支持和经济环境，在薪酬待遇、住房保障等方面给予支持。二是搭建数字内容产业人才培育平台，除了学校专业学习以外，深化校企合作，举办多层次数字内容产业技能培训和竞赛活动，避免高校人才培养和产业需求脱节。三是在数字内容产业方面加强人才教育、技术创新、就业创业等方面的交流与合作，助力数字内容产业链、数字人才链、数字教育链的融合发展。

（课题组成员：姚惠、杨金明、李沁芮）

国家智慧教育公共服务平台发展报告

李建红 袁华莉

随着新一轮科技革命和产业革命深入发展，“数字中国”上升为国家战略，各行各业数字化蓬勃发展，教育领域的数字化转型也加速推进并成为推动教育现代化建设和教育高质量发展的重要内容。2022年1月，全国教育工作会议提出“实施教育数字化战略行动”。为回应时代需求、落实国家战略，2022年3月28日，国家智慧教育公共服务平台（以下简称“国家智慧教育平台”）正式上线。该平台系统化整合了多年来积累的海量慕课和在线教育资源，是国家教育公共服务的综合集成平台，具有引导学生学习、辅助教师教学、优化学校治理、赋能社会发展、激发教育创新等[①]核心功能，为广大师生和社会学习者提供全天候、不打烊的“一站式”服务。国家智慧教育平台的正式上线，是教育系统贯彻党中央、国务院决策部署的实际行动，是教育数字化战略行动取得的阶段性成果[②]，标志着我国教育数字化转型迈入新征程。

国家智慧教育平台作为国家教育数字化战略行动的重要抓手和关键举措，自上线以来，把诸多典型应用、资源内容等“珍珠”串成“项链”，[③]形成了世界最大规模的数字教育资源供给体系，吸引了世界最大规模的线上用户群体，并提供了世界上最大规模的教育服务，有效服务了数字中国建设、学习型大国建设、实现乡村振兴等重大战略，获得了广大师生和社会各界的积极评价和充分认可。国家智慧教育平台已经成为具有强大内聚力和社会影响力的国家

---

① 国家智慧教育公共服务平台网. 平台介绍[EB/OL]. [2024-05-26]. https: //www. smartedu. cn/special/helpcenter.

② 教育部. 以教育数字化战略引领未来——教育部举行国家智慧教育平台启动仪式[EB/OL]. (2022-03-28) [2024-05-26]. http: //www. moe. gov. cn/jyb_ xwfb/gzdt_ gzdt/moe_ 1485/202203/t20220328_ 611461. html.

③ 怀进鹏. 数字变革与教育未来[N]. 中国教师报，2023-02-15（001）.

教育品牌[①]，以及中国教育的国际名片。

一、发展现状

2023年以来，在党和国家的高度重视下，在教育部的统一部署、地方和其他各部门的协同配合下，国家智慧教育平台立足教育发展重点任务落实，历经多次拓展和迭代升级，在顶层设计、资源供给、平台功能、服务机制、应用深度等方面取得了显著进展，[②③] 支撑个性化学习、终身学习和扩大优质教育覆盖面的能力进一步提升。

（一）规划层：坚持前瞻谋划，高位推进

2023年以来，教育部始终将国家智慧教育平台建设作为教育数字化战略行动的先手棋和重要抓手，站在中国式现代化的高度，继续坚持前瞻谋划、高位推进。

前瞻思考、重点部署。2023年首次世界数字教育大会上，怀进鹏部长从“建强国家中心”“强化数据赋能”等方面对教育数字化发展提出要求。随后一年多来，怀部长多次出席相关会议并就国家智慧教育平台建设做出重要部署，提出要“拓宽应用场景，完善平台功能，打造更丰富的应用工具”[④]，“要不断改进和完善国家智慧教育平台，赋能学生学习、教师教学、学校治理、教育创新和国际交流”[⑤]，“更高质量开发汇聚资源”，“通过平台系统集成，联结各方、汇聚资源、集成工具，释放数字技术倍增效能”[⑥]。教育部一体推进平台建设、资源供给、应用示范、国际合作，将平台建设、应用和宣传作为重点专

---

① 雷朝滋. 推进教育数字化　构建全民终身学习生态[J]. 在线学习，2023（Z1）：22-23.

② 教育部：推进教育数字化战略行动　实现国家中小学智慧教育平台提升[J]. 读写算，2024（03）：1.

③ 钟曜平. 坚定走好教育数字化的中国道路[N]. 中国教育报，2024-03-29（01）.

④ 教育部科技与信息化司. 2023年10月教育信息化和网络安全工作月报[EB/OL].（2023-11-27）[2024-05-28]. http://www.moe.gov.cn/s78/A16/gongzuo/gzzl_yb/202311/t20231127_1092275.html.

⑤ 教育部. 2023年全国教育数字化现场推进会议召开[EB/OL].（2023-06-20）[2024-05-28]. http://www.moe.gov.cn/jyb_xwfb/gzdt_gzdt/moe_1485/202306/t20230620_1065142.html.

⑥ 怀进鹏. 携手推动数字教育应用、共享与创新——在2024世界数字教育大会上的主旨演讲[J]. 中国教育信息化，2024，30（02）：3-10.

项纳入每月工作要点，组织高端国际会议和专项推进会，设立国家智慧教育平台应用特别工作组，[①] 强化应用顶层规划和设计。

全局谋划，高位推进。2023 年以来，继续坚持以全局观建强平台架构、完善资源体系、深化平台应用。强调规范先行，在建强平台架构和“三横三纵”资源体系技术上，围绕平台工具等研制出台了系列引领性的管理规范和行业标准。提供立体化政策支持，《基础教育课程教学改革深化行动方案》《关于构建优质均衡的基本公共教育服务体系的意见》《关于实施新时代基础教育扩优提质行动计划的意见》等文件均对建设和使用国家智慧教育平台应用做出相应要求。坚持试点先行、以点带面，启动国家智慧平台试点建设、平台应用典型案例征集、平台全域应用试点等重点工作，推进深度应用，建立上下贯通的国家平台体系。

（二）资源层：资源不断增量提质，优质资源供给能力显著提升

2023 年以来，国家智慧教育平台通过扩宽供给渠道和供给方式，不断提升资源供给能力，扩大服务范围，面向教师、学生、家长和社会学习者等提供了多场景、多层次的公益性资源和服务。数字化资源和服务的大规模公益性供给，有效弥合了地区、城乡和校际之间的教育资源供给差距，实现了优质资源的均衡分配和优化配置，为我国各级各类学校教育公平作出了极大贡献。

资源数量显著增加，资源种类持续丰富。国家中小学智慧教育平台的资源数量在 2023 年实现显著提升，其中资源总量由年初的 4.4 万条增加到年底的 8.8 万条，覆盖教材版本由年初的 30 个共 446 册次增加到年底的 65 个共 565 册。[②] 智慧职教平台新增“企业资源”“工匠精神”“智慧教研室”等专栏，2023 年新接入虚拟仿真、在线精品课、专业教学资源库等 2.8 万个，累计汇聚各类优质资源 727 万余条。[③] 智慧高教平台上线“创课平台”等专栏，提供近 500 门创新创业课程；“院士讲堂”等专题板块通过在线讲座为学生提供

---

① 教育部科技与信息化司．一年来教育数字化工作进展总体情况［EB/OL］．（2024－01－26）［2024－05－28］．http：//www.moe.gov.cn/fbh/live/2024/55785/sfcl/202401/t20240126_1112431.html.

② 教育部：国家智慧教育平台累计注册用户突破 1 亿［EB/OL］．（2024－01－26）［2024－05－26］．http：//www.moe.gov.cn/fbh/live/2024/55785/mtbd/202401/t20240129_1113178.html.

③ 数字化引领教育变革新风向——一年来国家教育数字化战略行动发展观察［N］．中国教育报，2024－01－27（01）．

前沿学术资源；“爱课程”“学堂在线”等提供包含14个语种的1 000余门在线课程，开设340多门次全球融合式课程，[①] 积极推动“慕课出海”。专题栏目上线法治教育、网络安全教育、AI学习、教师研修、大咖讲座等专题资源，资源供给领域不断拓展。读书平台围绕青少年和老年读书社区引入优质电子书，上线语言文字博物馆和数字科技馆等社会资源，将平台用户从校园拓展至社会，泛在化、个性化的终身学习资源供给体系初步建立。

资源供给模式更加多元。高质量的资源供给要保障每个学习者的享有权利，最终走向教育公平。国家智慧教育平台建设以应用为中心，通过政府主导建设、多方协同参与、学校师生应用的发展模式，为每个学习者提供公益性、个性化的优质资源。随着平台应用的深入推进，国家平台资源汇聚的渠道不断丰富，资源供给的形式更加多元，教师备课资源、学习过程资源等在平台汇聚与沉淀，并在开放共享的平台型数字生态下得以分享、二次开发和不断进化，多元主体投入、共建共享、众建众筹正在成为国家平台资源开发和供给的新样态。首先，资源供给主体更加多元。国家智慧教育平台在上线之初就致力于汇聚各级各类平台的优质资源、服务和应用。2023年以来，平台积极拓宽资源汇聚渠道，形成了以教育部直属单位、各级教育部门、社会组织、高校、职业院校、企业和个人等多元主体协同投入的资源供给样态。如，国家中小学智慧教育平台新上线的教师备课授课栏目，其中“基础性作业”由上海市教委提供，涵盖义务教育8个学科段所有年级共计48册；[②] 宁夏汇聚数字资源5 400多万件，开放数据接口500多个，[③] 全面融入国家智慧教育平台；中国科技馆及各省科技馆等社会机构的数字资源和活动、各高校和职业院校的产学研服务资源、国家电投等知名企业的课程均以不同形式接入国家平台；平台还通过精品资源征集活动、专题名家讲座、个体资源上传等形式实现了对个人资源的汇聚。其次，资源供给形式更加多样。除了素材、课件、作业、虚拟仿真、数字课程等传统资源形式，平台以服务为中心，还提供实践项目、展览、线上体验等参与型活动，以及名师工作室、名校工作室、专家团队工作室等智慧共同体

---

① 推动“慕课出海”迈向“2.0”[EB/OL].（2024－04－23）[2024－05－26]. http://www.moe.gov.cn/jyb_xwfb/s5147/202404/t20240423_1127073.html.

② 教育部. 国家中小学智慧教育平台上线高质量基础性作业[EB/OL].（2023－04－21）[2024－05－26]. http://www.moe.gov.cn/jyb_xwfb/gzdt_gzdt/s5987/202304/t20230421_1056607.html.

③ 中国教师报. 给宁夏娃娃插上“数字”翅膀[EB/OL].（2024－01－05）[2024－05－26]. https://jyt.nx.gov.cn/ztzl/hlwjysfqjs/202401/t20240105_4407918.html.

资源。多样化的资源形式可以满足不同场景、不同用户的需求，资源的实用性和创新性进一步增强。最后，应用驱动下的资源动态生成成为常态。平台支持用户根据不同的应用场景和需求在线创建资源，对课件、试卷等基础性资源进行二次编辑，并允许用户对个人资源进行网络分享，这就使得资源适应具体场景的针对性进化成为可能。同时，在资源的使用过程中还产生了系列生成性资源，得以在平台上沉淀。如，高教平台数字课程提供“在线问答”功能，师生在课程实施过程中就特定的课程内容展开在线交流和研讨，形成观点、见解、作品、案例等，在平台上呈现并沉淀。这些学习过程中的生成性材料，可以为下一轮课程实施中的师生提供鲜活的素材、示范案例或参考资料。此外，资源供给的多元评价初步形成。国家智慧平台的资源供给评价，从管理者入库评价走向管理者入库评价与用户动态评价并行。师生用户作为教育资源的最终使用者与评价者，其反馈不仅直接影响着新一轮数字资源的开发设计，也间接影响着下一轮资源循环闭路的后续走向。国家智慧教育平台通过资源的浏览、下载和评分数据，优先展示使用频率高、评价反馈好的资源，为资源的下架淘汰、迭代更新和持续优化提供了支撑。

（三）技术层：功能持续拓展优化，服务能力不断增强

响应用户需求、顺应技术发展，持续优化平台功能结构，是促进国家智慧教育平台应用的基础保障。2023 年以来，国家智慧教育平台积极拓展服务领域，在大规模应用中优化用户体验、强化平台功能，并积极探索人工智能等新兴技术赋能，不断提升服务质量。

平台体系更加完善。2023 年以来，国家智慧教育平台在“三平台、一大厅、一专题、一专区”架构基础上，新增“读书平台”“国际平台”，新接入广西、云南、甘肃等 3 个省级智慧教育平台，启动国家教育数字化大数据中心建设和国家中小学智慧教育平台全区域试点工作，多层级互联互通的智慧教育平台体系更加完善。

功能服务全面增强。平台聚焦用户大规模深入应用，持续提升用户体验、增加服务功能、提升运行性能。一是简化操作流程，提升用户体验。新上线 Pad 端和 PC 端应用，以及“智慧教育”App，用户访问更加便捷、高效，“处处能学，时时可学”成为可能；进行适老化和无障碍访问改造，使得所有用户

都能享受到更加人性化和便捷的服务。二是拓展优化平台功能，提升服务效能。如，完善服务大厅，一站式访问教育相关各种政务服务；完善教师在线组卷、线下练习、直播教学等功能；增加点赞、收藏、转发等互动功能，提升用户参与感和社交性，增强用户黏性；不断拓展新的应用场景，如新生注册、精准资助、智慧思政、校园安全等，实现助学、助教、助研、助管的全方位服务。三是加大平台性能和运行保障力度。如，相较于2022年“暑期教师研修”，2023年参训教师“在平台操作、学习时长记录、学习规则等方面的反馈与意见明显减少”。

人工智能技术深度融合。对于用户而言，满足其个性化需求的高质量资源才是好资源。国家智慧教育平台在汇聚海量优质资源的基础上，进一步在精准化供给方面发力。2024年3月，国家平台启动了人工智能赋能行动，探索利用人工智能大模型等先进技术推动国家智慧教育平台智能升级，更好支持全民个性化终身学习。如，通过“智能学伴”开展学情分析，构建数字画像；上线智能工具，构建多元供给生态；提供课件生成、作业批改等工具，赋能教师减负增效等。

（四）应用层：服务群体广泛覆盖，平台应用持续深入

国家智慧教育平台的资源建设和服务拓展，始终围绕教育核心任务落实，积极回应社会关切。2023年以来，平台立足于资源和服务供给持续优化，聚焦“双减”政策落地、教师专业发展、大学生就业等教育核心任务，深入推进大规模应用，用户规模快速增长，应用数据快速积累，应用成效不断显现。

用户规模快速增长。国家智慧教育平台从不同教育层次齐头并进，赋能全民终身学习，用户规模呈现快速增长态势。截至2023年底，国家中小学智慧教育平台累计注册用户突破1亿，访客量达25亿人次；国家高等教育智慧教育平台服务了国内12.77亿人次学习，开设的全球混合式课程学习者近2 540万人次；国家职业教育智慧教育平台支撑了超10亿人次的用户访问学习，用户覆盖154个国家和地区。[①] 2023年，国家智慧教育平台浏览量屡创新高，从年初的累计67亿次[②]增长到年底的累计367亿人次[③]。至2024年5月，仅国家中小

① 吴砥，陈旭. 智慧教育平台的典型特征、应用成效与发展路向[J]. 人民教育，2024（05）：61－64.

② 怀进鹏. 数字变革与教育未来——在世界数字教育大会上的主旨演讲[EB/OL].（2023－02－13）[2024－04－28]. http://www.moe.gov.cn/jyb_xwfb/moe_176/202302/t20230213_1044377.html.

③ 数字化引领教育变革新风向——一年来国家教育数字化战略行动发展观察[N]. 中国教育报，2024－01－27（01）.

学智慧教育平台浏览量就已超过400亿次，其中近60%的浏览量来自教师和学生。平台浏览量的爆发式增长，一方面得益于用户规模的快速增长，另一方面也反映出用户应用频次的快速增加。

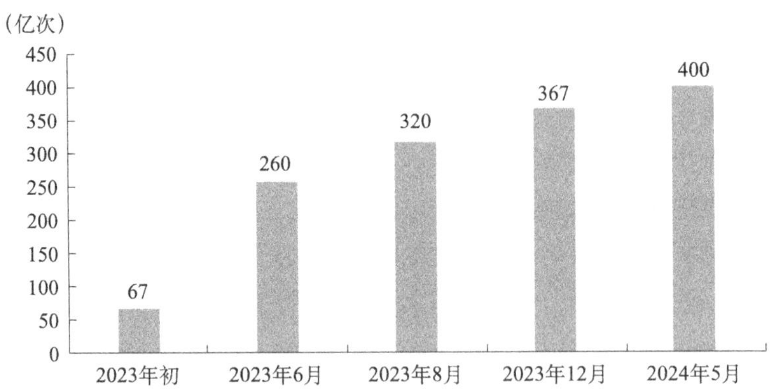

图1　2023年以来国家智慧教育平台累计浏览量统计

大规模应用持续推进。2023年以来，利用国家智慧教育平台，教育部面向全国开展了教师研修、青少年阅读、直播讲堂等大规模应用活动，各地教育部门也纷纷通过推广培训、直播带课、双师课堂、教学竞赛等方式推动区域规模化深度应用。如，2023年，“寒暑期教师研修”“心理健康教育教师培训”“师德集中学习教育”等教师线上研修相继开展，累计参训教师超过4 000万人次[①]，历史性地实现了全国范围超大规模在线研修；就业平台举办就业指导公益直播课40期，累计收看超过1.1亿人次；读书平台致力于推动全民阅读，建设青少年读书空间和老年读书社区，营造了浓厚的阅读氛围；宁夏组建了700个名师网络工作室，开通了1 600个课程社区，推动全区应用。通过持续大规模应用推进，一方面显著提升了优质数字资源的覆盖面，另一方面也推动了平台功能和性能的持续优化提升。

应用成效不断显现。随着平台应用场景不断丰富和应用范围的显著扩大，平台在共享优质教育资源、深化教育教学改革、全面助力学习型社会建设等方面发挥重要作用，数字技术的叠加、倍增、溢出效应充分显现。首先，跨地域的优质资源大规模共享成为普遍态势。平台促进了数字教育资源跨区域、跨学

① 开辟新赛道　塑造新优势——写在国家智慧教育公共服务平台开通两周年之际[N]. 中国教育报，2024-03-28（01）.

校的在线流转,[①] 中小学生可以借助平台去听专家和院士关于科学课、实验课的内容；身处全国各地的师生“同上一门课”“共读一本书”成为现实；借助混合式教育实习组织模式，师范生培养打破了地域限制。其次，推动了教育教学和教育治理方式的改革创新。平台破除了单一、狭窄、被动的学习路径依赖，校内与校外学习、正式学习与非正式学习的边界实现融合，跨越时空限制的“数字化生态教学场”[②] 逐步推广。如，天津科技大学所有课程修读都打破了年级和专业限制，学生获得个性化培养；黑龙江农业经济职业学院通过智慧教育平台实现了案例式、混合式、探究式等多种教学模式的应用；考试服务栏目支撑了上百万中小学教师的成绩查询；教师在线教研搭建了全国教师互联互通的桥梁。最后，有效服务了校家社协同育人和学习型社会建设。2023 年，平台通过青少年读书空间和老年读书社区构建全民阅读空间，上线数字博物馆开放优质社会资源，面向心理健康等社会热点上线学习专栏，有力支撑终身学习；约 1/3 的大学生通过国家智慧教育平台来完成和用人单位的对接；截至 2024 年 5 月，国家中小学智慧教育平台支持了 37.54 亿次的家长用户浏览和 130.06 亿次的社会学习者等其他人员浏览。[③] 此外，中国教育数字化国际影响力充分彰显。最后，平台访问用户覆盖了 200 多个国家和地区，并凭借“通过数字学习平台促进公众的知识获取”方面的突出成就获得 2022 年度联合国教科文组织授予的教育信息化奖。2024 年初，国家智慧教育平台国际版上线，为全球学习者提供优质资源供给。

二、问题和挑战

2023 年以来，国家智慧教育平台建设已经取得突破性进展，供给样态更加多元，服务场景更加丰富，大规模创新应用不断深化，赋能教育数字化转型的作用更加凸显。但随着转型的纵深推进，面对“扩优提质”目标和高质量、个

① 柯清超，刘丽丽，鲍婷婷，等. 国家智慧教育平台赋能区域教育数字化转型的四重机制[J]. 中国电化教育，2023（3）：30－36.

② 以创新应用引领数字教育变革——国家智慧教育公共服务平台应用典型案例分析[N]. 中国教育报，2024－04－02（01）.

③ 服务领域和应用规模不断扩大　国家中小学智慧教育平台浏览量超 400 亿[N]. 中国教育报，2024－05－21（01）.

性化、智能化的教育供给需求，国家智慧教育平台在资源供给、功能保障、数据挖掘、组织管理等方面还面临着诸多挑战。

（一）资源配置和服务有待完善

优质数字教育资源共建共享是智慧教育平台创新发展的关键着力点，要建立统一、安全、便捷的数字资源汇聚、更新、共享通道。当前，我国已建成世界第一大数字教育资源平台，但资源整体上在配置和服务方面还存在不足。一是资源还存在结构性不足：静态资源多，动态交互性资源缺少；学科教学资源多，跨学科资源如创课课程等还有待开发。二是资源可利用性有待提升，资源颗粒度有限，碎片化资源较少，普遍缺乏二次加工空间，无法贴近教育用户的实际应用习惯与需求。三是面向用户的资源精准化推送服务还不成熟，满足不同学段学生个性化诉求的能力有待加强。四是资源的共享共建、评价和监管机制等还不完善。五是各资源供给主体间的协同合作共享程度不高，仍然存在资源重复建设问题。

（二）平台服务能力有待提升

通过大规模应用推进和试点示范，国家智慧教育平台已经形成了广泛的用户覆盖，涌现了一大批典型应用案例，为推动教育发展、学习型社会建设提供了重要支撑。但由于平台服务对象背景复杂、需求差异性大，平台在个性化、智能化、常态化应用支撑方面还存在提升空间。一是在当前师生数字素养现状下，平台应用中存在流程繁琐、功能复杂等问题，影响用户体验；二是面向多场景的精细化设计还不足，对个性化服务需求响应还有待细化；三是平台的智能性有待加强，基于大数据的学习分析与评价、精准教学和服务推送、智能化学习工具等还不成熟。

（三）海量数据价值有待挖掘

数据要素是提升教育教学生产力，增强教育解释力、教育决策力、教育监

督力的关键角色。① 目前，平台已采集到各类数据500多亿条。随着大规模应用的深入推进，海量教育数据还在源源不断地加速产生和汇聚。未来，预期将有更多用户更高频次使用平台供给的优质数字资源和服务，进而生成汇聚更大体量、更加复杂的数据资源。为了提升国家智慧教育平台的智慧性，需要对平台数据进行多角度、多路径的挖掘和利用。如何获取第一手教学行为大数据，数据如何分类和管理，从哪些角度和途径进行数据挖掘，数据如何赋能教、学、管、研、建等业务创新，如何实现数据的畅通流转和共享交换，如何确保数据的安全和用户隐私保护，如何保障数据资源的版权等，是目前国家智慧教育平台高质量运行亟待解决的重要问题。

（四）平台体系协同机制有待优化

随着各省平台的陆续接入和平台应用试点的逐步推进，国家、省市、区县、学校互联互通的智慧教育平台体系已经建立，国家平台和区域节点“平台公用、资源共建”的良好生态已经生成，以用户为中心、以应用为目标的资源配置机制初步形成，但是在具体实践中还有待协同优化。首先，各平台和功能的互联互通有待进一步规范和细化。目前，国家平台与省级平台实现了资源上下贯通，但是作为核心要素的数据，其流转和贯通还有待进一步细化和规范。其次，各级平台的差异化定位和协同互补关系还有待进一步厘清。我国教育平台建设已历经十多年，各地区和学校普遍建设了特色的平台，积累了本地化资源，形成了较为习惯的用法。如何做好不同层级平台的差异化定位，在推进国家平台统一应用的同时兼顾地方平台特色，是国家智慧教育平台体系协同推进需要解决的问题。

三、未来发展建议

国家智慧教育平台作为战略行动的支点任务，其建设不仅是实现技术升

① 杨现民，王娟，李新. 加强国家智慧教育平台数据治理：经验洞察与路径优化[J]. 中国电化教育，2023（9）：69－75.

级，更是通过优质教育资源、应用、数据等的综合集成与创新组合，[①] 为教育变革创新提供强劲动能。未来，聚焦教育数字化战略行动的“3I”[②] 方向，国家智慧教育平台应在组织创新、资源供给、技术升级、数据赋能、应用深化等方面持续发力，以全面支撑高质量教育体系建设。

（一）提升资源质量，满足个性化需求

1. 强化有组织的高质量资源开发

教育部和各级地方教育部门充分发挥资源建设主导作用，针对当前平台资源结构性短缺现状，建立资源补充计划。针对不同应用场景、应用类型和应用人群需求，丰富资源类型，完善资源体系；加强多模态资源、动态交互性资源和跨学科资源建设；加强高质量在线课程和互动式学习工具开发；细化资源开发粒度，强化资源标注；引导和鼓励师生用户上传其教学资源和研究成果，沉淀生成性资源；注重行业产教融合和校企共建，调动更多企业和组织参与课程资源建设，形成以用户为中心、以应用为目标的资源共建共享共评机制。

2. 完善资源服务机制

建立资源推送机制，基于学习数据分析和挖掘，精细刻画用户画像，进一步完善个性化学习资源推荐系统，实现资源的差异化、个性化供给。注重资源质量评价，围绕平台资源应用建立健全资源评价指标和评价规则，推动多主体参与的资源评价与动态更新机制。建立基于应用数据的资源监管机制和资源推荐机制等。

3. 版权保护，合理使用

智慧教育平台的数字资源汇聚不同主体、多种渠道，对资源的应用操作包括浏览、下载、编辑、传播等多种类型，资源传播范围跨越单个学校、地区甚至国别。资源的合理使用面临更加复杂的版权管理要求，因此有必要完善资源的版权溯源和管理机制，并对平台资源的访问、使用和再利用作出明确规范。平台应当建立一套完善的版权管理和保护机制，确保所有上传和分享的资源都

---

① 曹培杰. 建强用好国家智慧教育平台是数字时代的教育应答[J]. 人民教育，2024（06）：46－48.

② 怀进鹏. 携手推动数字教育应用、共享与创新——在2024世界数字教育大会上的主旨演讲[J]. 中国教育信息化，2024，30（02）：3－10.

经过合法授权。同时，平台还应当引导用户如何合法合规地使用资源，避免侵权行为的发生。此外，为了鼓励更多的优质资源被分享和使用，平台可以为资源提供者提供一定的激励措施，如国家平台权威认证标识、优质资源优先推广、资源使用积分奖励等。

（二）聚焦核心业务，完善平台功能

1. 聚焦核心，科学引导

国家智慧教育平台的建设应始终围绕其核心功能展开，即支持学生的学习、教师的教学、学校的管理和社会的教育服务。为了实现这一目标，平台需要精心设计和优化其功能模块，确保它们能够满足用户的实际需求。平台可以有针对性地组织高规格的教研活动，将优秀成果集纳进来，为广大教师提供丰富的教学材料和工具。此外，平台还应加强与教育主管部门的合作，确保其发展方向与国家教育政策和战略相一致。

2. 提升体验，精细化平台设计

当前，国家聚焦学生学习、教师教学、学校治理、赋能社会、教育创新等五大核心功能，提供了多场景、多层次的功能应用。未来，平台建设还需要进一步细化用户场景和需求（如设备类型、网络条件、用户习惯、用户数字素养水平），对平台功能、流程、交互、数据等进行精细化设计，提升用户体验。例如，开发微信等第三方平台与国家智慧教育平台的便捷绑定功能；细化用户行为跟踪与定位，实现用户页面的个性化定制和访问行为的准确记忆。此外，平台还应建立快速响应的用户支持和及时的反馈机制。

3. 技术赋能，推进平台智能升级

国家智慧教育平台应深化大数据、人工智能等新兴技术的应用，实现资源和服务供给的智能升级。进一步提升国家平台在资源管理、智能计算、数据分析等方面的基础支撑能力，为区域平台和应用提供更强大的智能支持；加强交互式学具、智能学伴、人工智能导师的开发和应用，推动人工智能时代的数字化学习；建设学习认知地图，优化资源推荐算法，支持数据驱动下人机协同的精准教学，为学生提供个性化资源推送，开展对学生的动态监测和跟踪评价；推动教育大模型的建设及其在国家平台中的赋能应用，助力因材施教和减负增效。

（三）促进数据融通，释放数据潜能

1. 健全数据标准，推动标准化数据采集和汇聚

国家智慧教育平台在运行中形成了庞大的数据，这些数据产生于不同的应用，从属于不同的部门。要实现这些数据的跨系统、跨部门、跨层次流转和交换共享，建立清晰、健全的数据标准是关键。首先，要编制一体化的平台数据目录体系，包括建立平台数据目录和管理规范，建立数据目录管理系统等。其次，要健全教育资源元数据标准，完善教育数据权属界定和开放共享标准，推动教育数据的标准化采集和存储。此外，为实现数据的跨部门和跨层级调用，还应建立相应的数据协同机制，实现数据的安全流转、共享和交换。

2. 完善国家教育大数据中心，强化数据大脑作用

目前，国家教育大数据中心建设已经启动。未来，需要推动大数据中心与平台各层级、各模块的联动与贯通，推动教育大数据的全场景、全链条采集和汇聚，形成基础数据大脑；需要完善教育大数据中心的数据存储标准和服务标准，对汇聚后的数据进行统一的清洗、加工和存储；需要建立数据的分权限使用机制，建立分级管理的“大应用超市”，提供大数据中心的便捷式访问和有序安全共享。

3. 强化数据价值挖掘，赋能教育发展

运用海量数据形成区域、学校、学习者等不同维度的数字画像，建立教育知识图谱；通过对数字资源和课程的浏览时长、点击量、下载量、停留时长、学习行为等全程伴随式数据进行跟踪和分析，[①] 为师生提供精准、个性化的资源推送和教学支持服务；通过对区域性数据汇聚和挖掘，健全资源配置，以数据驱动赋能精准教育决策，推动教育治理高效化，促进教育决策和教育管理方式变革。

4. 关注安全，筑牢底线

国家智慧教育平台用户群体规模巨大，生成数据复杂且体量大，数据安全

---

① 王娟，张雅君，王冲，等. 国家中小学智慧教育平台应用现状调研与路径优化——基于全国30，605名中小学生的样本数据[J]. 电化教育研究，2024，45（06）：50－56＋65.

和隐私保护需求突出。平台必须采取严格的安全措施，保护用户数据不被非法访问和滥用。一是加强对数据采集、存储、加工、流转等全过程的个人信息保护，[①] 如探索多源数据的汇聚方案，对数据进行脱敏，使用加密技术保护数据传输和访问安全，建立严格的数据发布和使用流程。二是定期进行平台的安全审计和风险评估，以便及时发现并解决潜在的安全问题。三是加强用户教育，明确平台数字伦理规范，提高用户网络安全意识和自我保护能力。

（四）深化应用创新，助力生态重构

1. 聚焦重难点问题突破，优化应用模式

国家智慧教育平台服务师生教育教学需求是教育数字化战略行动的重要目标。国家智慧教育平台的应用，要致力于实现教育教学一线重难点问题的解决与突破。首先，要在现有应用场景之外，探索更多元、颗粒度更小的应用场景，将国家智慧教育平台嵌入到用户日常教育教学问题解决的流程中，与一线用户应用需求紧密相连，形成更加有效的应用模式。其次，应关注数字鸿沟问题，通过提供差异化服务和支持，确保所有用户都能平等地享受到优质资源。此外，要根据用户的反馈和需求不断改进和创新应用模式，让用户感到易用、好用。

2. 注重实践融合创新，助力教育变革

作为国家教育数字化战略行动的重要抓手，国家智慧教育平台必须回应新时代人才培养目标，以技术驱动革新理念、重组素养、再造流程、重构生态，全面创新教育教学实践和教育治理机制。一是以推动教学实践创新为目标开展大规模平台应用。通过课题研究、试点示范、案例征集、骨干教师培育等方式，帮助教师创新教学理念，激发学生内在学习动力，有效推动并实现教学方式变革。二是关注技术赋能教育治理智能升级和机制创新。如，探索建立数字化评价平台，为学业和生涯发展提供个性化督导；基于大数据探索教育督导从单一业务管理功能转向监测分析与公众服务并重的智慧升级。

---

① 杨现民，王娟，李新. 加强国家智慧教育平台数据治理：经验洞察与路径优化[J]. 中国电化教育，2023（9）：69－75.

3. 深化数字合作，引领世界发展

积极构建国家数字教育资源应用生态体系，全面深化区域间、国际间合作，[①] 推动中国教育走向世界。如，构建跨区域的教师研修实践共同体，联合全球师资开设面向全球学生的主题课程（跨学科学习和专题学习）选修，开展国际课程互认，探索更加灵活的学历互认和学位认证机制等。通过全面深化合作，实现全球师资共享，加强国际互联和交流，推动中国理念、中国方案走出去，引领世界数字教育发展。

国家智慧教育平台的成功实践，不仅在国内产生了广泛影响，也受到了国际社会的广泛关注和认可。它展示了中国在教育数字化转型方面的坚定决心和强大能力，为全球教育数字化发展提供了宝贵经验和参考。通过这一平台，教育资源得以优化配置，教育服务更加精准高效，教育质量得到了全面提升，有力推动了教育现代化进程。未来，随着技术的不断进步和教育理念的持续更新，国家智慧教育平台将继续发挥其在教育数字化转型中的引领作用，不断探索和创新，为实现教育的高质量发展和全民终身学习的目标贡献力量。

（作者单位：人民教育出版社人教研究院）

① 柯清超，刘丽丽，鲍婷婷，等. 国家智慧教育平台赋能区域教育数字化转型的四重机制[J]. 中国电化教育，2023（3）：30－36.

重庆市数字出版产业发展报告

重庆华略数字文化研究院

2023年，数字中国、文化强国战略纵深推进，数字出版业发展环境持续优化，2月，党中央、国务院印发《数字中国建设整体布局规划》，擘画夯实了“两大基础”，推进“五位一体”深度融合，强化“两大能力”，优化“两个环境”的总体蓝图，形成2522整体框架，对数字文化提出具体要求；4月，重庆召开数字重庆建设大会，绘制了数字重庆建设1361架构，数字文化作为六大应用之一，从事业到产业作了全方位的部署；12月，全市宣传思想文化工作会议和全市经济工作会议对数字文化和数字出版产业发展提出具体要求，部分区县发布了文化产业高质量发展行动计划，落实中央和重庆市的部署，对数字文化和数字出版产业作了战略部署和时序安排。

一、重庆数字出版产业运行情况

（一）行业发展能力分析

2023年，重庆数字出版业总资产较上年增长6.52%，增幅放缓了4.13个百分点；总产出较上年增长6.52%，较上年增加0.44个百分点；利润较上年增长1.24%，增幅较上年收窄0.68个百分点；增加值较上年增长3.40%，增幅放缓2.76个百分点（见图1）。数字出版产业对地区国民经济的贡献率为0.51%，占全市数字经济核心产业增加值的1.13%。[①]

① 按数字经济核心产业增加值占地区国民经济45%测算。

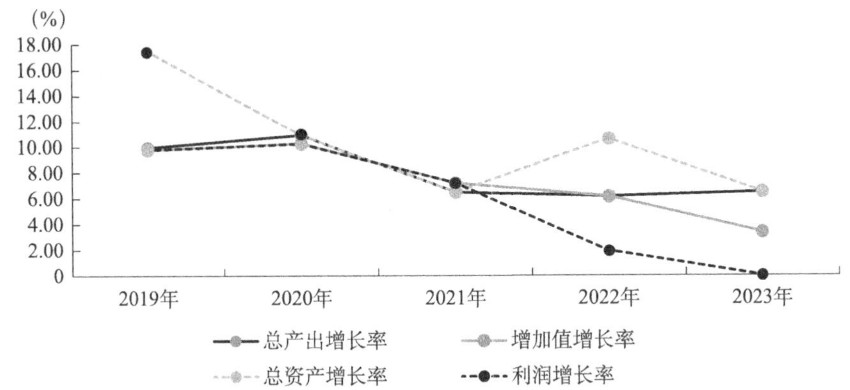

图1　2019—2023年重庆数字出版业整体运行情况

整体而言，除总产出增长高于上一年度之外，总资产、利润、增加值均延续了2022年全行业增幅放缓的趋势。增加值增幅首次低于地区国民经济总值。

从总产出、增加值、总资产、利润四项指标关联分析，新现象值得关注。

多方作用压缩利润空间。一是数字出版产品和服务进入转型期。受到市场影响，经过十多年高速发展，低水平数字出版产品和服务市场趋于饱和，重庆高品质的数字出版产业供给能力尚未形成。二是数字出版行业竞争加剧，创新不足，同质化竞争加剧，利润空间被挤压。三是新业务高投入抵消了利润值。供需特征转换过程中，新技术研发与应用中的投入未能有效转化为数字出版产品和服务，进而造成了阶段性亏损。

数字出版增加值逐步降低。自重庆开展数字出版产业统计以来，重庆数字出版业增加值率一直处于高位，具有典型的高新技术产业特征。2020年开始出现增加值率波动现象，在统计的22个行业小类活动中，2020年出现3个行业增加值率增加，6个行业增加值率降低；2021年4个行业增加，3个行业降低；2022年两个行业增加，6个行业下降；2023年，7个行业下降。2019—2021年增加值率保持在0.52的水平，2022年上升到0.59，2023年下降到0.51。随着数字出版产业持续发展，增加值率将会持续下降，达到与一般科技产业持平。从2023年的数据看，增加值下降应考虑以下几个方面原因：一是市场竞争加剧，利润率降低；二是生产成本增加，产业新技术研发与应用未能转化为产品和服务，相关投入计入了生产成本；三是行业薪酬机制发生变化，是数字出版产业及相关产业受经济环境影响产生的连锁反应。

（二）产业带动能力分析

参照重庆市 2017 年 142 个部门分类，[①] 将数字出版产业 59 个产业活动，合并成 10 个产业活动部门，对基本流量表进行拆分，嵌入数字出版产业活动部门，发现数字出版部门分别对中间使用影响较大，10 个产业活动的产出与国民经济 152 个活动具有中间使用关系，具有遍历性特征，最多的数字出版设备制造活动产出提供给 151 个部门，最少的数字出版网络服务、数字出版运营平台、数字出版数据服务供给 137 个部门使用；同时，数字出版产业 10 个产业活动至少需要 60 个以上产业部门进行支撑，其中数字出版设备制造涉及部门最多，为 102 个，其次是数字出版物零售，为 92 个部门，最少的是数字出版咨询服务，需要有 60 个部门为其投入（见表 1）。

表 1　重庆数字出版业相关产业活动与国民经济部门关系

单位：个

序号	产业活动	中间使用	中间投入
1	数字出版设备制造	151	102
2	数字出版物批发	150	73
3	数字出版物零售	150	92
4	数字出版网络服务	137	72
5	数字出版运营平台服务	137	73
6	数字出版数据服务	137	73
7	数字出版软件研发	150	65
8	数字出版物制作	150	65
9	数字出版咨询服务	150	60
10	数字出版内容生产	145	81

数字出版对国民经济产业部门的带动性呈现两极分析。152 个部门中，88 个大于 1，属于高于全社会平均水平产业活动，64 个小于 1，低于全社会平均水平。数字出版产业 10 个活动部门，有 4 个部门影响力系数大于 1，对相关产业带动性较大，数字出版设备制造、数字出版物制作、数字出版咨询服务、数字出版软件服务四个产业活动对国民经济的带动性较强，数字出版物批发、数字出版物零售、

① 2022 年重庆市基本流量尚未发布。

数字出版数据服务、数字出版网络服务和数字出版运营平台服务的影响力系数排在100位以外，对相关产业带动相对较小。同时，数字出版对相关产业的依赖性也相对较大，数字出版业的发展，需要相关产业同步或先行发展（见表2）。

表2 重庆数字出版及相关产业部门影响力系数

名称	后向联系	影响力系数	位序
数字出版设备制造	4.711 143 941	1.682 381 286	2
数字出版物制作	3.350 257 969	1.196 399 724	17
数字出版咨询服务	3.350 257 969	1.196 399 724	18
数字出版软件服务	3.350 257 969	1.196 399 724	19
数字出版内容生产	2.683 043 459	0.958 132 921	93
数字出版运营平台服务	2.423 711 418	0.865 523 7	117
数字出版网络服务	2.423 711 418	0.865 523 7	119
数字出版数据服务	2.423 711 418	0.865 523 7	120
数字出版物零售	1.799 496 656	0.642 612 397	140
数字出版物批发	1.628 761 244	0.581 641 629	144

数字出版产业对相关产业推动力不强。152个部门中感应度系数超过1的有38个属于对产业推动性高于全社会平均水平，低于1的部门114个，属于对产业推动性低于全社会平均水平。除数字出版10个产业活动中数字出版设备制造排在第47位，接近全社会平均水平，其他9个产业活动均在百位之外。与出版产品的精神消费特征密切相关（见表3）。

表3 重庆数字出版及相关产业部门感应度系数

名称	前向联系	感应度系数	位序
数字出版设备制造	2.491 163 76	0.889 611 386	47
数字出版软件服务	1.247 792 739	0.445 595 206	111
数字出版物制作	1.212 393 776	0.432 953 997	114
数字出版物批发	1.057 294 931	0.377 567 153	127
数字出版物零售	1.036 118 386	0.370 004 866	130
数字出版运营平台服务	1.021 136 037	0.364 654 568	134
数字出版数据服务	1.021 136 037	0.364 654 568	135
数字出版咨询服务	1.017 699 481	0.363 427 351	136
数字出版内容生产	1.017 390 683	0.363 317 077	137
数字出版网络服务	1.007 045 346	0.359 622 687	142

（三）产业集群运行分析

按现行分类方法，重庆数字出版业分成数字出版服务、数字出版支撑服务和数字出版设备制造三大产业体系。

2023年，三大产业体系中，数字出版服务增加值较上年增长5.42%，数字出版设备制造增加值较上年增长2.77%，数字出版支撑服务增加值较上年增长1.1%。数字出版服务、数字出版支撑服务增幅较上年放缓，数字出版设备制造止降转升（见表4）。

表4　2019—2023年三大产业体系增加值

单位：%

	数字出版服务增幅	数字出版设备制造增幅	数字出版支撑服务增幅
2019年	15.41	4.37	5.36
2020年	18.28	-22.66	4.58
2021年	8.66	37.13	4.68
2022年	10.23	-4.86	2.35
2023年	5.42	2.77	1.10

按现行产业集群归类方法，重庆数字出版及相关产业活动归集为七个产业集群，各集群实现增加值增幅分别是，数字出版软件开发与数据接入增长0.07%，数字出版设备制造增长2.77%，数字出版知识产权服务增长1.76%，数字教育出版服务增长1.77%，网络出版服务增长3.67%，网络游戏研发与运营增长11.13%，文献数据库出版服务增长4.91%。增加值增幅整体放缓（见图2）。

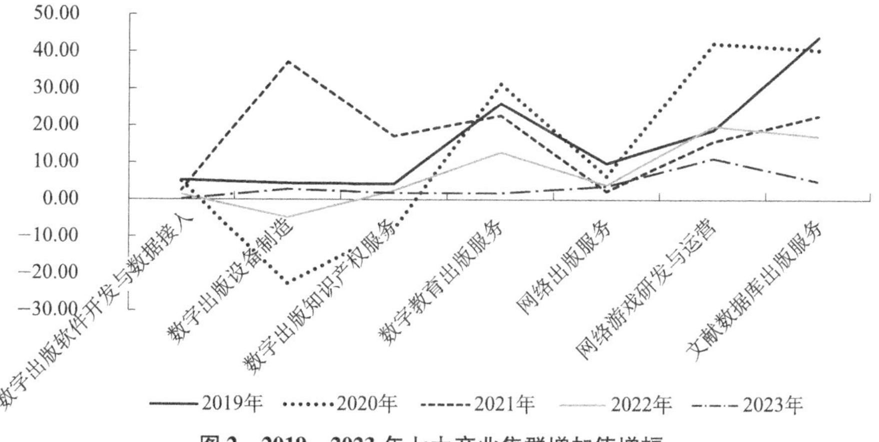

图2　2019—2023年七大产业集群增加值增幅

从数字增加值在7个产业集群中的分布情况看，仍有核心业务增加值贡献大于周边业务增加值贡献的特征（见图3）。

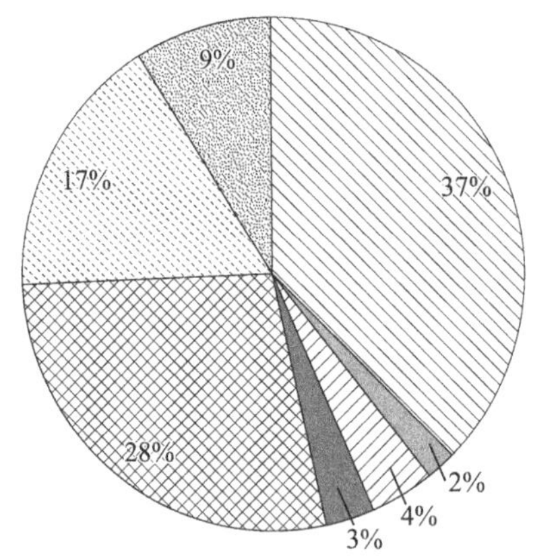

图3　2023年重庆数字出版产业增加值分布

（四）典型行业运行分析

2023年，全行业增加值增幅放缓，其中网络接入服务、移动客户端呈现负增长，分别是－1.68%和－3.53%，前者是因为接入费用持续下降，利润空间压缩已连续两年负增长，预计未来将持续负增长；客户端增加值负增长，在考虑用户使用量的同时，应该充分考虑技术迭代引致投入增长，投入未能有效转化为产品，引致未能产生有效利润和税收贡献。

有7个行业增加值增长率保持在两位数。2个行业处于数字出版支撑服务，5个行业处于数字出版服务。数字出版支撑服务增加值增幅较大的是数字内容加工制作服务，增长15.50%，数字出版运营平台增长11.05%；数字出版服务中增加值增幅较大的分别是网络动漫增长15.59%，数字图书增长15.43%，互联网视听节目增长15.37%、网络游戏研发与制作增长13.06%，网络视频增长10.56%，5个行业的共同特征是，其产品和服务的用户具有可移动、可拆分的特征，可见可移动性服务领域仍然受到用户青睐。

二、重庆数字出版产业发展特征

（一）新型出版传播体系基本形成

构建数字时代新型出版传播体系，面向新的传播环境，提升出版的传播力、引导力、影响力、公信力重要举措，是加强中华文明传播力影响力的重要路径。

重庆数字出版单位结合自身实际情况，积极探索适应本出版单位和与内容相匹配的传播平台，基本形成了“主体 +”的新型出版传播体系。数字出版单位根据资源实际和用户触媒的特征，打造主体平台 + 客户端、三方平台，突出渠道特色和相互协同的格局。据不完全统计，171 家出版主体主办网站 185 个，客户端 73 个，进驻三方平台主办各类“号”超过 500 个，用户总量超过 4 亿人，推送各类内容 20 万条次。

中共重庆市委当代党员杂志社持续深化“3 + 4 + N”重庆党刊全媒体传播体系建设，坚守《当代党员》《党员文摘》《党课参考》3 本期刊阵地，注重发挥七一网、七一客户端、“党建头条”微信公众号、“重庆党建”强国号 4 个新媒体渠道作用，提升内容传播的即时性，同时在人民号、抖音号、快手号等 10 个三方平台开办了账号，用户量达 6 000 余万。华龙网股份集团有限公司在网站、客户端基础上，开办微博、微信、今日头条、抖音、快手，同时深化“华龙芯”中台赋能，加快“1 + 41”集群平台迭代升级。重庆大学出版社不断深化官方出版平台功能，同步统筹微博和微信公众号矩阵建设，形成了官方微信公众号、分社微信公众号和品牌产品微信公众号/微博号协同的格局。

（二）资源基础不断夯实

数据资源是出版业重要的生产要素，重庆出版业积极推进出版数据要素化进程。全年新建各类数据库 25 个，数据包 116 138 个，数据资源量 10 144GB，纸质出版物配套资源占比 47%，90% 的期刊出版单位对当年出版内容进行数据化处理。

1. 特色文化资源建设力度加大

红岩春秋杂志社以红色文化凝聚年轻受众，全景式学习研究宣传红岩精神为需求导向，全力推进红色资源数据化系统化，打造红岩精神数据库，形成了“1 +4 +5 + N”的服务创新范式，即 1 个出版数据中心提供高效知识管理方案，4 个服务系统定制多种信息组织方案，5 个应用场景提供多场景自主学习功能，N 个功能模块助力打造数据化、平台化、智慧化主题数据库。重庆出版集团开发《重庆市地名文化故事》有声书 160 余集。华略研究院对长江水域、嘉陵江重庆水域、乌江重庆涪陵水域过江大桥作了遍历性影像采集，部分影像文件完成并按照相关元数据标准作了数据化处理。

2. 教育资源建设再上新台阶

重庆出版集团建成并上线义务教育阶段 5 个学科、37 个品种人教版统编版数字教材及配套资源，打造全民艺术普及基础资源库、精品数字教育课程库、地方特色文化资源库等，建成不同专题并引入资源，“视听中心”聚集 2.5 万分钟有声书内容。重庆大学出版社以配套资源为基础推进数据资源数据库建设。内容涵盖培智教育方面的覆盖多个年级、多个学科的数字资源 2 000 余个，包括 PPT 课件、视频微课、教学设计等类型。西南大学出版社全年新开发各类数字教育资源 238 种，开发国家智慧教育平台教学视频课 605 节，较好地为图书提供数字内容服务。“基础教育资源服务平台”内容更新近 6 000 条，平台资源容量 12 000 余条。课堂内外专注青少年读写素养提升的“群读共写”教育资源库，实现个性化阅读的中小学生阅读素养测评系统，平台含作文数据 5 万多、授课视频资源 200 余集、名师线上课堂、活动赛事通道等系列产品与服务，教科研专业发展平台已有题库约 4 000 道测评题目，覆盖阅读感知、阅读理解、阅读评鉴、阅读表达维度，聚集教师教学备授课资源共计约 1 000 份电子文档资源，500 余节视频课程，对近 5 年作文与阅读图书的 2 000 份电子资源进行数据化处理。

3. 专业数据资源持续推进

维普资讯公司累计完成 8 000 余万篇期刊文章的数据化加工，覆盖 1989 年以来国内出版的 14 000 余种期刊。天健互联网出版有限公司升级视频功能，发布视频 32 集，制作电子书 59 本、有声书 24 本。重庆大学期刊社、重庆市高校

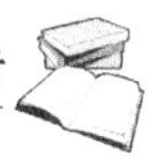

期刊研究会牵头成立了建筑科学领域学术期刊集群，以期刊集群为依托建设我国建筑科学领域学术期刊数据库，为建设建筑科学领域知识服务系统提供数据支撑。《建筑结构学报》《土木与环境工程学报（中英文)》《地下空间与工程学报》《西部人居环境学刊》《建筑科学与工程学报》《工业建筑》《西安建筑科技大学学报（自然科学版)》等期刊作为第一批期刊数据已入库。

（三）创新能力稳步提高

新质生产力的显著特点是创新。重庆数字出版业结合本地区本行业的实际情况，积极推进技术应用创新能力建设。在大数据挖掘、人工智能技术应用、标准化工作方面稳定推进。

1. 大数据技术广泛应用

重庆大学电子音像出版社利用云计算、大数据、融媒体和移动互联网等新兴信息技术构建起数字教材建设、出版和应用数字教材智慧化生产平台，创新了内容集成、数据分析相互协同的运行模式。基于大数据的精准教学服务通过分析考试阅卷小分表、错题项，发挥大数据技术优势为学生提供错题专项练习题库，用专人专册的方式取代传统教辅辅助学业统一化、一致化的劣势，达到专项练习、因人而异的学习巩固提升效果。重庆出版集团开发的儿童心理评估及养成云服务平台集成心理评估量表、在线心理课程、电子图书等数字内容，完成儿童心理评估、课程学习的测评和大数据分析，研判儿童心理健康问题，并拓展介入通道。诵读帮的普通话测评报告实现全文逐字评分，同时根据声母、韵母类别，进行数据统计分析，准确划分擅长的声母、韵母发音及不擅长的声母、韵母发音。根据测评结果，推荐相应课程资源，让用户在普通话学习上真正做到精准分析、查漏补缺、整体提升。

2. 人工智能技术稳步推进

华龙网“芯问”大模型将人工智能技术深度融入内容生产和传播全流程，实现标题生成、关键信息提取、数据标准化和稿件自动归类，同时提供逻辑结构、语义分析等智能支持，并结合重庆本地特色，创建“机审 + 人审”的智能审核模式，构建深度学习、内容审核模型，自动识别文本、图片中出现的涉政、涉黄、广告、骂、灌水等内容，并给出校对建议，对敏感内容进行舆情监控预警提高审核效率，降低内容风险，助力内容安全。西南大学期刊社、重庆卫生信息中心等出版机构和技术团队引入文生图、文生视频等 AIGC 技术，自动提取学术论文核心观点，撰写导读脚本，生成导读视频，拓展学术论文传播空间，用《土木与环境工程学报》重点文章生成的导读视频，单个视频 3 分钟左右，部分视频点击率超过 2 万次，有效地提升了学术论文传播的效果。重庆智佳科技探索文生视频，完成《江州三千年》短视频 20 集，以及以重庆区县为题材的歌曲数十首，研发网络游戏 200 余款，部分游戏进行腾讯游戏排行榜前十。西信天元数据资讯公司联合中科院计算机所开发的 AI 生成文艺作品短视频，制作文艺作品简介和略读视频，单个视频五分钟。

3. 标准化工作积极推进

重庆出版集团以本集团数据共享、业务协同为目标，完成资源共享、技术管理标准、业务管理标准等 30 余项，重庆大学出版社及其电子音像出版社大力推进数字出版标准化工作，研制成果转化到课书房数字教材平台、教学云平台的研发及数字教材制作等工作环节中。参与《数字教育资源评价指南》《中小学数字教材管理与服务平台建设要求》等 2 个行业标准起草，高教职教领域数字教材封装标准、平台接口标准、出版基本流程规范、加工规范、平台服务功能基本要求等 5 个团体标准的起草工作。西信天元积极推进公共数据标准化进程，与市场监管等部门合作，推进部门数据标准研制。华略研究院牵头完成了中国音像与数字出版协会团体标准《数字版权生态唯一标识符》印发，明确界定了数字版权生态要素，说明了各要素之间的关联关系，对《著作权法》规定的 17 种著作权类型作了详尽的标识。

（四）影响力持续增强

重庆出版产业快速发展，伴随着载体扩展和创新，数字出版物的影响力不断提升，一批优秀的出版物下载量、阅读量再创新高，“红岩精神学习研究宣传数字服务项目”入国家出版融合发展工程 2023 年数字出版精品遴选推荐计划。中共重庆市委当代党员杂志社被评为第十二届中国数字出版博览会“优秀数字内容服务商”。

主题出版物影响持续提升。七一客户端下载量超 2 226 万，“重庆党建”强国号订阅量达 3 767 万，“党建头条”微信公众号粉丝量破 44.5 万，2023 年，重

庆党刊全媒体“10 万 +”的爆款作品 143 个，比上年增加 12 个，其中，“50 万 +”的作品 61 个、“100 万 +”的作品 54 个。《“百事通”炼成记》《戚先生的书屋》被新华社客户端、人民日报客户端、经济日报网等中央媒体转发，系列短视频《喜迎“七一”》被央视新闻客户端“看中国”首页推广，微纪录片《从“天问”到“问天”，我奔向了星辰大海》被“学习强国”客户端首屏推介。主题教育期间，重庆党刊全媒体推出相关作品 1 000 余件，总阅读量超 5 亿人次。典型报道《缙云山壮歌》荣获第 33 届中国新闻奖二等奖。华龙网全年共生产上“亿 +”作品（系列）2 条，“千万 +”作品 41 条，“百万 +”作品 443 条。其中，《VLOG 接力联播迎着两会春风　感受轨道上的新重庆》《报告里的中国色　彩绘活力中国》《音小见大，听！活力中国的 BGM》《听见声声不息的中国》等 4 件作品获得中宣部阅评表扬。《从“第一”到“第一” 7 本火车驾驶证见证“中国速度”》《重庆山火突发，他们逆行而上——人民的英雄，英雄的人民!》两条数字内容产品同时获第 33 届中国新闻奖一等奖。《复兴之路上坚定前行——重庆十册添彩〈复兴文库〉》，红色资源解读抗战大后方历史，搭建起“复兴之路”特色思政“实景课堂”，浏览量突破 5 000 万。

重庆出版集团开发的曲小奇音频全网收听量突破 9 亿，在“学习强国”平台、央视云听收听量突破 2 000 万，喜马拉雅粉丝 42.3 万。上游新闻 App 用户下载量超过 8 000 万，全网矩阵用户覆盖数达到 1.4 亿。上游新闻微博粉丝突破 1 000 万，短视频矩阵粉丝突破 1 000 万，官方腾讯微视频号粉丝突破 100 万，原创作品《超震撼航拍——看，星光战胜火光!》荣获第 33 届中国新闻奖二等奖；《手绘 H5 | 最是一年春好处》等 69 件作品获得“上亿 +”阅读量。2023 重庆商报头条号，总浏览量约 5 亿。其中“千万 +”稿件 1 篇、“百万 +”稿件 12 篇。电脑报全媒体年发稿量超过 2 万条，官方微信矩阵传播力排榜超过 99.5% 的运营者；官方微博粉丝数 240 万，在同类科技媒体中影响力排名第一。

三、重庆数字出版业面临的挑战

（一）资源整合能力有待提升

出版资源内涵丰富，涵盖出版资质、出版人才、内容资源、出版中介、技术研发、设施设备等诸多方面，近年来，重庆部分出版单位间以产品开发为目标积极探索出版资源整合。整体而言，重庆出版业的资源整合尚处在狭义的出版资源整合上，也就是策划能力较强的出版单位协同拥有特色要素的出版单位策划适宜特定受众的内容产品，力度和带动力非常有限。在出版单位与内容策划商、数据处理商、出版人才、出版中介、技术团队等相关机构协作尚未迈出关键的一步。同时，缺乏有效的资源要素整合的平台，机构间的交互协同和要素交互共享机制尚未建立，导致现有出版资源效能不能有效释放，一定程度上影响了重庆数字出版由高速发展向高质量发展的能级转换，难以形成有效的数字出版业集聚能力、创新能力、驱动能力、带动能力和辐射能力。

（二）产业协同能力有待提升

数字出版产业链条长，涉及面广。基于数字出版业研究需要，对国民经济142部门拆分至152个部门，呈现与国民经济发展高关联特征。从产业外部看，数字出版活动影响到151个部门，与其产业活动不同，受到最高102个部门、最少60个部门的发展影响，部分领域虽然属于重庆产业门类，但其并非有效供给选择。从产业内部看，数字出版从产品策划到市场流通，涉及38个国民经济产业活动。从产品供给看，数字教育成为本地区红海领域，产品形态和产品市场高度趋同，导致资源投入产出效率低。从业务协同看，出版单位间缺乏更广泛的擅长领域的横向协同，包括共建业务平台、共建资源共享平台，以及更广泛领域的产品共创。从出版单位内部看，部分出版单位部门之间存在资源同质化、产品同质化、市场同质化的问题，未能有效整合资源推进产品和服务的迭代创新。

（三）数据驱动能力有待提升

数据是数字出版的关键要素。内容数据是数字出版产品和服务的内核，用户数据是提升数字出版产业活动有效性的支持。重庆数字出版内容数据资源有单个资源体量小、数据连通性有限、重构再生能力弱等问题。

数据资源量方面，近十年来，重庆从多方面投入数据资源建设，一是完成一批历史文化资源数字化加工，部分历史文化资源数据化加工，涉及音频、图片和文字数据；二是投入较大资金对重庆特色文化资源，如抗战大后方文化数

据库、大足石刻数据库等系列数据资源超过百种；三是部分出版单位对既有出版物购买或获得数字版权授权，完成了数据化加工；四是域内文化单位和其他机构对本机构的文献资源进行了数据加工。但这些资源数据量较少，难以支撑数字出版业海量的数据需求。

数据连通性方面，面临两个具体问题。一方面，重庆数据资源分布面广，数据权属复杂，统一文化元数据标准推广力度不够，标准化程度较低，数据的标准存在行业、领域、行际问题，导致横向贯通难。另一方面，数据价值评估缺乏科学模型支撑，基于资产保值增值规则下，决策面临估价转化和资产流失的两难选择，导致决策者简单选择不联通（不流通）规避风险。

数据再生方面，一是产品和服务策创中，更注重新建资源，而较少选择资源重构，形成新的产品服务，这也是重庆数字出版产业发展中，数据资源投入量较大，产出量较小的原因之一。二是在新一轮人工智能应用中，尤其是生成式人工智能发展，数据驱动的重构场景不断迭代，而重庆数字出版业中，尚未能建立有效的数据生成式人工智能发展场景，从而影响数据智能化应用，向产品和服务转化。

四、重庆数字出版业发展建议

（一）提升以资源整合为关键的融合发展能力

立足全面释放出版能力，构建“多跨”的资源整合模式。对全域出版单位出版要素进行遍历性清查，全面评估有效出版能力，立足有效释放和着眼提升出版能力需要，探索以出版单位为主体，构建跨出版单位、跨所有制、跨领域、跨地域的出版资源深度整合模式，引导和支持内容资源、技术资源、市场资源深度整合。实施以出版单位为牵引，优势资源有效聚合和释放为目的，出版物市场绩效和社会评价为关键指标的有效分配机制，优化和完善出版供给结构，提升多方主体有效的资源转化能力和出版物市场供给能力，激发出版活动相关各方的活力，最终形成“出版+”和“+出版”发展模式，有效提升出版业的发展能力。

（二）提升以产业协同为关键的产业集聚能力

加快构建重庆数字出版业（出版产业）产业地图，厘清重庆数字出版产业链条体系，确立数字教育、文献和数据库出版服务、网络游戏等具有较好的产业基础的数字出版产业链链主，建立以链主为核心的产业协同体系，促进本地区数字出版单位主动协同产业链发展，吸引域内相关链条的数字出版内容供给、技术研发、专业平台、市场开发相关领域的市场主体参与产业链建设，协同发展。深化出版产业资金引导功能，以形成和完善产业链为目标，重点资助本地区数字出版产业链重点环节的项目，有效凝聚产业特色，夯实产业基础，集聚产业相关市场主体，以有效的产业集聚能力壮大产业规模，提升产业发展实力和竞争力。

（三）构建以数据为关键因素的产业创新能力

加大文化数据的聚集力度，深化文化数据共享机制建设，促进文化数据有效流通，探索以文化数据有效应用、产业供给能力有效提升的创新能力建设。一是强化以数据为基础的人工智能技术与介入出版模式。重点在生成式内容供给、选题生成、出版物质量提升、市场方向确立的创新。二是基于文化数据的出版物形态创新，适宜新时代用户需求特征，把握用户触媒机制，创造有效触达的出版物。三是利用文化数据，在内容生产、内容传播、内容评价方面的优势提供更多适宜新的文化需求的数字出版产品。四是用好文化数据，发挥数字出版活动优势，深度挖掘数据内涵和数字关联关系，积极构建中国话语和中国叙事体系，讲好中国故事、传播好中国声音，展现可信、可爱、可敬的中国形象。

（课题组成员：吴江文、陈正伟、吴子鑫、刘爱民）

中国数字阅读产业年度报告

2023 年度中国数字阅读报告课题组

习近平总书记在 2022 年 4 月 23 日致首届全民阅读大会举办的贺信中提出："阅读是人类获取知识、启智增慧、培养道德的重要途径，可以让人得到思想启发，树立崇高理想，涵养浩然之气。"党的十八大以来，我国文化事业日益繁荣，网络生态持续向好。可以说文化强国建设目标越来越清晰，全民阅读工作得到有效推进。与此同时，作为全民阅读工作重要组成部分的数字阅读行业的发展也得到了党和国家的高度重视，日益成为人民群众喜闻乐见的网络文化消费形式。

2023 年 6 月，习近平总书记在北京出席文化传承发展座谈会并发表重要讲话。强调"中国文化源远流长，中华文明博大精深。只有全面深入了解中华文明的历史，才能更有效地推动中华优秀传统文化创造性转化、创新性发展，更有力地推进中国特色社会主义文化建设，建设中华民族现代文明"。2023 年 10 月，全国宣传思想文化工作会议传达了习近平总书记对宣传思想文化工作的重要指示，正式提出和系统阐述了习近平文化思想。习近平文化思想既有文化理论观点上的创新和突破，又有文化工作布局上的部署要求，明体达用、体用贯通。

2023 年，全民阅读工作连续 11 年写入政府工作报告，其表述也从"倡导全民阅读""深入推进全民阅读"提升到"深化全民阅读活动"，充分体现了党中央、国务院对全民阅读的高度重视和建设社会主义文化强国的坚定决心。数字阅读，这一深化全民阅读工作的高效引擎，正持续强化优质阅读内容供给、创新阅读服务模式，使人民群众享受到更加充实、更为丰富、更高质量的精神文化生活，为推动书香中国建设激发出强大力量。

与此同时，在《数字中国建设整体布局规划》等一系列政策文件的正确指导下，在精品内容、技术赋能、阅读推广和公共文化服务体系建设的有效助力下，中国数字阅读行业发展目标更加明确、发展环境更加优化、发展动力更加强劲。

一、主要数据分析

2023 年，我国文化产业规模继续扩大，经营效益进一步提升，文化服务业支撑作用增强，文化新业态带动行业创新发展，文化消费活力正在增强，文化产业展现新的发展前景。全年文化企业实现营业收入 129 515 亿元，按可比口径计算，比上年增长 8. 2%。文化核心领域实现营业收入 83 978 亿元，比上年增长 12. 20%。① 上述增速明显高于同期 GDP 增速。

从主要数据来看，2023 年的中国数字阅读行业也呈现质优量增的可喜局面，发展态势良好。

（一）市场规模

1. 整体规模

根据协会的测算数据显示，2023 年，我国数字阅读市场营收规模为 567. 02 亿元，相较 2022 年的 463. 52 亿元，增长 22. 33%（见图 1）。该增速不但高于前述文化产业的同期增速，也高于同期我国信息技术服务 14. 70% 和云服务、大数据服务 15. 4% 的增长率。

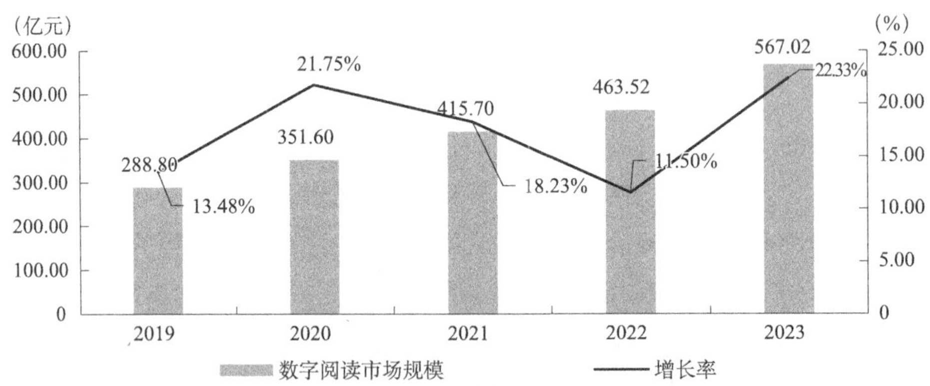

图 1　2019—2023 年中国数字阅读市场营收规模

---

① 国家统计局. 中华人民共和国 2023 年国民经济和社会发展统计公报[EB/OL].（2024 - 02 - 29）. https：//www. stats. gov. cn/sj/zxfb/202402/t20240228_ 1947915. html.

对比分析发现，2023 年我国数字阅读市场营收规模的增速是近五年来的最高增速。我国数字阅读市场营收规模一直保持两位数的增长，规模增长率经过连续两年的下降后，止跌回升，由 2022 年 11.50% 的增速升至 2023 年的 22.33%。究其原因，可能有两方面的主要原因。一是国家大力推进提升全民数字文化素养，加大优质数字内容供给，扩展了更多的数字消费空间；二是包括大众阅读、有声阅读和专业阅读在内的 3 种阅读形式的规模和增长率均保持增长，尤其广告营收模式亮点突出，推动数字阅读市场迈上新台阶。未来，随着技术的不断进步、市场的持续拓展和内容的深入挖掘，在提升数字阅读的互动性和用户体验的同时，催生出新的阅读形式和商业模式，为数字阅读行业注入新的活力。

2. 细分市场规模

根据中国音数协的数据测算，2023 年，我国数字阅读市场中，大众阅读市场规模为 407.15 亿元，有声阅读 116.35 亿元，专业阅读 43.52 亿元，同比分别增长 21.21%、21.6% 和 36.3%。综合近五年的数据（如图 2 所示），三大细分市场均平稳有序同步提升，营收规模占比相对稳定。值得关注的是，专业阅读市场虽规模仍然较小，占比仅为 7% 左右，但近两年来，其在数字阅读市场的占比仍有所提升。课题组分析，除其在学术、科研、教育领域用户中具有不可替代的刚性需求外，与专业出版机构近两年来在数字出版产品和服务等方面的持续创新也紧密相关。

（二）营收结构

数字阅读行业的营收结构分析能够有效观察到行业及其细分领域的发展变化，本文从营收类型和细分领域两个维度对我国数字阅读行业的营收结构进行分析。

以营收类型划分，我国数字阅读市场营收可分为订阅收入、版权收入和广告及其他（包括硬件、衍生品、机构对机构等）收入 3 个主要类型。以细分领域划分，我国数字阅读领域可分为大众阅读、专业阅读和有声阅读 3 个主要细分市场。其中，大众阅读是指用户为获取知识、愉悦身心和提升自身文化素养所进行的数字阅读行为，主要包括阅读网络文学平台的原创作品和电子书；有声阅读是指用户通过网络下载或在线收听具有知识性、思想性和科学性的数字

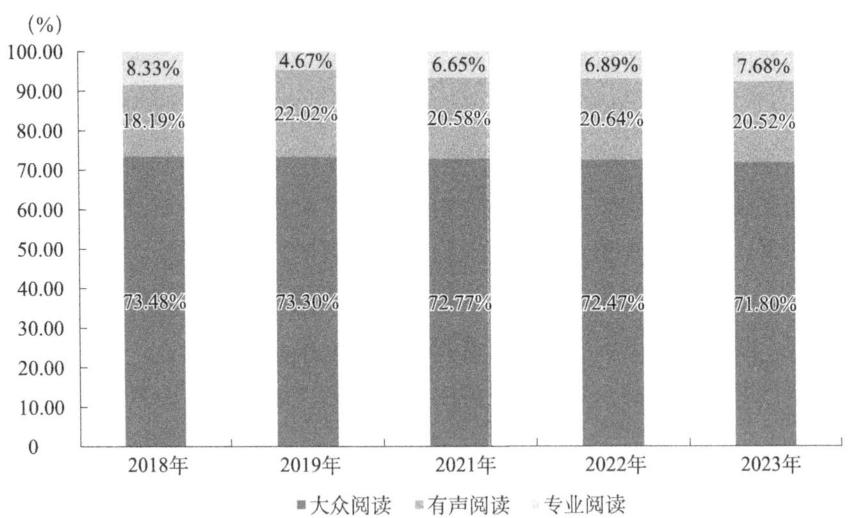

图 2　2018—2023 年中国数字阅读各板块营收占比情况

音频内容的行为，主要包括收听有声平台的有声书、广播剧和在线课程等；专业阅读是指用户为完成科研、教育教学任务所进行的数字内容查询、下载和阅读行为，主要包括阅读专业出版和服务机构的期刊文献、数据库、在线课程和多媒体资源等。

1. 整体营收结构分析

根据中国音数协的数据测算，2023 年我国数字阅读总营收中的订阅收入、版权收入和广告及其他（包括硬件、衍生品、机构对机构等）收入分别为 257.07 亿元、88.19 亿元和 221.76 亿元，相比 2022 年，分别增长 13.80%、－9.47% 和 58.15%；订阅收入、版权收入和广告及其他收入 3 个板块占全年营收的比例则分别为 45.34%、15.55% 和 39.11%（见表 1）。

表 1　2023 年中国数字阅读市场营收结构及占比

收入类型	营收（亿元）	占比（%）
订阅收入	257.07	45.34
版权收入	88.19	15.55
广告及其他收入	221.76	39.11
总计	567.02	100

从各收入板块近几年在总营收中的占比（见图 3）来看，订阅收入依然是数字阅读市场的收入主体，虽然整体收入不断上升，但在总营收规模中的占比

逐年降低，对市场营收的贡献率从 2021 年的 52.70% 降至 2023 年的 45.34%。这表明，订阅收入模式已发展成熟，内容提供商需要不断创新和提升服务质量，以吸引和留住用户，同时积极寻找其他增长点。版权收入每年都有一定程度的波动，相较 2022 年，版权收入减少 9.22 亿元，减少 9.47%，这说明，虽然市场主体更愿意扩大版权资源存量，便于自行开发和运营资源，或形成更有价值的内容资源系列，但通过版权转让和共享仍可发挥内容的更大价值，各版权所有方应给予更多的关注。

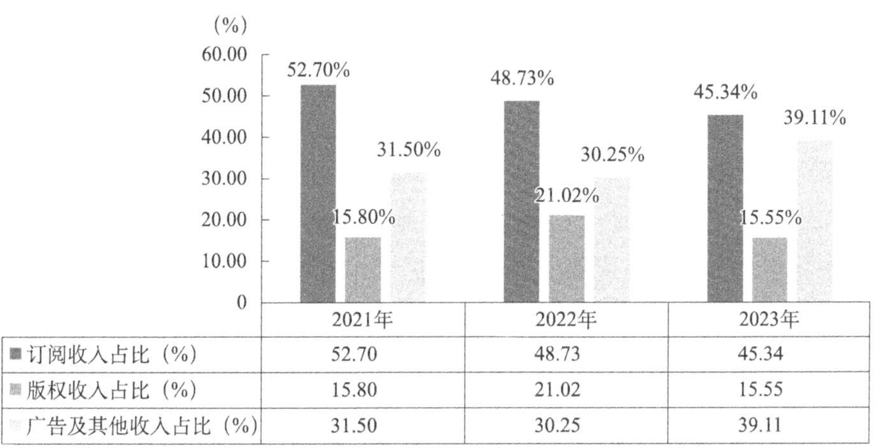

	2021年	2022年	2023年
■ 订阅收入占比（%）	52.70	48.73	45.34
■ 版权收入占比（%）	15.80	21.02	15.55
■ 广告及其他收入占比（%）	31.50	30.25	39.11

图 3　2021—2023 年中国数字阅读各板块营收占比情况

广告及其他收入 2023 年高速增长，占比已经接近总营收的 40%，相较 2022 年，营收增加 81.54 亿元，增长 58.15%，呈现高速发展态势。这一现象说明，以第三方付费为主的广告模式对数字阅读用户的吸引力显著增强，用户已经习惯通过广告植入方式获得数字阅读作品，广告及其他收入已成为除订阅收入外的重要收入来源。这体现了数字阅读平台通过技术应用创新、引流模式创新、广告分发机制创新以及电商渠道服务模式创新等机制，为数字阅读的广告营收模式带来了新的前景，广告营收模式已然成熟、未来可期。

2. 细分市场营收结构分析

（1）大众阅读市场

2023 年，大众阅读市场规模为 407.15 亿元，相比 2022 年，增长 21.21%。其中订阅、版权和广告及其他收入分别为 161.82 亿元、71.39 亿元和 173.94 亿元，占大众阅读总收入的比例分别为 39.75%、17.53% 和 42.72%（见表 2）。

表 2　2023 年大众阅读收入结构

收入结构	收入规模（亿元）	占比（%）
订阅收入	161.82	39.75
版权收入	71.39	17.53
广告及其他收入	173.94	42.72
总计	407.15	100

对比近三年的数据可以看出，订阅收入在大众阅读中占比逐年下滑，而广告收入占比却逐年上升，特别是 2023 年，广告收入在大众阅读中的占比已经达到 42.72%，超过了 39.75% 的订阅收入占比，这同样反映出，在大众阅读领域，订阅收入模式的主导地位正在被广告收入模式所取代。

（2）专业阅读市场

2023 年，专业阅读市场营收规模为 43.52 亿元，相较 2022 年，增长 36.31%。其中，订阅收入规模为 36.04 亿元，占比为 82.81%，版权收入规模为 1.30 亿元，所占比例为 2.98%，其他收入有 6.18 亿元，占比为 14.21%（见表 3）。

表 3　2023 年专业阅读收入结构

收入结构	收入规模（亿元）	占比（%）
订阅收入	36.04	82.81
版权收入	1.30	2.98
其他收入	6.18	14.21
总计	43.52	100

专业类阅读市场的订阅收入稳步增长，显示了人们对高质量、专业化内容的需求持续增加。这种趋势源于人们对专业知识更新和职业发展的需求，希望通过专业类阅读获取更多有价值的信息和知识。订阅收入的稳步增长也反映了专业类阅读市场的商业潜力和发展空间，为内容创作者和平台带来了更多的商业机会和发展前景。相比 2022 年，本年度订阅收入的占比有所减少，而其他收入占比有所增加，这主要由于部分专业类、教育类出版机构加大了包括个性化定制、依托内容开展的教育培训服务、多媒体资源、数据库产品的开发和系统服务的力度，使得其他收入增速较快。

(3) 有声阅读市场

2023 年，有声阅读市场的整体营收规模为 116.35 亿元，相较 2022 年，增长 21.60%。其中订阅、版权、广告及其他收入上的规模分别为 59.21 亿元、15.50 亿元和 41.64 亿元，其中订阅收入占比超过 50%，版权收入占比略有增长，约为 13%，广告收入占比则达到 35.79%（见表 4）。

表 4　2023 年有声阅读收入结构

收入结构	收入规模（亿元）	占比（%）
订阅收入	59.21	50.89
版权收入	15.50	13.32
广告及其他收入	41.64	35.79
总计	116.35	100

近三年，虽然有声阅读市场中的订阅收入仍在增长，但版权收入和广告收入也呈现稳步增长态势。这说明有声阅读市场营收模式正处于不断演变中。市场初期，营收模式更加多元，拉动了整个市场的持续增长。但随着内容商业化程度、广告及版权模式的成熟，版权收入和广告收入逐渐成为重要的营收模式。

（三）作品情况

本文重点统计了数字阅读行业中网络文学、电子书和有声阅读作品情况。本文所指的“网络文学”主要指以互联网络为载体而创作发表的文学作品，包括网络小说、网络散文、网络诗歌、网络戏剧等原创内容，发展至今已经成为大型连载式网络小说的代名词；“电子书”主要指已出版图书的数字化表现形式；“有声阅读作品”主要指以朗读、讲述或演播等为主要表现形式，以声音为主要呈现方式，具有知识性、思想性、科学性的数字音频内容，主要包括有声平台的有声书、广播剧、在线课程等。

1. 作品总量

本文以 128 家网络文学企业、电子书（数据库）平台、有声阅读平台（未包括新闻资讯、短视频和数字动漫相关产业数据）、部分出版单位以及相关研究机构为数据调研来源。经测算，在部分剔除重复授权的情况下，2023 年我国数字阅读作品总量约为5 933.13万部（见图4），同比增长12.54%。

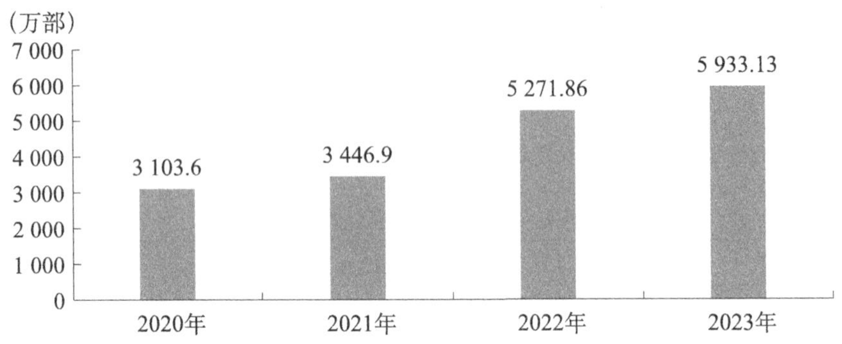

图4　2020—2023年中国数字阅读作品总量

从图4可以看出，数字阅读作品总量从2020年的3 103.6万部增长至2023年的5 933.13万部，这主要是因为从2022年起单独针对有声阅读平台进行了关于有声阅读作品数量的调研，使得2022年起数字阅读作品数量有了大幅增长。其中，2020年我国数字阅读作品总量为3 103.6万部，2021年为3 446.9万部，增速为11.06%，而2023年的数字阅读作品总量的增速为12.54%，这说明我国数字阅读作品总量的增速渐趋稳定。

2023年，我国数字阅读作品中，网络文学作品和电子书的数量占比约为67.46%，有声阅读作品数量占比约为30.68%，其他类型作品（包含专业出版和服务机构的在线课程、多媒体资源等）数量占比约为1.86%。相比2022年，其他类型作品有较大增长，主要源于专业出版和服务机构加大了在线课程、多媒体资源的开发。

2. 作品题材情况

2023年，网络文学的作品题材排名前三的依然是古言现言、玄幻奇幻和都市职场，占全部作品题材的比例分别为24.19%、19.29%、13.05%，合计占比超过50%，达到56.53%（见图5）。相较2022年，三者合计占比略有增长。

2023年，在电子书阅读题材中，排名前五的是文学艺术，政治、历史、军事、法律、经济（社会科学），教育与文化，科学技术和生活百科，占比分别达到32.70%、14.69%、10.74%、6.93%和5.27%，总计达到70.33%，与2022年完全一致，但这五类题材的总占比，相较2022年有所增长（见图6），表明电子书题材类型的集中度在进一步提升。

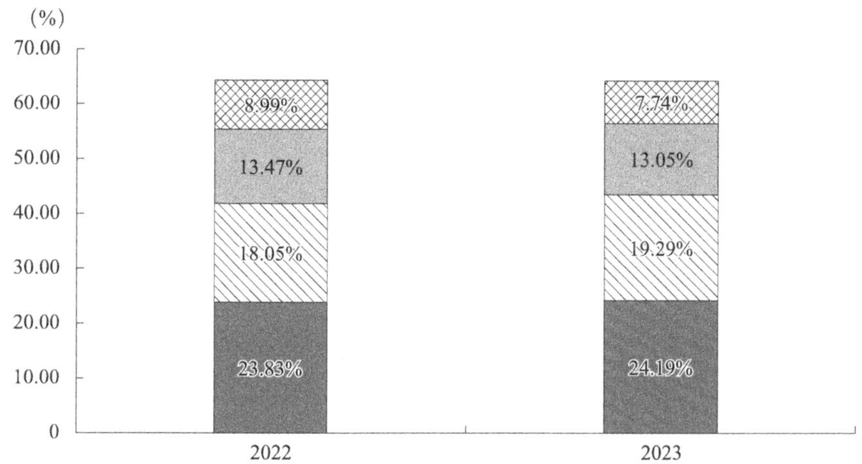

图 5　2022—2023 年网络文学作品的题材占比情况

图 6　2022—2023 主要电子书的题材类型占比

3. IP 改编情况

中国音像与数字出版协会数据显示，2023 年，动漫、游戏和影视剧的 IP 改编量占比为 17.15%（见图 7），同比大幅度提升。课题组认为，这主要得益于影视剧中的网络剧及网络短剧改编量出现大幅增长。

从图 7 可以看出，纸质出版物 IP 改编量占比为 6.71%，相比 2022 年，增长一倍多，这反映了数字阅读与传统出版之间的融合趋势逐年走强。一方面，网络文学企业积极探索纸质读物 IP 改编的新模式和新途径，主动与图书出版单位开展跨界合作；另一方面，纸质出版物IP改编量的提升，也体现出市场对优质内容的旺盛需求。

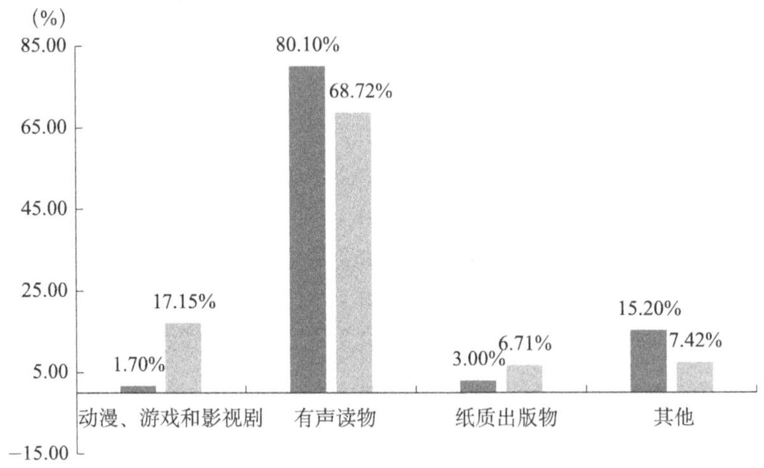

图7　2022—2023年中国数字阅读作品IP改编类型情况

（四）出海情况

2023年，数字阅读出海继续保持强劲的发展势头，不断增强国际影响力。随着国内数字阅读产业的成熟和优质内容的积累，越来越多的作品开始走出国门，吸引海外读者的关注。国内数字阅读企业也不断加大海外市场的布局力度，多地区、多语种、多模式布局海外市场，吸纳优秀翻译人才和本土作家，加速构建本地化内容生态，推动中外文化交流互鉴。经中国音数协的数据测算，在未区分重复授权、多语种翻译、授权地区及海外原创等因素的情况下，2023年我国数字阅读出海作品总量约为76.24万部（种），相比2022年的61.81万部（种），增长23.35%（见图8），已成为推动中华文化国际化发展的重要力量。

2023年，我国数字阅读作品出海的步伐继续稳健向前，主要地区分布格局未发生颠覆性变化，依旧集中在东南亚、北美、欧洲、港澳台、日韩等地。

（五）用户规模

根据中国音数协的数据测算显示，2023年我国数字阅读用户规模为5.70亿

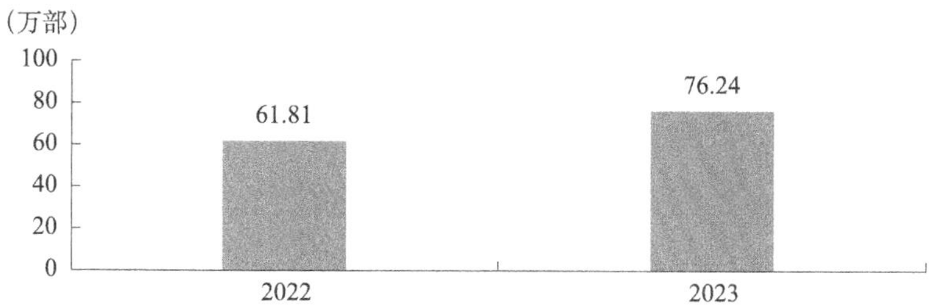

图 8　2022—2023 年中国数字阅读的出海作品数量

人，较 2022 年的 5.30 亿人增长约 4 000 万人，增长率为 7.53%。从 2017 年到 2023 年我国数字阅读用户规模及增长情况（见图 9）。可以看到，2023 年的增速明显高于 2022 年，这是由于综合阅读平台部分企业的用户数量增长较大，且与短剧和微短剧的爆发具有较强的相关性。

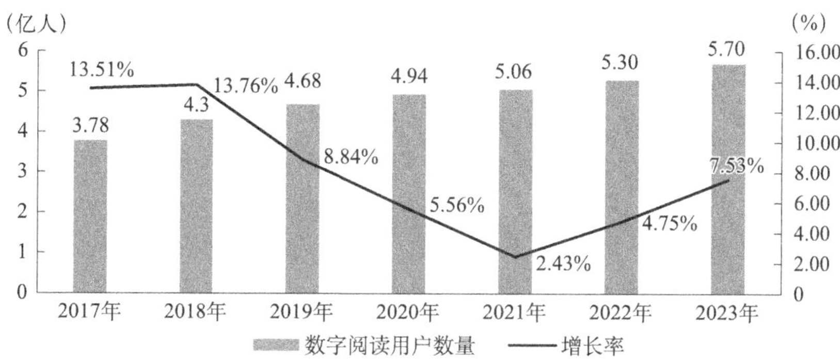

图 9　2017—2023 年中国数字阅读用户的规模增长情况

在经历了爆发式增长阶段以后，虽然互联网人口红利增速正在逐步放缓，但是数字阅读用户的规模正在得到释放。中国互联网络信息中心（CNNIC）的数据显示，截至 2023 年 12 月，我国网民规模达 10.92 亿人，较 2022 年 12 月增长 2 480 万人，互联网普及率达 77.5%，较 2022 年 12 月提升 1.9 个百分点。截至 2023 年 12 月，我国手机网民规模达 10.91 亿人，较 2022 年 12 月增长 2 562 万人，网民中使用手机上网的比例为 99.9%。

对比我国数字阅读用户规模与网民用户规模，2023 年我国数字阅读用户占网民规模的比例为 52.19%（见图 10），与 2020—2022 年相比，数字阅读用户在全体网民中的占比，自中国音数协有数据测算以来，首次超过 50% 的分水岭，这是一个重要的里程碑。

总体来看，我国数字阅读用户规模与我国网民规模的增长、增速趋势基本

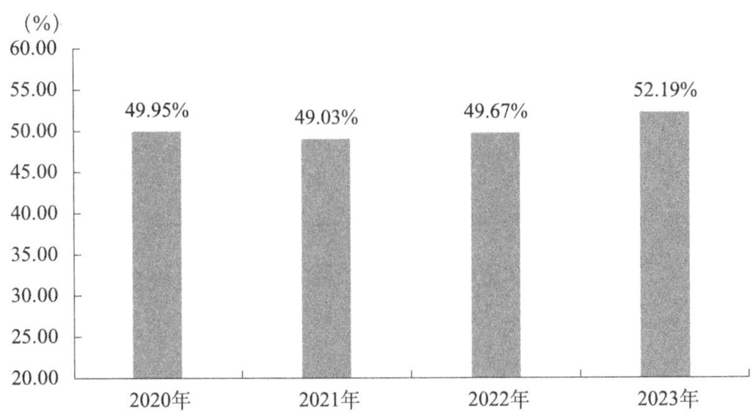

图10　中国数字阅读用户占网民规模的比例

保持一致，增长规模和数量也基本保持一致。2023年数字阅读行业积极探索创新模式，在用户占比方面取得一定突破，以网络文学作品等改编的微短剧/短剧的商业模式推动数字阅读用户增长仍需进一步拓展和创新。

二、亮点与特征

从上述数据分析可以看出，2023年我国数字阅读行业业态持续创新、技术有效赋能，呈现市场回暖的良好发展态势。可以用“3个亮点”和“3个特征”来总结年度发展情况。

（一）年度亮点

2023年，我国数字阅读行业在专业阅读市场、广告模式创新及数字阅读用户的规模上呈现3个亮点。

1. 专业阅读市场成长较快

2023年专业阅读市场规模由2022年的31.93亿元扩张至43.52亿元，增长幅度达36.3%，远高于总体市场规模营收增幅。课题组分析认为，除了专业出版和服务机构在服务学术、科研、教育领域用户中具有不可替代的作用外，还可能与其近两年来在数字出版产品和服务等方面的持续创新有关，一部分教育出版机构加大了数字技术在教育类产品中的应用，在线课程、沉浸式课堂以

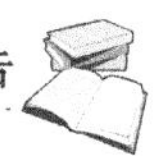

及功能、技能类知识服务产品都有创新与突破；还有一部分音像电子出版单位转型较为成功，涌现了大量在线阅读产品。课题组预测基于教育类的在线课程、知识服务等产品数量未来几年可能会有较大幅度增长，且产品质量会有较大提升，专业阅读市场营收规模尚有较大增长空间。

2. 广告模式创新成效明显

数字阅读市场的订阅收入一直是数字阅读市场的主要营收模式，但综合近三年数据，课题组发现订阅收入在数字阅读市场中的营收结构占比是逐年降低的，而广告及其他收入的占比则逐年增加。2023 年的占比已经接近总营收的 40%，相较 2022 年，广告及其他收入增加 81.54 亿元，增长 58.15%，呈现高速发展态势。我们分析认为，随着技术手段和支付方式的成熟，用户已习惯于通过广告植入方式获取数字阅读作品，体现出数字阅读平台通过技术应用创新、引流模式创新、广告分发机制创新以及电商渠道服务模式创新等机制，使得广告营收模式趋于成熟、未来可期。

3. 用户规模跨过网民“中值”

2023 年，我国数字阅读用户的规模已经达到 5.70 亿人次。对比我国数字阅读用户规模与网民用户规模可以看到，这一数字占全体网民规模的比例是 52.19%，与 2020—2022 年相比，数字阅读用户在全体网民中的占比，自中国音数协有数据测算以来，首次超过 50% 的分水岭，这既是一个重要的里程碑，也说明未来数字阅读用户仍有较大增长潜力。

（二）年度特征

2023 年，我国数字阅读行业的年度特征表现在如下 3 个方面。

1. 高质量阅读内容总量扩大

目前数字阅读行业已经步入转型发展阶段，用户对数字阅读产品内容质量也提出了越来越高的要求。在“全民阅读”的大背景下，“爱读书，读好书，善读书”已经逐渐成为人民群众的重要生活方式。精品内容供给是推进全民阅读工作的重要一环。2023 年，“全民阅读”战略深入实施，数字阅读市场持续深耕，为行业整体提质增效开局起到了极大地推动作用。

2023 年，大众阅读和专业阅读中的主题类数字阅读作品总量为 136 956 部，较2022年增长33.3%，近三年复合增长率为18.3%。同时，2023年度有声阅读平台主题类数字阅读作品也达到463 081部。主题类数字阅读作品数量的快速增长，突显了数字阅读行业在服务党和国家中心工作上的主动担当，紧跟国家政策导向和新时代发展需要，积极布局主题出版板块，不断拓展题材空间，着力打造形式、内容丰富多样的主题类数字阅读作品。此外，2023年，与主题类数字阅读作品相关的用户点击量为2 640.58亿次，同比增长约为31.00%。这表明主题类数字阅读作品在数字媒体环境下的受欢迎程度和影响力正在不断提升，在满足读者需求、引领主流价值、丰富文化内容和推动社会进步方面发挥着重要作用。

2. 技术与场景融合持续创新

当前，以生成式人工智能（AIGC）为代表的新科技革命正风起云涌，为行业发展带来新的机遇。延伸到数字阅读行业积极探索，利用生成式人工智能技术，对动漫、网络文学作品等进行创新改编和开发衍生产品，赋予内容IP衍生的增值服务；借助新技术工具的流程化和流水线作业特点，拓展内容呈现和体验场景、实体融合（包括与文化场馆、景区展馆、商业街区、文创汇演、游戏空间的融合），并联合云的算力平台和大模型，以及终端硬件（平板、手机、智慧屏、穿戴设备）的创新能力，形成独特的文化阅读体验，助力整个行业发展。同时，以网络文学作品为“中心文本”的同人粉丝文化，正展现出极强的创造力与活跃度。自2023年以来，随着AI的兴起，许多空有“脑洞”而缺乏相应艺术创作能力的读者，也开始尝试利用各种AI创作工具，通过提供关键词与引导，生成符合自身喜好的同人小说段落或漫画作品等。

3. IP生态体系构建渐成气候

《2023年度短剧报告》显示，全年在国家广电总局备案的微短剧4 500余部，长短视频平台共同发力上新微短剧616部，较2022年的474部，产业扩张趋势明显。可以说，微短剧为IP生态拓展了更高效的可视化通道，未来的IP开发将是横竖屏、长短视频结合的形态。伴随头部影视机构、文娱企业、网文平台纷纷布局，微短剧制作体系与内容水平将不断优化，叠加用户对精品内容的升级需求，精品化将成为微短剧发展的必然趋势。

与此同时，以网络文学IP为主的全球生态渐成规模。中国网文发展20多年，已建立成熟的网文IP生态链。从最初的海外出版授权，到海外平台搭建与

网文内容输出，从开启海外原创及输出 IP 改编成果，到联动各方共建全球产业链、共同进行内容培育和 IP 开发，中国网文的出海之路不断进化，为全球文化交流搭建起更加广泛连接的舞台，全球性 IP 生态建设已经初具规模。

三、趋势与展望

2023 年的中国数字阅读行业，业态与模式创新持续开展，规模和质量有效提升。但不可否认的是，行业仍不同程度地存在一些固有缺陷，如作品同质化现象突出，优质内容供给依然不足；推进行业海外发展的复合型、专业性人才普遍匮乏，人才培养体系不健全；盗版侵权仍不同程度地存在，阅读平台自律不强等。为此，未来的中国数字阅读行业将主要从内容质量、技术赋能和海外生态构建等 3 个方面发力，更好推进中国数字阅读行业的高质量发展。

（一）持续打造数字阅读行业高品质内容

数字阅读行业的特殊性在于，行业的高质量发展离不开高质量的优质内容。未来，生产端方面精品内容深度开发趋势将更加明显，消费端用户对内容品质要求不断提升，对知识付费的主动性也在持续提升，因此优质内容仍然是行业重点的发力方向。因此，我国数字阅读行业未来可从加强市场引导、优质内容打造、提升内容质量 3 个方面，进一步打造我国数字阅读行业高质量发展的核心竞争力。

（二）技术赋能数字阅读新质生产力发展

新质生产力具备独特的新颖性和高度的技术含量，是一种崭新且高质量的生产方式。而技术赋能是数字阅读行业区别于其他内容产业的最大特点，也是数字阅读行业转型升级的核心动能，这与新质生产力的理念相契合。2023 年，人工智能技术与各个行业深度融合，数字阅读行业也通过对以生成式人工智能技术为代表的数字技术应用，形成了一些创新模式和案例。未来，AICG 的技术进步将持续为数字阅读行业转型发展赋能。与此同时，其他各类新兴技术的跨界融合也将为数字阅读行业注入新鲜血液和影响，为整个行业发展带来新气象，助力数字阅读行业高质量发展。

（三）推动海外发展迈向全生态构建阶段

长期以来，数字阅读行业作为文化走出去的样本，在海外市场取得亮眼成绩。各数字阅读企业持续积极探索海外合作的新模式、新业态，持续证明了数字阅读行业“走出去”的海外发展战略的无限可能。未来，数字阅读行业将进入建设海外全产业链生态体系的新阶段，继续进一步整合多方生产要素，深挖海外市场需求，作为讲好“中国故事”的重要抓手持续发挥作用。

（课题组成员：张毅君、敖然、李弘、冯思然、岑振唯、张峻、王璐璐。张毅君、敖然、李弘、冯思然、岑振唯单位：中国音像与数字出版协会；张峻单位：中国工信出版传媒集团；王璐璐单位：中国大连高级经理学院）

附　　录

2023年中国数字出版大事记

石　昆　辑录

一、电子图书

国家图书馆联合39家单位累计在线发布古籍数字资源13万部（件）

2023年1月4日，国家图书馆（国家古籍保护中心）、天津图书馆、南京图书馆、云南省图书馆、苏州图书馆、中山大学图书馆等6家单位，在线召开古籍数字资源联合发布会。截至目前，全国累计发布古籍及特藏文献影像资源达到13万部（件），其中国家图书馆建设的“中华古籍资源库”发布古籍影像资源超过10.2万部（件），先后联合39家单位发布古籍资源2.8万部（件）。会上，6家单位新增发布古籍资源6 786部（件），不仅有明清版刻、稿抄本古籍，还有碑帖拓本等特色资源。其中，国家图书馆（国家古籍保护中心）新发布古籍数字资源1 075部，主要为年谱类、目录类古籍；天津图书馆本次发布馆藏稿抄本文献165种655册；南京图书馆“清人文集数据库”发布清人文集399种；云南省图书馆发布馆藏善本63部381册，图像50 604拍；苏州图书馆新发布馆藏古籍数字资源888部；中山大学图书馆发布馆藏碑帖4 196种。

《永乐大典》高清影像数据库及《国家珍贵古籍名录》知识库上线

2023年2月8日，由国家图书馆联合北京大学数字人文研究中心等单位研发的《永乐大典》高清影像数据库及《国家珍贵古籍名录》知识库在国家图书馆正式发布上线，公众可从国家图书馆官网登录免费使用。此次发布会由国家图书馆（国家古籍保护中心）联合北京大学主办。《永乐大典》高清影像数据库和《国家珍贵古籍名录》知识库，是国家古籍数字化工程首批26个重点项目中的代表性成果。《永乐大典》是明成祖朱棣在永乐年间编纂的一部大型百科全书，保存了我国 14 世纪以前的文学、艺术、史地、哲学、宗教等方面的丰富资料。《永乐大典》副本目前仅发现有 400 余册 800 余卷及少量残叶存世，总数不及原书的 4%，分散于 8 个国家和地区的 30 多个藏家手中。国家图书馆共收藏《永乐大典》224 册，占存世大典的一半以上。《永乐大典》高清影像数据库项目的第一辑收录了国家图书馆藏《永乐大典》40 册、75 卷的内容，共涉及 14 个韵部、17 个韵字、1 800 部书，除呈现《永乐大典》高精图像、整体风貌及相关知识外，还对部分大典内容做了知识标引示范。《国家珍贵古籍名录》知识库包含了已批准公布的六批名录，还收录了大量书影图像、说明文字内容。会上还围绕古籍数字人文建设、古籍知识图谱构建、古籍知识服务等问题进行了交流。

尚古汇典·古籍数字服务平台在沪上线

2023 年 8 月 25 日，“让书写在古籍里的文字活起来——尚古汇典”平台发布会在上海世纪出版园举行，尚古汇典·古籍数字服务平台正式上线。“尚古汇典”是由上海世纪出版集团统一规划设计，上海古籍出版社具体实施、全力打造的古籍数字化综合服务平台。平台目标是增补、完善国家基础古籍数字化资源；攻克古籍数字化关键核心技术；改进古籍整理出版作坊化的生产模式；提升核心文献内容的文化传播力。目前平台已上线典籍整理文献数据库第一、二期和中国地方文献总库·上海文献总库。典籍整理文献数据库第一、第二期共上线 1 677 种图书、5 亿字，内容主要涵盖上海古籍出版社的核心整理文献，如“古典文学丛书”、“楚辞要籍丛刊”、《十三经译注》、《商周青铜器铭文暨图像集成》系列等。

“中华古籍资源库”古籍数字资源暨“民族文字古籍特藏”专题库发布

2023 年 9 月 8 日，国家图书馆举办“中华古籍资源库”古籍数字资源暨“民族文字古籍特藏”专题库发布座谈会。本次活动是国家图书馆（国家古籍保护中心）组织的第八次古籍数字资源联合发布。国家图书馆此次联合天津图书馆、广西壮族自治区少数民族古籍保护研究中心、广西教育出版社等单位机构发布新建国家图书馆馆藏“民族文字古籍特藏”“各地民族文字古籍特藏”“珍秘公天下”3 个专题库，新增发布古籍资源 1 672 部（件），包括国家图书馆藏传记类、文字训诂类、蒙学类汉文古籍 748 部，满、蒙、藏、水、彝、

傣、佉卢、龟兹、于阗、粟特、回鹘、西夏、契丹、女真、东巴、察合台计16个文种少数民族文字古籍共60部；天津图书馆藏明清刻本808部；广西壮族自治区民族古籍保护研究中心藏壮族、毛南族、仫佬族等3个文种少数民族文字古籍38部；4位藏书家捐赠私藏古籍影像18部1.7万余叶，包含清代抄本、稿本、刻本、活字本等，为各领域专家学者和历史文化爱好者研究利用提供更加丰富的文献资料。

古籍数字化创新论坛在敦煌举办

2023年9月20日，由中华书局主办，古联（北京）数字传媒科技有限公司、中国历史文献研究会·数字文献分会联合承办的古籍数字化创新论坛在第十三届中国数字出版博览会上举行。论坛举办了古籍数字化成果展：中国地图数据库、全球地图数据库、城市地图数据库、中国历史疆域地图数据库，《红楼梦》绘本艺术图集，《永乐大典》高清影像数据库等。

二、互联网期刊

2022年数字阅读影响力期刊与知识阅读城市TOP100在京发布

2023年1月9日，由龙源数字传媒集团举办的“2022数字阅读影响力期刊与知识阅读城市TOP100暨龙源区块链数字版权中台发布会”在北京举行。会上发布了2022年数字阅读影响力期刊TOP100（国内）、2022年数字阅读影响力期刊TOP100（海外）和2022年知识阅读城市TOP100榜单，以及龙源区块链数字版权中台。

首届学术期刊国际化发展高端论坛在渝召开

2023年4月19日至22日，首届学术期刊国际化发展高端论坛在重庆召开。来自全国27个省（区、市）200余家期刊出版单位的600余名编辑，通过线上和线下方式参会。业界知名专家，围绕学术出版未来愿景、国际传播能力提升、国际学术出版趋势、国际数据库评估、世界一流期刊建设、期刊与学科互融共促、期刊高质量发展等七大主题组织了16场精彩学术报告，从不同角度和视野分析研判，共同探讨开放科学发展路径、国际传播效能提升、学术出版未来愿景等。

威立与中科院启动“科技期刊创新”联合实验室

2023年6月16日，威立出版集团与中国科学院文献情报中心在北京宣布“科技期刊创新”联合实验室成立。实验室是威立出版集团与中国国家级科技智库合作创建的首个联合实验室。基于联合实验室，威立出版集团与中国科学院文献情报中心在科技期刊领域展开合作。“科技期刊创新”联合实验室此次发布《世界科学中的中国科技期刊——中国英文科技期刊的可视化分析》专题报告以及《中国科学院科技期刊蓝皮书》两个最新合作成果。《世界科学中的中国科技期刊》专题报告运用数据可视化交互页面的创新形式，围绕中国科技期刊界与国际出版商合作的主题展开。《中国科学院科技期刊蓝皮书》梳理核心关键问题，探索中国科学院期刊的发展潜力。

第十三届中国期刊创新年会举办

2023年9月21日，第十三届中国期刊创新年会在第十三届中国数字出版博览会期间举办，与会嘉宾围绕年会主题“数智赋能学术期刊高质量发展”分别作了演讲。

中国期刊高质量发展论坛在沪举行

2023年10月27日，由国家新闻出版署主办的中国期刊高质量发展论坛在上海举行。本次论坛以“引领创新·追求卓越：奋进新征程的中国期刊”为主题，围绕文化传承发展、建设一流学术期刊、推进集群化发展、提升期刊国际传播力等主题深入交流研讨。

三、数字报纸

深圳报业集团AIGC联合实验室成立

2023年5月16日，由深圳报业集团、云从科技集团股份有限公司和国家超级计算深圳中心三方合作成立的AIGC（人工智能生成内容）联合实验室在深圳报业集团新媒体大厦正式揭牌。此次AIGC联合实验室的设立为三方共同开展基于传媒数字化转型创新场景的研发与应用提供载体和平台，以探索多维立体融媒产品体系，共同推出AIGC传播应用品牌，增强文化、文旅、文娱、文创、文艺及市民服务等增值产品，打造国内首个城市级文化自

进化智能体。此外，AIGC 联合实验室还面向数字媒体、数字城市、数字商业、数字安全等领域，致力于提供多语言、跨模态的大数据与人工智能基础平台及解决方案，并开展 AIGC 技术应用传媒领域的合规监管、风险规避与价值伦理研究。

国家新闻出版署公布第三届中国报业深度融合发展创新案例

2023 年 6 月 6 日，国家新闻出版署公布第三届中国报业深度融合发展创新案例。此次评审共遴选出 60 个创新案例，其中全媒体传播体系建设类 18 个、内容供给创新类 22 个、运营服务模式创新类 11 个、数字技术应用类 4 个、管理体制机制创新类 5 个。创新案例反映了我国报业融合发展向纵深推进取得的新进展新成效，具有较强的示范推广价值。

第二届中国报业创新发展大会在宁召开

2023 年 6 月 27 日，由国家新闻出版署主办，以“新时代・新报业・新征程”为主题的第二届中国报业创新发展大会在江苏南京召开。围绕新时代新征程报业内容供给与价值引领、全媒体传播与智能化转型、体制机制创新与公共服务能力建设、管理模式优化与监管创新等主题进行了交流研讨。

全国省级党报总编辑年会在拉萨举行

2023 年 9 月 4 日，由中国报业协会主办、西藏日报社承办的第二十七届全国省级党报总编辑年会在西藏自治区拉萨市举行。本届年会围绕数字化赋能新闻宣传工作，分享了相关经验和探索。本届年会还开展“省级党报总编辑西藏行”主题采访活动，通过参会党报媒体记者的笔触和镜头，展示新时代西藏发展变化，让更多人了解西藏、走进西藏。

报刊融合发展创新论坛在敦煌举办

2023 年 9 月 20 日，第十三届中国数字出版博览会“数字赋能新机遇　融合发行新价值”报刊融合发展创新论坛在甘肃敦煌举办。论坛聚焦数字出版发行产业发展前沿，探讨数字化时代报刊融合发展新路径。与会嘉宾发表主题演讲，共同探讨传统媒体数字转型、融合发展的探索和实践，共商数字时代媒体融合发展的新路径。

首届报业传媒元宇宙应用大会在青岛举行

2023 年 9 月 21 日，由中国报业协会、青岛市委宣传部、崂山区委区政府联合主办，青岛报业传媒集团、中国报业协会全媒体发展研究中心承办的首届报业传媒元宇宙应用大会暨百家媒体高质量发展崂山行调研活动在山东青岛举办。大会以“虚实共生　未来已来”为主题，展示近年来报业融合发展的新思维、新技术、新应用。大会发布了《中国报业传媒元宇宙白皮书》，从“技术”和“媒体”视角阐释概念并回顾媒体发展历程，通过“理念篇”“应用篇”“商业篇”3 个层面，对元宇宙背景下报业传媒的未来发展进行认知逻辑推演、技术应用展示和商业创新构想，探讨元宇宙和报业传媒潜在的“融合”良机。

四、网络游戏

2022 年中国游戏产业年会在穗举办

2023 年 2 月 12 日至 14 日，2022 年度中国游戏产业年会在广州黄埔区举办。本届游戏产业年会的主题是“奋进十年路　再搏新征程”。与会嘉宾分别就未成年人保护、游戏再认知、游戏科技、游戏社会价值等议题展开集中探讨。大会发布了《2022 年中国游戏产业报告》。报告显示，2022 年中国游戏市场实际销售收入为 2 658. 84 亿元，下降 10. 33%；自主研发游戏在海外市场实际销售收入为 173. 46 亿美元，同比下降了 3. 70%；用户规模为 6. 64 亿人，同比下降 0. 33%。

首届中国电竞产业年会在深举办

2023 年 2 月 17 日，以“数引新未来　竞创新生态”为主题的首届中国电竞产业年会在深圳举行。年会发布了《2022 年中国电子竞技产业报告》，报告显示，2022 年电竞产业收入 1 445. 03 亿元，同比下降 14. 01%，为 5 年来首次下降。其中电竞游戏收入占比 81. 52%，内容直播收入占比 15. 28%，赛事收入占比 1. 32%，俱乐部经营收入占比 1. 25%，其他收入占比 0. 63%。

中国电竞产业研究院在沪揭牌

2023 年 4 月 26 日，中国电竞产业研究院在上海静安区揭牌。研究院以政、产、学、研、用为目标，围绕电子竞技产业发展的焦点问题，通过开放合作的研究平台推动电竞产业创新发展。中国音数协当天发布《2022 年游戏产业舆情生态报告》。

中国国际数字娱乐产业大会在沪召开

2023 年 7 月 27 日，中国国际数字娱乐产业大会（CDEC）在上海召开。本届大会以“重构数智生态，捕捉变局价值”为主题，与会嘉宾聚焦前沿科技浪潮下的产业新趋势、新机遇展开交流，分享了他们对游戏行业的深刻见解与未来展望。大会发布了《2023 年 1—6 月中国游戏产业报告》。

2023 全球电竞大会在沪举行

2023 年 7 月 28 日，“连接世界，竞创非凡”——2023 全球电竞大会在上海静安举行。与会嘉宾聚焦全球电竞产业发展的机遇和挑战，从不同视角分享了各自的真知灼见。会上，《2023 年 1—6 月中国电子竞技产业报告》正式发布。报告显示，2023 年 1—6 月，我国电竞产业整体收入 759.93 亿元，环比增长 11.74%。本次大会还以“以开放心态探索全球市场”为议题，展开了一场圆桌对话。参与对话讨论的五位嘉宾围绕电竞的国际化与全球化、如何更好地将中国电竞运动员推向全球视野、如何紧抓亚运契机在国际舞台传播和展示中华优秀传统文化、人才培养及引进、管理方式的输出与反向输出等话题展开了热烈的探讨。大会现场，中国电竞产业研究院与巴西国家电竞协会、泛美电子竞技联合会签署合作备忘录。

2023 年度游戏 IP 生态大会在苏州举办

2023 年 11 月 10 日，以“赋能升级互联共生”为主题的 2023 年度游戏 IP 生态大会在江苏苏州举办。苏州工业园区管委会与中国音数协签订战略合作协议，同时举行“中国游戏 IP 研究中心”揭牌仪式。会上还发布了《2023 年度移动游戏产业 IP 发展报告》。

2023 年度中国游戏产业年会在穗举行

2023 年 12 月 14 日至 15 日，2023 年度中国游戏产业年会在广州市黄埔区举行，年会以“传承文化薪火，铸就精品力作”为主题。与会嘉宾就游戏责任、游戏文化与艺术创新、游戏出海创新、国风游戏产业、版权金融、游戏产业趋势发展、游戏社区运营、游戏人才发展等行业焦点话题展开讨论。年后还发布了《2023 年中国游戏产业报告》。

五、网络动漫

百年国漫馆在广东东莞落成

2023 年 1 月 6 日，百年国漫馆在广东东莞落成。馆内收藏陈列了大量动漫历史文献、老刊物、老照片和模型，立体呈现了 20 世纪以来的动漫发展历程。本次展出 1 000 余件展品，既有《三毛流浪记》《大闹天宫》等取材自中国古典小说、神话传说、民间故事的中国经典动漫作品，还有《蝙蝠侠》《白雪公主》《丁丁历险记》《蓝精灵》等来自欧美的童话、漫画名著。在港澳台 · 国际展区，香港漫画大师黄玉郎的《天子传奇》和台湾漫画家蔡志忠的《诸子百家》系列等作品，阐释着同根同源的中华故事。百年国漫馆是东莞市集展览、体验、IP 开发、研学旅游为一体的公共文化空间。

第十六届中国国际漫画节在穗举办

2023 年 9 月 26 日，第十六届中国国际漫画节在广州举办。活动期间，第十六届中国国际漫画节开幕式暨第 20 届中国动漫金龙奖颁奖大会、第十七届中国漫画家大会暨产业高峰会、动漫产业项目恳谈会等活动陆续举行。在金龙奖颁奖大会上，颁发 26 个奖项。动画电影《长安三万里》获得最佳动画长片奖、最佳动画导演奖、最佳动画编剧奖、最佳动画配音奖四项大奖。《中国奇谭》获得最佳系列动画奖。《刺客信条：王朝》获得最佳剧情漫画奖、最佳漫画编剧奖两项大奖。《牡丹亭》获最佳学院漫画奖，《故祇》获最佳插画奖，《罗刹海市》获最佳绘本奖。本届金龙奖首度设立“非遗传承动漫奖”，《〈江南传统糕点百图〉节选》《琅华天工录：国有长琴》《中医漫绘》三部优秀作品获奖。

2023 中国动画大会在牡丹江市举办

2023 年 12 月 8 日至 10 日，2023 中国动画大会在黑龙江省牡丹江市举办。活动期间举办开幕式、电视动画 40 年主题研讨、“面向未来的中国动画”主题会议、致敬电视动画 40 年盛典、牡丹江创作采风等系列活动。还举行了中国动画学会创新发展与权益保护联盟揭牌、中国动画学会创作采风基地授牌、“中国动画公益之星”称号授予仪式；央视动漫制作基地 · 动漫学院揭牌及动漫乐园框架协议签约。

六、视　频

“第三只眼看中国·大美中华”国际短视频大赛颁奖

2023年2月22日，由中国外文局、山东省人民政府新闻办公室联合主办，济宁市人民政府、煦方国际传媒联合承办的“第三只眼看中国·大美中华”国际短视频大赛颁奖典礼在山东济宁举行。此次大赛围绕中华传统文化、非遗传承、城市文旅、美食休闲等关键词，征集了一批具有国际视野、适于国际传播、体现中华文化鲜明特色的优秀短视频作品，聚拢了一批中华文化的优秀讲述者、创作者、传播者，将外文局对外传播品牌优势与山东地域文化特色相结合，是传统文化国际表达的生动实践。

第十届中国网络视听大会在蓉举行

2023年3月30日至4月2日，第十届中国网络视听大会在成都举行。本届大会以“新征程，再出发”为主题，聚焦网络视听发展的新模式、新内容、新文化、新业态、新格局，重点打造四大平台。大会发布的《2023中国网络视听发展研究报告》显示，截至2022年12月，我国网络视听用户规模达10.40亿，超过即时通讯（10.38亿），成为第一大互联网应用。

抖音与腾讯视频携手开展长短视频联动推广

2023年4月7日，抖音集团与腾讯视频宣布达成合作，双方围绕长短视频联动推广、短视频衍生创作开展合作。腾讯视频向抖音授权其享有信息网络传播权及转授权权利的长视频。此外，腾讯视频与抖音还明确了短视频衍生创作的方式、发布规则，共同促进短视频的创作、传播。

2023中国行业媒体短视频创作与传播论坛在京召开

2023年10月20日，以融合十年，“新时代　新成就”为主题的2023中国行业媒体短视频创作与传播论坛在北京召开。嘉宾围绕短视频里的“行业创作”“文化传播”“中国故事”三方面内容分享经验做法。

七、数字版权

全国首部以版权命名的地方性法规《广东省版权条例》正式施行

2023年1月1日起，《广东省版权条例》正式施行。这是全国第一部以版权命名的地方性法规，也是全国第一部以推动版权事业和产业高质量发展为立法目的的地方性法规。该条例分为“总则”“版权创造与运用”“版权保护”“版权管理与服务”“法律责任”“附则”，共六章40条。围绕版权创造、运用、保护、管理、服务五大关键词展开，聚焦版权工作全链条制度体系谋篇布局，从体制机制上破题、从强化治理上创新、从推动发展上发力，按照“激励版权创造、推动版权运用、加强版权保护、强化版权管理、优化版权服务”的思路，尝试打通全链条，着力形成权界清晰、分工合理、责权一致、运转高效的体制机制。在版权鉴定和版权价值评估、版权金融服务、版权新业态发展等方面，该条例积极回应社会关切，对具体问题进行了详细规定。该条例将全面保护作为版权工作主基调，把新业态版权、网络版权保护作为主战场，全面建立版权侵权投诉举报处理、版权执法协作、重点作品版权保护预警、重大案件挂牌督办和版权侵权典型案例发布等制度，不断提升版权保护水平。

第七届中国网络版权保护与发展大会在蓉召开

2023年2月27日至28日，第七届中国网络版权保护与发展大会在四川成都召开。大会上，国家版权局等部门联合发布了“剑网2022”专项行动十大案件，推进使用正版软件工作，部际联席会议办公室发布了《新时代软件正版化创新与发展大事记》。

中国（北京）高新视听产业园版权工作站揭牌

2023年3月24日，中国（北京）高新视听产业园版权工作站在北京经开区揭牌。版权工作站为园区企业“零距离”地提供版权咨询、版权业务培训、作品登记、推广运用以及版权维权和政策调研等专业化服务。版权工作站按照规定要求建设便捷的服务窗口、配置完善的办公设备，形成规范的管理制度和工作流程。

数字教育著作权案件审判情况白皮书发布

2023 年 4 月 18 日，在北京互联网法院举行的“加强著作权司法保护　保障数字教育高质量发展”新闻发布会上发布了《数字教育著作权案件审判情况白皮书》，对近四年来该院数字教育著作权案件审理情况、裁判思路、典型案例进行梳理总结。白皮书显示，近 4 年来，北京互联网法院共受理数字教育著作权纠纷案件 2 733 件。被诉案件中，被告通过销售、赠送、配音、在线课堂使用等多种方式使用教育产品，侵权方式多样。此外，新技术、新应用引发的新型侵权行为不断涌现。在已有案件中，不断出现因点读笔、AI 早教机器人、有声读物等新技术、新应用使用而引发的数字教育著作权案。

2022 年度十大著作权人揭晓

2023 年 4 月 23 日，由中国版权保护中心、中国版权协会和浙江省版权局主办的“版权护航阅读与推广”——2022 年度十大著作权人发布会在杭州举行。朱炳仁、科尔沁右翼中旗蒙古族刺绣协会、上海米哈游网络科技股份有限公司等获评 2022 年度十大作品著作权人（美术类）；张威（唐家三少）、北京开心麻花娱乐文化传媒股份有限公司、上海阅文信息技术有限公司等获评 2022 年度十大作品著作权人；天津凯发电气股份有限公司、绍兴市柯桥区知识产权保护中心、科大讯飞股份有限公司等获评 2022 年度十大软件著作权人。

2023 视频行业版权保护研讨会在京举行

2023 年 5 月 7 日，由中国版权协会主办的 2023 视频行业版权保护研讨会在北京举行。与会嘉宾围绕算法推荐短视频平台责任问题和视频侵权的损害赔偿问题等话题，从不同的角度对视频行业相关理论与实务问题进行了热烈的研讨。

第二届版权产业创新与知识产权保护东湖论坛在汉召开

2023 年 6 月 16 日，第二届版权产业创新与知识产权保护东湖论坛在湖北武汉召开。论坛以“加强知识产权保护　赋能产业创新发展”为主题。与会嘉宾探讨的话题涉及网络文学与网络文艺、AI 与人工智能、开源软件、图书。论坛上发布了 2022 年度中国网络文学版权保护十大典型案例。

苍穹文学版权服务平台上线

2023 年 7 月 27 日，苍穹文学版权服务平台在第三十一届书博会上正式发布。苍穹文学版权服务平台由新华文轩四川数字出版传媒策划搭建并自主运营，为全国数字文学版权提供深度数字化运营服务，主要包括版权登记与保护、版权监测与管理、在线分发与交易、版权开发与应用等服务，支持官方授权引导用户进行内容共创与二次创作，将 IP 价值延续化最大化，共建开放的文学版权生态。

中国版权保护中心版权理论与实践学术研讨会（2023）在京召开

2023 年 10 月 19 日，中国版权保护中心版权理论与实践学术研讨会（2023）在北京召开。研讨会全面总结了中国版权保护中心近两年的课题研究成果，对未来的研究工作进行了部署、展望。研讨会上，与会专家学者分别以《人工智能训练数据版权合规面临的法律困境及对策建议》《人工智能创作时代版权法利益平衡机制研究》《NFT 与数字版权保护》《民间文艺版权开发的法律困境与解决路径》《元宇宙模式下的创作成果著作权定性》《出版学科共建视域下版权人才培养模式研究》《版权对经济高质量发展的影响研究》为题进行发言。

第九届中国国际版权博览会暨 2023 国际版权论坛在蓉举办

2023 年 11 月 23 日至 25 日，第九届中国国际版权博览会暨 2023 国际版权论坛在四川成都举办。国家版权局举办了“全国版权示范城市”授牌仪式，温州市被正式授牌为“全国版权示范城市”。2023 年民间文艺版权保护与促进试点工作同期启动，北京东城、内蒙古呼和浩特、浙江温州、山东菏泽、河南南阳、湖南张家界、海南五指山、陕西延安、宁夏中卫、新疆莎车入选试点地区。本届版博会以“版权新时代　赋能新发展”为主题，采用“线上线下融合、龙头带动地方、展览与交易同步”的方式，集中展示我国版权业新成就、新产品、新模式、新技术。

首届中国版权文化学术研讨会在成都举行

2023 年 11 月 24 日，作为第九届中国国际版权博览会主题活动之一，首届中国版权文化学术研讨会在成都举办。首届中国版权文化学术研讨会以习近平文化思想和党的二十大精神为指导，聚焦版权历史文化、版权法治文化、人工智能版权以及民间文艺版权保护等领域，挖掘版权文化的丰富内涵，探索版权赋能创新发展的思路与路径。与会嘉宾分别作“版权文化的现实意义”“人工

智能利用作品的著作权保护问题”“版权文化在产业发展中的作用”“中国特色民间文艺版权保护的理论与制度构建”“生成式 AI 的版权风险及其治理”主题发言。

2023 年度 AIPPI 中国分会版权十大热点案件发布

2023 年 12 月 9 日，国际保护知识产权协会（AIPPI）中国分会在京举办 2023 年度版权热点论坛，论坛发布了 2023 年度 AIPPI 中国分会版权十大热点案件。十大热点案件通过“专家评选 + 网络投票”的方式推选得出，包括 AI 生成图片著作权侵权第一案、数字藏品的转售行为不构成侵犯著作权案、《率土之滨》诉《三国志·战略版》游戏侵权案、最终用户购买侵权软件案、“虚拟数字人”著作权侵权及不正当竞争纠纷案、擅自盗播电竞赛事直播侵害著作权案、网盘侵权行为禁令案、喜马拉雅算法推荐不必然突破“避风港原则”案、全国最大“吃鸡”游戏外挂刑事案和上海首例盗版“剧本杀”著作权刑事案。

中欧数字环境下版权保护研讨会在哈举行

2023 年 12 月 13 日至 14 日，中欧数字环境下版权保护研讨会在哈尔滨召开，就中欧版权立法最新进展、国际版权热点问题、版权保护与网络平台等议题进行交流沟通。与会嘉宾重点讨论了数字环境下的版权保护，集中交流双方为适应数字技术发展在版权立法和执法方面的最新举措和经验，以期共同应对数字环境下版权保护面临的问题和挑战，同时也有助于进一步对外宣传我国版权保护成果，树立我国版权保护负责任大国形象。

八、综　合

2022 年出版业科技与标准创新示范项目名单发布

2023 年 1 月 10 日，国家新闻出版署公布 2022 年出版业科技与标准创新示范项目入选名单。入选的 16 项科技创新成果强调跟踪信息技术发展趋势，运用 5G、大数据、云计算、人工智能等技术，优化出版流程、加强平台建设、推动产品创新、提升服务水平、丰富阅读体验，包括科技期刊 XML 一体化融合出版平台、全媒体版权资产保护与服务平台、铀媒智能校对系统、人教大数据业务服务平台、虚拟仿真教学——实验空间、基于 AI 技术的智能制造知识服务平台等。两项标准创新成果分别是中小学数字教材系列国家标准和《基于 5G 数字音乐音质要求》团体标准。本次入选的 9 家科技应用示范单位，既有人民卫生出版社有限公司、新华文轩出版传媒股份有限公司等出版发行单位，也有依托出版单位成立的数字技术企业，如古联（北京）数字传媒科技有限公司、博库网络有限公司，还有印刷包装相关企业。标准应用示范单位包括江苏康普印刷科技股份有限公司等 4 家印刷包装相关企业，以及安徽教育网络出版有限公司等共 5 家单位入选。

《中国数字藏品主流平台创新研究报告》在京发布

2023 年 1 月 12 日，中国传媒大学联合新浪 AI 媒体研究院共同发布了《价值回归　合规致远：中国数字藏品主流平台创新研究报告》，深入挖掘国内领先数字藏品平台先进经验，前瞻探索国内数字藏品价值评估框架与合规发展路径，洞察把握行业创新突破的未来态势。《报告》显示，从市场现状来看，主流数藏主要有三大平台阵营：互联网大厂基于自身技术优势拓展数藏生态，完善产品矩阵；专业公司看好数字藏品赛道，探索专业化特色发展道路；数藏“国家队”入局，主流媒体积极投入数藏布局。当前阶段，价值回归与合规致远是数字藏品行业发展的两大关键词。

2022 年全国有声读物精品出版工程项目公布

2023 年 1 月 17 日，国家新闻出版署公布《2022 年全国有声读物精品出版工程入选项目名单》，各地区各部门共申报 466 个有声读物项目，经专家评审及公示，《习近平讲党史故事（有声版）》等 41 个项目最终入选。

第十二届中国数字出版博览会在京举办

2023 年 2 月 16 日至 17 日，以“再出发　创未来”为主题的第十二届中国数字出版博览会在北京首钢园举办。本届数博会设置了主题出版融合创新、古籍数字化、数字教育、专业出版内容服务、数字文化等多个展区，以及部分省（区、市）出版集团、出版单位展示区。主论坛分为数字产业高质量发展、数字出版新发展格局、报刊融合创新发展三大板块。会上，发布的相关研究报告包括中国新闻出版研究院《2021—2022 中国数字出版产业发展年度报告》、当代中国与世界研究院《中华数字文化出海年度研究报告（2022 年）》和中国邮

政集团有限公司《2021—2022 年度中国邮政发行百强榜》等。

数字出版与元宇宙产业发展研讨会在京召开

2023 年 2 月 23 日，第十二届数字出版博览会“数字出版与元宇宙产业发展”研讨会在北京召开。与会嘉宾分别结合数字出版转型升级、融合出版与国际传播等主题作了发言，并围绕“元宇宙生态下的新型融合出版”“元宇宙产业中的新技术和成果应用”等内容展开研讨。

2022 年度出版业优秀科技与标准重点实验室公布

2023 年 2 月 23 日，国家新闻出版署公布 2022 年度出版业优秀科技与标准重点实验室名单。确定人民教育出版社有限公司牵头的数字教育出版技术与标准重点实验室、北京大学牵头的新闻出版智能媒体技术重点实验室、清华大学出版社有限公司牵头的教育领域融合出版知识挖掘与服务重点实验室、高等教育出版社有限公司牵头的“智能＋”教育融合出版创新与应用重点实验室、上海出版印刷高等专科学校牵头的智能与绿色柔版印刷重点实验室、古联（北京）数字传媒科技有限公司牵头的古籍数字化与知识工程重点实验室、北京理工大学出版社有限责任公司牵头的出版产业通用数据交换技术重点实验室、中国科学院自动化研究所牵头的数字版权服务技术重点实验室共 8 家实验室为 2022 年度出版业优秀科技与标准重点实验室。

国家吉林民文出版基地融合出版实验室揭牌

2023 年 2 月 24 日，国家吉林民文出版基地融合出版实验室正式揭牌启动。国家吉林民文出版基地融合出版实验室是由延边大学出版社牵头组织成立的国内第一家民文融合出版领域的专业实验室。实验室重点开展民文融合出版规范及标准研制、民文融合出版系统与平台研发、民文融合出版学科建设与人才培养等方面的研究。实验室发布了第一项民文融合出版产品，西北大学出版社和延边大学出版社签署了项目联合开发协议。

中国出版协会学术出版工作委员会在京成立

2023 年 2 月 25 日，中国出版协会学术出版工作委员会成立大会在北京召开。会议通过了《中国出版协会学术出版工作委员会规章》，成立了中国出版协会学术出版工作委员会指导委员会，选举产生了学术出版工作委员会第一届领导机构。

《信息技术产品国家通用语言文字使用管理规定》施行

2023 年 3 月 1 日起，《信息技术产品国家通用语言文字使用管理规定》施行。该规定根据《中华人民共和国国家通用语言文字法》《中华人民共和国标准化法》《中华人民共和国产品质量法》《出版管理条例》《互联网信息服务管理办法》等法律、行政法规制定，适用于在中华人民共和国境内生产、销售、出版、发布、推广对国家通用语言文字进行信息化处理和使用国家通用语言文字进行内容编辑的信息技术产品，主要包括字库等基础软件、语音合成等语言文字智能处理软件，以及数字和网络出版物。《规定》强调，信息技术产品使用国家通用语言文字，应当符合国家颁布的语言文字规范标准。

第二届主题出版学术研讨会在杭州举行

2023 年 3 月 24 日，第二届主题出版学术研讨会在杭州举行。本届研讨会以“思想引领时代——主题出版的新使命、新趋势”为主题，与会嘉宾共同探讨新时代主题出版的本质要求、时代特征和发展方向，就“主题出版如何拥抱媒体变革”“与时代同频共振”“实现创造性转化”“创新性发展”等话题建言献策。

首届中日 IP 衍生品授权交易研讨会在京举行

2023 年 3 月 24 日，首届中日 IP 衍生品授权交易研讨会由中国版权协会、国家版权创新基地和日本内容产品海外流通促进机构（CODA）北京代表处在北京联合主办，会议旨在探索中日 IP 衍生品产业化发展新模式，实现 IP 要素集聚和资源整合，服务文化市场创新发展，促进动漫、游戏、文学等 IP 衍生品产业与实体经济、资本市场的对接，推动中日 IP 衍生品领域的规范交易和有序流通。

第二十三次全国皮书年会召开

2023 年 3 月 31 日至 4 月 1 日，由中国社会科学院主办、社会科学文献出版社和江西省社会科学院联合承办的第二十三次全国皮书年会在江西南昌召开。年会主题为“中国式现代化与皮书高质量发展”。大会揭晓了入选 2023 年中国社会科学院哲学社会科学创新工程学术出版资助项目的 40 种皮书名单以及第十三届优秀皮书奖评选结果。

中国新闻技术工作者联合会 AIGC 应用研究中心成立

2023 年 4 月 13 日，“数字中国”下的媒体新机遇——“王选新闻科学技术

奖”获奖案例分享会暨媒体融合创新发展研讨会在广西南宁举行。会上，中国新闻技术工作者联合会 AIGC 应用研究中心（广西实验室）正式成立，这是国内首个全国性的媒体类 AIGC 研究机构。

第二届全民阅读大会数字阅读分论坛在杭召开

2023 年 4 月 24 日，由中宣部出版局指导，中国音像与数字出版协会、浙江省委宣传部、杭州市委宣传部联合主办的第二届全民阅读大会数字阅读分论坛在杭州召开。本届论坛以“数创未来　智享阅读”为主题，邀请管理部门、行业协会、数字阅读企业相关负责人，围绕技术赋能数字阅读高质量发展分享实践与思考。中国音像与数字出版协会在论坛上发布的《2022 年度中国数字阅读报告》显示，2022 年我国数字阅读市场总体营收规模为 463.52 亿元，同比增长 11.50%。2022 年，我国数字阅读用户规模 5.30 亿，同比增长 4.75%。

第六届数字中国建设峰会在福州举办

2023 年 4 月 27 日至 28 日，第六届数字中国建设峰会在福建省福州市举办。本届峰会以“加快数字中国建设，推进中国式现代化”为主题，以宣传贯彻落实《数字中国建设整体布局规划》为主线，集中展示数字中国建设最新成果，分享发展经验，以数字中国建设推动高质量发展，助力中国式现代化。

第七届世界智能大会在津举办

2023 年 5 月 18 日至 21 日，第七届世界智能大会在天津国家会展中心举办。本届大会以“智行天下　能动未来”为主题，围绕人工智能发展的新趋势、新技术、新业态，与会嘉宾聚焦智能网联车、生成式人工智能、脑机交互等课题，深入探讨 AI 与经济、社会、人文等领域的热点话题。

第八届音乐产业高端论坛在京举行

2023 年 5 月 19 日，第八届音乐产业高端论坛在北京举行，本届论坛围绕“生成式人工智能时代下的音乐创作与版权保护”，从产业生态、科技创新、版权保护、音乐创作与表演、教育培训和专业人才培养等各个层面进行经验交流，预测行业趋势，为优化音乐产业业态发展贡献良策。

人卫研究院在京成立

2023 年 5 月 31 日，人卫研究院成立大会暨医药学标准出版与文化创新智库成立大会在北京召开。成立人卫研究院，以卫生健康行业标准出版研究、医药学出版标准研究、文化出版企业高质量发展研究、出版新产品新技术新业态研究为中心任务，并组建医药学标准出版与文化创新智库。

首届网络出版发展论坛在京举办

2023年6月16日，由国家新闻出版署主办的首届网络出版发展论坛在北京举办。论坛上，与会中外嘉宾聚焦“坚持开放创新　促进交流合作”主题进行深入交流，探讨网络出版在文化传播、科技创新、中外交流合作等方面的价值作用，积极为网络出版繁荣发展贡献智慧力量。

首届文化丝路数字创意产业西安论坛举行

2023年6月17日，首届文化丝路数字创意产业西安论坛暨陕西省院士工作站揭牌仪式在西安曲江国际会议中心举行。论坛上，与会嘉宾从技术赋能丝路文明交流、数字创意产业发展、文化遗产数字化、出版融合发展、AI赋能出版转型等角度，分享交流了科技赋能产业发展新趋势、新空间、新动能，以及对文化丝路建设、数字创意产业创新及出版业深度融合发展的推动作用。

2023中国新产业（北京）峰会在京召开

2023年6月28日，2023中国新产业（北京）峰会在人民网一号演播厅举行，本届峰会以“智能新时代　产业新未来”为主题，与会嘉宾共同探讨智能元年科技与产业的融合共生以及赋能中小企业发展的新路径、新场景。峰会还发布了《中国移动互联网发展报告（2023）》和《828企业服务平台“小巨人护航季”一揽子赋能计划》。峰会上，与会嘉宾分别作了题为“AIGC场景化落地的建议与实践”“构建工业互联网新生态　释放数字经济新动能”“从GPT到GTP：迎接大数据驱动的生物经济时代”“新时代　新产业　新融合”“‘白泽’跨模态大模型——在数字版权保护中的创新应用”的主题演讲。

中国近现代新闻出版博物馆在沪开馆

2023年6月29日，中国近现代新闻出版博物馆在上海杨浦滨江开馆。开馆活动上，举行文物捐赠仪式。中国近现代新闻出版博物馆是全国首家新闻出版专业博物馆，藏品超60万件。

2023世界人工智能大会在沪召开

2023年7月6日至8日，2023世界人工智能大会（WAIC）在上海召开。

本届大会以“智联世界 生成未来”为主题，聚焦通用人工智能发展，共话产业新未来。话题方向涵盖大模型与生成式人工智能、量子智能、AI类脑智能、智能芯片、AIforScience、双碳与新能源等。

2023年度出版智库高质量建设计划入选机构名单公布

2023年7月19日，国家新闻出版署公布2023年度出版智库高质量建设计划入选机构名单，共27家机构入选。其中，北京大学出版研究院、中国科学院文献中心科技出版研究中心、中信出版发展研究中心等12家新申报机构入选，同时继续培育此前入选的中国人民大学出版研究中心、中国新闻出版研究院国民阅读研究与促进中心、中南出版传媒集团股份有限公司产业研究院等15家出版智库。

10项行业标准技术发布实施

2023年8月1日起，10项行业标准技术正式实施，其中与新技术相关的标准有4项，分别是CY/T 267—2023《出版物二维码应用管理要求》、CY/T 272—2023《出版物虚拟现实（VR）技术应用要求》、CY/Z 32—2023《出版业区块链技术应用标准体系表》、CY/ T 270—2023《静态图像识别与检索技术规则》。这10项行业标准归口单位为全国新闻出版标准化技术委员会。

中国国家版本馆首批版本捐赠入藏仪式在京举行

2023年8月2日，中国国家版本馆首批版本捐赠入藏仪式在北京举行，来自全国各有关公藏单位和民间藏家捐赠的12万余册（件）实物版本和42TB数字版本正式入藏国家版本馆。

首届融合出版与学科建设学术研讨会举办

2023年8月8日，由国家吉林民文出版基地、延边大学出版社主办，国家吉林民文出版基地融合出版实验室、延边大学外国语言文学“一流”学科承办的首届融合出版与学科建设学术研讨会在长春举办。本次研讨会的主题是“融合出版赋能民族地区高校‘一流’学科建设”，设有总编辑、主编论坛和教授论坛、特邀演讲等环节。

首届北方地区数字出版经验交流会举行

2023年8月13日，由中国音像与数字出版协会、辽宁省委宣传部指导，辽宁省音像协会主办的首届北方地区数字出版经验交流会在沈阳举行。会议公布了首批辽宁音像协会专家智库名单并颁发聘书，进行了专题讲座、案例分析和经验交流活动。与会人士献计献策，进一步交流发展思路，分析问题困境，达成行业共识，实现资源共享、模式共享、发展共享，共同探索出版融合发展新模式、新思路、新领域，有效推动出版业在内容、渠道、平台、经营管理等方面的深度融合发展。

第七届科技出版“走出去”研讨会在沪举办

2023 年 8 月 15 日，上海交通大学出版社成立 40 周年暨第七届科技出版“走出去”研讨会在上海交通大学举行。本届研讨会围绕“新时代科技出版与国际传播能力建设”为主题，与会专家深入分析了科技出版“走出去”的新趋势，总结各自在科技出版“走出去”过程中的经验，阐述中外出版商科技出版“走出去”的新战略，特别注重“走出去”的可持续性，提出支持科技出版“走出去”的政策建议和路径选项。

首届广东出版政府奖揭晓

2023 年 8 月 18 日，首届广东出版政府奖颁奖典礼在广州举行。首届广东出版政府奖分为 7 类细分奖项，《中华人民共和国通史》等 20 种图书获图书奖；《南方》《花城》等 10 种期刊获期刊奖；《风云四十年》等 5 种音像制品、《金色年华——老年听书工程》1 部电子出版物、《“广东语言多态教育与应用”融合出版工程》等 4 种网络出版物获音像电子网络出版物奖；《法国自然博物馆犊皮纸博物画：艺术与科学完美融合的传世瑰宝》等 10 种复制品获印刷复制奖；《千页书》等 10 种图书获装帧设计奖；广东人民出版社等 10 家单位获先进出版单位奖；花城出版社张懿等 10 位同志获优秀出版人物奖。

第二十一届中韩出版学术研讨会在京举办

2023 年 8 月 22 日，由中国新闻出版研究院主办，以“AI 时代的出版业”为主题的第二十一届中韩出版学术研讨会在北京举办。与会中韩嘉宾分别就“人工智能在传统出版业中的应用现状与探索”“AI 赋能 · 出版社数字化转型探索与思考”“出版融合发展过程中的 AI 因应思考”“冲击与应对：人工智能时代编辑能力的内涵重构”“人工智能时代阅读新未来”“AI 在传统出版业中的应用现状与前景”“AI 在数字出版业中的应用现状与前景”“AI 时代出版传播伦

理失范与应对”“AI 时代编辑能力的重构与提升”“AI 时代良性阅读生态的构建策略”等内容展开主题演讲。相关成果已由中国书籍出版社正式结集出版。

第二届全国编辑出版学名词审定委员会成立

2023 年 8 月 28 日，第二届全国编辑出版学名词审定委员会成立暨委员会第一次全体会议在北京召开。作为全国科学技术名词审定委员会专业委员会之一，第二届全国编辑出版学名词审定委员会由中国音像与数字出版协会牵头组建并承担秘书处工作。会议讨论并通过第二届全国编辑出版学名词审定委员会章程、机构组建方案及相关工作规划。第二届全国编辑出版学名词审定委员会下设基础名词审定分委员会、编辑名词审定分委员会、印刷名词审定分委员会、音像复制名词审定分委员会、发行与经营名词审定分委员会、数字出版名词审定分委员会、出版物名词审定分委员会、著作权名词审定分委员会共 8 个分委员会。

《中国数字出版》创刊暨编委会成立大会在京举行

2023 年 8 月 28 日，《中国数字出版》创刊暨编委会成立大会在北京召开。作为面向国内外数字出版产业的一本综合性刊物，《中国数字出版》由国家新闻出版署主管，中国音像与数字出版协会主办，围绕“文化强国”“数字中国”“全民阅读”等国家重大战略，以推进数字技术与出版深度融合发展、促进出版强国建设、为出版业高质量发展提供支撑保障为宗旨。

全国出版学科专业共建暨出版专业学位研究生教指委工作会议在津举办

2023 年 8 月 30 日至 31 日，以“共创一流新学科，同圆出版强国梦”为主题的全国出版学科专业共建暨出版专业学位研究生教指委工作会议在天津举办。会议举办了“筑基出版学科，助力出版强国——中国特色出版学系列教材高质量发展论坛”“出版史的书写与研究”“面向未来的数字出版与文化传播”“中国特色出版学：问题、范式与路径——2023 年全国出版学科专业博士生创新论坛”“对话与互鉴：中国学术出版走出去”“融合与跨界：出版学科自主知识体系”“机遇与挑战：人工智能嵌入背景下的出版范式转型”共 7 个专题学术论坛，以及“共建　共育　共生——产学研合作圆桌论坛”“从创新到应用：出版融合发展经验分享”“人才为基　标准引领——创新推动新时代科技出版高质量发展论坛”3 个行业沙龙。

同方知网与华为云签署合作协议

2023 年 8 月 30 日，在华为云盘古大模型主题论坛上，同方知网数字出版技术股份有限公司与华为云计算技术有限公司签署《中华知识大模型及人工智能联合创新实验室合作协议》。双方基于华为云盘古大模型打造知识服务行业的 AI 大模型，实现知识服务行业高度智能化发展，推进更深层次的行业数字化转型。双方发挥各自优势，积极开展联合创新和技术攻关，共建人工智能联合创新实验室，共创华知大模型。

2023 年度出版融合发展工程入选名单公布

2023 年 9 月 12 日，国家新闻出版署公布《2023 年度出版融合发展工程入选名单》。2023 年度出版融合发展工程着重实施两个子计划，共 41 个项目入选数字出版精品遴选推荐计划，30 家单位入选出版融合发展示范单位遴选推荐计划。入选项目覆盖主题出版类、大众出版类、教育出版类、专业及学术出版类、少儿阅读服务类。入选的数字出版精品项目包括《习近平新时代中国特色社会主义思想学生读本》配套教学资源平台、“一带一路”非通用语数字教育资源项目、“公民科学素养”融合出版项目等。入选的出版融合发展示范单位包括人民交通出版社股份有限公司、中国少年儿童新闻出版总社有限公司、外语教学与研究出版社有限责任公司等 7 家旗舰示范单位，以及广东省出版集团数字出版有限公司、上海辞书出版社有限公司、中国人民大学出版社有限公司等 23 家特色示范单位。

第十三届中国数字出版博览会在敦煌举办

2023 年 9 月 20 日至 24 日，第十三届中国数字出版博览会在甘肃敦煌国际会展中心举办。本届数博会主题为“数智赋能　联结未来”。论坛聚焦人工智能、IP 授权、数字资源发行等出版业热点问题，展现出版业新思想和新观点。会上发布了《2022—2023 年中国数字出版产业年度报告》。

中国盲文数字平台亮相数博会

2023 年 9 月 20 日，由兰州大学、读者出版集团、中国残疾人联合会、中国盲人协会共同研发的中国盲文数字平台亮相第十三届中国数字出版博览会。该平台为我国首个面向全国视障者学习、生活和娱乐为一体的综合性公共服务平台，其拥有的盲文智能翻译系统功能，能够将汉语、英语、电路图、乐谱以及数理化公式转化为盲文，实现了“让每个视障者平等地提升自我”的目标。

第九届中国国际音乐产业大会在京举办

2023年9月26日至27日，第九届中国国际音乐产业大会在北京举办。大会主题为“同行共声”，旨在汇聚中国及国际上各地的音乐产业从业者，共同探讨音乐产业的未来发展与机遇。与会嘉宾围绕新技术与资本专场/音乐商业化专场/内容创作、艺人打造与综艺专场/海外业务专场/电影、艺术与音乐跨界专场/数字音乐与现场演出专场/文旅与消费专场/人才与教育专场等9大板块、50个议题、100组对话展开精彩交锋、激情碰撞，大力探讨国际音乐产业发展新机遇。

“版权赋能：中华优秀传统文化创造性转化、创新性发展”论坛在曲阜举办

2023年9月27日，在第九届尼山世界文明论坛召开期间，“版权赋能：中华优秀传统文化创造性转化、创新性发展”平行论坛在山东曲阜举办。本次论坛是尼山世界文明论坛中首次举办以版权为主题的平行论坛。论坛邀请版权、出版、民间文艺领域权威专家围绕“版权赋能中华优秀传统文化创造性转化、创新性发展”开展研讨，内容涉及数字版权、民间文艺版权保护、AI、大数据等领域版权，为推动中华优秀传统文化“两创”，推进民间文艺的价值转化和传承发展提供新思路、新方案。

中国原创音乐数字出版平台上线

2023年10月11日，人民音乐出版社中国原创音乐数字出版平台在中国（上海）国际乐器展览会上正式上线发布。该平台是国内第一家致力于原创专业音乐作品编辑、出版、传播的全流程在线平台，旨在集聚中国优秀的原创音乐作品，培育作曲新生力量，以数字出版形态为用户呈现更多音乐佳作。目前平台粉丝量超4.5万人，入驻作曲家300余人，发布专业音乐作品1 900多部。

2023（第八届）党媒网站发展论坛在深举办

2023年10月16日，2023（第八届）党媒网站发展论坛在深圳市龙岗区举行，主题为“奋进新时代　塑造主流舆论新格局”。论坛上发布了《2022—2023区县融媒体发展观察报告》和《智能互联网发展报告》。与会嘉宾围绕“加强国际传播能力建设　推动中华文化更好走向世界”“建强区县融媒体中心推动媒体融合向纵深发展”“创新数字化智能化应用　推动网络视听高质量发展”等主题分别在主论坛和主题论坛作主旨发言。

出版、发行与大模型应用高端论坛在京举办

2023 年 10 月 18 日，出版、发行与大模型应用高端论坛在北京师范大学京师大厦举办。出版、发行与大模型应用高端论坛分为主论坛和分论坛。主论坛围绕出版、发行与大模型应用的现状、发展趋势、未来机会展开了分享讨论。主论坛分别由三位专家分别以《理解数字出版的阶段性》《变革与重塑：出版业与人工智能共创未来》《国产化大模型在出版领域探索落地》为主题作专题报告。主论坛同时发布了《国际有声阅读产业发展报告》和《出版业人工智能大语言模型应用研究报告》两份研究报告。论坛上由七家机构联合发起了建设“出版、发行与大模型应用合作联盟”的倡议。

首届世界高校中文古籍论坛在京举办

2023 年 10 月 21 日，首届世界高校中文古籍论坛在北京举办，论坛邀请来自北京大学、清华大学、复旦大学、日本东京大学等院校从事中文古籍收藏整理与研究以及古籍数字化领域的学者，旨在进一步推动海外汉籍整理与研究，挖掘中文古籍时代价值，探讨新时代中文古籍数字化资源的开发利用和共享。参会学者从古籍整理的版本、目录、校勘、辑佚、辨伪等角度，展示了各自领域的最新研究成果；围绕古籍可视化、数字化最新成果，提出结合现代计算机技术对古籍进行整理与研究是必然趋势，具有良好发展前景。

第十届人文社会科学集刊年会在西安召开

2023 年 10 月 27 日，由社会科学文献出版社和西北大学联合主办的第十届人文社会科学集刊年会在陕西西安召开，年会主题为“学术集刊与‘三大体系’建设”。与会嘉宾分别以“我国人文社会科学学术集刊发展现状与评价探索”和“关于集刊的几点思考”为主题发表演讲。

中国（吉林）动漫大会在长春举办

2023 年 10 月 28 日至 29 日，中国（吉林）动漫大会在长春举办，大会主题为“承百年神韵　启时代华章”。开幕式后，2023 动漫高质量发展研讨会在吉林动画学院文化艺术中心举办。大会期间还举办经典动画与绘画手稿作品展、艺术家进校园等活动，推介展示新时代动漫艺术的优秀作品、最新成果和

特色亮点，研究探索动漫产业的经营现状、发展前景和未来趋势。大会公布了电视动画片、原创漫画、动漫题材论文三大类别喜获推介和表彰的优秀作品。由吉林动画学院出品的《青蛙王国之极限运动》等多部动漫作品获得多项大奖。

“AI + VR”新闻出版融合发展论坛在南昌举办

2023 年 10 月 31 日，由中国新闻出版研究院主办的“AI + VR”新闻出版融合发展论坛在江西南昌举办。作为 2023 世界 VR 产业大会的分论坛之一，本次论坛以“技术赋能新闻出版高质量发展”为主题，与会嘉宾围绕人工智能（AI）、虚拟现实（VR）、元宇宙背景下新闻出版行业的机遇与挑战展开研讨。大会上，由中国新闻出版研究院发布了《“AI + VR”新闻出版融合发展研究报告》。

高等教育数字教材创新发展联盟在北京成立

2023 年 11 月 1 日，高等教育数字教材创新发展联盟成立大会在北京召开，会议选举产生联盟首届理事会。高等教育出版社成为联盟首届理事长单位，中国新闻出版研究院等 12 家单位成为首届副理事长单位，人民卫生出版社等 69 家单位成为首届联盟会员。高等教育数字教材创新发展联盟由高等教育教材出版机构及其他相关企事业单位等自愿组织而成。联盟的宗旨是推动现代信息技术与教材建设深度融合，推进数字化、智能化时代新形态教材建设，构建灵活开放的数字教材建设、出版、运营、服务机制，研制相关标准并在实践中应用，促进国内、国际行业交流，推动数字教材创新发展，引领中国高等教育数字教材走在世界前列。

2023 年世界互联网大会乌镇峰会在浙江举办

2023 年 11 月 8 日至 10 日，2023 年世界互联网大会乌镇峰会在浙江省乌镇开幕。本届峰会以“建设包容、普惠、有韧性的数字世界——携手构建网络空间命运共同体”为主题，围绕全球发展倡议数字合作、数字化绿色化协同转型、人工智能、算力网络、网络安全、数据治理、数字减贫、未成年人网络保护等议题举办 20 场分论坛。

第八届中小学数字化教学研讨会在南宁召开

2023 年 11 月 9 日至 11 日，第八届中小学数字化教学研讨会在南宁召开。研讨会以“素养引领模式变革　数字赋能质量提升”为主题，与会嘉宾围绕义务教育新课标的实施探索和基础教育的数字化发展，以主论坛、分论坛、课例专场等多种互动形式深入交流。

第十二届韬奋出版人才发展论坛在南宁举办

2023 年 11 月 11 日，第十二届韬奋出版人才发展论坛在南宁举办。来自协会和高校的专家学者为出版人才培养建言。来自业界的嘉宾讲述了在人才培养方面的经验做法。来自学界的嘉宾介绍了在人才培养方面的新理念、新路径。以“传统型出版人才培养”“创新型出版人才锻造”为主题的两个平行论坛同时举行。

中国出版协会外语出版工作委员会在京成立

2023 年 11 月 20 日，中国出版协会外语出版工作委员会成立大会暨首届外语出版学术研讨会在北京召开。会议审议通过了《中国出版协会外语出版工作委员会规章》，选举产生了外语出版工作委员会领导机构，通过了外语出版工作委员会专家指导委员会名单。外研集团（外研社）党委书记、董事长，外研社社长王芳当选为外语出版工作委员会主任委员。

国家文化大数据华中区域中心平台上线

2023 年 11 月 21 日，2023 中国“5G +”工业互联网大会“中国广电‘5G +’文化数字化”平行会议上，国家文化大数据华中区域中心平台正式上线。为各类文化单位提供数据采集加工、交易分发、传输存储及数据治理等服务，通过各类数字化服务产品，形成线上线下融合互动、立体覆盖的文化服务供给体系，发展数字化文化消费新场景，增强公共文化数字内容的供给能力，提升公共文化服务数字化水平。该中心上联国家文化大数据全国中心，下接行政大区内省域中心，负责区域内五省（湖北、湖南、河南、江西、安徽）之间的数据、信息、产品等交易和结算，并为省内的数据、信息、产品等确权、交易、结算和支付提供专业化服务。国家文化大数据全国中心是国家文化大数据体系运转的顶层枢纽，负责规划和建设国家文化大数据全国一体化数据中心，对接中国文化遗产标本库、中华民族文化基因库和中华文化素材库等国家文化大数据体系各基础数据库，建设国家文化大数据确权、交易、分发等能力的文化数据服务平台，集成畅通文化生产和文化消费的云平台服务工具等。目前，已有 6 个区域中心完成建设。

中国出版协会首届学术出版年会（2023）在穗举办

2023 年 12 月 7 日，中国出版协会首届学术出版年会（2023）在广州举行，年会主题为“人工智能环境下的学术出版”。年会还举办了中国式现代化背景下的“学术出版高质量发展”“学术出版语言大模型训练与智能学术编辑”“学术出版规范体系建设”“学术出版与大湾区建设”4 个分论坛。与会单位通过了中国出版协会学术出版工作委员会的《中国学术出版广州共识》。

2023 教育出版未来论坛在穗举行

2023 年 12 月 14 日，由中国新闻出版研究院主办的 2023 教育出版未来论坛在广州举行。论坛以“教育数字化背景下的机遇与挑战”为主题，与会嘉宾分别就数字阅读视域下教材与教育出版的数智化转型、教育出版转型思考与实践、教育数字化、数字教材标准与使用情况、南师大社幼教产品体系研发、教育出版私域运营实践、人工智能助力教育出版、基础教育出版的融合、构建教育出版生态圈等主题展开了演讲。

中国编辑学会 2023 年学术年会在广州举办

2023 年 12 月 18 日至 19 日，中国编辑学会 2023 年学术年会暨“深耕继续教育　聚焦人才培养”高峰学术论坛在广州举办。会议授予山西省图书编辑工作者协会、中国编辑学会电子网络编辑专业委员会、中国编辑学会工具书与百科全书编辑专业委员会、《中国编辑》杂志等 4 家单位 2023 年度先进单位。对中国编辑学会科技读物编辑专业委员会、中国编辑学会教育编辑专业委员会予以年度表扬。会议为从事编辑工作满 30 年编审代表颁发纪念证书，并进行 2023 年度主题论文推优工作。

北京出版集团出版传媒研究院成立

2023 年 12 月 22 日，北京出版集团出版传媒研究院成立大会在北京召开。专家委员会专家涉及党史党建、社会科学、文学艺术、科学技术、少儿文学、教育教学等多个领域。首批专家包括 29 位行业专家和知名学者。

（根据国家新闻出版署网站、国家版权局、人民网、新华网、光明网、央视网、北青网、中国新闻网、中国出版网、人民日报、澎湃新闻、中国社会科学网、中国音像与数字出版协会、中国期刊协会、中国新闻出版广电报、光明日报、解放日报等报道内容搜集整理）